Thorsten Ingo Schmidt

Kommunalrecht

AF618119

Thorsten Ingo Schmidt

Kommunalrecht

2., überarbeitete und aktualisierte Auflage

Mohr Siebeck 2014

Thorsten Ingo Schmidt, geboren 1972; Studium der Rechtswissenschaft in Göttingen; 1998 Promotion; 2004 Habilitation; 2006–09 Richter am Verwaltungsgericht Hannover; seit 2009 Professor für Öffentliches Recht, insbes. Staatsrecht, Verwaltungs- und Kommunalrecht an der Universität Potsdam.

ISBN 978-3-16-153358-7

Die Deutsche Nationalbibliothek verzeichnet diese Publikation in der Deutschen Nationalbibliographie; detaillierte bibliographische Daten sind im Internet über *http://dnb.dnb.de* abrufbar.

1. Auflage 2011

© 2014 Mohr Siebeck Tübingen. www.mohr.de

Das Werk einschließlich aller seiner Teile ist urheberrechtlich geschützt. Jede Verwertung außerhalb der engen Grenzen des Urheberrechtsgesetzes ist ohne Zustimmung des Verlags unzulässig und strafbar. Das gilt insbesondere für Vervielfältigungen, Übersetzungen, Mikroverfilmungen und die Einspeicherung und Verarbeitung in elektronischen Systemen.

Das Buch wurde von Gulde-Druck in Tübingen auf alterungsbeständiges Werkdruckpapier gedruckt und gebunden. Den Umschlag entwarf Uli Gleis in Tübingen.

Vorwort

Dieses Lehrbuch stellt länderübergreifend das deutsche Kommunalrecht einschließlich seiner europarechtlichen Bezüge dar. Dem liegt die Überzeugung zu Grunde, dass der Blick über die jeweiligen Landesgrenzen nicht nur für die wissenschaftliche Auseinandersetzung mit dem Kommunalrecht, sondern auch für den Lernerfolg der Studierenden unabdingbare Voraussetzung ist. Nur wer die eigenen, landesspezifischen kommunalen Erscheinungen in einen größeren Zusammenhang einzuordnen weiß, vermag das notwendige vertiefte Verständnis des Kommunalrechts als einer grundlegenden Materie im Schnittpunkt von Allgemeinem und Besonderem Verwaltungsrecht zu erlangen.

Deshalb wird besonderes Gewicht auf die systematische Aufbereitung und Präsentation des Stoffes gelegt. Es werden Grundgedanken herausgearbeitet und nicht Detailregelungen umfassend erörtert. Dabei sind die verfassungsrechtlichen Vorgaben des Kommunalrechts stets präsent. Wegen ihrer besonderen Klausurrelevanz nimmt zudem die Erörterung prozessualer Fragestellungen größeren Raum ein. Die vielen Übersichten, insbesondere zum kommunalen Haushalts- und Wirtschaftsrecht, sollen das strukturierte Lernen erleichtern.

Im gesamten Werk werden zahlreiche Parallelen zu anderen Rechtsgebieten, insbesondere zum Staatsrecht, gezogen. Denn das Kommunalrecht wird zumeist in den mittleren Semestern gelehrt und Studierende verfügen bereits über beträchtliche Rechtskenntnisse aus anderen Bereichen. Dieses Vorwissen soll aktiviert, der Blick für Zusammenhänge innerhalb der Rechtsordnung geschärft und so das Studium des Kommunalrechts erleichtert werden.

Für die zweite Auflage konnte an dieser bewährten Grundkonzeption des Werks festgehalten werden. Neben vielen Verbesserungen im Detail wurden v.a. innovative Formen der Bürgerbeteiligung wie die Bürgerbefragung und neue Finanzierungsquellen der Kommunen wie der Bürgerkredit und das Kommunalsponsoring berücksichtigt. Zudem wurden die Nachweise ergänzt.

Für ihre Unterstützung bei der Erstellung dieses Buches danke ich herzlich meinen Mitarbeitern Philip Matuschka, Paul Platzek, Marie-Helen Vogt und Dr. Johannes Wagner.

Ich hoffe, dass dieses Buch vielen Studierenden bei der Erarbeitung des scheinbar „spröden“ Kommunalrechts hilft, und freue mich auf Hinweise, Anregungen und Kritik, die zu seiner Verbesserung beitragen.

Potsdam, im April 2014 *Thorsten Ingo Schmidt*

Inhaltsübersicht

Inhaltsverzeichnis

Seite Rn.

Dritter Teil: Die Kommune und ihre Einwohner

Fünfter Teil: Das Verhältnis zu anderen Kommunen

Sechster Teil: Kommunales Finanz-, Haushalts- und Wirtschaftsrecht

Literaturverzeichnis

I. Handbücher

Henneke, Hans-Günter/Pünder, Hermann/Waldhoff, Christian (Hrsg.), Recht der Kommunalfinanzen, München, 2006

Henneke, Hans-Günter/Strobl, Heinz/Diemert, Dörte (Hrsg.), Recht der kommunalen Haushaltswirtschaft, München, 2008

Mann, Thomas/Püttner, Günter, (Hrsg.), Handbuch der kommunalen Wissenschaft und Praxis, 3. Auflage, Berlin, Bd. I, Grundlagen und Kommunalverfassung, 2007, Bd. II, Kommunale Wirtschaft, 2011, weitere Bände der 3. Auflage im Erscheinen

Wurzel, Gabriele/Schraml, Alexander/Becker, Ralph, Rechtspraxis der kommunalen Unternehmen, 2. Auflage, München, 2010

II. Länderübergreifende Lehrbücher

Brüning, Christoph Kommunalrecht, in: Ehlers, Dirk/Fehling, Michael/Pünder, Hermann (Hrsg.), Besonderes Verwaltungsrecht, Bd. III, Kommunal-, Haushalts-, Abgaben-, Ordnungs-, Sozial-, Bildungs-, Dienstrecht, § 64, 3. Auflage, Heidelberg, 2013

Burgi, Martin, Kommunalrecht, 4. Auflage, München, 2012

Geis, Max-Emanuel, Kommunalrecht, 3. Auflage, München, 2014

Gern, Alfons, Deutsches Kommunalrecht, 3. Auflage, Baden-Baden, 2003

Gönnenwein, Otto, Gemeinderecht, Tübingen, 1963

Hofmann, Harald/Beckmann, Edmund, Praktische Fälle aus dem Kommunalrecht, 10. Auflage, Witten, 2013

Klüber, Hans, Das Gemeinderecht in den Ländern der Bundesrepublik Deutschland, Heidelberg, New York, 1972

Lange, Klaus, Kommunalrecht, Tübingen, 2013

Mann, Thomas, Kommunalrecht in: Tettinger, Peter J./Erbguth, Wilfried/Mann, Thomas, Besonderes Verwaltungsrecht, 11. Auflage, Heidelberg, 2012, S. 3 ff.

Mutius, Albert von, Kommunalrecht, München, 1996

Pagenkopf, Hans, Kommunalrecht, 2. Auflage, Bd. I, Verfassungsrecht, Köln u.a., 1975; Bd. II, Wirtschaftsrecht, Köln, 1976

Schmidt, Thorsten Ingo, Prüfe dein Wissen – Kommunalrecht, München, 2013

Schmidt, Thorsten Ingo, Kommunale Kooperation, in: Ehlers, Dirk/Fehling, Michael/Pünder, Hermann (Hrsg.), Besonderes Verwaltungsrecht, Bd. III, Kommunal-, Haushalts-, Abgaben-, Ordnungs-, Sozial-, Bildungs-, Dienstrecht, § 65, 3. Auflage, Heidelberg, 2013

Schmidt-Aßmann, Eberhard/Röhl, Hans Christian, Kommunalrecht, in: Schoch, Friedrich *(Hrsg.)*, Besonderes Verwaltungsrecht, 15. Auflage, Berlin, New York, 2013, S. 9 ff.

Schmidt-Jortzig, Edzard, Kommunalrecht, Stuttgart u.a., 1982
Scholler, Heinrich, Grundzüge des Kommunalrechts in der Bundesrepublik Deutschland, 4. Auflage, Heidelberg, 1990
Seewald, Otfried, Kommunalrecht, in: Steiner, Udo (Hrsg.), Besonderes Verwaltungsrecht, 8. Auflage, 2006, S. 1 ff.
Seidel, Achim, Allgemeines Verwaltungsrecht mit Kommunalrecht und Bezügen zum Verwaltungsprozessrecht sowie zum Staatshaftungsrecht, 2. Auflage, München, 2005
Stober, Rolf, Kommunalrecht in der Bundesrepublik Deutschland, 3. Auflage, Stuttgart u.a., 1996
Waechter, Kay, Kommunalrecht, 3. Auflage, Köln u.a., 1997

III. Literatur zum Kommunalrecht einzelner Länder

1. Baden-Württemberg

Dols, Heinz/Plate, Klaus/Schulze, Charlotte, Kommunalrecht, 7. Auflage, Stuttgart, 2011
Gern, Alfons, Kommunalrecht für Baden-Württemberg, 9. Auflage, Baden-Baden, 2005
Kunze, Richard/Bronner, Otto/Katz, Alfred/Schmidt, Carl, Die Gemeindeordnung für Baden-Württemberg, Loseblatt, 19. Ergänzungslieferung, Stand: 12/2012
Kunze, Richard/Hekking, Klaus, Gesetz über kommunale Zusammenarbeit für Baden-Württemberg, Stuttgart, Berlin, Köln, Mainz, 1981
Püttner, Günter, Kommunalrecht Baden-Württemberg, 3. Auflage, Stuttgart u.a., 2005
Reichert, Bernd/Baumann, Roland, Kommunalrecht, 2. Auflage 2000
Seeger, Richard/Wunsch, Hermann, Kommunalrecht in Baden-Württemberg, 5. Auflage, Stuttgart, 1987
Trumpp, Eberhard/Pokrop, Rainer, Landkreisordnung Baden-Württemberg, 5. Auflage, Stuttgart, 2009
Waibel, Gerhard, Gemeindeverfassungsrecht Baden-Württemberg, 5. Auflage, Stuttgart, 2007

2. Bayern

Hauth, Rudolf/Hillermeier, Heinz/Bonengel, Werner, Verwaltungsgemeinschaft und Zweckverbände, Loseblatt, Kronach, 1978 ff.
Hölzl, Josef/Hien, Eckart/Huber, Thomas, Gemeindeordnung mit Verwaltungsgemeinschaftsordnung, Landkreisordnung und Bezirksordnung für den Freistaat Bayern, Heidelberg u.a., Loseblatt, 51. Aktualisierung, Stand: 01/2014
Knemeyer, Franz-Ludwig, Bayerisches Kommunalrecht, 12. Auflage, Stuttgart u.a., 2007
Lissack, Gernot, Bayerisches Kommunalrecht, 3. Auflage, München, 2009
Masson, Christoph/Samper, Rudolf/Bauer, Martin/Böhle, Thomas, Bayerische Kommunalgesetze, München, Loseblatt, 4. Auflage, 99. Ergänzungslieferung, Stand: 04/2013
Prandl, Josef/Zimmermann, Hans/Büchner, Hermann, Kommunalrecht in Bayern, Loseblatt, 123. Ergänzungslieferung, Stand: 03/2014
Widtmann, Julius/Grasser, Walter/Glaser, Erhard, Bayerische Gemeindeordnung, Loseblatt, 26. Ergänzungslieferung, Stand: 11/2013

3. Brandenburg

Cronauge, Ulrich/Lübking, Uwe, Gemeindeordnung und Amtsordnung für das Land Brandenburg, Loseblatt, Berlin, 1992 ff.
Muth, Michael (Hrsg.), Potsdamer Kommentar zur Kommunalverfassung des Landes Brandenburg, Loseblatt
Nierhaus, Michael, Kommunalrecht für Brandenburg, Baden-Baden, 2003
Rieger, Sören, Verwaltungsrecht Brandenburg, S. 13 ff., 3. Auflage, Potsdam, 2008
Schumacher, Paul, Kommunalverfassungsrecht Brandenburg, Loseblatt, 32. Nachlieferung, Februar 2014
Sundermann, Welf/Miltkau, Thomas, Kommunalrecht Brandenburg, 2. Auflage, Hamburg, Loseblatt, 32. Nachlieferung, Februar 2004

4. Hessen

Birkenfeld-Pfeiffer, Daniela/Gern, Alfons, Kommunalrecht, 5. Auflage, Baden-Baden, 2011
Borchmann, Michael/Breithaupt, Dankwart/Kaiser, Gerrit, Kommunalrecht in Hessen, Kommentar, 3. Auflage, Köln, 2006
Hermes, Georg/Groß, Thomas (Hrsg.), Landesrecht Hessen – Studienbuch, 7. Auflage, Baden-Baden, 2011
Schmidt, Fritz W./Kneip, Hans-Otto, Hessische Gemeindeordnung, 2. Auflage, München, 2008
Schneider, Gerhard/Dressler, Ulrich/Lüll, Jürgen, Hessische Gemeindeordnung, Loseblatt, 21. Lieferung, Stand: 12/2012

5. Mecklenburg-Vorpommern

Darsow, Thomas/Gentner, Sabine/Glaser, Klaus-Michael, Schweriner Kommentierung der Kommunalverfassung des Landes Mecklenburg-Vorpommern, 3. Auflage, Schwerin, 2005
Meyer, Hubert, Landesrecht Mecklenburg-Vorpommern, Kommunalrecht, 2. Auflage, Baden-Baden, 2002
Schlempp, Dieter/Bracker, Reimer, Kommunalverfassungsrecht Mecklenburg-Vorpommern, Loseblatt
Schütz, Hans-Joachim/Classen, Claus Dieter, Landesrecht Mecklenburg-Vorpommern – Studienbuch, S. 231 ff., 2. Auflage, Baden-Baden, 2010

6. Niedersachsen

Armbrust, Peter, Einführung in das niedersächsische Kommunalrecht, Hamburg, 2007
Ihnen, Hans-Jürgen, Kommunalrecht Niedersachsen, 6. Auflage, Hamburg, 2003
Ipsen, Jörn, Niedersächsisches Kommunalrecht, 4. Auflage, Stuttgart u.a., 2011
Sandfuchs, Klaus, Allgemeines Niedersächsisches Kommunalrecht, 19. Auflage, Hannover, 2006
Schäfer, Wilfried/Glufke-Redeker, Uwe, Niedersächsisches Kommunalrecht, Stuttgart, 2003
Thiele, Robert, Niedersächsisches Kommunalverfassungsgesetz, Kommentar, Stuttgart, 2011
Thiele, Robert, Niedersächsisches Gesetz über die kommunale Zusammenarbeit, Kommentar, 2. Auflage, Kiel, 2013
Thieme, Werner, Niedersächsische Gemeindeordnung, Kommentar, 3. Auflage, Köln u.a., 1997

7. Nordrhein-Westfalen

Articus, Stephan/Schneider, Bernd Jürgen, Gemeindeordnung Nordrhein-Westfalen, 4. Auflage, Stuttgart, 2012

Bösche, Ernst Dieter, Kommunalverfassungsrecht in Nordrhein-Westfalen, 3. Auflage, Herne, Berlin, 2013

Buhren, Gert D., Allgemeines Kommunalrecht Nordrhein-Westfalen, 7. Auflage, Stuttgart, 2004

Erichsen, Hans-Uwe, Kommunalrecht des Landes Nordrhein-Westfalen, 2. Auflage, Siegburg, 1997

Hofmann, Harald/Theisen, Rolf-Dieter/Bätge, Frank, Kommunalrecht in Nordrhein-Westfalen, 15. Auflage, Witten, 2013

Körner, Hans, Gemeindeordnung Nordrhein-Westfalen, 5. Auflage, Köln, 1990

Loebel, Friedrich Wilhelm von u.a., Gemeindeordnung für das Land Nordrhein-Westfalen, Wiesbaden, Loseblatt

Niedzwicki, Matthias, Kommunalrecht in Nordrhein-Westfalen, 3. Auflage, Aachen, 2010

Rehn, Erich/Cronauge, Ulrich/Lennep, Hans Gerd von/Knirsch, Hanspeter, Gemeindeordnung für das Land Nordrhein-Westfalen, Siegburg, Loseblatt, 39. Ergänzungslieferung, Stand: 07/2013

Zacharias, Diana, Nordrhein-Westfälisches Kommunalrecht, Thüngersheim, Frankfurt a.M., 2004

8. Rheinland-Pfalz

Dahm, Wolfgang/Lukas, Helmut, Kommunalverfassungsrecht Rheinland-Pfalz, 4. Auflage, Hamburg, 1995

Gabler, Manfred u.a., Kommunalverfassungsrecht Rheinland-Pfalz, Loseblatt, 37. Ergänzungslieferung, Stand: 09/2013

Gern, Alfons/Stubenrauch, Hubert, Kommunalrecht Rheinland-Pfalz, Baden-Baden, 2006

Hendler, Reinhard/Hufen, Friedhelm/Jutzi, Siegfried (Hrsg.), Landesrecht Rheinland-Pfalz – Studienbuch, S. 125 ff., ., 6. Auflage, Baden-Baden, 2011

9. Saarland

Gröpl, Christoph/Guckelberger, Annette/Wohlfarth, Jürgen, Landesrecht Saarland – Studienbuch, S. 149 ff., 2. Auflage, Baden-Baden, 2012

Lehné, Hermann, Kommentar zum Saarländischen Kommunalrecht, 2. Auflage, Neunkirchen, 1995

Wohlfarth, Jürgen, Saarländisches Landesrecht, Kommunalrecht, 3. Auflage, Baden-Baden, 2003

10. Sachsen

Gern, Alfons, Sächsisches Kommunalrecht, 2. Auflage, München, 2000

Hegele, Dorothea/Ewert, Klaus-Peter, Kommunalrecht im Freistaat Sachsen, 3. Auflage, Stuttgart, 2004

Quecke, Albrecht/Schmid, Hansdieter, Gemeindeordnung für den Freistaat Sachsen, Loseblatt, Ergänzungslieferung 4/13

Sponer, Wolf-Uwe/Jacob, André/Menke, Ulrich, Landkreisordnung für den Freistaat Sachsen, Sächsisches Gesetz über kommunale Zusammenarbeit, 3. Auflage, Stuttgart u.a., 2004

Wettling, Hans, Sächsisches Landesrecht, Kommunalrecht, Baden-Baden, 1995

11. Sachsen-Anhalt

Becker, Curt/Nitschel, Rainer/Pampel, Günter, Gemeindeordnung für das Land Sachsen-Anhalt, 3. Auflage, Stuttgart, 2004

Beck, Wolfgang/Lübking, Uwe/Frigge, Hans-Gottfried, Gemeindeordnung für das Land Sachsen-Anhalt, Loseblatt, 45. Ergänzungslieferung, Stand 2013

Franz, Thorsten, Kommunalrecht Sachsen-Anhalt, Baden-Baden, 2004

Kluth, Winfried (Hrsg.), Landesrecht Sachsen-Anhalt – Studienbuch, 2. Auflage, Baden-Baden, 2010

Kregel, Bernd, Kommunalrecht Sachsen-Anhalt, 3. Auflage, Berlin, 2005

Wiegand, Bernd/Grimberg, Michael, Gemeindeordnung für das Land Sachsen-Anhalt, 3. Auflage, München, 2003

12. Schleswig-Holstein

Böttcher, Günter, Schleswig-Holsteinisches Landesrecht, Kommunalrecht, Baden-Baden, 1999

Bracker, Raimer/Dehn, Klaus-Dieter/Erps, Jan Christian, Kreisordnung Schleswig-Holstein, 3. Auflage, Wiesbaden, 2004

Bracker, Reimer/Dehn, Klaus-Dieter, Gemeindeordnung Schleswig-Holstein, 10. Auflage, Wiesbaden, 2013

Dehn, Klaus-Dieter, Grundlagen des Kommunalverfassungsrechts in Schleswig-Holstein, 11. Auflage, Stuttgart, 2013

Galette, Alfons u.a., Schleswig-Holsteinische Gemeindeordnung, Kreisordnung, Amtsordnung, Gesetz über kommunale Zusammenarbeit für Schleswig-Holstein, 1992 f.

Mutius, Albert von/Rentsch, Harald, Kommunalverfassungsrecht Schleswig-Holstein, 6. Auflage, Kiel, 2003

13. Thüringen

Gnauck, Jürgen/Höhlein, Burkhard/Nielsen, Christian/Steenbock, Reimer, Thüringer Kommunalverfassung, Loseblatt

Uckel, Herbert/Hauth, Rudolf/Hoffmann, Hans-Gerd, Kommunalrecht in Thüringen, Kronach u.a., Loseblatt

Zimmermann, Andreas/Kudzielka, Karin, Thüringer Gesetz über die kommunale Gemeinschaftsarbeit, Erfurt, 2003

IV. Literatur zum ausländischen Kommunalrecht

1. Österreich

Bußjäger, Peter/Sonntag, Nikas, Gemeindekooperationen Chancen nutzen – Potenziale erschließen, 2012

Gallent, Kurt, Gemeinde und Verfassung: eine Analyse des kommunalen Organisationsrechts, Graz, 1978
Klug, Friedrich/Oberndorfer, Peter/Wolny, Erich, Das österreichische Gemeinderecht, Loseblatt, Stand 2011
Neuhofer, Hans, Gemeinderecht: Organisation und Aufgaben der Gemeinden in Österreich, 2. Auflage, Wien, 1998
Segalla, Patrick, Kommunale Daseinsvorsorge: Strukturen kommunaler Versorgungsleistungen im Rechtsvergleich, Dissertation, Wien, 2006
Thunhart, Raphal, Rechtsgeschäftliche Vertretungsregeln im Gemeinderecht, Wien, 2000

2. Schweiz

Bützer, Michael, Direkte Demokratie in Schweizer Städten – Ursprung, Ausgestaltung und Gebrauch im Vergleich, Baden-Baden, 2007
Fetz, Ursin, Gemeindefusion unter besonderer Berücksichtigung des Kantons Graubünden, Zürich, 2009
Karr, Philipp, Institutionen direkter Demokratie in den Gemeinden Deutschlands und der Schweiz. Eine rechtsvergleichende Untersuchung, Dissertation, Baden-Baden, 2013
Meylan, Jean/ Gottraux, Martial/ Dahinden, Philippe, Schweizer Gemeinden und Gemeindeautonomie, Lausanne, 1972
Schenker, Marcel, Das Recht der Gemeindeverbände: unter besonderer Berücksichtigung der Verhältnisse in den Kantonen Bern, Luzern, Nidwalden, Zug, St. Gallen, Graubünden, Aargau, Waadt, Neuenburg und Jura, Dissertation, St. Gallen, 1985

3. Großbritannien

Arden, Andrew/Manning, Jonathan/Collins, Scott, Local government: constitutional and administrative law, 2nd Revised edition, London, 2008
Bailey, Stephen H., Cross on principles of local government law, 3rd Revised edition, London, 2004
Davies, Keith, Local government law, London, 1983
Griffiths, Alan, Local government administration, 2nd Revised edition, London, 1987
Treffer, Gerd, Britisches Kommunalrecht, München, 1988

4. USA

Bussmann, Martin, Das Recht der amerikanischen Gemeinden auf Selbstverwaltung, die Inanspruchnahme von Grundrechten und auf Eigentumsschutz, Heidelberg, 1978
Frug, Gerald E./Ford, Richard T./Barron, David J., Local Government Law, Cases and Materials, Fifth Edition, St. Paul, 2010
Hoppenstedt, Björn, Kommunale Selbstverwaltung in den USA, Diss. iur. Würzburg, 2005, Frankfurt am Main, 2007
McCarthy, David J./Reynolds, Laurie, Local Government Law in a Nutshell, Fifth Edition, St. Paul, 2003
Reynolds Jr., Osborne M., Local Government Law, Third Edition, St. Paul, 2009
Sharland, John, A practical approach to Local Government Law, Second Edition, New York, 2006
Treffer, Gerd, Amerikanisches Kommunalrecht, München, 1984

Valente, William D./McCarthy, David J., Local Government Law: Cases and Materials, 5th edition, St. Paul, 2001

5. Frankreich

Auby, Jean-François/Auby, Jean-Bernard/Noguellou, Rozen, Droit des collectivités locales, 5. Auflage, Paris, 2009
Bourdon, Jacques, Droit des collectivités territoriales, 3. Auflage, Paris, 2004
Moreau, Jacques, Administration régionale, départementale et municipale, 14. Auflage, Paris, 2004
Muller-Quoy, Isabelle, Le droit des assemblées locales, Paris, 2001
Treffer, Gerd, Französisches Kommunalrecht, München, 1982

6. Italien

Kroll, Fritz, Italienisches Kommunalrecht, München, 1985
Tramontano, Luigi, Il comune: legislazione e servizi comunali, 7. Auflage, Neapel, 1994
Vandelli, Luciano, Il sistema delle autonomie locali, Quarta edizione, Bologna, 2011

7. Spanien

Ballesteros Fernández, Angel, Manual de administración local, 5. Auflage, Granada, 2006
Schmidt, Klaus, Strukturen kommunaler Autonomie in Spanien: eine Untersuchung im Lichte der EKC, Würzburg, 1990

8. Schweden

Krage, Carsten, Einführung in das schwedische Kommunalrecht, Stuttgart u.a., 1990

9. Polen

Kleb, Stefan, Die Reformen der territorialen Selbstverwaltung in der Republik Polen 1990 und 1998, Konzeption – Umsetzung – Ergebnis, Unter besonderer Berücksichtigung der geschichtlichen Entwicklung der territorialen Selbstverwaltung in Polen seit dem Mittelalter, Berlin, 2006

V. Rechtsprechung

Entscheidungssammlung zum Kommunalrecht, hrsg. von Hofmann-Hoeppel, CD-Rom, Köln, 2008
Rechtsprechung zum Kommunalrecht, hrsg. von v. Mutius, Loseblatt, 61. Ergänzungslieferung, Siegburg, Stand 06/2013

Literatur zu Einzelbereichen und Einzelfragen ist am Ende der jeweiligen Paragraphen dieses Lehrbuches angegeben. Die hier aufgelistete allgemeine Literatur wird aus Platzgründen dort nur noch ausnahmsweise aufgeführt, da sich die einschlägigen Stellen über das Inhaltsverzeichnis, Sachregister oder die kommentierten Paragraphen leicht ermitteln lassen.

Abkürzungsverzeichnis

AbfAlG	Abfall- und Altlastengesetz
AbfBodG	Abfall- und Bodenschutzgesetz
AbfG	Abfallgesetz
AbfWG	Abfallwirtschaftsgesetz
Abs.	Absatz
a.E.	am Ende
AEUV	Vertrag über die Arbeitsweise der Europäischen Union
a.F.	alte Fassung
AG	Aktiengesellschaft
AGGStrG	Ausführungsgesetz zum Gerichtsstrukturgesetz
AGVwGO	Ausführungsgesetz zur VwGO
AktG	Aktiengesetz
Alt.	Alternative
AmtsO	Amtsordnung
AnstG	Anstaltsgesetz
AO	Abgabenordnung
AöR	Anstalt öffentlichen Rechts; Archiv des öffentlichen Rechts (Zs.)
Art.	Artikel
AsylbLG	Asylbewerberleistungsgesetz
BAG	Bundesarbeitsgericht
BallrG	Ballungsraumgesetz
BauGB	Baugesetzbuch
Bay.	Bayern, bayerisch
BayVBl.	Bayerische Verwaltungsblätter (Zs.)
Bbg.	Brandenburg, brandenburgisch
BeamtStG	Beamtenstatusgesetz
BestattG	Bestattungsgesetz
BewG	Bewertungsgesetz
BezO	Bezirksordnung
BFH	Bundesfinanzhof
BGB	Bürgerliches Gesetzbuch
BGBl.	Bundesgesetzblatt
BGG	Behindertengleichstellungsgesetz
BGH	Bundesgerichtshof
BKG	Brand- und Katastrophenschutzgesetz
Bln.	Berlin, berlinisch
Brem.	Bremen, bremisch
BRHG	Bundesrechnungshofgesetz
BSG	Bundessozialgericht
BSchG	Brandschutzgesetz
BVerfG	Bundesverfassungsgericht
BVerfGE	Entscheidungssammlung des Bundesverfassungsgerichts
BVerfGG	Bundesverfassungsgerichtsgesetz

BVerwG Bundesverwaltungsgericht
BVerwGE Entscheidungssammlung des Bundesverwaltungsgerichts
BW Baden-Württemberg, baden-württembergisch

DSG Datenschutzgesetz
DDR Deutsche Demokratische Republik
DGO Deutsche Gemeindeordnung
d.h. das heißt
DÖV Die Öffentliche Verwaltung (Zs.)
Drs. Drucksache
DZKommWiss Deutsche Zeitschrift für Kommunalwissenschaften
DV Die Verwaltung (Zs.)
DVBl. Deutsches Verwaltungsblatt (Zs.)

E Entwurf
EEWärmeGG Erneuerbare-Energien-Wärmegesetz
eG eingetragene Genossenschaft
EKC Europäische Charta der kommunalen Selbstverwaltung
EL Ergänzungslieferung
EnWG Energiewirtschaftsgesetz
EStG Einkommensteuergesetz
etc. et cetera
EU Europäische Union
EuGH Europäischer Gerichtshof
EUV Vertrag über die Europäische Union
EV Einigungsvertrag
eV eingetragener Verein

f.; ff. folgende(r)
FAG Finanzausgleichsgesetz
FBG Friedhofs- und Bestattungsgesetz
FG Finanzgericht; Festgabe
FGO Finanzgerichtsordnung
FS Festschrift
FSHG Feuerschutzhilfegesetz
FwG Feuerwehrgesetz

G Gesetz
GBl. Gesetzblatt
GemFinRefG Gemeindefinanzreformgesetz
GemH Der Gemeindehaushalt (Zs.)
GemHKVO Gemeindehaushalts- und -kassenverordnung
GemHRNeuG Gesetz zur Neuordnung des Gemeindehaushaltsrechts und zur Änderung gemeindewirtschaftsrechtlicher Vorschriften
GemHVO Gemeindehaushaltsverordnung
GemHRefG Gesetz zur Reform des Gemeindehaushaltsrechts
GemO Gemeindeordnung
GenG Genossenschaftsgesetz
GewO Gewerbeordnung
GewStDV Gewerbesteuerdurchführungsverordnung
GewStG Gewerbesteuergesetz
GfrGVO Verordnung über gemeindefreie Gebiete

GG	Grundgesetz
GKG	Gesetz über kommunale Gemeinschaftsarbeit
GKWG	Gemeinde- und Kreiswahlgesetz
GKZ	Gesetz über kommunale Zusammenarbeit
GLKrWG	Gemeinde- und Landkreiswahlgesetz
GmbH	Gesellschaft mit beschränkter Haftung
GmbHG	Gesetz über die Gesellschaften mit beschränkter Haftung
GO	Gemeindeordnung
GOBT	Geschäftsordnung des Bundestages
grds.	grundsätzlich
GrStG	Grundsteuergesetz
GS	Gesetzessammlung; Gedächtnisschrift
GVBl.	Gesetz- und Verordnungsblatt
GWB	Gesetz gegen Wettbewerbsbeschränkungen
Hamb.	Hamburg, hamburgisch
HChE	Entwurf des Verfassungskonvents von Herrenchiemsee
Hess.	Hessen, hessisch
HGB	Handelsgesetzbuch
HGrG	Haushaltsgrundsätzegesetz
h.M.	herrschende Meinung
Hrsg.; hrsg.	Herausgeber; herausgegeben
Hs.	Halbsatz
HStR	Handbuch des Staatsrechts
HVB	Hauptverwaltungsbeamter
i.d.F.	in der Fassung
i.E.	im Erscheinen; im Ergebnis
i.e.	id est (das heißt)
IVfB	Individualverfassungsbeschwerde
i.V.m.	in Verbindung mit
JA	Juristische Arbeitsblätter (Zs.)
JG	Justizgesetz
Jhd.	Jahrhundert
JSVG	Jugend- und Sozialverbandsgesetz
Jura	Juristische Ausbildung (Zs.)
JuS	Juristische Schulung (Zs.)
JZ	Juristenzeitung (Zs.)
KDG	Gesetz über die kommunale Doppik
KG	Kommanditgesellschaft
KomDoppikEG	Gesetz zur Einführung der Doppik im kommunalen Haushalts- und Rechnungswesen
KomDoppikLG	Landesgesetz zur Einführung der kommunalen Doppik
KomHKV	Kommunalhaushalts- und -kassenverordnung
KomHVO	Kommunalhaushaltsverordnung
KommJur	Kommunaljurist (Zs.)
KomRWEinfG	Gesetz zur Einführung des Neuen Kommunalen Rechnungswesens
KomSozVG	Gesetz über den kommunalen Sozialverband
KomWG	Kommunalwahlgesetz
KomZG	Gesetz über die kommunale Zusammenarbeit

KPG	Kommunalprüfungsgesetz
KrO	Kreisordnung
LKrWG	Landeskreislaufwirtschaftsgesetz
KStG	Körperschaftsteuergesetz
KStZ	Kommunale Steuerzeitschrift (Zs.)
KV	Kommunalverfassung
KVfB	Kommunalverfassungsbeschwerde
LAGVwGO	Landesausführungsgesetz zur VwGO
lit.	littera (Buchstabe)
LKO	Landkreisordnung
LKomWG	Landes- und Kommunalwahlgesetz
LKrO	Landkreisordnung
LKV	Landes- und Kommunalverwaltung (Zs.)
LOG	Landesorganisationsgesetz
LReg.	Landesregierung
LSA	Land Sachsen-Anhalt, sachsen-anhaltinisch
LStVG	Landesstraf- und Verordnungsgesetz
LV	Landesverfassung
LVG	Landesverwaltungsgesetz
LVerfG	Landesverfassungsgericht
LVerfGG	Landesverfassungsgerichtsgesetz
LVwG	Landesverwaltungsgesetz
MetropolG	Gesetz über die Metropolregion Frankfurt/Rhein-Main
MV	Mecklenburg-Vorpommern, mecklenburg-vorpommerisch
m.w.N.	mit weiteren Nachweisen
NatSchG	Naturschutzgesetz
Nds.	Niedersachsen, niedersächsisch
NdsVBl.	Niedersächsische Verwaltungsblätter (Zs.)
n.F.	neue Fassung
NJW	Neue Juristische Wochenschrift (Zs.)
NKomVG	Niedersächsisches Kommunalverfassungsgesetz
Nr.	Nummer
NRW	Nordrhein-Westfalen, nordrhein-westfälisch
NVwZ	Neue Zeitschrift für Verwaltungsrecht (Zs.)
NWVBl.	Nordrhein-Westfälische Verwaltungsblätter (Zs.)
NZBau	Neue Zeitschrift für Baurecht (Zs.)
OBG	Ordnungsbehördengesetz
OHG	Offene Handelsgesellschaft
OLG	Oberlandesgericht
OVG	Oberverwaltungsgericht
OVGE	Entscheidungssammlung der Oberverwaltungsgerichte
PartG	Parteiengesetz
PaulskirchenV	Paulskirchenverfassung
PlanvG	Planungsverbandsgesetz
POG	Polizei- und Ordnungsgesetz
PolG	Polizeigesetz
Prot.	Protokoll

RegPräsBezG	Gesetz über die Regierungspräsidien und Regierungsbezirke
resp.	respektive
RGBl.	Reichsgesetzblatt
Rn.	Randnummer
RP	Rheinland-Pfalz, rheinland-pfälzisch
RZVG	Reichszweckverbandsgesetz
S.	Satz; Seite
s.	siehe
Saarl.	Saarland, saarländisch
Sächs.	Sachsen, sächsisch
SächsVBl.	Sächsische Verwaltungsblätter (Zs.)
SchulG	Schulgesetz
SchulOG	Schulordnungsgesetz
SGB	Sozialgesetzbuch
SGG	Sozialgerichtsgesetz
SH	Schleswig-Holstein, schleswig-holsteinisch
SKV	Staats- und Kommunalverwaltung (Zs.)
s.o.	siehe oben
sog.	so genannte
SpKG	Sparkassengesetz
StabG	Stabilitätsgesetz
StGH	Staatsgerichtshof
StGHG	Staatsgerichtshofsgesetz
StrG	Straßengesetz
StrWG	Straßen- und Wegegesetz
Thür.	Thüringen, thüringisch
ThürVBl.	Thüringische Verwaltungsblätter (Zs.)
TKG	Telekommunikationsgesetz
u.a.	und andere; unter anderem
UStG	Umsatzsteuergesetz
usw.	und so weiter
V	Verfassung
v.	vom
v.a.	vor allem
Var.	Variante
VBlBW	Verwaltungsblätter Baden-Württemberg (Zs.)
VereinsG	Vereinsgesetz
VerfGG	Verfassungsgerichtsgesetz
VerfGHG	Verfassungsgerichtshofgesetz
VerwArch	Verwaltungsarchiv (Zs.)
VersG	Versammlungsgesetz
VG	Verwaltungsgericht
vgl.	vergleiche
VgV	Vergabeverordnung
VKS	Vertretungskörperschaft
VOB	Vergabe- und Vertragsordnung für Bauleistungen
VOF	Vergabe- und Vertragsordnung für freiberufliche Leistungen
VOL	Vergabe- und Vertragsordnung für Leistungen

VR	Verwaltungsrundschau (Zs.)
VwGG	Verwaltungsgerichtsgesetz
VwGO	Verwaltungsgerichtsordnung
VwMiStufG	Gesetz über die Mittelstufe der Verwaltung und den Landeswohlfahrtsverband
VwVfG	Verwaltungsverfahrensgesetz
VwVG	Verwaltungsvollstreckungsgesetz
VwZG	Verwaltungszustellungsgesetz
VwZVG	Verwaltungszustellungs- und Vollstreckungsgesetz
WahlG	Wahlgesetz
WahlprüfG	Wahlprüfungsgesetz
WRV	Weimarer Reichsverfassung
WuW	Wirtschaft und Wettbewerb (Zs.)
z.B.	zum Beispiel
ZBR	Zeitschrift für Beamtenrecht (Zs.)
ZG	Zeitschrift für Gesetzgebung (Zs.)
ZHR	Zeitschrift für das gesamte Handelsrecht und Wirtschaftsrecht (Zs.)
ZInsO	Zeitschrift für das gesamte Insolvenzrecht (Zs.)
ZKF	Zeitschrift für Kommunalfinanzen (Zs.)
ZPO	Zivilprozessordnung
Zs.	Zeitschrift
ZVG	Zweckverbandsgesetz
zzgl.	zuzüglich

Römische Ziffern hinter Artikeln oder Paragraphen bezeichnen Absätze, arabische Ziffern Sätze innerhalb eines Absatzes.

Übersichtenverzeichnis

Erster Teil: Grundlagen

§ 1 Einführung

I. Begriff und Gegenstand des Kommunalrechts

Öffentliche Verwaltung erfolgt in Deutschland v.a. auf kommunaler Ebene. Das Kommunalrecht stellt somit einen Teilbereich des Verwaltungsrechts dar. Es zeichnet sich gegenüber anderen Gebieten des Besonderen Verwaltungsrechts dadurch aus, dass es kommunale Organisations- und Handlungsformen zur Verfügung stellt, mit deren Hilfe die Aufgaben des jeweiligen Fachrechts erfüllt werden können. Das Kommunalrecht bildet damit den Übergang vom Allgemeinen zum Besonderen Verwaltungsrecht. 1

Das Kommunalrecht baut auf dem Begriff der Kommune auf. Kommune ist der Oberbegriff für Gemeinden, Landkreise und weitere Gebietskörperschaften wie Stadt-Umland-Verbände unterhalb der staatlichen Ebene des Bundes und der Länder. 2

Übersicht 1-1: Kommunale Gebietskörperschaften 3

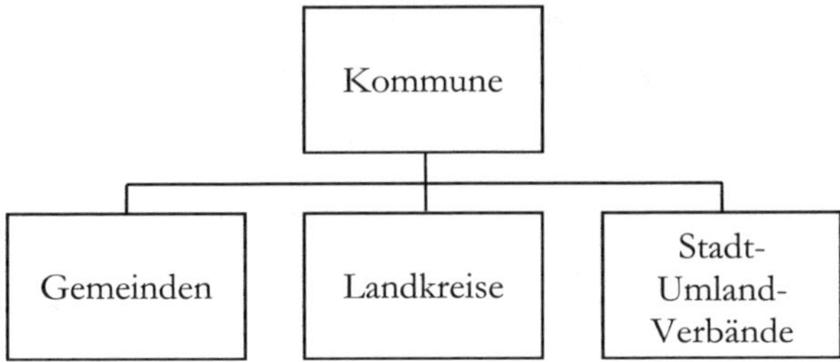

Das Kommunalrecht ist wie alles Recht über längere Zeiträume gewachsen, hat aber im Vergleich zu anderen Rechtsgebieten mehr an historischen Regelungstechniken und Rechtsbegriffen bewahrt, welche nur vor dem Hintergrund der Geschichte des Kommunalrechts (→ § 2) zu verstehen sind. Dabei ist allerdings 4 stets ein möglicher Bedeutungswandel dieser Begriffe in einem veränderten Regelungsumfeld zu beachten.

II. Rechtsquellen des Kommunalrechts

5 Das in Deutschland geltende Kommunalrecht speist sich aus vielfältigen Rechtsquellen. An der Spitze steht die grundgesetzliche Garantie kommunaler Selbstverwaltung in Art. 28 II GG. Hinzu treten zahlreiche weitere verfassungsrechtliche Vorgaben auf Bundes- und Landesebene (→ § 3). Europarechtlich werden die Kommunen zum einen durch besondere Gewährleistungen wie die Europäische Kommunalcharta (EKC) des Europarates geschützt, zum anderen werden Organisation und Handeln der Kommunen durch das Kommunalwahlrecht für Unionsbürger (vgl. Art. 28 I 3 GG) und zahlreiche weitere Vorgaben des Rechts der EU beeinflusst (→ § 4). Die meisten kommunalrechtlichen Regelungen finden sich jedoch auf Landesebene (→ § 5). Obgleich jedes Land je eigene Gemeinde- und Kreisordnungen, Kommunalwahl- und Kooperationsgesetze sowie weitere kommunalrechtlich relevante Gesetze und Rechtsverordnungen erlassen hat, können die vielfältig auftretenden Organisationsformen doch auf wenige Grundtypen zurückgeführt werden. Dies rechtfertigt es, von einem gemeindeutschen Kommunalrecht auszugehen.

6 **Übersicht 1-2: Rechtsquellen des Kommunalrechts**

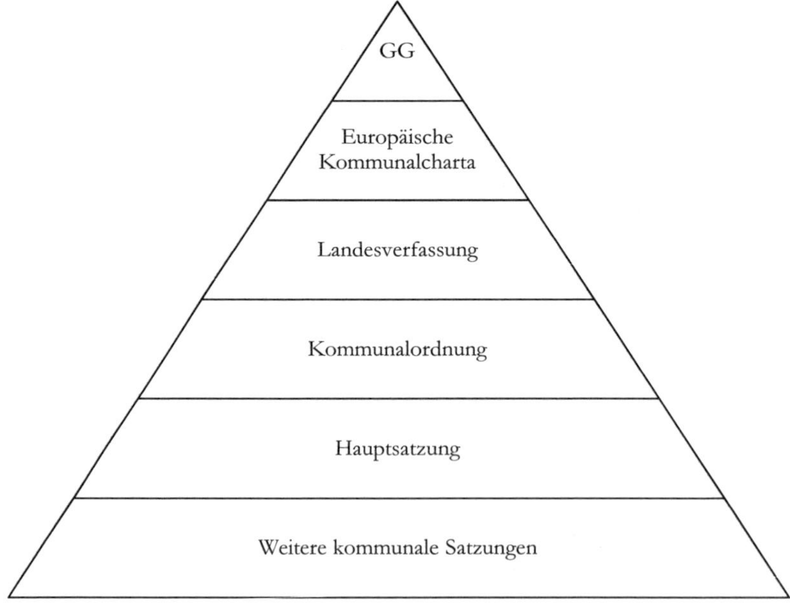

III. Status, Aufgaben und Befugnisse der Kommunen

Dieses Koordinatensystem verfassungsrechtlicher Vorgaben, europarechtlicher Einflüsse und gesetzlicher Grundlagen bestimmt den Status der Kommunen (→ § 6). Diese sind substaatliche Gebietskörperschaften mit im Einzelnen unterschiedlichen Rechten und Pflichten, die sich zum Teil in kleinere Binneneinheiten wie Bezirke und Ortschaften aufgliedern, wobei ihr Status Wandlungen unterworfen ist. Kommunen sind rechtsfähig, handeln durch ihre Organ- und Amtswalter und haften für diese. 7

Die Bedeutung der Kommunen ist nur von ihren Aufgaben her zu erschließen, wobei v.a. zwischen den ursprünglichen Selbstverwaltungsaufgaben der Kommunen und den ihnen übertragenen staatlichen Aufgaben zu unterscheiden ist (→ § 7). Zur Erfüllung dieser Aufgaben erlassen die Kommunen Satzungen und bedienen sich verschiedener anderer Handlungsformen (→ § 8). 8

IV. Vier Dimensionen des Kommunalrechts

Nach den zu regelnden Rechtsbeziehungen sind im Wesentlichen vier Dimensionen des Kommunalrechts zu unterscheiden. Diese sind das Innenverhältnis der Kommune, ihre Relation zu den Einwohnern, die Kontrolle durch die staatlichen Aufsichtsbehörden und der Kontakt zu anderen Kommunen. Hinzu tritt das kommunale Wirtschafts- und Finanzrecht. 9

Als *innere Kommunalverfassung* bezeichnet man die kommunalrechtlichen Regelungen, die sich mit der Errichtung und dem Zusammenspiel der kommunalen Organe beschäftigen (→ § 9). Hier ist zwischen dem Gemeinderat und sonstigen kommunalen Vertretungskörperschaften (→ § 10), dem hauptamtlichen Bürgermeister und weiteren Hauptverwaltungsbeamten (→ § 11) sowie dem Verwaltungsausschuss und anderen Zwischenorganen (→ § 12) zu differenzieren. Auch Stellung und Kompetenzen der Gleichstellungsbeauftragten und sonstiger Beauftragter (→ § 13) sowie das Recht der kommunalen Bediensteten (→ § 14) zählen in einem weiteren Sinne zur inneren Kommunalverfassung. Streitigkeiten zwischen diesen Organen und organähnlichen Stellen werden in Gestalt des Kommunalverfassungsstreits als Sonderform des verwaltungsgerichtlichen Organstreits ausgetragen (→ § 15). 10

Während bei der inneren Kommunalverfassung der Blick sich auf das Innenleben der kommunalen Organisation richtet, wendet er sich bei der *Beziehung der Kommune zu ihren Einwohnern* gleichsam „nach unten" (→ § 16). Hier besteht das für das Öffentliche Recht typische Verhältnis der Über-/Unterordnung mit wechselseitigen Rechten und Pflichten zwischen Kommune und Einwohnern. Auf der einen Seite steht den Bürgern als besonders hervorgehobenen Einwohnern das Wahlrecht zur kommunalen Vertretungskörperschaft sowie zum Hauptverwaltungsbeamten zu, welches ergänzt wird durch Formen direkter Demokra- 11 tie wie den Bürgerentscheid (→ § 17). Zudem ist sämtlichen Einwohnern ein Anspruch auf Nutzung der kommunalen Einrichtungen eingeräumt (→ § 18). Auf der anderen Seite haben die Einwohner die Kommunalabgaben zu entrichten und die weiteren kommunalen Lasten zu tragen (→ § 19).

12 Die Hoheitsgewalt ausübende, in die Grundrechte der Einwohner eingreifende Kommune bedarf aus rechtsstaatlichen und demokratischen Gründen der Kontrolle (→ § 20). Deshalb steht die Kommune unter *staatlicher Aufsicht*, worin sich die dritte Dimension des Kommunalrechts „nach oben" entfaltet. Dabei ist zwischen der allgemeinen Kommunalaufsicht als Rechtsaufsicht (→ § 21) und der besonderen Fachaufsicht als Recht- und Zweckmäßigkeitskontrolle (→ § 22) zu unterscheiden.

13 Das *kommunale Kooperationsrecht* stellt die vierte, „zur Seite" gewandte Richtung des Kommunalrechts dar (→ § 23). Es hat die Zusammenarbeit von Kommunen in Form von Zweckverbänden und anderen öffentlich-rechtlichen Organisationstypen sowie in Gestalt privatrechtlicher Gesellschaften zum Gegenstand.

14 Schließlich ist das kommunale Wirtschafts- und Finanzrecht zu behandeln, das auf alle vier soeben geschilderten Dimensionen des Kommunalrechts einwirkt (→ § 24). Zunächst sind die kommunalen Erträge wie Steuern, Vorzugslasten und Umlagen zu betrachten (→ § 25) und den Aufwendungen (→ § 26) gegenüberzustellen. Das kommunale Haushaltsrecht soll Erträge und Aufwendungen zur Deckung bringen, wobei der Einführung der Doppik besondere Bedeutung zukommt (→ § 27). Eine Schlüsselrolle nimmt schließlich die wirtschaftliche Betätigung der Kommunen in Form kommunaler Unternehmen ein (→ § 28).

15 **Übersicht 1-3: Die Dimensionen des Kommunalrechts**

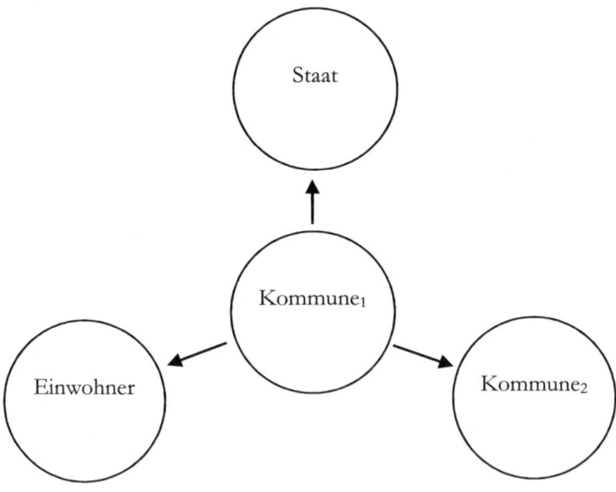

Blick von der Kommune	Beziehung	Dimension	Teilrechtsgebiet	Typischer Regelungsstandort	Vergleich mit Staats- und Völkerrecht
Nach oben	Kommune – Staat	Unter-/Überordnung	Kommunales Aufsichtsrecht	Kommunalordnung, Kapitel: „Aufsicht“	Bundesaufsicht
Zur Seite	Kommune1 – Kommune2	Gleichordnung	Kommunales Kooperationsrecht	„Gesetz über kommunale Gemeinschaftsarbeit“	Völkerrechtliches Vertragsrecht; Staatsverträge zwischen Ländern
Nach unten	Kommune – Einwohner	Über-/Unterordnung	Kommunales Einwohnerrecht	Kommunalordnung, Kapitel: „Einwohner und Bürger“	Grundrechte
In den Spiegel	Kommune intern	Selbstordnung	Innere Kommunalverfassung	Kommunalordnung, Kapitel: „Innere Kommunalverfassung“	Staatsorganisationsrecht
In alle Richtungen	Kommune intern sowie zu Staat, anderen Kommunen, Einwohnern	Umfassende Ordnung	Kommunales Wirtschafts- und Finanzrecht	Kommunalordnung, Kapitel: „Kommunalwirtschaft“	Finanzverfassungs- und Haushaltsrecht

V. Weitere Kommunalwissenschaften

Dieses Lehrbuch betrachtet die kommunale Selbstverwaltung aus *rechts*wissenschaftlicher Perspektive. Die Selbstverwaltung kann aber auch von sonstigen Standpunkten aus mit anderen Methoden untersucht und zum Gegenstand weiterer Wissenschaften gemacht werden. So analysiert bspw. das Public Management[1] die Kommunen aus wirtschaftswissenschaftlicher Sicht. Die Stadtsoziologie[2] erforscht die gesellschaftlichen Verhältnisse in großstädtischen Verdichtungsräumen, Teilgebiete der Politologie[3] beschäftigen sich mit politischem Handeln auf kommunaler Ebene. Die Siedlungsgeographie[4] hat die raumbezogene Er- 16

1 *Spiegel,* in: Mann/Püttner (Hrsg.), Handbuch der kommunalen Wissenschaft und Praxis, Bd. I, Grundlagen und Kommunalverfassung, 3. Auflage, 2007, § 2, Rn. 7.

2 *Häussermann/Siebel,* Stadtsoziologie, Eine Einführung, 2004, S. 11 ff.

3 *Burgi,* Kommunalrecht, 4. Auflage, 2012, § 1, Rn. 8.

4 *Heineberg,* Der Beitrag der Stadtgeographie zur kommunalwissenschaftlichen Forschung in der Bundesrepublik Deutschland, in: Hesse (Hrsg.), Kommunalwissenschaften in der Bundesrepublik Deutschland, 1989, S. 265.

forschung städtischer Strukturen, Funktionen, Prozesse und Probleme zum Gegenstand. All diese Wissenschaften lassen sich unter der Bezeichnung *Kommunalwissenschaften* zusammenfassen.

VI. Kontrollfragen

17 1) Was versteht man unter einer Kommune? (Rn. 2)
2) Aus welchen Rechtsquellen wird das Kommunalrecht gespeist? (Rn. 5, 6.)
3) Warum könnte man das Kommunalrecht auch zum Allgemeinen Verwaltungsrecht zählen? (Rn. 1)
4) Welche Dimensionen des Kommunalrechts sind zu unterscheiden? (Rn. 9-15)
5) Welche weiteren Wissenschaften neben dem Kommunalrecht haben die Kommunen zum Gegenstand? (Rn. 16)

Literatur zu § 1

18 *Rennert,* Die Klausur im Kommunalrecht, JuS 2008, S. 29 – 34, S. 119-125, 211–217
Schliesky, Ausgewählte Grundfragen des Kommunalrechts, JA 1999, 515–523
Seybold, Die typische kommunalrechtliche Klausur, DVP 2013, S. 11-17, 66–72

§ 2 Geschichte der kommunalen Selbstverwaltung

I. Grundlagen

Die Geschichte der kommunalen Selbstverwaltung ist für das Verständnis der heute geltenden kommunalrechtlichen Bestimmungen nach wie vor von Bedeutung. Bei der Betrachtung der historischen Regelungen stehen im Folgenden drei Fragen im Vordergrund: 1) Werden die Kommunen als Teil der Gesellschaft oder als Teil des Staates begriffen? 2) Handelt es sich um Einwohner- oder um Bürgerkommunen? 3) Gelten für die Kommunen einheitliche staatliche Regelungen? **19**

Von der Beantwortung der ersten Frage hängt es ab, ob die kommunale Selbstverwaltung als Grundrecht oder als hoheitliches Organisationsprinzip verstanden wird. Dies hat Einfluss auf den kommunalen Aufgabenkreis, die Staatsaufsicht und den Rechtsschutz der Kommune. Die Antwort auf die zweite Frage bestimmt die personelle Reichweite des Kommunalwahlrechts sowie das Verhältnis der gewählten Vertretungskörperschaft zum (meist gewählten) Hauptverwaltungsbeamten. Der dritten Frage liegt zu Grunde, ob der staatliche Gesetzgeber eine einheitliche Ordnung für alle Kommunen erlassen hat, zwischen Städten und Landgemeinden differenziert, für einzelne Teile des Staatsgebiets gesonderte Regelungen trifft oder gar für jede Kommune eine eigene Grundordnung beschließt. **20**

II. Stein'sche Städteordnung

Die Geschichte der kommunalen Selbstverwaltung im modernen Sinne setzt in Deutschland ein mit der Preußischen Städteordnung 1808[1]. Diese vom Reichsfreiherrn *Heinrich vom und zum Stein*[2] geprägte Kommunalordnung war Teil der Stein-Hardenbergschen Reformen zur umfassenden Erneuerung des durch *Napo-* **21**

---

[1] Städteordnung vom 19.11.1808, Publikation erfolgte in Form von vier Zeitungsbeilagen, welche für die Behörden nachträglich zusammengeheftet wurden. Textausgabe mit Einführung von *Krebsbach*, Heft 1 der Neuen Schriften des Deutschen Städtetages, Stuttgart, Köln, 1957; außerdem abgedruckt bei *Engeli/Haus*, Quellen zum modernen Gemeindeverfassungsrecht in Deutschland, 1975, S. 101 ff.

[2] Heinrich Friedrich Karl vom und zum Stein, geb. 1757 in Nassau, gest. 1831 in Cappen.

leon bedrohten preußischen Staates. Im Gewand einer Förderung des Bürgersinns auf kommunaler Ebene sollte der preußische Staat selbst gestärkt werden. Die geistigen Wurzeln dieser Städteordnung lagen in den französischen Reformgesetzen vom 14.12. und 22.12.1789, im liberalen Gedankengut der Aufklärung und in der organischen Staatslehre der Romantik[3], nach der die Gemeinden als „politische Familien" dem zentralistischen Einheitsstaat gegenüberstehen sollten.

22 Die *Stein'sche* Städteordnung betonte das kommunale Ehrenamt, unterschied bei den Einwohnern zwischen grundbesitzenden Bürgern und Schutzverwandten und räumte den Bürgern das Recht ein, ihre Magistrate zu wählen und die inneren Angelegenheiten der Stadt selbst zu ordnen. Die Staatsaufsicht über die Städte wurde stark eingeschränkt; gewählte Magistrate waren nur noch zu bestätigen, erlassene Satzungen zu genehmigen. Außerdem konnten die Einwohner Beschwerden über die städtische Verwaltung an die Staatsaufsicht richten.

23 Die Städteordnung galt ursprünglich nur für die Städte in den östlichen Provinzen Preußens, während in der Rheinprovinz und in Westfalen in Anlehnung an das französische Recht die Gemeinde als staatlicher Verwaltungsbezirk mit dem Maire (Bürgermeister) als Leiter organisiert wurde. Auch die Landkreise und die kreisangehörigen Landgemeinden unterfielen nicht der Geltung dieses Reformgesetzes. Hier blieb es bei den Regelungen aus dem Preußischen Allgemeinen Landrecht von 1794[4] samt der darin vorgesehenen obrigkeitlichen Kommunalverwaltung. Zur Ausführung der Städteordnung wurden Kabinettsordres und Ministerialreskripte erlassen, welche die Städteordnung unter Rückgriff auf das Allgemeine Landrecht im konservativen Sinne auslegten und umdeuteten.

III. Deutscher Bund und Paulskirchenverfassung

24 Im Deutschen Bund von 1815–1866 wurde das Kommunalrecht als Teil der inneren Angelegenheiten der Bundesmitglieder betrachtet, auf die der Bund grds. keinen Einfluss nahm. Dies führte in den einzelnen Mitgliedstaaten des Deutschen Bundes zu im Einzelnen recht unterschiedlichen Entwicklungen des Kommunalrechts, wobei die süddeutschen Bestimmungen tendenziell eine liberalere Grundhaltung erkennen ließen als die Regelungen in den übrigen Bundesgebieten.

25 Die Württembergische Verfassung von 1819[5] bezeichnete die Gemeinden als die „Grundlage des Staatsvereins", was in dem Württembergischen Edikt über die Verwaltung der Gemeinden, Stiftungen und Oberämter von 1822[6] näher ausgeführt wurde. Eine ausdrückliche verfassungsrechtliche Regelung der Ge-

[3] *Gern*, Deutsches Kommunalrecht, 3. Auflage, 2003, Rn. 5.
[4] *Gern*, Deutsches Kommunalrecht, 3. Auflage, 2003, Rn. 8.
[5] Verfassung vom 25.9.1819, Württembergisches Regierungsblatt 1819 S. 633.
[6] Edikt vom 1.3.1822, Württembergisches Regierungsblatt 1822 S. 131.

meinden und Bezirksräte traf auch die Kurhessische Verfassung von 1831[7]. Das Badische Gemeindegesetz[8] aus demselben Jahr schließlich hob die Unterscheidung zwischen Orts- und Schutzbürgern auf und beseitigte das Zensuswahlrecht, verstärkte aber die Staatsaufsicht und näherte sich damit erneut französischen Vorbildern an.

In Preußen schließlich wurde neben der Stein'schen Städteordnung von 1808 **26**
die Revidierte Städteordnung von 1831[9] erlassen, welche die Polizeigewalt auf den Bürgermeister, nicht mehr auf den Magistrat, delegierte und die Befugnisse der Staatsaufsicht erweiterte. In der Folge setzte sich die Revidierte Städteordnung immer mehr auf Kosten der Stein'schen Städteordnung durch.

Die in den Einzelstaaten einsetzenden Restaurationstendenzen führten dazu, **27**
dass im Zuge der Revolution von 1848/49 auch die Forderung nach einer verfassungsrechtlichen Absicherung der kommunalen Selbstverwaltung auf gesamtstaatlicher Ebene erhoben wurde. Dieser Forderung kam § 184 PaulskirchenV nach: *„Jede Gemeinde hat als Grundrechte ihrer Verfassung: a) die Wahl ihrer Vorsteher und Vertreter; b) die selbständige Verwaltung ihrer Gemeindeangelegenheiten mit Einschluß der Ortspolizei, unter gesetzlich geordneter Oberaufsicht des Staates; c) die Veröffentlichung ihres Gemeindehaushaltes; d) Öffentlichkeit der Verhandlungen als Regel.“*

Die Paulskirchenverfassung[10] rechnete die Gemeinden somit zur Sphäre ge- **28**
sellschaftlicher Selbstverwaltung, die durch das kollektive Grundrecht der kommunalen Selbstverwaltung vor der monarchisch dominierten Exekutive zu schützen waren. Die Gemeinden sollten ihre inneren Angelegenheiten selbst regeln dürfen, wobei die Paulskirchenverfassung nicht den Kreis der Wahlberechtigten festlegte. Durch die Bindung der Staatsaufsicht an eine gesetzliche Grundlage sollten unkontrollierte Eingriffe der Exekutive unterbunden werden. Die Erstreckung des Grundrechts der kommunalen Selbstverwaltung auf jede Gemeinde hätte Unterschiede zwischen Stadt- und Landgemeinden weitgehend aufgehoben und das Kommunalrecht in den einzelnen deutschen Ländern einander angeglichen.

Zwar trat die Paulskirchenverfassung bekanntermaßen nicht in Kraft, der po- **29**
litische Druck der Jahre 1848/49 führte jedoch in Preußen zum Erlass der (revidierten) Verfassung von 1848/50[11]. Deren Art. 105 garantierte *„die selbständige Verwaltung [der] Gemeindeangelegenheiten unter gesetzlich geordneter Oberaufsicht des Staates“*. In Ausfüllung dieser verfassungsrechtlichen Gewährleistung erging die von

---

[7] Verfassungsurkunde für das Kurfürstentum Hessen vom 5.1.1831, Gesetz- und Verordnungs-Sammlung 1831 S. 1.

[8] Gesetz vom 31.12.1831, Badisches Staats- und Regierungsblatt 1832 S. 81; abgedruckt bei *Engeli/Haus*, a.a.O., S. 205ff.

[9] Revidierte Städteordnung vom 17.3.1831, PrGS 1831 S. 10; abgedruckt bei *Engeli/Haus*, a.a.O., S. 180ff.

[10] Verfassung des deutschen Reiches vom 28.3.1849, RGBl. 1849 S. 101.

[11] Verfassungsurkunde für den Preußischen Staat vom 31.1.1850, PrGS 1850 S. 17.

einer liberalen Grundhaltung geprägte Gemeindeordnung 1850[12], die unter Aufhebung aller vorangegangenen Städte- und Landgemeindeordnungen für Stadt und Land gleichermaßen gelten sollte.

30 Nachdem die politischen Kräfte der Restauration auch in Preußen wieder die Oberhand gewonnen hatten, wurde indes schon 1852 durch königlichen Erlass[13] angeordnet, mit der Einführung der Gemeindeordnung 1850 *„nicht weiter vorzugehen"* und durch Gesetz von 1853[14] wurde die Gemeindeordnung schließlich wieder aufgehoben und durch auf dem Dreiklassenwahlrecht beruhende Regelungen ersetzt. In der Folge setzte sich die preußische landesinterne Rechtszersplitterung des Kommunalrechts fort.[15]

31 In der wissenschaftlichen Erörterung des Kommunalrechts zeichneten sich besonders *Rudolf v. Gneist* (1816–1895) und *Lorenz v. Stein* (1815–1890) aus. In seinem Werk über *„Das heutige englische Verfassungs- und Verwaltungsrecht"*[16] deutete *v. Gneist* die kommunale Selbstverwaltung in Deutschland im Sinne des englischen local government. Er betonte das bürgerschaftliche Engagement und das Ehrenamt, stellte die Gemeinden aber nicht als selbstständige Hoheitsträger neben dem Staat heraus. Hingegen verstand *Lorenz v. Stein* in seiner *„Verwaltungslehre"*[17] die Gemeinden als Erscheinungsform der interessengeleiteten bürgerlichen Gesellschaft im Gegensatz zum idealistisch verstandenen Staat. Er hob die sozialen Aufgaben der Gemeinden hervor, nicht aber die bürgerliche Selbstverwaltung.

---

[12] Gemeindeordnung vom 11.3.1850, PrGS 1850 S. 231; abgedruckt bei *Engeli/Haus*, a.a.O., S. 310ff.

[13] Erlass vom 19.6.1852, PrGS 1852 S. 288.

[14] Gesetz vom 24.5.1853, PrGS 1853 S. 238.

[15] Städteordnung für die östlichen Provinzen vom 30.5.1853, PrGS 1853 S. 261; abgedruckt bei *Engeli/Haus*, a.a.O., S. 370ff; Städteordnung für die Provinz Westfalen vom 19.3.1856, PrGS 1856 S. 237; Landgemeindeordnung für die Provinz Westfalen vom 19.3.1856, PrGS 1856 S. 256; Städteordnung für die Rheinprovinz vom 15.5.1856, PrGS 1856 S. 406; abgedruckt bei *Engeli/Haus*, a.a.O., S. 396ff; Revidierte Städteordnung für die Provinz Hannover vom 24.6.1858, Hann.GS 1858 S. 141; Gemeindeverfassungsgesetz für die Stadt Frankfurt am Main vom 25.5.1867, PrGS 1867 S. 401; Gesetz betreffend die Verfassung und Verwaltung der Städte und Flecken in der Provinz Schleswig-Holstein vom 14.4.1869, PrGS 1869 S. 589; abgedruckt bei *Engeli/Haus*, a.a.O., S. 422ff; Landgemeindeordnung für die sieben östlichen Provinzen vom 3.7.1891, PrGS 1891 S. 233; abgedruckt bei *Engeli/Haus*, a.a.O., S. 540ff; Landgemeindeordnung für die Provinz Schleswig-Holstein vom 4.7.1892, PrGS 1892 S. 155; Städteordnung für die Provinz Hessen-Nassau vom 4.8.1897, PrGS 1897 S. 254; Landgemeindeordnung für die Provinz Hessen-Nassau vom 4.8.1897, PrGS 1897 S. 301; Hohenzollern'sche Gemeindeordnung vom 2.7.1900, PrGS 1900 S. 189.

[16] *Rudolf v. Gneist*, Das heutige englische Verfassungs- und Verwaltungsrecht, 1857/1860.

[17] *Lorenz v. Stein*, Verwaltungslehre, 1. Teil, 2. Abteilung, 2. Auflage, 1869.

IV. Deutsches Kaiserreich

Sowohl die Verfassung des Norddeutschen Bundes von 1867[18] als auch die Reichsverfassung von 1871[19] beließen den Einzelstaaten die Regelung des Kommunalrechts und enthielten im Unterschied zur Paulskirchenverfassung keine ausdrückliche Gewährleistung der kommunalen Selbstverwaltung. 32

Die Einzelstaaten machten von ihrer Regelungsbefugnis in sehr unterschiedlicher Weise Gebrauch. In Preußen[20] setzte sich die 1852/53 begonnene Restauration im Kommunalrecht fort: Das Dreiklassenwahlrecht blieb unverändert, nur die technischen Formen des Kommunalrechts wurden weiterentwickelt, z.B. im Zweckverbandsgesetz 1911[21]. In Sachsen und den süddeutschen Mittelstaaten galten liberalere kommunalrechtliche Regelungen; während in den mecklenburgischen Staaten weiterhin spätfeudale Strukturen dominierten. 33

In der wissenschaftlichen Betrachtung des Kommunalrechts ist *Otto v. Gierkes* (1841–1921) *„Deutsches Genossenschaftsrecht"*[22] von besonderer Bedeutung. Darin betont er die ursprüngliche Eigenständigkeit der Gemeinde gegenüber dem Staat, wobei die Genossenschaft der Vollbürger Träger der Gemeinderechte sein soll. 34

V. Weimarer Republik

Eine erneute Verankerung der Garantie kommunaler Selbstverwaltung auch auf Ebene der gesamtstaatlichen Verfassung erfolgte erst in der Weimarer Reichsverfassung[23]. Während der Verfassungsentwurf von *Hugo Preuß* die kommunalrechtlichen Bestimmungen noch in den Abschnitt *„Das Reich und die deutschen Freistaaten"* eingeordnet hatte, wurde in dem letztlich beschlossenen Verfassungstext die kommunale Autonomie als Art. 127 WRV: *„Gemeinden und Gemeindeverbände haben das Recht der Selbstverwaltung innerhalb der Schranken der Gesetze."* in den Zweiten Hauptteil: *„Grundrechte und Grundpflichten der Deutschen"* versetzt. Somit betrachtete der Verfassungsgeber formal die kommunale Selbstverwaltung in gleicher Weise wie nach der Paulskirchenverfassung als kollektives Grundrecht. Im Unterschied zu 1848/49 war mit der Republikgründung 1919 jedoch die Frontstellung zwischen monarchisch dominierter Exekutive und bürgerlicher Gesellschaft entfallen, weshalb die Einordnung der kommunalen Selbstverwaltung unter die Grundrechte nunmehr als systematisch verfehlt erschien. 35

---

[18] Verfassung des Norddeutschen Bundes vom 16.4.1867, BGBl. 1867 S. 2.

[19] Reichsverfassung vom 16.4.1871, RGBl. 1871 S. 63.

[20] Siehe auch *Ackermann,* Die Bedeutung der Rechtsprechung des Preußischen Oberverwaltungsgerichts zum Kommunalrecht für unsere heutige Dogmatik, 2012.

[21] Preußisches Zweckverbandsgesetz vom 19.7.1911, PrGS 1911 S. 115.

[22] *Otto v. Gierke*, Deutsches Genossenschaftsrecht (1868-1913).

[23] Die Verfassung des Deutschen Reiches vom 11.8.1919, RGBl. 1919 S. 1383.

36 Folgerichtig interpretierte denn auch der Staatsgerichtshof für das Deutsche Reich[24] Art. 127 WRV ungeachtet dessen systematischer Stellung nicht als Grundrecht der Gemeinden und Gemeindeverbände, sondern als institutionelle Garantie der Selbstverwaltung. Deshalb bestehe kein Bestandsschutz für die einzelne Kommune, dieser komme kein Recht auf die Wahrnehmung bestimmter Aufgaben zu, auch könne sie keinen subjektiven Rechtsschutz gegen Maßnahmen des Gesetzgebers beanspruchen. Andererseits dürfe der Gesetzgeber die kommunale Selbstverwaltung aber auch nicht derart einschränken, dass sie innerlich ausgehöhlt werde, die Kommunen die Gelegenheit zu kraftvoller Betätigung verlören und nur noch ein Schattendasein führten. An diese Deutung der kommunalen Autonomie als institutionelle Garantie hat dann das BVerfG zur Interpretation des Art. 28 II GG angeknüpft, wenngleich das Grundgesetz nunmehr in Art. 93 I Nr. 4b GG jeder einzelnen Kommune eine Rechtsschutzmöglichkeit eröffnet (→ Rn. 105).

37 Die Weimarer Reichsverfassung bestimmte außerdem in Art. 17 II, dass die Grundsätze für die Wahlen zu den Volksvertretungen auf Landesebene auch für die Gemeindewahlen gelten. Eine vergleichbare Regelung enthält heute Art. 28 I 2 GG. Hingegen führte die Tendenz, die Befugnisse der Länder zu schonen, zur Streichung einer in einem früheren Entwurf noch vorgesehenen Bestimmung über die Staatsaufsicht. In gleicher Weise sucht man auch im Grundgesetz eine ausdrückliche Regelung der Aufsicht über die Kommunen (und über andere Selbstverwaltungskörperschaften) vergebens.

38 Im Ergebnis beseitigte die Weimarer Reichsverfassung mit diesen Bestimmungen die letzten Reste ständischer Gestaltung in den Gemeinden und feudaler Strukturen in den Landkreisen. In der Folge passten die Länder ihre Kommunalordnungen den Bestimmungen der Weimarer Reichsverfassung an; es erfolgten aber keine grundlegenden Reformen der Kommunalgesetze, insbesondere konnte die innerpreußische Kommunalrechtszersplitterung nicht überwunden werden. Die kommunale Selbstverwaltung wurde dann v.a. seit 1932 durch die Weltwirtschaftskrise beeinträchtigt, die zum finanziellen Zusammenbruch vieler Kommunen führte, was die Einsetzung von Staatskommissaren und den Gebrauch weiterer Aufsichtsmittel erzwang.

39 **Übersicht 2-1: Verfassungsrechtliche Einordnung der Garantie kommunaler Selbstverwaltung als Grundrecht?**

Verfassung	**Formelle Einordnung in der Verfassung**	**Materielle Betrachtung**
§ 184 Paulskirchenverfassung	Kollektives Grundrecht	Kollektives Grundrecht
Art. 127 Weimarer Reichsverfassung	Kollektives Grundrecht	Institutionelle Gewährleistung
Art. 28 II Grundgesetz	Institutionelle Gewährleistung	Institutionelle Gewährleistung, die mit KVfB verteidigt werden kann

---

[24] RGZ 126, Anhang S. 14 (22).

VI. Nationalsozialismus

Die Garantie kommunaler Selbstverwaltung war mit dem Ziel des Nationalsozialismus, einen auf dem Führerprinzip aufbauenden Einheitsstaat zu schaffen, unvereinbar und wurde in zwei Schritten beseitigt: Zuerst erfolgte Ende 1933 in Preußen als dem größten deutschen Land mit dem Gemeindeverfassungsgesetz[25] und dem Gemeindefinanzgesetz[26] ein Schlag gegen die kommunale Selbstverwaltung. Sodann beschloss 1935 die Reichsregierung mit Geltung für das gesamte Reich die Deutsche Gemeindeordnung[27]. Diese zählte laut Präambel zu den *„Grundgesetz[en] des nationalsozialistischen Staates"*. 40

Sie betonte einerseits die *„eigene[...] Verantwortung"*[28] der Gemeinden, andererseits hatte deren Wirken *„im Einklang mit den Gesetzen und den Zielen der Staatsführung"*[29] zu stehen. Die Gemeinden wurden in Anwendung des Führerprinzips organisiert. Der Bürgermeister als Gemeindeführer leitete die Gemeinde *„in voller und ausschließlicher Verantwortung"*[30], wobei neben der Kommunalverwaltung der Beauftragte der NSDAP stand, der jederzeit in die gemeindlichen Angelegenheiten eingreifen konnte. Zur Kriegsvorbereitung wurden mit dem Erlass über die Vereinfachung der Verwaltung 1939[31] den Aufsichtsbehörden Weisungsbefugnisse eingeräumt, womit die Gemeinden endgültig nur noch als nachgeordnete Dienststellen der Reichsverwaltung anzusehen waren. Daneben bestanden trotz des Bekenntnisses der Deutschen Gemeindeordnung zur umfassenden Zuständigkeit der Gemeinden weiterhin zahlreiche Sonderbehörden des Staates und der Partei auch auf lokaler Ebene. 41

Eine der Deutschen Gemeindeordnung vergleichbare einheitliche Regelung des Rechts der Landkreise erfolgte nicht mehr. Das kommunale Kooperationsrecht, das wegen der Gleichberechtigung der an der Zusammenarbeit teilnehmenden Kommunen in einem gewissen inneren Spannungsverhältnis zum Führerprinzip stand, wurde erst 1939 im Reichszweckverbandsgesetz[32] geregelt. 42

Im Ergebnis beseitigte die Deutsche Gemeindeordnung zwar die erhebliche Rechtszersplitterung in Preußen und zwischen den deutschen Ländern, schuf Rechtssicherheit in den bisher in einzelnen Ländern nicht ausdrücklich gesetzlich geregelten Bereichen und bildete das Recht v.a. im kommunalen Wirtschaftsrecht fort. Diese Fortschritte wurden aber mit einer antidemokratischen Ausrich- 43

[25] Gemeindeverfassungsgesetz vom 15.12.1933, PrGS 1933 S. 427.

[26] Gemeindefinanzgesetz vom 15.12.1933, PrGS 1933 S. 442.

[27] Deutsche Gemeindeordnung vom 30.1.1935, RGBl. 1935 I S. 49; abgedruckt bei *Engeli/Haus*, a.a.O., S. 673ff.

[28] § 1 II 2 DGO.

[29] § 1 II 3 DGO.

[30] § 32 I DGO.

[31] Erlass vom 28.8.1939, RGBl. 1939 I S. 1535.

[32] Reichszweckverbandsgesetz vom 6.7.1939, RGBl. 1939 I S. 979; dazu *Schmidt*, Kommunale Kooperation, S. 47 ff.

tung der inneren Gemeindeverfassung und einer erheblichen Verschärfung des Aufsichtsrechts erkauft.

VII. Nachkriegszeit

44 In der Nachkriegszeit sahen sich die Kommunen mit Nahrungsmittelknappheit ihrer Einwohner, zerstörten Wohnungen und fehlenden Arbeitsplätzen konfrontiert. All diese Probleme mussten auf kommunaler Ebene angegangen werden, weil übergeordnete deutsche Verwaltungsebenen nach dem Zusammenbruch des nationalsozialistischen Staates nicht mehr existierten. Der Wiederaufbau der öffentlichen Verwaltung erfolgte von der kommunalen Basis her, was Art. 11 IV BayV 1946 *„Die Selbstverwaltung der Gemeinden dient dem Aufbau der Demokratie in Bayern von unten nach oben.“* anschaulich zum Ausdruck gebracht hat.

45 In dieser Zeit steckten vier unterschiedliche Rechtsschichten den Rahmen kommunalen Wirkens ab: Die Bestimmungen der *Weimarer Zeit* bildeten das Vorbild für den wieder zu erreichenden Standard kommunaler Selbstverwaltung. Die *Deutsche Gemeindeordnung* war weiterhin von maßgebendem Einfluss. Ihre eher rechtstechnischen Regeln wie das kommunale Wirtschaftsrecht wurden nach wie vor herangezogen, während genuin nationalsozialistische Bestimmungen wie das Führerprinzip keine Anwendung mehr fanden. Die dadurch aufgerissene Lücke v.a. in der inneren Kommunalverfassung wurde durch von den *Besatzungsmächten* nach dem Vorbild ihres jeweiligen heimischen Kommunalrechts erlassene Vorschriften geschlossen. So wurde bspw. in der britischen Besatzungszone nach englischem Modell eine kommunale Doppelspitze mit einem Bürgermeister für repräsentative Funktionen und einem Gemeindedirektor für Verwaltungsaufgaben eingeführt – ein Organisationsprinzip, das bis in die 90er Jahre des vergangenen Jahrhunderts in Niedersachsen fortwirkte. Schließlich entwickelten die deutschen kommunalen Spitzenverbände *eigene Entwürfe für Reformgesetze*. So stellte der Deutsche Städtetag 1947 den Entwurf einer Deutschen Gemeindeordnung[33] als Leitbild für von den jeweiligen Landesgesetzgebern zu beschließende Regelungen vor. Um landesspezifischen Besonderheiten in den verschiedenen Besatzungszonen Rechnung zu tragen, enthielt dieser Entwurf fünf verschiedene Varianten der inneren Kommunalverfassung. Der nach dem Ort seiner Verabschiedung so bezeichnete Weinheimer Entwurf[34] des Folgejahres hat dann v.a. Bedeutung erlangt mit seinem monistischen Modell der Kommunalaufgaben, gepaart mit Regelungen der Sonderaufsicht, das in einigen Ländern noch heute weiterlebt in den Pflichtaufgaben zur Erfüllung nach Weisung (→ Rn. 235).

---

[33] Abgedruckt bei *Engeli/Haus*, a.a.O., S. 740ff.

[34] Abgedruckt als Anhang zur Textausgabe der Gemeindeordnung für Schleswig-Holstein, hrsg. von Fritz Markull, Göttingen, 1950.

VIII. Entwicklung in der Bundesrepublik Deutschland

Das 1949 erlassene Grundgesetz enthält in Art. 28 II GG eine sehr starke verfassungsrechtliche Gewährleistung der kommunalen Selbstverwaltung. Diese wird nun im Unterschied zur Weimarer Reichsverfassung auch systematisch zutreffend nicht mehr im Grundrechtsteil eingeordnet, sondern die Kommunen werden als Teil der hoheitlichen Verwaltung begriffen und im Abschnitt *„Der Bund und die Länder“* behandelt. 46

Die Deutsche Gemeindeordnung galt ungeachtet ihres Erlasses durch die Reichsregierung gemäß Art. 123 I GG fort, soweit sie nicht spezifisch nationalsozialistische Regelungen wie das Führerprinzip enthielt. Da den Ländern nach Art. 30; 70 GG das Kommunalrecht zur Regelung zugewiesen worden ist, bestand die Deutsche Gemeindeordnung im Umkehrschluss zu Art. 124; 125 GG als paralleles Landesrecht weiter. Sie wurde in der Folge in den einzelnen Ländern rasch durch landesspezifische Kommunalordnungen abgelöst, womit die 1935 gewonnene Rechtseinheit wieder verloren ging. Dennoch sind die landesrechtlichen Regelungen auf Grund der gemeinsamen Basis in der Deutschen Gemeindeordnung, der verfassungsrechtlichen Vorgaben des Grundgesetzes und der Praxis, Recht unter Berücksichtigung der in anderen Ländern getroffenen Regelungen zu setzen, einander recht ähnlich. Denn das in weiten Bereichen eher rechtstechnisch geprägte Kommunalrecht eignete sich nicht in gleicher Weise wie etwa das Schulrecht für parteipolitisch geprägte Profilierungsversuche. 47

IX. Entwicklung in der Deutschen Demokratischen Republik

Die erste DDR-Verfassung von 1949[35] garantierte in Art. 139 ff. den Gemeinden und Gemeindeverbänden das Recht der Selbstverwaltung in eng an die Weimarer Reichsverfassung angelehnten Formulierungen. Art. 139 I DDR-V 1949 lautete: *„Gemeinden und Gemeindeverbände haben das Recht der Selbstverwaltung innerhalb der Gesetze der Republik und der Länder.“* 48

Schon 1952 wurden aber die Länder aufgelöst, die errichteten Bezirke sowie die Kreise neu geordnet.[36] 1953 wurden die Kommunen dann endgültig von Gebietskörperschaften mit Selbstverwaltung zu territorialen Untergliederungen des Staates umgeformt.[37] Ihr höchstes Organ war jeweils eine Vertretungskörper- 49

[35] Verfassung der Deutschen Demokratischen Republik vom 7.10.1949, DDR-GBl. 1949 I S. 5.

[36] Gesetz über die weitere Demokratisierung des Aufbaus und der Arbeitsweise der staatlichen Organe in den Ländern der DDR vom 23.7.1952, DDR-GBl. 1952 S. 613; Ordnung der Bezirke vom 24.7.1952, DDR-GBl. 1952 I S. 619; Ordnung der Kreise vom 24.7.1952, DDR-GBl. 1952 I S. 623.

[37] Ordnung über den Aufbau und die Aufgaben der Stadtverordnetenversammlung und ihrer Organe in den Stadtkreisen vom 8.1.1953, DDR-GBl. 1953 S. 53.

schaft, deren Beschlüsse aber jederzeit durch Entscheidungen eines höheren Gremiums aufgehoben werden konnten. 1957 erging dann das Gesetz über die örtlichen Organe der Staatsmacht[38], welches die letzten Reste kommunaler Selbstverwaltung beseitigte. Auf jeder Ebene wählte die jeweilige Vertretungskörperschaft den Rat und dessen Vorsitzenden als kollegiales Exekutivorgan. Dieser Rat war nach dem Prinzip der doppelten Unterstellung sowohl der Vertretungskörperschaft derselben Ebene als auch dem Rat der übergeordneten Ebene verantwortlich.

50 Diese einfachgesetzlichen Entwicklungen vollzog dann die zweite DDR-Verfassung von 1968/74[39] nach, die in den Art. 81 ff. *„Die örtlichen Volksvertretungen und ihre Organe"* die Kommunen nur noch als lokale Staatsebene betrachtete, die örtliche Staatsaufgaben zu erfüllen hatten, aber über keinen eigenen Wirkungskreis mehr verfügten. Den örtlichen Volksvertretern kamen kaum eigene Entscheidungsbefugnisse zu, vielmehr hatten sie die Bürger im sozialistischen Sinne zu erziehen und ihnen die Politik der Staatsführung zu erläutern. Auf dieser Linie lagen auch die Gesetze über die örtlichen Volksvertretungen in der DDR von 1973 und 1985.[40]

X. Politische Wende 1989 und Wiedervereinigung

51 Nach der politischen Wende 1989/90 beschloss die im März 1990 frei gewählte DDR-Volkskammer im Mai 1990 eine neue DDR-Kommunalverfassung 1990[41]. Darin wurden die Art. 81 ff. der DDR-Verfassung von 1968/74 aufgehoben und das in den Gesetzen von 1973 und 1985 verfolgte Leitbild sozialistischer Gesetzlichkeit aufgegeben. Die DDR-Kommunalverfassung orientierte sich vielmehr an westdeutschen Vorbildern und verstand die Kommunen wieder als vom Staat getrennte, selbstständige Hoheitsträger mit eigenem Wirkungskreis, ausgestattet mit dem Recht der Selbstverwaltung.

52 Gemäß Art. 9 I 1 Einigungsvertrag[42] galt die DDR-Kommunalverfassung in den fünf neuen Ländern als paralleles Landesrecht fort. Diese partielle Rechtseinheit ist dann in der ersten Hälfte der 90er Jahre des vergangenen Jahrhunderts verloren gegangen durch den Erlass landesspezifischer Kommunalordnungen,

[38] Gesetz über die örtlichen Organe der Staatsmacht vom 18.1.1957, DDR-GBl. 1957 I S. 65 f.

[39] Verfassung vom 6.4.1968, DDR-GBl. 1968 I S. 199, novelliert am 7.10.1974, DDR-GBl. 1974 I S. 432.

[40] Gesetz über die örtlichen Volksvertretungen in der DDR vom 12.7.1973, DDR-GBl. 1973 I S. 313; Gesetz über die örtlichen Volksvertretungen in der DDR vom 4.7.1985, DDR-GBl. 1985 I S. 213.

[41] Gesetz über die Selbstverwaltung der Gemeinden und Landkreise in der DDR (Kommunalverfassung) vom 17.5.1990, DDR-GBl. 1990 I S. 255.

[42] Vertrag über die Herstellung der Einheit Deutschlands vom 31.8.1990, BGBl. 1990 II S. 889.

die zwar von der DDR-Kommunalverfassung ihren Ausgang nahmen, sich im Übrigen aber recht stark an dem Kommunalrecht der jeweiligen westdeutschen Partnerländer orientierten, die beim Aufbau der Verwaltung halfen. Seitdem hat sich das Kommunalrecht auch in den neuen Ländern landeseigentümlich weiterentwickelt, insbesondere was die Gebiets- und Funktionalreform betrifft.

XI. Aktuelle Entwicklungen

Das Kommunalrecht wird als Querschnittsmaterie von Entwicklungen in zahlreichen anderen Rechtsgebieten beeinflusst. Im Vordergrund stehen dabei zunehmende Eingriffe der Europäischen Union, z.B. im Sparkassenwesen, im öffentlichen Personennahverkehr sowie in der kommunalen Vergabepraxis. Dabei hält die Absicherung der kommunalen Selbstverwaltung auf europäischer Ebene nicht immer mit diesen Eingriffen Schritt. Daneben wandelt sich das Kommunalrecht durch die stärker wirtschaftliche Orientierung zahlreicher kommunaler Tätigkeitsfelder v.a. der Daseinsvorsorge einerseits, den Rückgang des ehrenamtlichen Engagements der Bürger andererseits. Der demographische Wandel, der mit einem Bevölkerungsrückgang in ländlichen Gebieten einhergeht, wird zu weiteren Gebiets- und Funktionalreformen sowie zu verstärkter kommunaler Kooperation zwingen. Dies wird überschattet von der allgegenwärtigen Finanzkrise der Kommunen, welche die kommunalen Handlungsspielräume stark einengt. 53

Übersicht 2-2: Zeittafel zum Kommunalrecht 54

1794 Preußisches Allgemeines Landrecht: Obrigkeitliche Kommunalverwaltung

1808 Preußische Städteordnung (vom Stein): Ehrenamt, Bürger-Schutzverwandte, Selbstverwaltung

1831 Revidierte Preußische Städteordnung: Bürgermeister, nicht Magistrat, als Polizeibehörde, verstärkte Staatsaufsicht

1849 § 184 Paulskirchenverfassung: Kollektives Grundrecht der kommunalen Selbstverwaltung; Staatsaufsicht auf gesetzlicher Grundlage, Unterschiede zwischen Gemeinden sollen aufgehoben werden

1850 Art. 105 Preußische Verfassung, Gemeindeordnung 1850: kommunale Selbstverwaltung unter staatlicher Aufsicht

1852 Restauration, preußisches Dreiklassenwahlrecht

1871 Kaiserreich: Kommunalrecht Angelegenheit der Einzelstaaten, starke Rechtszersplitterung: Süddeutschland liberal, Preußen restaurativ, Mecklenburg spätfeudal

1911 Zweckverbandsgesetze in Preußen

1919 Art. 127 WRV: kommunale Selbstverwaltung formal als kollektives Grundrecht eingeordnet, vom Staatsgerichtshof als institutionelle Garantie interpretiert

1935 Deutsche Gemeindeordnung als „Grundgesetz des nationalsozialistischen Staates", Rechtsvereinheitlichung, modernes kommunales Wirtschaftsrecht,
aber: Führerprinzip, weit reichende Aufsichtsrechte, zahlreiche Sonderbehörden

1939 Reichszweckverbandsgesetz, Spannung zwischen Führerprinzip und Gleichberechtigung der kooperierenden Kommunen
1947 Weinheimer Entwurf einer Deutschen Gemeindeordnung: monistische Aufgabenkonzeption
1949 Art. 28 II GG; Deutsche Gemeindeordnung galt als paralleles Landesrecht gemäß Art. 123 I GG fort, soweit sie nicht spezifisch nationalsozialistisches Gedankengut enthielt; sodann erneute Rechtszersplitterung in der Bundesrepublik Deutschland
1949 Art. 139 ff. DDR-Verfassung nach Vorbild der WRV
1953 DDR: Umwandlung der Gemeinden von Gebietskörperschaften mit Selbstverwaltung zu territorialen Untergliederungen des Staates
1957 DDR: Gesetz über die örtlichen Organe der Staatsmacht
1968 Art. 81 ff. DDR-Verfassung „Die örtlichen Volksvertretungen und ihre Organe"; auf dieser Linie die Gesetze über die örtlichen Volksvertretungen in der DDR von 1973 und 1985
1990 Mai: DDR-Kommunalverfassung nach westdeutschen Vorbildern, kommunale Selbstverwaltung wird wieder eingeführt
1990 September: Art. 9 Einigungsvertrag: DDR-Kommunalverfassung gilt als paralleles Landesrecht fort; in der Folge erneute Rechtszersplitterung auch in den neuen Ländern

XII. Kontrollfragen

55 1) Was waren die Leitgedanken der Stein'schen Städteordnung? (Rn. 21)
2) Welche Wirkungen hat die Stein'sche Städteordnung in Preußen entfaltet? (Rn. 22)
3) Inwiefern wich die Entwicklung in anderen deutschen Staaten von der preußischen ab? (Rn. 24, 25)
4) Welche Konzeption der kommunalen Selbstverwaltung liegt der Paulskirchenverfassung zu Grunde? (Rn. 27, 28)
5) Wurde die kommunale Selbstverwaltung im Deutschen Kaiserreich garantiert? (Rn. 32)
6) Warum wurde die kommunale Selbstverwaltung in Art. 127 WRV systematisch verfehlt eingeordnet? (Rn. 35)
7) Welche Bedeutung kam der Deutschen Gemeindeordnung 1935 für die Reform des Kommunalrechts zu? (Rn. 43)
8) Warum folgte das Reichszweckverbandsgesetz erst mit vierjähriger Verspätung der Deutschen Gemeindeordnung? (Rn. 42)
9) War in der Deutschen Gemeindeordnung typisch nationalsozialistisches Gedankengut verwirklicht? (Rn. 41)
10) Welchen Einfluss nahmen die Besatzungsmächte auf die Entwicklung des deutschen Kommunalrechts? (Rn. 45)
11) Worin lag die Bedeutung des Weinheimer Entwurfs? (Rn. 45)
12) Hat die Landeszuständigkeit für das Kommunalrecht zu einer Rechtszersplitterung geführt? (Rn. 47)

13) Bestand in der DDR bis 1989/90 kommunale Selbstverwaltung? (Rn. 48–50)
14) In welcher Traditionslinie steht die DDR-Kommunalverfassung 1990? (Rn. 51)
15) Welche aktuellen Entwicklungen prägen das Kommunalrecht? (Rn. 53)

Rechtsprechung zu § 2

Staatsgerichtshof für das Deutsche Reich, RGZ 126, Anhang 14 ff. **56**

Literatur zu § 2

Allgemein zur Geschichte der kommunalen Selbstverwaltung: **57**

Becker, Gemeindliche Selbstverwaltung. Grundzüge einer gemeindlichen Verfassungsgeschichte, 1941

Engeli/Haus, Quellen zum modernen Gemeindeverfassungsrecht in Deutschland, 1975

Faber, Erwiderung auf den Beitrag von Henneke und Ritgen zum 250. Geburtstag des Freiherrn von Stein und zu seiner Bedeutung für die kommunale Selbstverwaltung, DVBl 2008, 437–438

Ellwein, Perioden und Probleme in der deutschen Verwaltungsgeschichte, VerwArch 87 (1996), 1–18

Gern, Deutsches Kommunalrecht, 3. Auflage, 2003, S. 27–52

Gönnenwein, Gemeinderecht, 1963, S. 10–24

Heffter, Die deutsche Selbstverwaltung im 19. Jahrhundert, 1950

Henneke/Ritgen, Aktivierung bürgerschaftlicher Selbst-Verwaltung in Städten, Kreisen und Gemeinden – zur Bedeutung der Lehren des Freiherrn vom Stein für die kommunale Selbstverwaltung der Gegenwart, DVBl 2007, 1253–1266

Menger, Entwicklung und Selbstverwaltung im Verfassungsstaat der Neuzeit, in: v. Mutius (Hrsg.), FG für v. Unruh, 1983, S. 25–40

Pagenkopf, Kommunalrecht I, 2. Auflage, 1975, S. 54–57, 215–222, 281–285, 367–369

Pohl, Wurzeln und Anfänge der Selbstverwaltung, dargestellt am Beispiel der Städte, in: v. Mutius (Hrsg.), FG für v. Unruh, 1983, S. 3–24

Püttner, 200 Jahre Preußische Städteordnung, DÖV 2008, 973–975

Thiel, Gemeindliche Selbstverwaltung und kommunales Verfassungsrecht im neuzeitlichen Preußen, DV 35 (2002), 25–60

von Unruh, Die fortwirkende Bedeutung der preußischen Städteordnung von 1808, DVP 2008, 180–182

Zum nationalsozialistischen Kommunalrecht:

Kerrl/Weidemann, Die Deutsche Gemeindeordnung vom 30.1.1935, Kommentar, 2. Auflage, 1937

Kunz/Guba/Theißig, Die Deutsche Gemeindeordnung, 2. Auflage, 1939

Mecking/Wirsching (Hrsg.), Stadtverwaltung im Nationalsozialismus, 2005

Suren/Loschelder, Deutsche Gemeindeordnung, Kommentar, 1940

Steimle, Zweckverbandsgesetz vom 7. Juni 1939, Kommentar, 1940

Zur DDR-Kommunalverfassung:

Bretzinger/Büchner-Uhde, Kommunalverfassung, Handbuch für die kommunale Praxis in den neuen Bundesländern, 1991

Heberlein, Kommunale Deutschlandpolitik, NVwZ 1991, 531–536

Iwers, Kommunale Selbstverwaltung, Europäische Union, Neue Bundesländer, DVBl. 1995, 558–559

Knemeyer, Aufbau kommunaler Selbstverwaltung in der DDR, 1990

Schmidt-Eichstaedt/Petzold/Melzer/Penig/Plate/Richter, Gesetz über die Selbstverwaltung der Gemeinden und Landkreise in der DDR (Kommunalverfassung), 1990

§ 3 Verfassungsrechtliche Vorgaben

I. Grundlagen

Die herausragende Rolle der Kommunen im deutschen Staatsaufbau spiegelt sich in ihrer verfassungsrechtlichen Stellung wider. Drei Regelungsgegenstände sind zu unterscheiden: Zum einen werden die Kommunen in Art. 28 II GG und den vergleichbaren Bestimmungen der Landesverfassungen im Unterschied zu sonstigen Selbstverwaltungskörperschaften ausdrücklich garantiert und ihnen wird durch die Kommunalverfassungsbeschwerde ein Instrument an die Hand gegeben, diese Stellung notfalls vor den Verfassungsgerichten zu verteidigen. Diese Gewährleistung der Selbstverwaltung einschließlich ihrer finanziellen Grundlagen wird durch weitere Garantien abgestützt wie die Beteiligung kommunaler Spitzenverbände am Gesetzgebungsverfahren. Zum anderen sind Kommunen wie andere Hoheitsträger auch an die Grundrechte, Staatsprinzipien und sonstige verfassungsrechtliche Vorgaben gebunden. Schließlich weist das Grundgesetz die Gesetzgebungskompetenzen für das Kommunalrecht den Ländern zu, und Grundgesetz und Landesverfassungen geben den Kommunen die von diesen zu erfüllenden Aufgaben vor. **58**

Diese Vorgaben nehmen teil an den allgemeinen Eigenschaften verfassungsrechtlicher Bestimmungen. Ihnen kommt Vorrang zu gegenüber dem einfachen Gesetzgeber und weiteren untergesetzlichen Regelungsgebern wie den kommunalen Satzungsgebern. Grundgesetzliche Vorschriften (und sonstiges Bundesrecht) gehen zudem dem Landesverfassungsrecht vor. Unterverfassungsrechtliche Bestimmungen sind im Hinblick auf diese verfassungsrechtlichen Vorgaben auszulegen. Können sie nicht in verfassungskonformer Weise interpretiert werden, sind sie verfassungswidrig und ggf. nichtig. Die die Kommunen betreffenden Verfassungsbestimmungen sind wie sonstiges Verfassungsrecht auch gemäß Art. 79 GG und den vergleichbaren Bestimmungen in den Landesverfassungen nur erschwert zu ändern; zumeist wird eine Zweidrittelmehrheit in den gesetzgebenden Körperschaften und auf Landesebene zusätzlich ein Volksentscheid gefordert. Soweit die Garantie kommunaler Selbstverwaltung in dem durch Art. 79 III GG geschützten Verfassungskern enthalten ist, kann sie überhaupt nicht Gegenstand einer Verfassungsänderung sein (→ Rn. 94). **59**

II. Garantie kommunaler Selbstverwaltung

60 Die in Art. 28 II GG enthaltene Garantie kommunaler Selbstverwaltung stellt die zentrale kommunalrechtliche Aussage des Grundgesetzes dar. Dieses *„Kommunalrecht in Kurzform"* kehrt in sprachlich teils leicht abgewandelter Form in den Landesverfassungen[1] sämtlicher dreizehn deutscher Flächenländer wieder. Diese Garantie kommunaler Selbstverwaltung knüpft an § 184 Paulskirchenverfassung und Art. 127 WRV an. Während § 184 Paulskirchenverfassung (→ Rn. 27) noch ausdrücklich von den *„Grundrechten der Gemeinde"* sprach und Art. 127 WRV (→ Rn. 35) im mit *„Die Grundrechte und Grundpflichten der Deutschen"* betitelten zweiten Hauptteil stand, verdeutlicht die Platzierung des Art. 28 II GG im zweiten Abschnitt *„Der Bund und die Länder"* (und nicht im ersten Abschnitt *„Die Grundrechte"*), dass zumindest unter dem Grundgesetz die Garantie kommunaler Selbstverwaltung nicht mehr als Grundrecht zu betrachten ist. Es handelt sich vielmehr um eine objektiv-rechtliche institutionelle Garantie, deren Beachtung subjektivrechtlich von einzelnen Kommunen erzwungen werden kann. Diese Autonomiegewährleistung der Kommunen als unterstaatliche Gebietskörperschaften weist indes von ihrer rechtstheoretischen Struktur her gewisse Parallelen zu den Grundrechten auf, insbesondere, was die Untergliederung in einen geschützten Bereich, den Eingriff in diesen und die mögliche Rechtfertigung von Eingriffen angeht.

1. Persönlicher Gewährleistungsbereich

61 Art. 28 II 1 GG gewährleistet die kommunale Selbstverwaltung für Gemeinden. Diese vom Grundgesetz bereits vorgefundenen örtlichen Gemeinschaften sind Gebietskörperschaften der niedrigsten Stufe mit umfassendem Wirkungskreis.

62 Art. 28 II 2 GG erstreckt die Selbstverwaltungsgarantie darüber hinaus auf Gemeindeverbände. Diese aus Gemeinden zusammengesetzten Verbände sind ihrerseits Gebietskörperschaften mit gesetzlich zugewiesenem Wirkungskreis. Wichtigstes Beispiel für Gemeindeverbände sind die Landkreise; aber auch Stadt-Umland-Verbände wie die Region Hannover[2] sind zu den Gemeindeverbänden zu zählen. Auch die niedersächsischen Samtgemeinden[3] und die rheinlandpfälzischen Verbandsgemeinden[4] wird man als Gebietskörperschaften und zu-

---

[1] Art. 71 I 1, 2, II LV BW; Art. 11 II 2; 83 I BayV; Art. 97 I 1, II BbgV; Art. 137 I, III 1 HessV; Art. 72 I LV MV; Art. 57 I, III NdsV; Art. 78 I, II LV NRW; Art. 49 I, II, III 1 LV RP; Art. 117, II, III, 118 SaarlV; Art. 82 II, 84 I SächsV; Art. 2 III, Art. 87 I, II LV LSA; Art. 46 I, II LV SH; Art. 91 I, II ThürV.

[2] §§ 3; 159–167 NdsKomVG.

[3] Niedersachsen, § 2 III; §§ 97–106 NdsKomVG; für die Einordnung als Gemeindeverband auch *Gern*, Deutsches Kommunalrecht, 3. Auflage, 2003, Rn. 959.

[4] Rheinland-Pfalz, § 64 GO RP; auch *Gern*, Deutsches Kommunalrecht, 3. Auflage, 2003, Rn. 958, nimmt einen Gemeindeverband an.

gleich als Gemeindeverbände einzuordnen haben. Ämter[5] hingegen stellen in der Regel keinen Gemeindeverband dar. Auch Zweckverbände, wie sie auf der Grundlage der Landesgesetze über kommunale Zusammenarbeit gebildet werden, sind keine Gemeindeverbände. Bei ihnen handelt es sich lediglich um Personalkörperschaften, die nur einzelne kommunale Aufgaben erfüllen. Solche sonstigen kommunalen Körperschaften können aber einer weiterreichenden landesverfassungsrechtlichen Garantie wie Art. 71 LV BW unterfallen.

2. Sachlicher Gewährleistungsbereich

Gemäß Art. 28 II 1 GG steht den Gemeinden das Recht zu, alle Angelegenheiten der örtlichen Gemeinschaft zu regeln. In der Rastede-Entscheidung (BVerfGE 79, 127 (151 f.)) versucht das BVerfG, die Angelegenheiten der örtlichen Gemeinschaft wie folgt zu bestimmen: **63**

„[...] Angelegenheiten der örtlichen Gemeinschaft [sind] diejenigen Bedürfnisse und Interessen, die in der örtlichen Gemeinschaft wurzeln oder auf sie einen spezifischen Bezug haben, die also den Gemeindeeinwohnern gerade als solchen gemeinsam sind, indem sie das Zusammenleben und -wohnen der Menschen in der (politischen) Gemeinde betreffen; auf die Verwaltungskraft der Gemeinde kommt es hierfür nicht an."

Wie die vom BVerfG vorgenommene Erläuterung der Angelegenheiten der örtlichen Gemeinschaft durch die in der örtlichen Gemeinschaft wurzelnden Bedürfnisse und Interessen zeigt, entziehen sich die Angelegenheiten der örtlichen Gemeinschaft einer abstrakten, abschließenden Definition.

Man kann versuchen, sich dem Inhalt der Angelegenheiten der örtlichen Gemeinschaft durch die so genannten *Hoheiten* zu nähern. Unter diesen Hoheiten versteht man typologisch verselbstständigte Ausschnitte aus der Garantie kommunaler Selbstverwaltung. Im Einzelnen unterscheidet man Gebiets- und Planungshoheit, Organisations- und Personalhoheit, Satzungs- und Finanzhoheit. Hinzu treten – je nach Zählweise – Kooperations- und Sparkassenhoheit sowie ggf. weitere Hoheiten. **64**

a) Die *Gebietshoheit* beschreibt die Herrschaftsgewalt einer Gemeinde über die auf ihrem Territorium befindlichen Personen, unabhängig davon, ob diese Einwohner der Gemeinde sind oder sich beispielsweise nur auf der Durchreise im Gemeindegebiet aufhalten. Durch die Gebietshoheit unterscheidet die Gemeinde sich von bloßen Personalkörperschaften wie z.B. den Ärztekammern. Die gemeindliche Gebietshoheit ist v.a. im Gefahrenabwehrrecht von Bedeutung. **65**

b) Unter der *Planungshoheit* versteht man die gemeindliche Befugnis, die Nutzungsmöglichkeiten für die im Gemeindegebiet gelegenen Grundstücke zu bestimmen.[6] Dies erfolgt v.a. durch den Flächennutzungsplan und den gemäß § 10 I BauGB als Satzung zu beschließenden Bebauungsplan. **66**

[5] Brandenburg, §§ 133-140 BbgKVerf, Mecklenburg-Vorpommern, §§ 125–148 KV MV, Schleswig-Holstein, AmtsO SH.

[6] Vgl. VGH München, NVwZ-RR 2011, 837; *Werner-Jensen,* Planungshoheit und kommunale Selbstverwaltung, 2006.

67 c) Als gemeindliche *Organisationshoheit* bezeichnet man das Recht der Gemeinden, den Zuschnitt ihrer Organe und Ämter festzulegen und deren Zuständigkeiten und Verfahren zu bestimmen. Die Organisationshoheit betrifft die so genannte innere Kommunalverfassung und wird v.a. durch die Gemeindeordnungen ausgestaltet.

68 d) Die *Personalhoheit* erfasst die Besetzung der in Ausübung der Organisationshoheit errichteten Organe und Ämter mit geeigneten Organ- und Amtswaltern. Die Personalhoheit entfaltet ihre Bedeutung vornehmlich im Beamtenrecht sowie im Arbeitsrecht der im öffentlichen Dienst beschäftigten Angestellten und Arbeiter.

69 e) Die *Satzungshoheit* beschreibt die Befugnis der Gemeinden, ihre Angelegenheiten durch Rechtsakte zu regeln.[7] Dies erfolgt vornehmlich durch Satzungen als abstrakt-generelle Regelungen des Außenrechts, die von Selbstverwaltungskörperschaften erlassen werden, aber auch durch andere Rechtsakte. Die Satzungshoheit ist für sämtliche Gebiete des eigenen Wirkungskreises der Gemeinden von Belang.

70 f) Die *Finanzhoheit* knüpft an die Tatsache an, dass die Erfüllung jeder kommunalen Aufgabe Kosten verursacht. Die Finanzhoheit hat die eigenverantwortliche Mittelaufbringung und -verwendung der Gemeinden zum Gegenstand. Die Finanzhoheit prägt das kommunale Abgaben- und Haushaltsrecht.

71 g) Von diesen anerkannten Hoheiten kann die *Kooperationshoheit* unterschieden werden. Sie stellt entweder einen Unterfall der Organisationshoheit oder eine selbstständige Hoheit dar. Als positive Kooperationshoheit beschreibt sie die Befugnis der Gemeinde, mit anderen Gemeinden und sonstigen Rechtsträgern zur Erfüllung von Aufgaben zusammenzuarbeiten und Verbände zur Aufgabenerfüllung zu gründen. Als negative Kooperationshoheit beinhaltet sie das Recht, mit anderen Gemeinden und sonstigen Rechtsträgern *nicht* zusammenzuarbeiten und Verbänden fernzubleiben. Die kommunale Kooperationshoheit wird durch die Landesgesetze über kommunale Zusammenarbeit näher ausgeformt.

72 h) Die *Sparkassenhoheit* schließlich, die Elemente der Organisations- und Finanzhoheit vereint, stellt das Recht dar, kommunale Kreditinstitute zu errichten und zu betreiben. Dies wird durch spezielle Sparkassengesetze und -verordnungen der Länder näher geregelt.

73 Diese Hoheiten erschöpfen den sachlichen Gehalt der Garantie kommunaler Selbstverwaltung nicht. Diese ist vielmehr offen für neue Entwicklungen, sei es, dass den Gemeinden neue Aufgaben entstehen, z.B. im Bereich der elektronischen Datenverarbeitung, sei es, dass herkömmliche Aufgaben in ihrer erneuten Bedeutung erkannt werden, z.B. im Bereich der kommunalen Hilfe für Arbeitslose und sozial Schwache. Grundsätzlich entscheiden die Gemeinden selbst darüber, eine Aufgabe aufzugreifen. Insofern steht ihnen ein *Aufgabenfindungsrecht* zu.

74 Der Bereich der Aufgaben der örtlichen Gemeinschaft ist dabei, wie das BVerfG in der Rastede-Entscheidung zutreffend betont, grundsätzlich *nicht von*

---

[7] Vgl. OVG Bautzen, NVwZ-RR 2013, 426.

der gemeindlichen Verwaltungskraft abhängig. Einer Gemeinde darf die Aufgabenwahrnehmung nicht allein aus dem Grund verwehrt werden, dass ihr dafür derzeit die finanziellen Mittel fehlen. Anderenfalls könnte der Gesetzgeber durch Änderung der finanziellen Rahmenbedingungen zugleich über den Aufgabenbestand der Gemeinden verfügen, und der Bereich der Angelegenheiten der örtlichen Gemeinschaft wäre je nach Finanzausstattung der Gemeinden unterschiedlich festzulegen. Vielmehr ist die Zugehörigkeit einer Aufgabe zum Bereich kommunaler Selbstverwaltung maßgeblich nach ihrer örtlichen Verwurzelung zu bestimmen, wobei die Orientierung an den bereits anerkannten kommunalen Hoheiten die Entscheidung erleichtern mag.

Übersicht 3-1: Gemeindliche Selbstverwaltungsgarantie nach Art. 28 II 1 GG 75

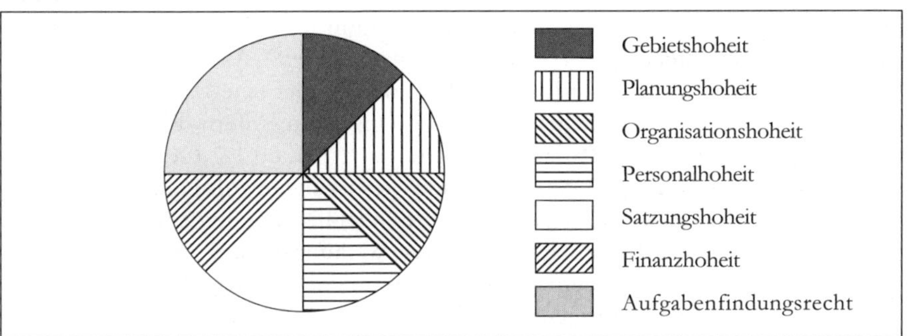

Gemäß Art. 28 II 2 GG steht auch den Gemeindeverbänden das Recht der Selbstverwaltung zu. Der Inhalt ihrer Selbstverwaltungsgarantie ist grundsätzlich in gleicher Weise wie bei den Gemeinden zu bestimmen; d.h. den Gemeindeverbänden ist umfassende Autonomie gewährleistet, die sich in die einzelnen soeben beschriebenen Hoheiten auffächern lässt. 76

Dies führt zu einer Überlappung der gemeindlichen Selbstverwaltung mit ihren Hoheiten und der gemeindeverbandlichen Selbstverwaltung samt deren Hoheiten. Sofern beide Selbstverwaltungsgarantien sich gegen den Bund, das Land oder sonstige Dritte richten, bereitet diese doppelte Selbstverwaltungsgarantie keine Probleme. Schwierigkeiten entstehen aber, wenn gemeindliche und gemeindeverbandliche Selbstverwaltung kollidieren. So mögen sich bspw. einerseits zwei kreisangehörige Gemeinden auf ihre Kooperationshoheit berufen, um zur gemeinsamen Erfüllung der Aufgabe Katastrophenschutz einen Zweckverband zu gründen, während andererseits der Landkreis darin eine überörtliche Aufgabe erblickt, deren Wahrnehmung er deshalb für sich beansprucht. In diesen Fällen ist von einem Vorrang gemeindlicher Aufgabenerfüllung auszugehen (str.), weil Art. 28 II 2 GG bei der Gewährleistung der Gemeindeverbände lediglich an die den Gemeinden eingeräumte Garantie anknüpft (*„auch"*), für die Gemeinden im Unterschied zu den Gemeindeverbänden weitere verfassungsrechtliche Gewähr- 77 leistungen wie Art. 28 II 3; 106 V GG bestehen und die gemeindeverbandliche Selbstverwaltung leichter eingeschränkt werden kann (→ Rn. 80).

78 Stellen landesverfassungsrechtliche Gewährleistungen[8] scheinbar Gemeinden und Gemeindeverbände gleich, so sind diese Garantien wegen des Vorrangs des Art. 28 II 1 GG gleichfalls grundgesetzkonform zu Gunsten der Gemeinden auszulegen.

3. Einschränkbarkeit

79 Die gemeindliche Selbstverwaltung ist gemäß Art. 28 II 1 GG nur *„im Rahmen der Gesetze"* gewährleistet. Hierbei handelt es sich um einen einfachen Gesetzesvorbehalt, wie er auch aus der Grundrechtsdogmatik – z.B. bei Art. 2 II 3 GG – bekannt ist. Gesetz ist hier im materiellen Sinne als abstrakt-generelle Regelung des Außenrechts zu verstehen. Grundsätzlich kann jedes Bundes- oder Landesgesetz die gemeindliche Selbstverwaltung einschränken.[9] Auch auf Basis dieser Gesetze erlassene Rechtsverordnungen des Bundes oder eines Landes können in die Garantie gemeindlicher Selbstverwaltung eingreifen, sofern das zum Verordnungserlass ermächtigende Parlamentsgesetz nach Art. 80 I 2 GG und den vergleichbaren Bestimmungen in den Landesverfassungen[10] Inhalt, Zweck und Ausmaß möglicher Eingriffe bestimmt hat. Schließlich können auch von Selbstverwaltungskörperschaften im Rahmen ihres Wirkungskreises erlassene Satzungen die gemeindliche Selbstverwaltung einschränken, z.B. mag die Satzung eines Landkreises die kreisangehörigen Gemeinden beeinträchtigen.

80 Gemäß Art. 28 II 2 GG steht den Gemeindeverbänden das Recht der Selbstverwaltung nur *„nach Maßgabe der Gesetze"* zu. Auch deren Selbstverwaltung kann daher durch Gesetze und Rechtsverordnungen des Bundes oder eines Landes eingeschränkt werden. Sofern über dem Gemeindeverband noch eine weitere Selbstverwaltungskörperschaft existiert – z.B. ein Bezirk –, können auch deren Satzungen in die gemeindeverbandliche Selbstverwaltung eingreifen. Vergleicht man die beiden Gesetzesvorbehalte in Art. 28 II GG, so scheint die gemeindeverbandliche Selbstverwaltung *„nach Maßgabe der Gesetze"* stärkeren Einschränkungsmöglichkeiten zu unterliegen als die gemeindliche *„im Rahmen der Gesetze"*. Dies weist gleichfalls auf einen Vorrang gemeindlicher vor verbandlicher Aufgabenerfüllung hin.

81 In den Landesverfassungen[11] steht die Garantie kommunaler Selbstverwaltung zumeist ebenfalls unter einem ausdrücklichen einfachen Gesetzesvorbehalt,

---

[8] Art. 71 I 1 LV BW; Art. 97 I 1 BbgV; Art. 57 I NdsV; Art. 78 I LV NRW; Art. 82 II SächsV; Art. 87 I LV LSA.

[9] Z.B. durch die Übertragung oder den Entzug von Aufgaben.

[10] Art. 61 I 2 LV BW; Art. 80 S. 2 BbgV; Art. 57 I 2 LV MV; Art. 43 I 2 NdsV; Art. 70 S. 2 LV NRW; Art. 110 I 2 LV RP; Art. 104 I 2 SaarlV; Art. 75 I 2 SächsV; Art. 79 I 2 LV LSA; Art. 38 I 2 LV SH; Art. 84 I 2 ThürV.

[11] Art. 71 I 2 LV BW; Art. 11 II 2 BayV; Art. 72 I LV MV; Art. 57 I NdsV; Art. 113 III SaarlV; Art. 82 II 2 SächsV; Art. 87 I LV LSA; Art. 46 I LV SH; Art. 91 I, II ThürV.

wobei in der Regel sprachlich nicht zwischen Eingriffen in die Selbstverwaltung der Gemeinden und Gemeindeverbände differenziert wird.

4. Schranken für einschränkende Gesetze

Die Begrenzung der kommunalen Selbstverwaltung durch einen einfachen Gesetzesvorbehalt darf nicht in der Weise verstanden werden, dass damit die Selbstverwaltungsgarantie zur vollständigen Disposition des einfachen Gesetzgebers stände. Vielmehr ist das einschränkende Gesetz seinerseits wieder im Lichte der Garantie kommunaler Selbstverwaltung zu sehen und muss selbst gewissen Schranken genügen. Diese werden teils in einem unantastbaren Kernbereich, teils im Verhältnismäßigkeitsprinzip erblickt. **82**

a) Nach der Rechtsprechung des BVerfG ist zwischen einem Kern- und einem Randbereich der Garantie kommunaler Selbstverwaltung zu unterscheiden. Eingriffe in den *Kernbereich* sind stets unzulässig, Eingriffe in den *Randbereich* sollen unter bestimmten Voraussetzungen statthaft sein. In ähnlicher Weise wie bei der Wesensgehaltsgarantie der Grundrechte nach Art. 19 II GG könnte man die Kernbereichsgarantie kommunaler Selbstverwaltung in einem individuellen oder einem generellen Sinne verstehen. Deutete man sie als Garantie des individuellen Kernbereichs jeder einzelnen Kommune, so wären Eingemeindungen und Gemeindezusammenschlüsse gegen den Willen der betroffenen Kommunen stets unzulässig. Dies kann aber in Anbetracht des 1949 bestehenden erheblichen kommunalen Neugliederungsbedarfs nicht beabsichtigt gewesen sein. In genereller Betrachtung versteht das BVerfG[12] unter dem Kernbereich die Befugnis, sich aller Angelegenheiten der örtlichen Gemeinschaft, die nicht durch Gesetz bereits anderen Trägern öffentlicher Verwaltung übertragen sind, ohne besonderen Kompetenztitel anzunehmen. Der Kernbereich reduziert sich damit auf das bereits erörterte (→ Rn. 73) Aufgabenfindungsrecht. Dadurch erweist sich die Kernbereichslehre als ungeeignet, die kommunale Selbstverwaltung wirksam zu garantieren. Dies gilt umso mehr, wenn man der vom BVerfG vertretenen Subtraktionsmethode folgt, wonach der Kernbereich nur dann verletzt ist, wenn den Kommunen *nach* einem Aufgabenentzug keine hinreichenden Handlungsmöglichkeiten mehr verbleiben. **83**

b) Überzeugender erscheint es daher, Eingriffe in die Garantie kommunaler Selbstverwaltung an dem *Verhältnismäßigkeitsprinzip* zu messen, wozu nun auch wieder das BVerfG[13] zu tendieren scheint. Dieses Prinzip ist nicht nur in den Grundrechten verankert und trennt menschliche Freiheit von hoheitlichen Eingriffen ab, sondern es wurzelt auch im Rechtsstaatsprinzip und schichtet Autonomiebereiche unterstaatlicher Selbstverwaltungskörperschaften von staatlichen Einschränkungen ab. Staatliche Eingriffe in die Garantie kommunaler Selbstverwaltung sind danach nur zulässig, wenn sie einem *verfassungsmäßigen Zweck* dienen. Dieser wird v.a. in einer Verbesserung der Aufgabenerfüllung liegen. Der Ein- **84**

---

[12] BVerfGE 79, 127 (Rastede).
[13] BVerfGE 125, 141 (167) (Mindesthebesatz bei Gewerbesteuer).

griff muss *geeignet* sein, den Zweck zu fördern. Indes werden gänzlich ungeeignete Eingriffe sowohl in der Rechtspraxis als auch in der universitären Fallbearbeitung kaum auftreten. Der Eingriff muss ferner *erforderlich* sein, d.h. es darf keinen gleich geeigneten, aber milderen Eingriff in die Garantie kommunaler Selbstverwaltung geben. Zumeist werden mit finanzieller Förderung verbundene staatliche Maßnahmen einen milderen Eingriff darstellen, aber angesichts knapper öffentlicher Mittel kann eine solche Förderung nur in geringem Umfang erfolgen und ist nicht gleichermaßen wirksam. Schließlich muss der Eingriff *angemessen*, d.h. verhältnismäßig im engeren Sinne sein. Es ist abzuwägen zwischen der Garantie kommunaler Selbstverwaltung und den durch den Eingriff zu fördernden Rechtsgütern. Dabei spielen der abstrakte Rang der beteiligten Rechtsgüter, wie er aus ihrer verfassungsrechtlichen Verankerung zu entnehmen ist, ihre konkrete Bedeutung, die sich aus ihrem Gewicht im Einzelfall ergibt, sowie der Grad und das Ausmaß der den einzelnen Rechtsgütern drohenden Gefahren eine besondere Rolle.

85 Übersicht 3-2: Vergleich des Eingriffs in die kommunale Selbstverwaltungsgarantie mit dem Grundrechtseingriff

Prüfungspunkt	**Grundrechte**	**Garantie der kommunalen Selbstverwaltung**
I. Geschützter Bereich	I. Schutzbereich	I. Gewährleistungsbereich
1. Wer wird geschützt?	1. Persönlicher Schutzbereich	1. Persönlicher Gewährleistungsbereich
2. Was wird geschützt?	2. Sachlicher Schutzbereich	2. Sachlicher Gewährleistungsbereich
II. Wogegen wird geschützt?	II. Eingriff in den Schutzbereich	II. Eingriff in den Gewährleistungsbereich
III. Ist der Eingriff verfassungsrechtlich gerechtfertigt?	III. Verfassungsrechtliche Rechtfertigung des Eingriffs in den Schutzbereich	III. Verfassungsrechtliche Rechtfertigung des Eingriffs in den Gewährleistungsbereich
1. Sind alle formellen Voraussetzungen gewahrt?	1. Formelle Verfassungsmäßigkeit (Zuständigkeit, Verfahren, Form)	1. Formelle Verfassungsmäßigkeit (Nur Prüfung, soweit diese Bestimmungen geeignet sind, das verfassungsrechtliche Bild der Selbstverwaltung zu prägen.)
2. Ist der Eingriff inhaltlich zu rechtfertigen?	2. Materielle Verfassungsmäßigkeit (Verhältnismäßigkeit)	2. Materielle Verfassungsmäßigkeit (Randbereich – Kernbereich)

III. Weitere verfassungsrechtliche Garantien

Neben dieser Garantie kommunaler Selbstverwaltung stehen weitere Gewährleistungen des Grundgesetzes und der Landesverfassungen, welche die kommunale Autonomie konkretisieren und ergänzen. **86**

1. Finanzielle Garantien

a) Besondere Gewährleistung der Finanzhoheit

Der 1994 eingefügte Art. 28 I 3 Hs. 1 GG stellt klar, dass die Gewährleistung der Selbstverwaltung der Gemeinden und Gemeindeverbände auch die Grundlagen der finanziellen Eigenverwaltung umfasst. Aus dem Kreis der kommunalen Hoheiten wird die Finanzhoheit herausgegriffen und besonderem Schutz unterstellt. Dabei ist die finanzielle Lebensfähigkeit der Kommunen gemäß Art. 115c III GG sogar im Verteidigungsfall zu wahren. Nur für die Gemeinden – nicht aber für die Gemeindeverbände – garantiert Art. 28 II 3 Hs. 2 GG seit 1997 darüber hinaus eine wirtschaftskraftbezogene Steuerquelle mit Hebesatzrecht. Diese Gewährleistung wird für die Realsteuern von Art. 106 VI 2 GG aufgegriffen, wonach den Gemeinden das Recht einzuräumen ist, die Hebesätze der Grundsteuer und Gewerbesteuer im Rahmen der Gesetze festzulegen. Unter Hebesatz versteht man einen Prozentsatz (der 100% übersteigen kann), der an einen gesetzlich vorgegebenen Steuermessbetrag angelegt wird und erst danach die Steuerschuld ergibt. **87**

b) Weitere finanzverfassungsrechtliche Garantien

Aus der Finanzverfassung des X. Abschnitts des Grundgesetzes ergeben sich weitere finanzielle Garantien für die Kommunen (→ Rn. 785). So erhalten die Gemeinden einen Anteil am Aufkommen der Einkommensteuer nach Art. 106 V GG sowie am Aufkommen der Umsatzsteuer nach Art. 106 Va GG. Darüber hinaus fließt den Gemeinden oder Gemeindeverbänden das Aufkommen der örtlichen Verbrauch- und Aufwandsteuern nach Art. 106 VI 1 Hs. 2 GG zu. Schließlich steht den Kommunen gemäß Art. 106 VII GG ein Anteil an den Gemeinschaftsteuern (Einkommen-, Körperschaft-, Umsatzsteuer) zu. Überblickt man diese finanziellen Gewährleistungen, so stehen den Kommunen abgesehen von den Realsteuern kaum eigenverantwortlich auszuschöpfende Steuerquellen zur Verfügung. Während die Gemeinden aber zumindest an zahlreichen dem Bund oder den Ländern zufließenden Steuern partizipieren, fließt den auf die Jagd- und Fischereisteuer[14] beschränkten Gemeindeverbänden kein nennenswerter Steuerertrag zu. **88**

[14] In manchen Ländern wird außerdem die Gaststättenerlaubnissteuer erhoben.

c) Landesverfassungsrechtliches Konnexitätsprinzip

89 Weitergehende finanzielle Garantien für die Kommunen finden sich in zahlreichen Landesverfassungen[15]. Diese weisen nicht nach Art des Grundgesetzes den Kommunen einen Anteil am Aufkommen einzelner Steuerarten zu, sondern sie legen fest, dass den Kommunen staatliche Aufgaben nur übertragen werden dürfen, wenn zudem Bestimmungen über die Kostentragung getroffen werden.[16] Dabei ist zwischen dem strengen und dem milden Konnexitätsprinzip zu unterscheiden.[17] Nach dem *strengen Konnexitätsprinzip* muss der Landesgesetzgeber, wenn er den Kommunen neue Aufgaben überträgt, zugleich detaillierte Regelungen über den finanziellen Ausgleich treffen. Nach dem *milden Konnexitätsprinzip* genügt es, dass Festlegungen über die Kostendeckung im Rahmen des kommunalen Finanzausgleichs erfolgen. In der Vergangenheit wurden diese finanziellen Konnexitätsgarantien von den Landesverfassungsgerichten zumeist in drei Punkten restriktiv interpretiert: Zum einen verlangten die Gerichte häufig nicht, dass die finanzielle Kompensation in demselben Gesetz wie die Aufgabenübertragung zu regeln war. Zum anderen sollte die Kostendeckung für eine bestimmte kommunale Aufgabe nach der Rechtsprechung mancher Landesverfassungsgerichte auch durch den allgemeinen kommunalen Finanzausgleich erfolgen können. Schließlich sollten die Kommunen einen Eigenanteil selbst aufbringen müssen. Es bleibt abzuwarten, ob nach der Verschärfung dieser landesverfassungsrechtlichen Garantien in den letzten Jahren die finanziellen Grundlagen der Kommunen durch die Landesverfassungsgerichte in Zukunft besser gesichert werden, oder ob die Finanzautonomie sich weiterhin als die Achillesferse der kommunalen Selbstverwaltung erweisen wird.

d) Recht auf eine angemessene Finanzausstattung?

89a Während das Konnexitätsprinzip an pflichtige Selbstverwaltungsaufgaben oder an die Übertragung staatlicher Aufgaben anknüpft, steht bei dem Recht auf angemessene Finanzausstattung in Frage, ob und in welchem Umfang die Kom-

[15] Art. 71 III LV BW; Art. 83 III BayV; Art. 97 III BbgV; Art. 137 V, VI HessV; Art. 72 III LV MV; Art. 57 IV NdsV; Art. 78 III LV NRW; Art. 49 V, VI LV RP; Art. 119; 120 SaarlV; Art. 85 I, II SächsV; Art. 87 III LV LSA; Art. 49 II LV SH; Art. 93 I ThürV.

[16] Besonders streng, auch mit nachträglichen Anpassungspflichten, Art. 78 III LV NRW; Art. 57 IV NdsV („*unverzüglich*"); eine „*gleichzeitige*" Regelung über die Kostendeckung verlangen ferner Art. 71 III LV BW; Art. 81 III, VII BayV; Art. 72 III LV MV; Art. 49 V LV RP; Art. 87 III LV LSA; eine Kostendeckung „*dabei*" fordern Art. 97 III BbgV; Art. 120 I SaarlV; Art. 85 I SächsV; Art. 49 II LV SH; scheinbar schwächer Art. 137 VI HessV; Art. 93 I ThürV.

[17] Siehe zum Konnexitätsprinzip *Geis*, Kommunalrecht, 3. Auflage, 2014, § 6, Rn. 33; *Ammermann,* Das Konnexitätsprinzip im kommunalen Finanzverfassungsrecht, 2007; *Lohse,* Kommunale Aufgaben, kommunaler Finanzausgleich und Konnexitätsprinzip, 2006; *Schoch/Wieland,* Finanzierungsverantwortung für gesetzgeberisch veranlaßte kommunale Aufgaben, 1995; *Zieglmeier*, NVwZ 2008, 270–275.

munen über die zur Erfüllung ihrer pflichtigen Aufgaben erforderlichen Mittel hinaus weitere Gelder von dem jeweiligen Land beanspruchen können. Ein solcher Anspruch ist weder grundgesetzlich noch landesverfassungsrechtlich ausdrücklich geregelt, wird aber von einigen Landesverfassungsgerichten[18] und Teilen der Literatur[19] anerkannt. Das BVerfG[20] hat sich indes bislang noch nicht in diesem Sinne geäußert. Für einen solchen Anspruch spricht, dass ohne finanzielle Möglichkeiten zur eigenständigen politischen Gestaltung die Kommunen sich nicht mehr wesentlich von nachgeordneten staatlichen Verwaltungseinheiten unterschieden, Selbstverwaltung aber auch finanziellen Spielraum voraussetzt.[21] Dagegen ist jedoch anzuführen, dass eine solche wichtige Fragestellung ausdrücklicher verfassungsrechtlicher Regelung bedarf und ein Anspruch der Kommunen auf angemessene Finanzausstattung mit dem verfassungsrechtlich geschützten parlamentarischen Budgetrecht kollidieren kann.

Auch wenn man einen solchen Anspruch anerkennt, ist dieser nicht schrankenlos 89b
gewährleistet, sondern steht – wie die Selbstverwaltungsgarantie insgesamt – unter Gesetzesvorbehalt. Die finanzielle Leistungsfähigkeit des Landes zieht dem Anspruch Grenzen.[22] Indes darf der Landesgesetzgeber nicht einseitig der Finanzierung der Aufgaben des Landes Vorrang vor derjenigen der kommunalen Aufgaben einräumen, sondern ist seinerseits wiederum an die Gebote kommunalfreundlichen Verhaltens[23] und der Verhältnismäßigkeit[24] gebunden. Danach sind die Aufgaben von Land und Kommunen grundsätzlich gleichwertig.

e) Recht auf finanzielle Mindestausstattung und freie Spitze

Subsidiär hinter dem Anspruch auf angemessene Finanzausstattung verbleibt den 89c
Kommunen zumindest ein Recht auf finanzielle Mindestausstattung als Kern der Finanzhoheit.[25] Danach müssen ihnen über die reine Kostendeckung hinaus wenigstens in solchem Umfang weitere Finanzmittel zustehen, dass sie sich überhaupt noch – ggf. nach Einsparmaßnahmen – eigenverantwortlich einiger weniger Aufgaben annehmen können. In dieses Recht darf der Landesgesetzgeber überhaupt nicht eingreifen.[26] Erlaubt die finanzielle Leistungsfähigkeit des Landes keine finanzielle Mindestausstattung der Kommunen, dann dürfen nicht einseitig die Landesaufgaben zu Lasten der letzten verbliebenen freiwilligen kom-

[18] StGH BW, ESVGH 44, 1 (7); 49, 242; BayVerfGH, NVwZ-RR 1997, 301 (303); VerfGH NW, DVBl. 1993, 1205 (1206); NVwZ 1997, 793 (794); DVBl. 1998, 185 (187).

[19] *Geis*, Kommunalrecht, 3. Auflage, 2014, § 6, Rn. 25 ff.

[20] Zuletzt BVerfGE 83, 363 (386).

[21] *Geis*, Kommunalrecht, 3. Auflage, 2014, § 6, Rn. 26.

[22] Kritisch dazu *Henneke*, DÖV 1998, 330.

[23] BayVerfGH, BayVBl. 1989, 237.

[24] BayVerfGH, BayVBl. 1993, 177 (178 f.), NVwZ-RR 1997, 301 (303).

[25] Dazu *Geis*, Kommunalrecht, 3. Auflage, 2014, § 6, Rn. 28; *Dombert*, DVBl. 2006, 1136; *Volkmann*, DÖV 2001, 497.

[26] NdsStGH, DVBl. 1998, 185 (187); *Schoch*, Der verfassungsrechtliche Schutz der kommunalen Finanzautonomie, S. 148 (153).

munalen Aufgaben bevorzugt werden, sondern die Kommunen sind von pflichtigen Aufgaben zu entlasten und die ihnen vorgeschriebenen Standards der Aufgabenerfüllung sind abzusenken, damit sie Mittel erhalten, die sie nach eigener Entscheidung zur Erfüllung freiwilliger Aufgaben verwenden können.[27]

89d Diesen Anteil des Etats, über den die Kommunen frei verfügen können, bezeichnet man als *„Freie Spitze"*.[28] In Rechtsprechung und Literatur schwanken die Angaben über den erforderlichen Umfang der Freien Spitze: Bei besonders kommunalfreundlicher Auslegung wird man für kreisangehörige Gemeinden mit ihrem umfassenden Wirkungskreis samt Aufgabenfindungsrecht von höchstens 10% des Haushalts und für Landkreise mit ihrem eingeschränkten Aufgabenkreis von knapp 5% des Etats auszugehen haben.

2. Grundrechte?

90 Wie bereits dargelegt, stellt die Garantie kommunaler Selbstverwaltung kein Grundrecht dar. Davon zu trennen ist die Frage, ob die Kommunen sich auf Grundrechte, v.a. auf das Eigentumsrecht, berufen können. Grundrechte sind Abwehrrechte des Bürgers gegen Hoheitsträger. Sie wurzeln in der Idee menschlicher Würde und gleicher Freiheit. Nach Art. 19 III GG können auch inländische juristische Personen Grundrechte geltend machen, sofern sie ihrem Wesen nach auf diese anwendbar sind. Dies gilt regelmäßig nur für juristische Personen des Privatrechts, die den Durchgriff auf die hinter ihnen stehenden natürlichen Personen gestatten und auf diesem personalen Substrat aufbauen. Juristische Personen des öffentlichen Rechts sind nur ausnahmsweise grundrechtsfähig, sofern sie unmittelbar einem durch Grundrechte geschützten Lebensbereich zuzuordnen sind. Dazu zählen Rundfunkanstalten hinsichtlich Art. 5 I 2 GG sowie Universitäten und Fakultäten in Bezug auf Art. 5 III GG. Gemeinden und Gemeindeverbände gehören bisher nicht zu den als grundrechtsfähig anerkannten juristischen Personen des öffentlichen Rechts. Für eine Erstreckung der Grundrechtsfähigkeit auch auf Kommunen besteht weiterhin kein Anlass, weil Kommunen selbst keine Würde zukommt, kein Durchgriff auf ihre Einwohner als ihr personales Substrat erfolgen muss und sie auch keine Grundrechte ihrer Einwohner gleichsam stellvertretend wahrnehmen. Überdies kann man die Garantie kommunaler Selbstverwaltung als abschließende Trennung der kommunalen von der staatlichen Sphäre betrachten.

91 Einzig auf die prozessualen Rechte wie die Rechtsschutzgarantie des Art. 19 IV GG, das Recht auf den gesetzlichen Richter nach Art. 101 I 2 GG und den Anspruch auf rechtliches Gehör nach Art. 103 I GG können die Kommunen sich berufen, weil diese Rechte im Rechtsstaatsprinzip wurzeln, das auch für das Verhältnis verschiedener Hoheitsträger zueinander gilt.

---

[27] StGH BW, ESVGH 44, 1 (6); NdsStGH, DVBl. 1998, 185 (187); zustimmend *Geis*, Kommunalrecht, 3. Auflage, 2014, § 6, Rn. 31.

[28] Vgl. *Geis*, Kommunalrecht, 3. Auflage, 2014, § 6, Rn. 29.

3. Staatsprinzipien

Aus den in Art. 20 GG niedergelegten und nach Art. 79 III GG vor Verfassungsänderungen geschützten Staatsprinzipien folgen weitere Rechtspositionen der Kommunen. 92

a) Wohl wird die Garantie kommunaler Selbstverwaltung nicht ihrerseits zu den Bestandteilen des *Rechtsstaatsprinzips* zu rechnen sein, aber einzelne Elemente des Rechtsstaatsprinzips kommen auch den Kommunen zugute. Dazu zählen neben dem bereits erwähnten Verhältnismäßigkeitsprinzip, der Rechtsweggarantie und den Rechten auf den gesetzlichen Richter und auf rechtliches Gehör auch das Erfordernis gesetzlicher Grundlagen für Eingriffe in die kommunale Selbstverwaltung, die Bindung der staatlichen Exekutive gegenüber den Kommunen an Gesetz und Recht sowie die Staatshaftung. Auch das in Parallele zu Art. 3 I GG zu entwickelnde Gebot, die Kommunen gleich zu behandeln, sofern kein sachlicher Grund für eine Ungleichbehandlung besteht, ist Element des Rechtsstaatsprinzips. Dies betrifft zum einen die Zuweisung desselben kommunalrechtlichen Status an Kommunen vergleichbarer Größe, Einwohnerzahl und Wirtschaftsstruktur; zum anderen die Gleichbehandlung von Kommunen desselben Status. 93

b) Das *Demokratieprinzip* in seiner grundgesetzlichen Ausprägung umfasst auch die Garantie kommunaler Selbstverwaltung (str.). Das Demokratieprinzip gebietet nicht nur, Hoheitsgewalt auf Bundes- und Landesebene jederzeit auf den Willen des jeweiligen Staatsvolkes zurückführen zu können, sondern es verlangt auch einen für bürgerschaftliche Mitwirkung offenen Aufbau der öffentlichen Verwaltung. Dieser ist am ehesten durch eine dezentrale Verwaltungsgliederung mit den Kommunen als Basis zu gewährleisten, welche über eine hinreichende Kompetenz- und Finanzausstattung verfügen. Das Demokratieprinzip steht damit einzelnen verfassungsrechtlichen Neubestimmungen der Garantie kommunaler Selbstverwaltung nicht entgegen; eine gänzliche Beseitigung der kommunalen Selbstverwaltung verstieße aber gegen das Demokratieprinzip i.V.m. Art. 79 III GG und könnte auch durch den verfassungsändernden Gesetzgeber nicht vollzogen werden. Dies wird durch Art. 115c III GG unterstrichen, wonach die Lebensfähigkeit der Kommunen, insbesondere auch in finanzieller Hinsicht, selbst im Verteidigungsfall zu wahren ist. 94

c) Aus dem *Bundesstaatsprinzip* ergeben sich hingegen keine weiteren geschützten Rechtspositionen der Kommunen. Das Grundgesetz geht von einem zweigliedrigen Bundesstaatsbegriff mit den beiden Ebenen des Bundes und der Länder aus und rechnet die Kommunen dem Verfassungsraum der Länder zu, wie sich aus der systematischen Stellung des Art. 28 GG im II. Abschnitt *„Der Bund und die Länder“* sowie aus der finanzverfassungsrechtlichen Behandlung der Kommunen in Art. 106 GG ergibt. Die Kommunen nehmen lediglich mittelbar an dem den Ländern durch das Bundesstaatsprinzip gewährleisteten Schutz teil. 95

Nur ausnahmsweise erkennt das Grundgesetz direkte Beziehungen zwischen dem Bund und den Kommunen an, so in Art. 28 III GG. Hier wird dem Bund 96 die Aufgabe gestellt, u.a. die kommunale Selbstverwaltung auf Landesebene zu garantieren. Dieser Aufgabe hat der Bund mit den übrigen im Grundgesetz vorgesehenen Mitteln nachzukommen, v.a. mit dem Bund-Länder-Streit vor dem BVerfG nach Art. 93 I Nr. 3 GG; § 13 Nr. 7; §§ 68 ff. BVerfGG und als ultima ratio mit dem Bundeszwang nach Art. 37 GG, der zumeist in finanziellen Sanktionen bestehen wird. Neben diesen ausdrücklich im Grundgesetz vorgesehenen Aufsichtsmitteln dürfte Art. 28 III GG als selbstständige Ermächtigungsgrundlage für Eingriffe des Bundes in die Ländersphäre zu Gunsten der Kommunen ausscheiden (str.).

4. Beteiligung kommunaler Spitzenverbände am Gesetzgebungsverfahren

97 Zusätzlich zu diesen materiellen Garantien bestehen verfahrensmäßige Sicherungen der kommunalen Selbstverwaltung. So sehen zahlreiche Landesverfassungen[29] vor, dass vor dem Erlass von Gesetzen und Verordnungen, welche allgemeine Fragen regeln, die die Kommunen unmittelbar berühren, die kommunalen Spitzenverbände (→ Rn. 778) anzuhören sind. Ein Gesetz oder eine Verordnung berührt die Kommunen unmittelbar, wenn ihnen neue Aufgaben übertragen, bisher wahrgenommene Aufgaben entzogen, auf ihre Verwaltungsorganisation eingewirkt, ihre Finanzausstattung verändert oder Eingriffe vergleichbarer Intensität vorgenommen werden sollen. Bei dieser Anhörungspflicht handelt es sich um eine Sonderregelung des Gesetzgebungs- bzw. Verordnungsverfahrens, deren Einhaltung im Rahmen der formellen Verfassungsmäßigkeit des Gesetzes bzw. der Verordnung zu prüfen ist. Umstritten ist, welche Rechtsfolgen die unterbliebene Anhörung zeitigt: Eine Auffassung betrachtet die Anhörungspflicht nach dem Vorbild des Art. 76 I GG und der vergleichbaren Bestimmungen über das Gesetzesinitiativrecht in den Landesverfassungen als bloße Ordnungsvorschrift, deren Missachtung letztlich keine Konsequenzen hat.[30] Eine andere Ansicht erblickt in der Anhörungspflicht eine Verfahrenshandlung, die nach dem Vorbild des § 45 VwVfG nachgeholt werden kann – spätestens im Verfahren vor dem Landesverfassungsgericht.[31] Nach der m.E. zutreffenden Meinung stellt die Anhörungspflicht eine Verfahrensvorschrift dar, deren Missachtung zur formellen Verfassungswidrigkeit des Gesetzes bzw. der Verordnung führt.[32] Je nach der Bedeutung der unter Verletzung der Anhörungspflicht erlassenen Vorschrift und der Schwere des Verstoßes kann dies über die bloße Verfassungswidrigkeit hinaus auch die Nichtigkeit der entsprechenden Regelung bewirken.

---

[29] Art. 71 IV LV BW; Art. 83 VII 1 BayV; Art. 97 IV BbgV; Art. 57 VI NdsV; Art. 78 III 5 Hs. 2 LV NRW; Art. 124 SaarlV; Art. 84 II SächsV; Art. 91 IV ThürV.

[30] *Wilms*, Staatsrecht I, Staatsorganisationsrecht, 2007, Rn. 860.

[31] *Riederle*, Kommunale Spitzenverbände im Gesetzgebungsverfahren, 1995, S. 128.

[32] *Lieber/Iwers/Ernst*, Verfassung des Landes Brandenburg, Kommentar, 2012, Art. 97, Nr. 9, S. 601; *Riederle*, Kommunale Spitzenverbände im Gesetzgebungsverfahren, 1995, S. 127.

Auf Bundesebene fehlt eine entsprechende Bestimmung im Grundgesetz. Es finden sich lediglich Bestimmungen auf Ebene der Geschäftsordnungen. So sind die kommunalen Spitzenverbände bei Vorlagen, die wesentliche kommunale Belange berühren, sowohl durch das federführende Bundesministerium gemäß § 41; § 47 I, V GGOBReg als auch durch die zuständigen Bundestagsausschüsse nach § 69 V GOBT jeweils anzuhören. Dabei handelt es sich aber bloß um individuell-abstrakte Regelungen des Innenrechts, deren Missachtung die formelle Verfassungsmäßigkeit des Gesetzes jeweils unberührt lässt. **98**

IV. Verfassungsrechtliche Bindungen

Von diesem Schutz der Kommunen *durch* die Verfassung ist die Bindung der Kommunen *an* die Verfassung zu unterscheiden. Die Kommunen als juristische Personen des öffentlichen Rechts üben Hoheitsgewalt gegenüber ihren Einwohnern und Dritten aus und sind als Teil der vollziehenden Gewalt in den Ländern gemäß Art. 20 III GG an Gesetz und Recht, insbesondere gemäß Art. 1 III GG an die Grundrechte, gebunden. Diese Bindung erfasst nicht nur die Gemeinden und Gemeindeverbände, sondern auch deren nicht rechtsfähige Regie- und Eigenbetriebe sowie die von ihnen beherrschten juristischen Personen des öffentlichen Rechts wie Zweckverbände und Anstalten. Auch Eigengesellschaften, d.h. juristische Personen des Privatrechts, an denen nur Kommunen beteiligt sind, unterfallen diesen Bindungen, weil die Kommunen sich anderenfalls durch eine geschickte Privatisierungspolitik ihren Verpflichtungen entziehen könnten (str.). Dies hat auch für gemischtwirtschaftliche Unternehmen zu gelten, an denen neben den Kommunen auch Private beteiligt sind.[33] **99**

Besondere Aufmerksamkeit verdient, dass zu den von den Kommunen zu beachtenden verfassungsrechtlichen Vorgaben auch die Garantie kommunaler Selbstverwaltung ihrerseits gehört. Dies führt zum einen – wie auch das BVerfG anerkannt hat – zu einer *interkommunalen* Geltung der Selbstverwaltungsgarantie im Verhältnis verschiedener Kommunen zueinander, z.B. in der Beziehung zwischen einem Landkreis und seinen kreisangehörigen Gemeinden. Zum anderen ist aber auch eine *intrakommunale* Geltung der Selbstverwaltungsgarantie anzuerkennen; d.h. die Selbstverwaltungsgarantie wirkt auch gegen die geschützte Kommune selbst. Diese darf ihre Autonomie nicht aushöhlen, z.B. durch vollständige Übertragung ihrer Aufgaben auf andere Kommunen oder Zweckverbände. **100**

Die intrakommunale Geltung der Selbstverwaltungsgarantie ist vergleichbar dem aus der Grundrechtsdogmatik bekannten Problem des *„Grundrechtsschutzes gegen sich selbst"*[34]. Während in der Grundrechtsdogmatik eine solche gegen den **101**

---

[33] Siehe zum Problem *Jarass*, Sellner-FS, 2010, S. 69.

[34] *Stern*, Staatsrecht für die Bundesrepublik Deutschland, Band III/2, 1994, S. 909; *Heinrich*, Formale Freiheit und materiale Gerechtigkeit, 2000, S. 139 f.; *Littwin*, Grund-

Grundrechtsträger gerichtete Geltung der Grundrechte aber überwiegend abgelehnt wird, weil damit der Charakter der Grundrechte als Freiheitsrechte, die zur freien Verfügung des Grundrechtsträgers stehen, ausgehöhlt würde, ist im Rahmen der verfassungsrechtlichen Verankerung kommunaler Autonomie eine solche *„Selbstverwaltung gegen sich selbst"* anzuerkennen. Hier tritt die Eigenschaft der Selbstverwaltungsgarantie als institutionelle Gewährleistung der Kommune gegenüber ihrem subjektiv-rechtlichen Charakter in den Vordergrund.

102 Übersicht 3-3: Vergleich der Geltung der Selbstverwaltungsgarantie mit der Geltung der Grundrechte

Wirkdimension	**Grundrechte**	**Garantie der kommunalen Selbstverwaltung**
Vertikal	Abwehrrechte gegen den Staat und andere Hoheitsträger	Abwehrfähige Rechtsposition gegen den Staat
Horizontal	Mittelbare Drittwirkung der Grundrechte	Interkommunale Geltung der Selbstverwaltungsgarantie
Selbstbezug	Grundrechtsschutz gegen sich selbst (str.)	Intrakommunale Geltung der Selbstverwaltungsgarantie (str.)

102a Fraglich ist, ob die Kommunen auch an die sogenannte „Schuldenbremse"[35] des Art. 109 III GG gebunden sind, die durch die Föderalismusreform II 2009 eingeführt wurde. Zwar bezieht sich Art. 109 III GG seinem Wortlaut nach nur auf Bund und Länder, jedoch könnte man die Kommunen auch insofern als Teil der Länder betrachten, wie dies gerade die Einordnung der kommunalen Selbstverwaltungsgarantie des Art. 28 II GG in den Abschnitt „Der Bund und die Länder" nahelegt. Auch erscheint es wertungsmäßig widersprüchlich, den Kommunen zukünftig mehr Verschuldungsmöglichkeiten als den Ländern selbst einzuräumen. Indes werden die Kommunen innerhalb der grundgesetzlichen Finanzverfassung separat erwähnt, z.B. in Art. 106 VIII GG, was dokumentiert, dass sie in finanzverfassungsrechtlichen Fragen gerade nicht nur als Teil der Länder aufgefasst werden dürfen und nicht ohne Weiteres auch deren Bindung an die Schuldenbremse unterfallen. Überdies haben die Länder es selbst in der Hand, durch Änderung der Kommunalordnungen die Möglichkeiten der Kommunen zur Kreditaufnahme weiter einzuschränken. Mit solchen mittelbaren Wirkungen der Schuldenbremse dürfte denn auch spätestens 2020 mit Ablauf der Über-

rechtsschutz gegen sich selbst: das Spannungsverhältnis von grundrechtlichem Selbstbestimmungsrecht und Gemeinschaftsbezogenheit des Individuums, 1993.

[35] Dazu *Hancke,* DVBl. 2009, 621– 627; *Lenz/Burgbacher,* NJW 2009, 2561–2567; *Seiler,* JZ 2009, 721–728; *Tappe,* DÖV 2009, 881–890.

gangsfrist für die Länder gemäß Art. 143d I 3, 4 GG zu rechnen sein.[36] Außerdem können notwendige Einsparungen der Länder zu verminderten Zuweisungen im Rahmen des kommunalen Finanzausgleichs führen.

V. Gesetzgebungskompetenz für das Kommunalrecht

Über diese verfassungsrechtlichen Gewährleistungen und Bindungen hinaus hat das Grundgesetz als Bundesverfassung auch die Gesetzgebungskompetenzen für das Kommunalrecht zwischen Bund und Ländern zu verteilen. Nach Art. 30; 70 GG ist die Gesetzgebung Sache der Länder, soweit nicht das Grundgesetz dem Bund Gesetzgebungsbefugnisse verliehen hat. Eine ausdrückliche Bundesgesetzgebungskompetenz für das Kommunalrecht besteht nicht. Auch Art. 28 III GG kann nicht in diesem Sinne gedeutet werden. Vorschläge zur Grundgesetzänderung, im damaligen Art. 75 GG eine Rahmenkompetenz des Bundes für das Kommunalrecht zu begründen, haben keine Zweidrittelmehrheit in den verfassungsändernden Körperschaften gefunden. Es besteht daher die Landesgesetzgebungskompetenz für das Kommunalrecht fort. Diese stellt neben der Kompetenz für das allgemeine Gefahrenabwehrrecht eine der wichtigsten der den Ländern noch verbliebenen Gesetzgebungskompetenzen dar. **103**

Dessen ungeachtet wirken Bundesregelungen vielfältig auf die kommunale Selbstverwaltung ein. Das Grundgesetz selbst schreibt in Art. 28 I 3 GG das Kommunalwahlrecht für EG-Ausländer fest (→ Rn. 575). Nach Art. 23 I 2 GG hat der Bund Hoheitsrechte auf die Europäische Union übertragen und vorab der Geltung europarechtlicher Regelungen in Deutschland mit Wirkung auch für und gegen die Kommunen zugestimmt. Nach Art. 32 I GG kann der Bund völkerrechtliche Verträge auch auf den den Ländern innerstaatlich zur Gesetzgebung verbliebenen Sachgebieten schließen (str.) und hat davon bspw. mit dem Abschluss des Karlsruher Übereinkommens über grenzüberschreitende kommunale Zusammenarbeit[37] Gebrauch gemacht. Schließlich können auch dem Bund nach Art. 73 ff. GG zur Regelung zugewiesene Sachgebiete mittelbar das Kommunalrecht beeinflussen. So geht das nach Art. 74 I Nr. 11 GG bundesrechtlich geregelte Gesellschaftsrecht den Bestimmungen des kommunalen Wirtschaftsrechts vor (→ Rn. 178), und der Anspruch nach § 70 GewO auf Teilnahme an festgesetzten Messen, Ausstellungen und Märkten überlagert den kommunalrechtlichen Nutzungsanspruch (→ Rn. 608). **104**

---

[36] Von einem „Durchschlagen" der Schuldenbremse spricht *Geis*, Kommunalrecht, 3. Auflage, 2014, § 12, Rn. 56.

[37] Übereinkommen vom 23.1.1996 (BGBl. 1997 II S. 1158).

VI. Kommunalverfassungsbeschwerde

105 Um ihre Selbstverwaltung zu verteidigen, können die Kommunen Kommunalverfassungsbeschwerde gemäß Art. 93 I Nr. 4b GG vor dem BVerfG oder nach den entsprechenden Bestimmungen in den Landesverfassungen vor den Landesverfassungsgerichten erheben. Die Kommunen können bei Beschwerden gegen Landesgesetze indes das anzurufende Gericht nicht frei wählen, sondern die Kommunalverfassungsbeschwerde vor dem BVerfG ist gemäß Art. 93 I Nr. 4b Hs. 2 GG subsidiär hinter der entsprechenden Verfahrensart vor dem LVerfG. Aus diesem Grunde stellen Kommunalverfassungsbeschwerden vor den Landesverfassungsgerichten eine der wichtigsten Verfahrensarten dar, während sie vor dem BVerfG nur eine geringere Rolle spielen.

1. Zulässigkeit

106 Wie bei anderen Verfahrensarten auch ist bei der Kommunalverfassungsbeschwerde zwischen Zulässigkeit und Begründetheit zu unterscheiden. Die Zulässigkeit bestimmt sich für Kommunalverfassungsbeschwerden vor dem BVerfG nach Art. 93 I Nr. 4b GG; § 13 Nr. 8a; § 91 BVerfGG; für Verfahren vor den Landesverfassungsgerichten nach der vergleichbaren Bestimmung in der Landesverfassung über die Kommunalverfassungsbeschwerde i.V.m. dem jeweiligen Landesverfassungsgerichtsgesetz[38]. In Bayern besteht für die Kommunen einerseits die Möglichkeit einer Verfassungsbeschwerde gegen Gerichtsentscheidungen, andererseits die Option einer Popularklage gegen Gesetze und Rechtsverordnungen.[39]

107 a) Eine Kommunalverfassungsbeschwerde können Gemeinden oder Gemeindeverbände erheben. Aufgelöste Gemeinden oder Gemeindeverbände können sich mit der Kommunalverfassungsbeschwerde gegen ihre Auflösung wehren; ihr Fortbestehen wird für die Dauer des Verfahrens fingiert. Keine Beschwerdeführer können hingegen kommunale Unternehmen in öffentlich-rechtlicher Form, wie Regiebetriebe, Eigenbetriebe, öffentlich-rechtliche Anstalten, oder in privatrechtlicher Gestalt, wie GmbHs und Aktiengesellschaften, sein. Auch Zweckverbände und andere öffentlich-rechtliche Zusammenschlüsse, die noch nicht den

---

[38] Art. 68 I Nr. 4, 76 LV BW i.V.m. § 8 I Nr. 8 StGHG BW; Art. 100 BbgV i.V.m. §§ 12 Nr. 5, 51 BbgVerfGG; Art. 131 I, III HessV i.V.m. § 46 HessStGHG; Art. 53 Nr. 8 LV MV i.V.m. § 11 I Nr. 10 LVerfGG MV; Art. 54 Nr. 5 NdsV i.V.m. § 8 Nr. 10 NdsStGHG; Art. 75 Nr. 4 LV NRW i.V.m. §§ 12 Nr. 8, 52 VerfGHG NRW; Art. 130 I 2; 135 Nr. 1 LV RP i.V.m. § 2 Nr. 1 a); § 23 VerfGHG RP; Art. 97 Nr. 4, 123 SaarlV i.V.m. §§ 9 Nr. 13, 55 SaarlVerfGHG; Art. 81 I Nr. 5, 90 SächsV i.V.m. §§ 7 Nr. 8, 36 SächsVerfGHG; Art. 75 Nr. 7 LV LSA i.V.m. § 2 Nr. 8 LVerfGG LSA; Art. 44 II Nr. 4 LV SH i.V.m. § 3 Nr. 4 LVerfGG SH; Art. 80 I Nr. 2 ThürV i.V.m. §§ 11 Nr. 2, 31 ff. ThürVerfGHG.

[39] Einerseits Art. 120 BayV i.V.m. Art. 2 Nr. 6; Art. 51 ff. BayVerfGHG (Verfassungsbeschwerde gegen Gerichtsentscheidungen); andererseits Art. 98 S. 4 BayV i.V.m. Art. 2 Nr. 7; Art. 5 BayVerfGHG (Popularklage gegen Gesetze und Verordnungen).

Status einer Gebietskörperschaft erreicht haben, sind keine geeigneten Beschwerdeführer. Selbst wenn das Landesverfassungsrecht diesen Zusammenschlüssen materiell Selbstverwaltungsrecht zuerkennt, verweigert es ihnen doch die prozessuale Möglichkeit der Geltendmachung im Wege der Kommunalverfassungsbeschwerde.[40]

Bei den Stadtstaaten Berlin, Bremen und Hamburg überlagert ihre Eigenschaft als Land ihren Status als Stadt, so dass sie zwar keine Kommunalverfassungsbeschwerde, wohl aber einen Bund-Länder-Streit[41] oder ihre Landesregierung eine abstrakte Normenkontrolle[42] erheben können. Allerdings bilden nach Art. 143 I BremV die Städte Bremen und Bremerhaven vom Land Bremen zu unterscheidende Gemeinden, weshalb diese Städte weiterhin Kommunalverfassungsbeschwerde erheben könnten. **108**

b) Die Kommunalverfassungsbeschwerde kennt weder auf Bundes- noch auf Landesebene einen Beschwerdegegner. Es handelt sich nämlich um kein kontradiktorisches Verfahren wie bei einem Organstreit, sondern um einen Unterfall der Verfassungsbeschwerde[43], nach anderer Ansicht der abstrakten Normenkontrolle[44]. In beiden Konstellationen gibt es aber keinen Beschwerde- oder Antragsgegner, sondern jeweils nur Äußerungs- und Beitrittsberechtigte. **109**

c) Die Kommunalverfassungsbeschwerde kann nur als Rechtssatzverfassungsbeschwerde gegen formelle und/oder materielle Gesetze des Bundes oder eines Landes erhoben werden, d.h. gegen Parlamentsgesetze, Rechtsverordnungen oder Satzungen einer höheren kommunalen Ebene. Hingegen gibt es weder auf Bundes- noch auf Landesebene eine Kommunalverfassungsbeschwerde als Urteilsverfassungsbeschwerde gegen Einzelakte. **110**

d) Zweifelhaft erscheint, ob die beschwerdeführende Kommune beschwerdebefugt sein muss. Betrachtete man die Kommunalverfassungsbeschwerde entgegen der hier vertretenen Auffassung als Unterfall der abstrakten Normenkontrolle und deutete überdies die Gewährleistung kommunaler Selbstverwaltung als rein institutionelle Garantie, wäre keine Beschwerdebefugnis erforderlich. Indes ist die Kommunalverfassungsbeschwerde in Anlehnung an die Individualverfassungsbeschwerde konzipiert worden und verlangt wie diese eine Beschwerdebefugnis. **111**

---

[40] In Baden-Württemberg garantiert zwar Art. 71 LV BW materiell-rechtlich die Selbstverwaltung der Zweckverbände, eine korrespondierende verfassungsprozessuale Gewährleistung fehlt indes.

[41] Art. 93 I Nr. 3 GG; § 13 Nr. 7; §§ 68 ff. BVerfGG.

[42] Art. 93 I Nr. 2 GG; § 13 Nr. 6; §§ 76 ff. BVerfGG.

[43] Ebenso *Hillgruber/Goos,* Verfassungsprozessrecht, 3. Auflage 2011, Rn. 267; *Rennert,* JuS 2008, 29 (31); *Sachs,* Verfassungsprozessrecht, 3. Auflage, 2010, Rn. 526.

[44] So vor allem die ältere Literatur, z.B. *Bethge,* DÖV 1972, 155; *Friesenhahn,* Zur Zuständigkeitsabgrenzung zwischen Bundesverfassungsgerichtsbarkeit und Landesverfassungsgerichtsbarkeit, in: Festgabe aus Anlaß des 25jährigen Bestehens des Bundesverfassungsgerichts, Bd. 1, 1976, S. 748 (787); *Schäfer,* DÖV 1951, 573 (574). Aus der neueren Literatur *Schlaich/Korioth,* Bundesverfassungsgericht, 9. Auflage, 2012, Rn. 192.

112 Es muss zumindest möglich erscheinen, dass die beschwerdeführende Kommune selbst, gegenwärtig und unmittelbar in ihrem subjektiven Recht auf Einhaltung der objektiv-rechtlichen Grundlagen der kommunalen Selbstverwaltung gemäß Art. 28 II GG oder der vergleichbaren Bestimmung in der jeweiligen Landesverfassung betroffen ist.

113 aa) Das Erfordernis *eigener* Betroffenheit dient dem Ausschluss der Popularklage. Eine Gemeinde kann also nicht gegen ein bloß eine andere Gemeinde treffendes Gesetz vorgehen. Auch eine Prozessstandschaft ist regelmäßig ausgeschlossen; so kann ein Landkreis keine Rechte seiner kreisangehörigen Gemeinden wahrnehmen.

114 bb) Die beschwerdeführende Kommune muss *gegenwärtig* betroffen sein; d.h. sie muss schon, jetzt oder noch betroffen sein. Eine zukünftige Betroffenheit genügt nur, wenn die beschwerdeführende Kommune schon jetzt unwiderrufliche Dispositionen treffen muss, z.B. bereits Rückstellungen in ihrem Haushaltsplan vorzunehmen hat.

115 cc) Grundsätzlich muss die beschwerdeführende Kommune auch *unmittelbar* betroffen sein; d.h. der Eingriff in die Garantie kommunaler Selbstverwaltung muss bereits durch das angegriffene Gesetz selbst erfolgen und nicht erst durch einen noch zu erlassenden, darauf aufbauenden Umsetzungsakt. Bedarf also ein Parlamentsgesetz noch der Umsetzung durch Rechtsverordnung, ist deren Erlass abzuwarten und dann gegen die Verordnung vorzugehen.

116 Müssen Parlamentsgesetze oder Rechtsverordnungen aber noch durch Einzelakte umgesetzt werden, kann sich die beschwerdeführende Kommune im Unterschied zur Individualverfassungsbeschwerde direkt gegen die Rechtsnorm wenden. Diese auf den ersten Blick überraschende Ausnahme vom Erfordernis der unmittelbaren Beschwer ist zuzulassen, weil nur auf diesem Wege Rechtsschutzlücken vermieden werden können. Denn erließe der Gesetzgeber eine Rechtsnorm, die nicht selbst in die Garantie kommunaler Selbstverwaltung eingriffe, wohl aber zum Erlass von eingreifenden Einzelakten ermächtigte, so könnte bei strenger Auslegung der Unmittelbarkeit gegen die Rechtsnorm mangels unmittelbarer Beschwer nicht vorgegangen werden, und für ein Einschreiten gegen den Umsetzungsakt fehlt es an der Möglichkeit der kommunalen Urteilsverfassungsbeschwerde. Dann hätte der Gesetzgeber es aber in der Hand, durch Erlass von stets umsetzungsbedürftigen Rechtsnormen die Kommunalverfassungsbeschwerde vollständig auszuschalten.

117 e) Die Kommunalverfassungsbeschwerde ist *schriftlich* zu erheben, die verletzende Maßnahme und die verletzte Garantie der kommunalen Selbstverwaltung sind zu bezeichnen. Weil die Kommunalverfassungsbeschwerde immer eine Rechtssatzverfassungsbeschwerde darstellt, ist sie binnen Jahresfrist, nicht in der Frist der Urteilsverfassungsbeschwerde von einem Monat zu erheben.

118 f) Richtet sich die Kommunalverfassungsbeschwerde gegen Bundesgesetze oder Bundesrechtsverordnungen ist der direkte Zugang zum BVerfG eröffnet. Es gibt kein statthaftes Verfahren vor den Landesverfassungsgerichten gegen Gesetze oder Verordnungen des Bundes, hinter welchem eine Kommunalverfas-

sungsbeschwerde zum BVerfG subsidiär sein könnte. Auch die verwaltungsgerichtliche Normenkontrolle vor dem OVG nach § 47 I Nr. 2 VwGO i.V.m. dem Landesausführungsgesetz zur VwGO betrifft nur Landesrechtsverordnungen sowie Satzungen und kann deshalb vor Erhebung einer Kommunalverfassungsbeschwerde gegen Bundesgesetze oder -verordnungen nicht durchgeführt werden. Muss die angegriffene Rechtsnorm noch durch einen Einzelakt umgesetzt werden, so kann – anders als bei der Individualverfassungsbeschwerde – gleichwohl direkt eine Kommunalverfassungsbeschwerde erhoben werden, ohne erst noch den Verwaltungsrechtsweg gegen den Einzelakt zu beschreiten. Denn gegen die letztinstanzliche Entscheidung des Verwaltungsgerichts ist ohnehin keine kommunale Urteilsverfassungsbeschwerde gegeben.

Wendet die Kommunalverfassungsbeschwerde sich gegen Normen des Landesrechts, so ist gemäß Art. 94 I Nr. 4b GG; § 91 S. 2 BVerfGG vorrangig das Landesverfassungsgericht anzurufen. Nur soweit das Landesverfassungsrecht keine Kommunalverfassungsbeschwerde vorsieht, ist der Zugang zum BVerfG eröffnet; in allen übrigen Fällen ist selbst bei etwas abweichendem Prüfungsmaßstab der kommunalen Selbstverwaltungsgarantie in der Landesverfassung nur das Landesverfassungsgericht zuständig. Soll gegen eine Landesrechtsverordnung vorgegangen werden, so ist § 47 I Nr. 2 VwGO zu beachten. Sieht das jeweilige LAGVwGO eine abstrakte Normenkontrolle vor dem Oberverwaltungsgericht gegen Landesrechtsverordnungen vor, so muss dieses verwaltungsgerichtliche Verfahren in Ausprägung des allgemeinen Rechtsgedankens des § 90 II BVerfGG erst erfolglos durchgeführt worden sein, bevor eine Kommunalverfassungsbeschwerde vor dem Landesverfassungsgericht gegen die Rechtsverordnung erhoben werden kann. Auch bei Verfahren vor dem Landesverfassungsgericht hat der mögliche Rechtsschutz gegen eingreifende Einzelakte vor dem Verwaltungsgericht unberücksichtigt zu bleiben, weil gegen letztinstanzliche Entscheidungen des Verwaltungsgerichts keine kommunale Urteilsverfassungsbeschwerde gegeben ist.[45] 119

2. Begründetheit

Die zulässige Kommunalverfassungsbeschwerde ist begründet, wenn das angefochtene Gesetz gegen die Garantie kommunaler Selbstverwaltung oder andere Verfassungsbestimmungen verstößt, welche diese Gewährleistung konkretisieren oder ergänzen. Grundsätzlich ist das verfassungswidrige Gesetz gemäß § 95 III BVerfGG bzw. den entsprechenden Bestimmungen im Verfassungsprozessrecht der Länder für *nichtig* zu erklären. Es mag aber Konstellationen geben, in denen die Nichtigkeit eines Gesetzes eine unangemessene Rechtsfolge darstellte, weil dann sämtliche auf der Grundlage dieses Gesetzes bereits getroffenen Maßnahmen rückabgewickelt werden müssten. In solchen Fällen, die vor allem bei Verfassungsbeschwerden gegen finanzwirksame Gesetze auftreten, wird sich das 120

[45] Zur Ausnahme in Bayern siehe Art. 120 BayV i.V.m. Art. 2 Nr. 6; Art. 51 ff. BayVerfGHG.

Verfassungsgericht in aller Regel darauf beschränken, das Gesetz nur für die Zukunft für nichtig zu erklären und für die Vergangenheit lediglich eine *bloße Verfassungswidrigkeit*, nicht aber die Nichtigkeit festzustellen. Dogmatisch begründet werden kann dies mit einem Erst-recht-Schluss in der Form des argumentum a maiore ad minus von der Befugnis des Verfassungsgerichts zur Nichtigerklärung auf weniger einschneidende Rechtsfolgen sowie der inzwischen auch im Rahmen der Verfassungsbeschwerde nach § 79 I; § 95 III 3 BVerfGG ausdrücklich eröffneten Befugnis des BVerfG, Normen für bloß *unvereinbar* mit dem Grundgesetz zu erklären.

121 **Übersicht 3-4: Vergleich der Verfassungsbeschwerden**

Prüfungspunkt	Individualverfassungsbeschwerde (IVfB)	Kommunalverfassungsbeschwerde (KVfB)
A. Zulässigkeit	Art. 93 I Nr. 4a GG; § 13 Nr. 8a; § 90; §§ 92 ff. BVerfGG	Art. 93 I Nr. 4b GG; § 13 Nr. 8a; § 91 BVerfGG
I. Beschwerdeführer	Art. 93 I Nr. 4a GG; jedermann.	Art. 93 I Nr. 4b GG; jede Kommune.
II. Beschwerdegegenstand	Art. 93 I Nr. 4a GG; § 90 I BVerfGG; jede hoheitliche Maßnahme.	Art. 93 I Nr. 4b GG; § 91 S. 1 BVerfGG; nur formelle/materielle Gesetze. → keine kommunale Urteilsverfassungsbeschwerde.
III. Beschwerdebefugnis	Art. 93 I Nr. 4a GG; § 90 I BVerfGG; immer erforderlich.	Art. 93 I Nr. 4b GG; § 91 S. 1 BVerfGG; erforderlich, wenn man KVfB als Sonderfall der Verfassungsbeschwerde deutet, anders, wenn man sie als Unterfall der abstrakten Normenkontrolle ansieht.
1. Selbstbetroffenheit	Immer erforderlich, Ausschluss der Popularklage.	Immer erforderlich, Ausschluss der Popularklage.
2. Gegenwärtige Betroffenheit	Schon, jetzt oder noch betroffen.	Schon, jetzt oder noch betroffen.
3. Unmittelbare Betroffenheit	Umsetzungsakt abwarten, dann gegen diesen vorgehen.	Direkt gegen die Rechtsnorm statthaft, weil keine kommunale Urteilsverfassungsbeschwerde besteht.
IV. Form und Frist	§ 23 I BVerfGG Schriftform; § 93 I BVerfGG 1 Monat gegen Urteile; § 93 III BVerfGG 1 Jahr gegen Gesetze.	§ 23 I BVerfGG Schriftform; (-) § 93 III BVerfGG 1 Jahr gegen Gesetze.

Prüfungspunkt	Individualverfassungs-beschwerde (IVfB)	Kommunalverfassungs-beschwerde (KVfB)
V. Rechtsweg-erschöpfung und Subsidiarität	Art. 94 II 2 GG; § 90 II BVerfGG Rechtsweg erschöpfen; Subsidiarität beachten.	Art. 93 I Nr. 4b 2 GG; § 91 S. 2 BVerfGG Rechtsweg zum LVerfG gegen Landesgesetze; § 47 I Nr. 2 VwGO Normenkontrolle vor OVG gegen Landesrechtsverordnung.
VI. Rechtsschutz-bedürfnis	Nur in Ausnahmefällen zu prüfen.	Nur in Ausnahmefällen zu prüfen.
B. Begründetheit	Die IVfB ist nach Art. 93 I Nr. 4a GG begründet, wenn der Beschwerdeführer in einem seiner Grundrechte oder grundrechtsgleichen Rechte verletzt ist.	Die KVfB ist nach Art. 93 I Nr. 4b GG begründet, wenn der Beschwerdeführer in seinem Recht auf kommunale Selbstverwaltung nach Art. 28 II 1, 2 GG verletzt ist.

VII. Kontrollfragen

1) Steht die Garantie kommunaler Selbstverwaltung auch einem Zweckverband zu? (Rn. 62) **122**
2) Welche Hoheiten werden durch die Garantie kommunaler Selbstverwaltung geschützt? (Rn. 64–72)
3) Sind auch andere Kommunen an die Garantie kommunaler Selbstverwaltung gebunden? (Rn. 77, 100)
4) Warum können Kommunen sich nicht auf Grundrechte berufen? (Rn. 90)
5) Ist ein Gesetz nichtig, wenn die nach Landesverfassungsrecht vorgesehene Beteiligung kommunaler Spitzenverbände am Gesetzgebungsverfahren unterblieben ist? (Rn. 97, 98)
6) Sind die Kommunen ein Teil der Landesverwaltung? (Rn. 99)
7) Wer kann Kommunalverfassungsbeschwerde erheben? (Rn. 107, 108)
8) Warum wird das BVerfG kaum mit Kommunalverfassungsbeschwerden beschäftigt? (Rn. 105, 119)
9) Stehen Kommunen neben der Kommunalverfassungsbeschwerde weitere verfassungsprozessuale Rechtsbehelfe zur Verfügung? (Rn. 118, 119)

Rechtsprechung zu § 3

BVerfGE 12, 6 (8); 18, 441 (447) (Geltung der Prozessrechte auch für Kommunen) **123**
BVerfGE 58, 177 (189) (Kommunale Selbstverwaltung ist kein Grundrecht)
BVerfGE 61, 82 (105) (Kommunen sind keine Grundrechtsträger)

BVerfGE 71, 25 (38) (Gemeindeanteil an den Gemeinschaftsteuern)
BVerfGE 79, 127 (Rastede, Aufgabenvorrang der Gemeinden)
BVerfGE 107, 1 (8 ff.) (Subsidiarität der KVfB zum BVerfG)
BVerfGE 125, 141 (Gewerbesteuermindesthebesatz, Verhältnismäßigkeitsprinzip)

Literatur zu § 3

124 **Allgemein zur Garantie kommunaler Selbstverwaltung:**

Burmeister, Verfassungstheoretische Neukonzeption der kommunalen Selbstverwaltungsgarantie, 1977

Clemens, Kommunale Selbstverwaltung und institutionelle Garantie – Neue verfassungsrechtliche Vorgaben durch das BVerfG, NVwZ 1990, 834–843

Ehlers, Die verfassungsrechtliche Garantie der kommunalen Selbstverwaltung, DVBl. 2000, 1301–1310

Engels, Kommunale Selbstverwaltung nach Art. 28 II GG, JA 2014, 7–13

Katz/Ritgen, Bedeutung und Gewicht der kommunalen Selbstverwaltungsgarantie, DVBl 2008, S. 1525–1536

Knemeyer/Wehr, Die Garantie der kommunalen Selbstverwaltung nach Art. 28 Abs. 2 GG in der Rechtsprechung des Bundesverfassungsgerichts, VerwArch92 (2001), 317–343

Magen, Die Garantie kommunaler Selbstverwaltung, JuS 2006, 404–410

Maurer, Verfassungsrechtliche Grundlagen der kommunalen Selbstverwaltung, DVBl. 1995, 1037–1046

Schoch, Der verfassungsrechtliche Schutz der kommunalen Selbstverwaltung, Jura 2001, 121–133

Tomerius/Breitkreuz, Selbstverwaltungsrecht und Selbstverwaltungspflicht, DVBl. 2003, 426–435

Waechter, Einrichtungsgarantien als dogmatische Fossilien, DV 29 (1996), 47–72

Waechter, Verfassungsrechtlicher Schutz der gemeindlichen Selbstverwaltung gegen Eingriffe durch Gesetz, AöR 135 (2010), 327-362

Welti, Die Verfassungsgarantie der kommunalen Selbstverwaltung, JA 2006, 871–875

Zur Organisationshoheit:

Frenz, Der Schutz der kommunalen Organisationshoheit, VerwArch 86 (1995), 378–397

Schmidt-Jortzig, Kommunale Organisationshoheit, 1979

Zur Finanzhoheit:

Henneke, Begrenzt die finanzielle Leistungsfähigkeit des Landes den Anspruch der Kommunen auf eine aufgabenangemessene Finanzausstattung?, DÖV 2008, 857–867

Lohse, Kommunale Aufgaben, kommunaler Finanzausgleich und Konnexitätsprinzip, 2006

Macht/Scharrer, Landesverfassungsrechtliche Konnexitätsprinzipien und Föderalismusreform, DVBl. 2008, 1150–1158

Mückl, Finanzverfassungsrechtlicher Schutz der kommunalen Selbstverwaltung, 1998

Schmidt-Jortzig, Der Einnahmefächer der Kommunen zwischen Stärkung der Eignungsgestaltung und landesverfassungsrechtlichen Finanzgarantien, DVBl. 2007, 96–102

Schmitt, Inhalt, verfassungsrechtliche Stellung und Bedeutung der kommunalen Finanzhoheit, 1996

124

Schwarz, Finanzverfassung und kommunale Selbstverwaltung, 1995
Volkmann, Der Anspruch der Kommunen auf finanzielle Mindestausstattung, DÖV 2001, 497–505

Zu weiteren verfassungsrechtlichen Garantien:
Bethge, Grundrechtsschutz von kommunalem Eigentum?, NVwZ 1985, 402–403
Englisch, Die verfassungsrechtliche Gewährleistung kommunalen Eigentums, 1994
Zimmermann, Der grundrechtliche Schutzanspruch juristischer Personen des öffentlichen Rechts, 1993

Zur Beteiligung kommunaler Spitzenverbände am Gesetzgebungsverfahren:
Hederich, Die Anhörung der kommunalen Spitzenverbände im Gesetzgebungsverfahren, NdsVBl. 2005, 33–37
Riederle, Kommunale Spitzenverbände im Gesetzgebungsverfahren – Ihre rechtliche Stellung am Beispiel des Freistaats Bayern, 1995
Schrader, Die kommunalen Spitzenverbände und der Schutz der kommunalen Selbstverwaltungsgarantie durch Verfahren und Verfahrensgestaltung, 2004
Weinberg, Die Beteiligung der Kommunen am Normsetzungsprozess in Rheinland-Pfalz, 2002

Zur Kommunalverfassungsbeschwerde:
Bauer, Der Prüfungsmaßstab im Kommunalverfassungsbeschwerdeverfahren, 2013
Benda/Klein, Verfassungsprozeßrecht, 3. Auflage, 2012, Rn. 631 ff.
Burmeister, Die kommunale Verfassungsbeschwerde im System der verfassungsgerichtlichen Verfahrensarten, JA 1980, 17–24
Hoppe, Die kommunale Verfassungsbeschwerde vor Landesverfassungsgerichten, in: Starck/Stern, Landesverfassungsgerichtsbarkeit II, 1983, S. 257–305
Hoppe, Probleme des verfassungsrechtlichen Rechtsschutzes der kommunalen Selbstverwaltung, DVBl. 1995, 179–188
Lück, Der Beitrag der Kommunalverfassungsbeschwerde nach Art. 93 Abs. 1 Nr. 4b GG, § 91 BVerfGG zum Schutz der kommunalen Selbstverwaltung, 2014
Schmidt, Die kommunale Verfassungsbeschwerde, JA 2008, 763–771
Schmidt-de Caluwe, Die kommunale Grundrechtsklage in Hessen, 1996
Starke, Grundfälle zur Kommunalverfassungsbeschwerde, JuS 2008, 319–324

§ 4 Europarechtliche Einflüsse

I. Grundlagen

125 Zusätzlich zu den verfassungsrechtlichen Vorgaben wird das deutsche Kommunalrecht zunehmend auch vom Europarecht beeinflusst. Diese weitere, vom nationalen Recht getrennte Regelungsebene tritt auf zweierlei Weise in Erscheinung: Einerseits profitieren die Kommunen von der Gewährleistung der kommunalen Selbstverwaltung durch die Europäische Kommunalcharta des Europarates. Andererseits sehen sie sich Eingriffen der Europäischen Union in die kommunale Selbstverwaltung ausgesetzt, die dann ihrerseits wieder an unionsrechtlichen sowie ggf. auch an mitgliedstaatlichen Selbstverwaltungsgarantien zu messen sind.

II. Europäische Kommunalcharta des Europarates

1. Rechtsnatur

126 Die Europäische Kommunalcharta[1] ist ein völkerrechtlicher Vertrag unter dem Dach des Europarates vergleichbar der Europäischen Menschenrechtskonvention. Die Vertragsstaaten tauschen keine Leistungen aus, sondern verpflichten sich, ihre innerstaatliche Rechtsordnung jeweils an die Vorgaben der Europäischen Kommunalcharta anzupassen (so genannter law-making treaty[2]).

2. Vertragsstaaten

127 Die Europäische Kommunalcharta ist ein so genannter *halboffener Vertrag*, der nur den Mitgliedstaaten des Europarates offen steht. Auf deutscher Seite wurde die Charta daher nur vom Bund unterzeichnet, nicht von den an sich für das Kommunalrecht zuständigen Ländern, die keine Mitglieder des Europarates sind.

3. Inhalt

128 Die Europäische Kommunalcharta umfasst 18 Artikel, die sich auf drei Bereiche aufteilen: Nach einem einführenden ersten Artikel schützen die Art. 2 bis 11

[1] Europäische Kommunalcharta vom 15.10.1985, BGBl. 1987 II S. 65.
[2] Dazu *Ipsen*, Völkerrecht, 6. Auflage, 2014, § 9, Rn. 7.

einzelne Ausprägungen der kommunalen Selbstverwaltung. Die Art. 12 bis 14 beschäftigen sich dann mit Geltung und Kontrolle der Anwendung der Charta, insbesondere mit der Anbringung von Vorbehalten. Die Art. 15 bis 18 schließlich regeln das In-Kraft-Treten der Charta.

In dem ersten, *materiell-rechtlichen Teil* der Charta werden der Begriff (Art. 3 EKC) und der Umfang (Art. 4 EKC) der kommunalen Selbstverwaltung bestimmt und deren Absicherung in den Verfassungen der Vertragsstaaten (Art. 2 EKC) garantiert. Kommunen sind vor Grenzänderungen anzuhören (Art. 5 EKC), ihre Organisations- und Personalhoheit wird gewährleistet (Art. 6 EKC) und die Rechtsstellung der kommunalen Mandatsträger umrissen (Art. 7 EKC). Kommunen unterliegen der Rechts- und nur ausnahmsweise der Fachaufsicht (Art. 8 EKC), sie dürfen mit anderen Kommunen kooperieren (Art. 10 EKC) und ihnen muss der innerstaatliche Rechtsweg zur Verteidigung ihrer Selbstverwaltungsgarantie offen stehen (Art. 11 EKC). 129

Was die *Geltung* der Charta betrifft, sind die Art. 12 und 14 EKC von besonderem Interesse. Art. 12 EKC gestattet jedem Vertragsstaat im Sinne einer à-la-carte-Klausel, aus den 30 Absätzen der Art. 2-11 EKC ein Minimum von lediglich 20 auszuwählen, an die er sich binden will. Diese Auswahlmöglichkeit stellt einen Kompromiss zwischen dem politisch nicht durchsetzbaren Ziel eines Maximalstandards mit Bindung an alle Chartabestimmungen und einer im Unverbindlichen verbleibenden Minimallösung des kleinsten gemeinsamen Nenners der Vertragsparteien dar und hat maßgeblich zur Verbreitung der Charta, wenngleich in national jeweils unterschiedlicher Gestalt, beigetragen. Von dieser à-la-carte-Klausel hat die Bundesrepublik Deutschland hinsichtlich der Garantie der finanziellen Grundlagen der kommunalen Selbstverwaltung (Art. 9 EKC) Gebrauch gemacht und sich insofern nicht an alle finanziellen Gewährleistungen der Charta gebunden. 130

4. Geltung in Deutschland

Hinsichtlich der innerstaatlichen Geltung völkerrechtlicher Verträge wie der Europäischen Kommunalcharta ist zwischen der Vertragsschluss-, der Ratifikations- und der Transformationskompetenz zu unterscheiden. 131

Die *Vertragsschlusskompetenz*[3] besagt, wer nach nationalem Verfassungsrecht einen völkerrechtlichen Vertrag abschließen darf. Die Kompetenz des Bundes zur Beteiligung an der Europäischen Kommunalcharta ergibt sich aus Art. 32 I GG. Dieser spiegelt nicht einfach die innerstaatliche Kompetenzverteilungsregel des Art. 30 GG auf die Außenkompetenzen in der Weise, dass die innerstaatlich für das Kommunalrecht zuständigen Länder auch völkerrechtlich ausschließlich Verträge auf diesem Gebiet schließen dürfen. Vielmehr räumt Art. 32 I GG dem Bund im Verhältnis zu den Ländern eine umfassende völkerrechtliche Vertragsschlusskompetenz ein – selbst auf Gebieten wie dem Kommunalrecht, für die 132

[3] Siehe *Schneider* (Hrsg.), Das Grundgesetz. Dokumentation seiner Entstehung, Bd. 10, 1996, 155.

die Länder innerstaatlich ausschließlich zuständig sind (str.). Die Kompetenz der Länder zum Vertragsschluss mit auswärtigen Staaten nach Art. 32 III GG besteht neben dieser Bundesvertragsschlusskompetenz (str.).

133 Die *Ratifikationskompetenz*[4] drückt aus, wer einen völkerrechtlichen Vertrag innerstaatlich verbindlich machen kann. Ratifikations- und Vertragsschlusskompetenz gehen Hand in Hand. In Deutschland ist die Europäische Kommunalcharta gemäß Art. 59 II GG durch einfaches Bundesgesetz ratifiziert worden und nimmt den Rang dieses ratifizierenden Gesetzes ein. Sie ist also nachrangig hinter Art. 28 II GG, geht aber den Landesverfassungen und sämtlichem Landesrecht wegen Art. 31 GG vor.

134 Die *Transformationskompetenz*[5] sagt aus, wer den Inhalt eines völkerrechtlichen Vertrages in innerstaatliches Recht umzusetzen hat. Die Transformationskompetenz richtet sich nach der innerstaatlichen Kompetenzverteilung (str.), also nach den Art. 30; 70 ff. GG. Danach sind die deutschen Länder zur Umsetzung der Europäischen Kommunalcharta verpflichtet. Eine ausdrückliche Transformation hat in keinem Land stattgefunden. Die Europäische Kommunalcharta enthält aber Gewährleistungen, die schon vor ihrem In-Kraft-Treten für Deutschland in den Rechtsordnungen der deutschen Länder enthalten waren. Eine solche vorweggenommene Umsetzung reicht als Transformation aus (str.).

5. Verfahrensmäßige Absicherung

135 Die in der Europäischen Kommunalcharta enthaltenen Gewährleistungen werden teils auf Ebene des Europarates, teils auf mitgliedstaatlicher Ebene abgesichert:

136 a) Auf Ebene des Europarates sieht Art. 14 EKC lediglich eine Pflicht der Mitgliedstaaten zur Information des Generalsekretärs des Europarates über den Erlass von Rechtsvorschriften und alle sonstigen Maßnahmen zur Einhaltung der Charta vor. Die Europäische Kommunalcharta enthält weder nach dem Vorbild der Europäischen Menschenrechtskonvention die Möglichkeit einer kommunalen Chartabeschwerde an besondere durch die Charta geschaffene Organe oder an den Europäischen Gerichtshof für Menschenrechte noch die Möglichkeit einer Staatenbeschwerde.

137 b) Auf deutscher mitgliedstaatlicher Ebene stellen die Gewährleistungen der Europäischen Kommunalcharta im Range eines einfachen Bundesgesetzes keinen Prüfungsmaßstab der *Kommunalverfassungsbeschwerde* vor dem BVerfG oder den Landesverfassungsgerichten dar. Die Chartagewährleistungen bieten aber eine Auslegungshilfe für Art. 28 II GG, und die landesverfassungsrechtlichen Garantien dürfen ihnen nicht widersprechen.

138 Außerdem kommt eine Kontrolle von Landesrecht am Maßstab der Europäischen Kommunalcharta im Rahmen einer *abstrakten Normenkontrolle* nach Art. 93 I Nr. 2 GG; § 13 Nr. 6; §§ 76 ff. BVerfGG in Betracht. Denn die Charta gilt

---

[4] Vgl. *Nettesheim*, in: Maunz/Dürig, Grundgesetz, 68. EL, 2013, Art. 59 I, Rn. 76; 79.

[5] *Geiger*, Grundgesetz und Völkerrecht, 6. Auflage, 2013, § 33 II 1.

innerstaatlich im Rang eines einfachen Bundesgesetzes und zählt deshalb zum „sonstigen Bundesrecht" nach Art. 93 I Nr. 2 GG. Allerdings sind die Kommunen keine tauglichen Antragsteller einer abstrakten Normenkontrolle.

Übersicht 4-1: Vergleich der Europäischen Menschenrechtskonvention mit der Europäischen Kommunalcharta **139**

Kriterium	**EMRK**	**EKC**
Rechtsnatur	Halboffener völkerrechtlicher Vertrag unter Dach des Europarates.	Halboffener völkerrechtlicher Vertrag unter Dach des Europarates.
Vertragsschlusskompetenz Art. 32 I GG	Bund	Bund
Ratifikationskompetenz Art. 59 II GG	Bund	Bund
Transformationskompetenz Art. 30; 70 ff. GG	Bund	Länder (hier vorweggenommene Ratifikation)
Innerstaatlicher Rang	Einfaches Bundesgesetz, aber Auslegungshilfe für Grundrechte des Grundgesetzes.	Einfaches Bundesgesetz, bisher nur geringe Bedeutung als Auslegungshilfe.
Geschützter Personenkreis	Menschen	Kommunen
Rechtsbehelfe	Staatenbeschwerde Art. 33 EMRK Individualbeschwerde Art. 34 EMRK	(-), nur Informationspflicht nach Art. 14 EKC

III. Kommunale Selbstverwaltung im Rahmen der Europäischen Union

1. Einwirkungen

a) Durch die weitere Verlagerung vormals mitgliedstaatlicher Kompetenzen auf die Europäische Union und die verstärkte Integration auf europäischer Ebene greift die EU auch zunehmend in die Selbstverwaltung der Kommunen der Mitgliedstaaten ein. Der mit Abstand bedeutendste Eingriff erfolgt dabei durch Art. 22 I AEUV. Danach steht einem Unionsbürger mit Wohnsitz in einem Mitgliedstaat, dessen Staatsangehörigkeit er nicht besitzt, das aktive und passive Wahlrecht bei Kommunalwahlen zu (→ Rn. 575). Umstritten ist, ob dies auch für Abstimmungen auf kommunaler Ebene gilt. Dieses *Kommunalwahlrecht für Ausländer* erweitert nicht nur deren Rechtsstellung, sondern schränkt zugleich die **140**

Rechtsstellung der inländischen Kommunalbürger ein, weil deren Stimmabgabe anteilig nunmehr ein geringeres Gewicht zukommt. Über die kommunalen Angelegenheiten entscheidet damit ein Kreis von Berechtigten, der nicht mehr mit den in der Kommune lebenden deutschen Staatsbürgern identisch ist. Dies erodiert das Konzept des Staatsvolkes und konnte in Deutschland erst nach der Änderung des Art. 28 I 3 GG umgesetzt werden.

141 b) Neben diesem in die kommunale *Organisationshoheit* (→ Rn. 67) eingreifenden Kommunalwahlrecht ergeben sich zahlreiche weitere Einwirkungen der EU auf die Kommunen. Ordnet man diese in Anlehnung an die übrigen kommunalen Hoheiten, so lassen sich insbesondere die folgenden Ingerenzen erkennen:

142 Das europäische Primärrecht sowie Verordnungen und Richtlinien gemäß Art. 288 AEUV greifen nicht nur in das staatliche Gesetzgebungsrecht ein, sondern überlagern auch die kommunale *Satzungs-* (→ Rn. 69) und *Gebietshoheit* (→ Rn. 65). Letztere wird unter anderem betroffen durch die Art. 170 ff. AEUV über transeuropäische Netze.

143 Die *Planungshoheit* (→ Rn. 66) wird durch gemeinschaftsrechtliche Vorgaben des Umweltschutzes nach Art. 191 ff. AEUV eingeschränkt, insbesondere durch die Ausweisung von Schutzgebieten nach der FFH-Richtlinie.

144 Auch die kommunale *Personalhoheit* (→ Rn. 68) ist durch die Arbeitnehmerfreizügigkeit nach Art. 45 AEUV betroffen. Hier formuliert Art. 45 IV AEUV zwar eine Ausnahme für die Beschäftigung in der öffentlichen Verwaltung; der EuGH bezieht diese Ausnahme aber v.a. auf die Eingriffsverwaltung und unterwirft ihr weite Bereiche der Leistungsverwaltung nicht, so dass zahlreiche Tätigkeitsfelder in der kommunalen Verwaltung nunmehr auch EU-Ausländern offen stehen.

145 Die kommunale *Finanzhoheit* (→ Rn. 70) ist bisher nur in geringem Maße durch die EU betroffen. Allenfalls die Gewerbesteuer dürfte wegen ihrer ggf. wettbewerbsverzerrenden Funktion mittelfristig durch die Realisierung des gemeinsamen europäischen Binnenmarktes gefährdet sein. Außerdem sind für kommunale Unternehmen, deren Gewinne ja den kommunalen Haushalten zugute kommen, Art. 14; 106 AEUV zu beachten, die öffentliche und monopolartige Unternehmen von den vertraglichen Wettbewerbsregeln freistellen, soweit die Anwendung dieser Vorschriften die Aufgabenerfüllung verhindert.

146 Die *Kooperationshoheit* (→ Rn. 71) wird durch die EU hingegen eher gestärkt als geschwächt. Mehrere Förderprogramme[6] unterstützen insbesondere das grenzüberschreitende kommunale Zusammenwirken durch Beratung und die Gewährung finanzieller Zuschüsse. Ob die kommunale Kooperation dabei dem Vergaberecht unterfällt, was die Zusammenarbeit stark erschwerte, wird vom EuGH derzeit verneint. Allerdings ist diese Rechtsprechung noch in Bewegung.

147 Die *Sparkassenhoheit* (→ Rn. 72) hingegen hat bereits tiefgreifende Einschnitte durch die EU erfahren. Im Rahmen des so genannten Brüsseler Sparkassenkom-

---

[6] Z.B. die Europäische Territoriale Zusammenarbeit unter dem Dach des Europäischen Fonds für Regionale Entwicklung und des Europäischen Sozialfonds.

promisses wurde die Abschaffung von Anstaltslast und Gewährträgerhaftung vereinbart, um kommunale Sparkassen den Genossenschaftsbanken und den privaten Geschäftsbanken hinsichtlich des Insolvenzrisikos und den damit verbundenen Einstufungen ihrer Bonität durch Ratingagenturen gleichzustellen. Die Trägerkommune darf also künftig weder direkt für Verpflichtungen der Sparkasse aufkommen noch steht in Zukunft den Gläubigern der Sparkasse ein unmittelbarer Anspruch gegen die Trägerkommune zu. Derzeit herrscht noch Unsicherheit in Gesetzgebung und Wissenschaft, ob die Abschaffung von Anstaltslast und Gewährträgerhaftung auf Sparkassen zu beschränken oder auch auf andere öffentlich-rechtliche Anstalten zu erweitern ist.

Zusätzlich zu diesen hier exemplarisch aufgeführten Einwirkungen bestehen zahlreiche weitere Einflüsse der europäischen auf die kommunale Ebene, die jeweils im Einzelfall nur durch Kenntnis der europäischen Verträge samt des dazu ergangenen Sekundärrechts v.a. in Form von Richtlinien und Verordnungen sowie der ggf. erfolgten Rechtsprechung des EuGH zu ermitteln sind. Einzelheiten sind der Kommentarliteratur zu EUV und AEUV zu entnehmen. **148**

2. Gewährleistungen

Mit In-Kraft-Treten des Lissabonner Vertrages wurden die Kompetenzen der Europäischen Union stabilisiert und zum Teil ausgebaut. Was die Einwirkungen auf die kommunale Selbstverwaltung betrifft, so werden diese im Vergleich zum bisherigen Vertragszustand nach EUV und EGV eher noch zunehmen. Die europarechtliche Gefährdung der kommunalen Selbstverwaltung bleibt also bestehen. **149**

Im Unterschied zur bisherigen Vertragslage wird die kommunale Selbstverwaltung aber nunmehr ausdrücklich gewährleistet. Art. 4 II 1 EUV bestimmt: **150**

> „Die Union achtet die Gleichheit der Mitgliedstaaten vor den Verträgen und ihre jeweilige nationale Identität, die in deren grundlegenden politischen und verfassungsmäßigen Strukturen einschließlich der regionalen und lokalen Selbstverwaltung zum Ausdruck kommt.“

Die kommunale Selbstverwaltung wird im ersten Hauptteil des Vertrages und damit an besonders hervorgehobener Stelle garantiert, was auf die große Bedeutung der kommunalen Selbstverwaltung für das Handeln der Organe der Union und ihrer Mitgliedstaaten hinzuweisen scheint.

Daneben besteht auch ein gewisser Schutz der Kommunen durch den *Ausschuss der Regionen* gemäß Art. 300; 305 ff. AEUV. Dieser stellt ein beratendes Hilfsorgan dar, in dem Vertreter der regionalen und lokalen Gebietskörperschaften der Mitgliedstaaten zusammenkommen. Dieser Ausschuss kann eine Verletzung des Subsidiaritätsprinzips gemäß Art. 5 III 1 EUV durch die EU vor dem EuGH geltend machen.[7] Deutschland entsendet 24 Vertreter in diesen Aus- **151**

---

[7] Siehe Art. 8 II EU-Subsidiaritätsprotokoll, dazu *Brüning* in: Ehlers/Fehling/Pünder, Besonderes Verwaltungsrecht, Bd. 3, 3. Auflage, § 64, S. 22; *Röhl* in: Schoch, Besonderes

schuss von denen jedoch nur drei von den kommunalen Spitzenverbänden benannt werden, wie sich aus § 14 Gesetz über die Zusammenarbeit von Bund und Ländern in Angelegenheiten der Europäischen Union[8] ergibt. Zumindest von deutscher Seite ist der Ausschuss der Regionen damit weitgehend von den Bundesländern usurpiert worden.

152 Leider mangelt es auch nach dem Lissabonner Vertrag weiterhin an einer entsprechenden prozessualen Absicherung der Kommunen. Die kommunalen Körperschaften der Mitgliedstaaten können kein Vertragsverletzungsverfahren nach Art. 258 ff. AEUV und keine Untätigkeitsklage nach Art. 265 f. AEUV erheben; sie zählen auch nicht zu den nach Art. 263 II AEUV privilegierten oder (wie u.a. der Ausschuss der Regionen) nach Art. 263 III AEUV teilprivilegierten Klägern einer Nichtigkeitsklage. Sie können sich allenfalls wie natürliche oder juristische Personen des Privatrechts als *nicht-privilegierte Kläger* gemäß Art. 263 IV AEUV gegen die sie unmittelbar und individuell betreffenden Beschlüsse im Sinne des Art. 288 IV AEUV wenden, nicht aber gegen Verordnungen oder Richtlinien vorgehen. Auf Ebene der EU fehlt also eine der Kommunalverfassungsbeschwerde nach Art. 93 I Nr. 4b GG vergleichbare Rechtsschutzmöglichkeit der Kommunen, um sich gegen abstrakt-generelle Rechtsakte wenden zu können. Der neu eingeführten materiell-rechtlichen Absicherung korrespondiert noch keine vergleichbare prozessuale Gewährleistung. Hier bleibt es Aufgabe des EuGH, im Wege der Rechtsfortbildung die prozessualen Möglichkeiten der Kommunen der materiell-rechtlichen Garantie anzunähern.

IV. Kontrollfragen

153 1) Welchen Rang nimmt die Europäische Kommunalcharta (EKC) in der deutschen Rechtsordnung ein? (Rn. 133)
2) Wie ist die kommunale Selbstverwaltung auf Ebene der EU gewährleistet? (Rn. 150)
3) Auf welchem Wege können Kommunen den EuGH anrufen? (Rn. 152)

Rechtsprechung zu § 4

154 EuGH, Rs. 222/83, Slg. 1984, 2889 (Differdange / Kommission)

Verwaltungsrecht, 15. Auflage, 2013, S. 36; *Möller,* Subsidiaritätsprinzip und kommunale Selbstverwaltung, 2009.

[8] Gesetz vom 12.3.1993, BGBl. I S. 313.

Literatur zu § 4

Blanke, Kommunale Selbstverwaltung und Daseinsvorsorge nach dem Unionsvertrag von Lissabon, DVBl 2010, 1333–1343 155

Dieckmann, Zur Organisation kommunaler Spitzenverbände auf europäischer Ebene, DÖV 2000, 457–461

Funke/Papp, Referendarexamensklausur – Öffentliches Recht: Die Internationalisierung des Kommunalrechts – Welterbe unter Aufsicht, JuS 2009, 246–251

Gasser/Mentz, Gemeindefreiheit in Europa, 2004

Gruneberg/Wilden, Die Einschränkung der interkommunalen Kooperationsmöglichkeit durch aktuelle vergaberechtliche Entscheidungen, ZfBR 2013, 438–446

Hasselbach, Europäisches Kommunalrecht, ZG 1997, 49–73

Heurley/Teuber, Interkommunale Kooperationen im Lichte des EU-Vergaberechts, Gemeindehaushalt 2012, 58–61

Hobe/Biehl/Schroeter, Europarechtliche Einflüsse auf das Recht der deutschen kommunalen Selbstverwaltung, 2004

Kaltenborn, Der Schutz der kommunalen Selbstverwaltung im Recht der Europäischen Union, 1996

Knemeyer, Die Europäische Charta der kommunalen Selbstverwaltung, DÖV 1988, 997–1002

Knemeyer, Kommunale Selbstverwaltung in Europa – die Schutzfunktion des Europarates, BayVBl. 2000, 449–453

Meyer, Kommunen als Objekte und wehrlose Verwalter Europas?, NVwZ 2007, 20–25

Müller, Die Entscheidung des Grundgesetzes für die gemeindliche Selbstverwaltung im Rahmen der europäischen Integration, 1992

Nass, Die deutschen Kommunen in der Europäischen Union, FS Faber, 2007, S. 57–80

Schäfer, Die deutsche kommunale Selbstverwaltung in der Europäischen Union, 1998

Schaffarzik, Handbuch der Europäischen Charta der kommunalen Selbstverwaltung, 2002

Schmahl, Europäisierung der kommunalen Selbstverwaltung, DÖV 1999, 852–861

Schmidt, Sind die EG und die EU an die Europäische Charta der kommunalen Selbstverwaltung gebunden?, EuR 2003, 936–948

Schmidt-Eichstaedt, Kommunale Selbstverwaltung in der Europäischen Union: Wie kann die Position der Kommunen in der EU gestärkt werden?, KommJur 2009, 249–257

Schwarz, Regressmöglichkeiten des Landes gegen Kommunen bei Verletzung von Gemeinschaftsrecht?, KommJur 2010, 45–48

Stern, Europäische Union und kommunale Selbstverwaltung, in: Wendt/Höfling/Karpen (Hrsg.), FS Friauf, 1996, S. 75–93

Stirn, Lokale und regionale Selbstverwaltung in Europa, 2013

Tettinger, Europarecht und kommunale Selbstverwaltung, in: Stern/Grupp (Hrsg.), GS Burmeister, 2005, S. 439–455

Theissen, Der Ausschuss der Regionen, 1996

Weiß, Einführung und Umsetzung der Europäischen Charta der kommunalen Selbstverwaltung in Deutschland, insbesondere in Bayern und Nordrhein-Westfalen, 1996

Würtenberger, Auf dem Weg zu lokaler und regionaler Autonomie in Europa, in: Geis/Lorenz (Hrsg.), FS Maurer 2001, S. 1053–1066

Zimmermann, Von der EU-Verfassung zum Vertrag von Lissabon – Zu den kommunalen Rechten im EU-Reformvertrag, KommJur 2008, 41–46

Zimmermann-Wienhues, Kommunale Selbstverwaltung in einer Europäischen Union, 1997

§ 5 Überblick über die landesrechtlichen Regelungen

I. Grundlagen

156 Das Grundgesetz weist in Art. 30; 70 GG das Kommunalrecht im Wesentlichen den Ländern zur Regelung zu. Abgesehen von Art. 28 GG existieren kaum bundesrechtliche Vorgaben, so dass die Landesgesetzgeber in ihren Regelungskonzeptionen im Vergleich zu anderen Rechtsgebieten daher relativ frei sind. Deshalb wäre an sich theoretisch eine große Vielfalt des Rechts der einzelnen Länder zu erwarten.

157 In der Praxis weist das Kommunalrecht der Länder indes auffällige Gemeinsamkeiten bis hin zu wortgleichen Regelungen auf. Dafür gibt es mehrere Gründe: Die meisten Kommunalgesetze lassen sich auf die Deutsche Gemeindeordnung 1935[1] und das Reichszweckverbandsgesetz 1939[2] zurückführen, und diese Herkunft aus gemeinsamen Wurzeln führt auch Jahrzehnte später noch zu Ähnlichkeiten. Auch aktuell stehen die Länder bei der Kommunalgesetzgebung vor vergleichbaren Regelungsproblemen, weshalb die von anderen Ländern gefundenen Lösungen aufmerksam studiert werden. Ein Wissenstransfer von Land zu Land erfolgt nicht nur durch Kontakte der Ministerialbürokratien, sondern auch durch die kommunalen Spitzenverbände. Schließlich erzwingen die Fachgesetze des Bundes, die von den Kommunen als Teil der Landesverwaltung umgesetzt werden müssen, einen gewissen Gleichlauf des Landeskommunalrechts.

158 Dabei eignet sich das Kommunalrecht nicht in der Weise zur parteipolitischen Profilierung, wie dies etwa im Schul- und Hochschulrecht oder im Gefahrenabwehrrecht der Fall ist. Das Kommunalrecht ist zu einem großen Teil *„technisches“* Recht, das die Voraussetzungen für die anderweitige, parteipolitisch geprägte Aufgabenerfüllung bereitstellt, aber nicht selbst Spielwiese der Parteipolitik ist. Allerdings bestehen davon Ausnahmen: So sind der Einführung des Amtes der Gleichstellungsbeauftragten (→ Rn. 489 ff.), des Ausländerwahlrechts (→ Rn. 575 f.) und von Formen direkter Demokratie (→ Rn. 587 ff.) umfangreiche politische Diskussionen vorausgegangen. Aktuell werden v.a. die Regelungen zur wirtschaftlichen Betätigung der Kommunen (→ Rn. 945 ff.) in vielen Ländern geändert. Hier erweist sich das Kommunalrecht als Experimentierfeld für Regelungen, die auf staatlicher Ebene noch nicht verwirklicht oder aus verfassungsrechtlichen Gründen gar nicht zu realisieren sind.

---

[1] Deutsche Gemeindeordnung vom 30.1.1935, RGBl. I S. 49.

[2] Reichszweckverbandsgesetz vom 6.7.1939, RGBl. I S. 979.

Das Kommunalrecht ist nicht in einem einzigen Gesetzbuch kodifiziert vergleichbar dem Bürgerlichen Recht im BGB. Am nächsten kommen dem Ideal der Kodifikation als systematisch aufgebauter, grundsätzlich abschließender gesetzlicher Regelung noch die Bestimmungen in den Kommunalverfassungen von Brandenburg, Mecklenburg-Vorpommern, Niedersachsen, Saarland und Thüringen; aber selbst dort gibt es weitere kommunalrechtliche Regelungen, z.B. im Kommunalwahlgesetz. In den übrigen Ländern besteht eine Vielzahl kommunalrechtlicher Gesetze. Diese knüpfen an zwei verschiedene Punkte an: Zum einen schließen sie als Kommunalordnungen an den Status einer Kommune als Gemeinde, Landkreis oder Bezirk an; zum anderen regeln sie eine Sachaufgabe übergreifend für Kommunen verschiedener Ebenen, z.B. das Sparkassenwesen. 159

II. Kommunalordnungen

Kommunalordnungen wird hier als Oberbegriff für Gemeinde-, Ämter-, Landkreis- und Bezirksordnungen verwendet. Dies sind Gesetze, die mehr oder minder umfassend den Rechtsstatus einer kommunalen Gebietskörperschaft regeln. Die Landesgesetzgeber haben aus historischen Gründen die Bezeichnung *„Ordnung"* an Stelle von *„Gesetz"* gewählt. Dies bringt die Funktion dieser Regelungen zum Ausdruck, die Kommunen als unterstaatliche Hoheitsträger zu strukturieren und ihnen eine organisatorische Gliederung zu geben, Aufgaben zu übertragen und Handlungsformen zur Verfügung zu stellen. Besondere Rechtsfolgen knüpfen sich an die Bezeichnung als *„Ordnung"* nicht an, insbesondere ist eine Ordnung nicht als Grundlagen- oder Organgesetz höherrangig im Vergleich zu anderen Landesgesetzen. 160

1. Gemeindeordnungen

Das mit Abstand bedeutsamste kommunalrechtliche Gesetz ist die jeweilige Gemeindeordnung. Dieses zentrale kommunalrechtliche Gesetz ist aus sich selbst heraus verständlich und enthält kaum Verweisungen auf andere Gesetze. Die Gemeindeordnungen der Länder folgen einem weitgehend einheitlichen Aufbau: 161

a) In einem ersten Abschnitt werden die Grundlagen der Gemeindeverfassung geregelt. Die verfassungsrechtliche Garantie kommunaler Selbstverwaltung wird einfachgesetzlich wiederholt, die verschiedenen Gemeindearten und die ihnen zugewiesenen eigenen und übertragenen Aufgaben werden bestimmt und die gemeindliche Satzungsgewalt geregelt. 162

b) Dem folgt ein Abschnitt über den Gemeindenamen, die Beifügung weiterer Bezeichnungen wie *„Bad"* oder *„Stadt"* sowie über Wappen, Dienstsiegel und andere Hoheitszeichen. Auf staatlicher Ebene finden sich vergleichbare Regelungen in der Präambel und in Art. 22 GG sowie zu Beginn der jeweiligen Landesverfassung. 163

164 c) Dem schließt sich meist ein Abschnitt über das Gemeindegebiet an. Hier werden der gemeindliche Gebietsbestand und das Verfahren bei Gebietsänderungen festgelegt. Je nach Landesrecht können auch noch Vorschriften über gemeindefreie Grundstücke enthalten sein. Für landesgrenzenüberschreitende Gebietsänderungen ist Art. 29 GG zu beachten.

165 d) Der folgende Abschnitt wendet sich den Einwohnern und Bürgern der Gemeinde zu und regelt deren grundlegende Rechte und Pflichten. Einwohner ist, wer in der Gemeinde seinen Wohnsitz hat; Bürger, wer das Wahlrecht zur Gemeindevertretung besitzt. Der Anspruch der Einwohner auf Nutzung gemeindlicher Einrichtungen, die Formen direkter Demokratie auf Gemeindeebene sowie die Pflicht zur Übernahme von Ehrenämtern sind hier geregelt. Vergleichbare Nutzungsansprüche finden sich im Grundgesetz und in den Landesverfassungen nicht; umfangreiche Bestimmungen über Verfahren direkter Demokratie sind aber in zahlreichen Landesverfassungen anzutreffen.

166 e) Auf diese grundlegenden Vorschriften über Land und Leute der Gemeinde folgt der Abschnitt über die gemeindliche Macht, d.h. die Verwaltung der Gemeinde. Die innere Gemeindeverfassung regelt die gemeindlichen Organe, d.h. die Gemeindevertretung/den Gemeinderat, den Bürgermeister und weitere mögliche Zwischenorgane, sowie die Grundzüge der Stellung der Gemeindebediensteten. Dieser Abschnitt setzt die verfassungsrechtlichen Vorgaben des Art. 28 I 2 GG über die Direktwahl der Gemeindevertretung um.

167 f) Dem schließt sich ein zweigeteilter Abschnitt über die Gemeindewirtschaft an. Zum einen wird das gemeindliche Haushaltsrecht vergleichbar den Art. 109 ff. GG geregelt, zum anderen werden Bestimmungen über die wirtschaftliche Betätigung der Gemeinde getroffen.

168 g) Nach dem Abschnitt über die Gemeindewirtschaft ist die Staatsaufsicht über die Kommunen geregelt. Aufsichtsbehörden, Aufsichtsmittel und Aufsichtsmaßstab werden festgesetzt. Hier finden sich die in der deutschen Gesetzgebung umfangreichsten Aufsichtsvorschriften, die Regelungen in anderen Rechtsgebieten, z.B. der Aufsicht über die Selbstverwaltungskammern der Freien Berufe, als Vorbild gedient haben.

169 h) Die Übergangs- und Schlussbestimmungen heben ältere kommunalrechtliche Gesetze auf, enthalten Legaldefinitionen und Verordnungsermächtigungen und gestatten zur Verwirklichung des Neuen Steuerungsmodells im Rahmen so genannter Experimentierklauseln im Einzelfall das Abweichen v.a. von den haushaltsrechtlichen Bestimmungen der Gemeindeordnung. Sie ähneln den verfassungsrechtlichen Übergangs- und Schlussbestimmungen, wie sie aus Art. 116 ff. GG und den entsprechenden Bestimmungen in den Landesverfassungen bekannt sind.

2. Kreisordnungen

170 Die Kreisordnungen kombinieren zumeist zwei verschiedene Regelungstechniken: Zum einen werden eigene Bestimmungen für die Landkreise getroffen mit

einer Aufteilung des Gesetzes parallel zur Gemeindeordnung[3], zum anderen wird im Übrigen auf die Gemeindeordnung verwiesen[4]. Unabhängig von der gewählten Regelungstechnik ist in der Bearbeitung von Fällen mit Landkreisen stets von den kreislichen Vorschriften auszugehen und dann ggf. auf die Gemeindeordnung ergänzend zurückzugreifen.

a) Vollständig eigene Regelungen, wie sie v.a. für die innere Kommunalverfas- 171
sung erfolgen, sind aus sich selbst heraus verständlich und können Besonderheiten der Landkreise gegenüber den Gemeinden wie die Stellung des Landrates auch als staatliche Behörde angemessen berücksichtigen.[5] Dies wird erkauft durch zahlreiche Parallelvorschriften in Gemeinde- und Kreisordnung. Bei jeder späteren Änderung dieser Gesetze besteht die Gefahr, dass aus Versehen nicht alle Parallelregelungen in gleicher Weise abgeändert werden und es so zu gesetzlichen Unstimmigkeiten kommt.

b) Bedienen Kreisordnungen sich deshalb zahlreicher Verweisungen, v.a. hin- 172
sichtlich des Nutzungsanspruchs der Einwohner, des Kommunalwirtschaftsrechts und der Staatsaufsicht, so können zwar Regelungswidersprüche zwischen Gemeinde- und Kreisordnung vermieden und Gesetzesänderungen leichter durchgeführt werden, aber die Regelungen für die Landkreise erweisen sich als vergleichsweise unübersichtlich. Es muss nicht nur bei jeder in Bezug genommenen Norm die gemeindliche durch die kreisliche Bezeichnung ersetzt werden, z.B. Bürgermeister durch Landrat, sondern es stellt sich auch jedes Mal die Frage, ob die nicht ausdrücklich in Bezug genommenen Normen des Gemeinderechts dennoch analog auf die Landkreise anzuwenden sind.

3. Weitere Kommunalordnungen

Neben den in jedem Flächenland vorhandenen Gemeinde- und Kreisordnungen 173
bestehen je nach Landesrecht ggf. weitere Kommunalordnungen. Dazu zählen v.a. die Amts- und Bezirksordnungen. Bei beiden treten ähnliche Regelungsprobleme wie bei den Kreisordnungen auf.

a) Das Amt bildet in Brandenburg, Mecklenburg-Vorpommern und Schles- 174
wig-Holstein eine Zwischenstufe zwischen amtsangehörigen Gemeinden und Kreisen und übernimmt v.a. Verwaltungsaufgaben kleinerer kreisangehöriger Gemeinden, denen es an der eigenen Verwaltungskraft fehlt.[6] Das Amt und die amtsangehörigen Gemeinden erfüllen zusammen genommen dieselben Aufgaben wie eine amtsfreie Gemeinde. Die Vorschriften über die Ämter regeln detailliert die innere Amtsverfassung, insbesondere die Mitwirkung der amtsangehörigen

---

[3] GO BW – KrO BW; BayGO – BayKrO; HessGO – HessKrO; GO NRW – KrO NRW; GO RP – KrO RP; SächsGO – SächsKrO; GO LSA – KrO LSA; GO SH – KrO SH.

[4] Z.B. § 48; § 51 II KrO BW; §§ 52; I; 54 I HessKrO; § 53 I; § 57 III KrO NRW; § 57 KrO RP; § 61; § 65 II SächsKrO; § 65; § 68 VI KrO LSA; § 57 KrO SH.

[5] Besonders deutlich in diesem Sinne die BayKrO.

[6] §§ 133 ff. BbgKVerf; §§ 125 ff. KV MV und §§ 1 ff. AmtsO SH.

Gemeinden an der Willensbildung des Amtes. Im Übrigen verweisen sie zumeist auf die Gemeindeordnungen.

175 b) Die Bezirke stellen in Bayern und Rheinland-Pfalz eine Zwischenstufe zwischen den Kreisen und dem Land dar. Sie weisen auf Grund ihrer Größe zahlreiche spezifische Regelungsprobleme auf, die eine sondergesetzliche Regelung in den *Bezirksordnungen* erfahren haben. Des Rückgriffs auf die Gemeinde- oder Kreisordnungen bedarf es regelmäßig nicht.

4. Kommunalverfassungen

176 Aus der engen Verwandtschaft zwischen Gemeinde- und Kreisordnungen haben einige Landesgesetzgeber die Folgerung gezogen, gleich ein einheitliches Gesetz für Kommunen verschiedener Ebenen zu erlassen. Diese Einheitsgesetze werden meist als „Kommunalverfassung" bezeichnet und beinhalten Vorschriften für Gemeinden und Kreise, z.T. auch für Ämter. Solche Regelungen sind derzeit in Brandenburg, Mecklenburg-Vorpommern, Niedersachsen, dem Saarland und Thüringen in Geltung.[7] Besondere Beachtung verdient das niedersächsische Kommunalverfassungsgesetz (NdsKomVG), weil hier ein möglichst weitgehender Gleichklang zwischen den gemeindlichen und kreislichen Vorschriften angestrebt wird, indem das Gesetz in großem Umfang mit Oberbegriffen wie „Hauptverwaltungsbeamter" und „Vertretungskörperschaft" arbeitet und auf diese Weise mit nur *einer* Regelung sowohl den Bürgermeister als auch den Landrat bzw. die Gemeindevertretung und den Kreistag erfasst.

III. Gesetze über kommunale Kooperation

177 Wollen Gemeinden und Landkreise untereinander, miteinander oder mit Dritten zusammenarbeiten, so kann dies in öffentlich-rechtlichen oder privatrechtlichen Formen erfolgen. Die öffentlich-rechtliche Zusammenarbeit wird in den Landesgesetzen über kommunale Gemeinschaftsarbeit bzw. kommunale Zusammenarbeit geregelt.[8] Diese normieren zumeist drei Formen der Kooperation, und zwar die kommunale Arbeitsgemeinschaft, die öffentlich-rechtliche Vereinbarung und den Zweckverband. In immer mehr Ländern ist darüber hinaus neuerdings als vierte Form die gemeinsame öffentlich-rechtliche Anstalt vorgesehen.[9] Weil Kommunen verschiedener Ebenen zusammenarbeiten können, ist dieses Kooperationsrecht nicht in der Gemeinde- oder der Kreisordnung, sondern in

---

[7] Brandenburgische Kommunalverfassung; Kommunalverfassung Mecklenburg-Vorpommern; Niedersächsisches Kommunalverfassungsgesetz; Saarländisches Kommunalselbstverwaltungsgesetz; Thüringische Kommunalordnung.

[8] GKZ BW; BayGKZ; BbgGKG; HessGKG; §§ 149–170b KV MV; NdsGKZ; GKG NRW; KomZG RP; SaarlGKG; SächsGKZ; GKG LSA; GKZ SH; ThürGKG.

[9] Art. 49–50 BayGKZ; §§ 3 f. NdsGKZ; § 27 f. GKG NRW; § 14a–b KomZG; § 1a AnstG LSA; § 19b–d GKZ SH.

einem selbstständigen Gesetz geregelt. In Mecklenburg-Vorpommern bildet es den vierten Teil der dortigen Kommunalverfassung. Zur Schließung von Regelungslücken wird auf die für Gemeinden geltenden Vorschriften verwiesen, bei Mitwirkung von Landkreisen an der Zusammenarbeit auch auf die für Kreise geltenden Bestimmungen.

Die Zusammenarbeit in privatrechtlicher Form – sofern man diese für zulässig hält – erfolgt auf der Grundlage des Gesellschaftsrechts des Bundes. Dieses geht gemäß Art. 31 GG den Kommunalgesetzen der Länder vor. Weil das Gesellschaftsrecht auf die spezifischen kommunalrechtlichen Bedingungen, wie die Vertretungsregeln und die Haftungsbegrenzung im Kommunalwirtschaftsrecht (→ Rn. 961), keine Rücksicht nimmt, stehen nicht alle Gesellschaftstypen den Kommunen zur Verfügung; v.a. die GmbH, eingeschränkt auch die Aktiengesellschaft, kommen in Betracht. **178**

IV. Gesetze betreffend Stadt-Umland-Verbände

Stadt-Umland-Verbände wie die Region Hannover[10], der Regionalverband FrankfurtRheinMain[11] oder der Regionalverband Saarbrücken[12] stellen einen Sonderfall kommunaler Kooperation im regionalen Spannungsfeld zwischen einer Großstadt und den sie umgebenden Landkreisen samt den kreisangehörigen Gemeinden dar. Zur Bewältigung dieser Konfliktlage sind zumeist spezielle Gesetze wie das Gesetz über die Region Hannover erlassen worden, die umfangreiche Bestimmungen über die innere Verbandsverfassung treffen, im Übrigen aber zumeist auf die Bestimmungen des Gemeinderechts für die verbandsangehörigen Gemeinden und des Kreisrechts für den Verband selbst verweisen. In Niedersachsen sind diese Spezialregelungen in die neue Kommunalverfassung integriert worden.[13] **179**

V. Kommunalwahlgesetze

In allen Ländern werden die Gemeindevertretungen und Bürgermeister sowie die Kreistage, in den meisten auch die Landräte direkt gewählt. Dies erfolgt auf der Grundlage der Kommunalwahlgesetze. Diese vergleichsweise umfangreichen **180**

---

[10] §§ 3; 159–167 NdsKomVG; siehe *Priebs*, Die Bildung der Region Hannover, DÖV 2002, 144–151.

[11] § 7 ff. HessMetropolG. dazu *Birkenfeld*, Kommunalrecht Hessen, 5. Auflage, 2011, Rn. 759 ff.

[12] §§ 194–218 SaarlKSVG; siehe *Groß*, Die Reform des Stadtverbandes Saarbrücken, 2008; *Priebs*, Stadtverband-Stadtkreis-Regionalverband. Zur Reform der Verwaltungsstrukturen im Großraum Saarbrücken, DÖV 2008, 45–53.

[13] §§ 3; 159–167 NdsKomVG.

Gesetze regeln nicht nur die Wahlrechtsgrundsätze, sondern auch den Wahlvorgang in chronologischer Ordnung mit den Phasen der Vorbereitung der Wahl, ihrer Durchführung, der Feststellung der Ergebnisse, der Wahlwiederholung und Wahlprüfung. Die Kommunalwahlgesetze treffen für Kommunen verschiedener Ebenen weitgehend gleiche Regelungen; sie entlasten Gemeinde- und Kreisordnungen von zahlreichen Detailvorschriften und sind sozusagen „vor die Klammer gezogen".

VI. Eigenbetriebsgesetze und -verordnungen

181 Die Eigenbetriebsgesetze und -verordnungen der Länder gehen zurück auf die Reichseigenbetriebsverordnung[14]. Sie gestalten den Eigenbetrieb als nicht rechtsfähige Anstalt des öffentlichen Rechts der Kommunen aus. Er steht außerhalb der regulären Ämterverwaltung, ist organisatorisch verselbstständigt und verfügt meist über eigene Organe, ein Stammkapital und eigene Rechnungsführung. In den Eigenbetriebsgesetzen und -verordnungen wird eine Vielzahl v.a. haushaltstechnischer Fragen geregelt, von denen die Gemeinde- und Kreisordnungen entlastet werden. Daneben steht das Recht der kommunalen Regiebetriebe, das zumeist nur durch Anordnung des Hauptverwaltungsbeamten oder Beschluss der Vertretungskörperschaft geregelt wurde.

VII. Sparkassengesetze

182 In den Landessparkassengesetzen wird die kommunale Sparkassenhoheit (→ Rn. 72) näher ausgestaltet.[15] Dabei steht der Landesgesetzgeber vor einer doppelten Regelungsaufgabe: Einerseits haben die Sparkassen als öffentlich-rechtliche Kreditinstitute mit Genossenschaftsbanken und privaten Geschäftsbanken zu konkurrieren und müssen deshalb eine gewisse wirtschaftliche Beweglichkeit aufweisen, andererseits birgt das Bankgeschäft erhebliche Risiken, die für die Kommunen als Träger der Sparkassen begrenzt werden müssen. Bis vor wenigen Jahren sahen die Sparkassengesetze Anstaltslast und Gewährträgerhaftung der Kommunen vor. Unter Anstaltslast verstand man die Pflicht der Kommunen, aufgelaufene Defizite der Sparkassen im Verhältnis zu diesen auszugleichen; unter Gewährträgerhaftung eine subsidiäre bürgschaftsähnliche Außenhaftung der Kommune gegenüber Gläubigern der Sparkasse. Auf Grund europarechtlicher Vorgaben sind beide Rechtsinstitute gefallen (Brüsseler Sparkassenkom-

---

[14] Reichseigenbetriebsverordnung vom 21.11.1938, RGBl. I S. 1650.

[15] Siehe dazu *Blume,* Sparkassen im Spannungsfeld zwischen öffentlichem Auftrag und kreditwirtschaftlichem Wettbewerb, 2000; *Claussen,* Teilprivatisierung kommunaler Sparkassen?, 1990; *Handschuh,* Der öffentliche Auftrag der sächsischen Sparkassen, 2010.

promiss[16]), um den Wettbewerbsvorteil der Sparkassen im Verhältnis zu sonstigen Kreditinstituten zu beseitigen.

VIII. Kommunalabgabengesetze

Die kommunale Selbstverwaltung kann nur mit Leben gefüllt werden, wenn den Kommunen die für ihre Aufgabenerfüllung notwendigen Mittel zur Verfügung gestellt werden. Dieser Aufgabe dienen u.a. die Kommunalabgabengesetze. Diese erfüllen den Gesetzesvorbehalt der Grundrechte und ermöglichen den Kommunen, bestimmte Steuern, Beiträge, Gebühren und sonstige Abgaben zu erheben. Für das Verfahren der Abgabenerhebung verweisen sie zumeist dynamisch auf die Abgabenordnung des Bundes in ihrer jeweiligen Fassung. Gestützt auf eine Annexkompetenz zur Landesgesetzgebungszuständigkeit für die Kommunalabgaben nach Art. 105 IIa GG enthalten sie auch Straf- und Bußgeldvorschriften. 183

IX. Gesetze über den Finanzausgleich

Die Finanzlage der einzelnen Kommune ist nicht unabhängig von der Finanzsituation des Landes und der übrigen Kommunen. Die Gesetze über den Finanzausgleich bedeuten für die Kommunen dabei ein Geben und Nehmen: Auf der einen Seite regeln diese Gesetze Finanzzuweisungen des Landes an Kommunen, wobei zwischen allgemeinen und besonderen Zuweisungen zu unterscheiden ist. Für die allgemeinen Zuweisungen wird der kommunale Bedarf ermittelt und in Beziehung gesetzt zur kommunalen Leistungsfähigkeit; v.a. als Zentren für das Umland anerkannte Kommunen profitieren davon. Besondere Finanzzuweisungen erfolgen für einzelne Sachaufgaben oder Investitionen. Auf der anderen Seite erlegen die Gesetze über den Finanzausgleich den Kommunen Umlagen auf. Dazu zählen zum einen allgemeine Umlagen wie die Kreisumlage, die Abundanzumlage von finanziell besonders leistungsfähigen Gemeinden[17] oder Umlagen für den Landeswohlfahrtsverband[18], zum anderen besondere Umlagen für einzelne Sachaufgaben, z.B. für Krankenhäuser. 184

---

[16] *Ipsen* in: Bad Iburger Gespräche zum Kommunalrecht, Zukunft der Sparkassen – Sparkasse der Zukunft; 14. Bad Iburger Gespräch, 2004, S. 36 ff.

[17] Dazu *Moewes*, Die Abundanzumlage, 2014.

[18] Vgl. § 22 FAG BW; § 39 HessFAG.

X. Staatsverträge

185 Über die bisher aufgeführten Gesetze und Verordnungen hinaus sind zum Kommunalrecht auch diejenigen Staatsverträge über kommunale Zusammenarbeit zu zählen, die von einem Land mit anderen Ländern und ausländischen Staaten abgeschlossen worden sind. Das Recht der Länder zum Vertragsschluss mit ausländischen Staaten ist in Art. 32 III GG geregelt; für Staatsverträge mit anderen deutschen Ländern fehlt es an einer ausdrücklichen verfassungsrechtlichen Bestimmung. Historisch ist aber das Vertragsschließungsrecht der Länder als Staaten untereinander anerkannt; auch das Grundgesetz selbst setzt es in Art. 29 VII, VIII; 118; 118a; 130 I 1, III 1; 135 V GG voraus. Schließlich könnte auch der Erst-recht-Schluss zu Art. 32 III GG gezogen werden: Wenn die Länder schon über die Bundesgrenzen hinaus mit ausländischen Staaten Verträge schließen dürfen, dann erst recht innerhalb des Bundesgebietes mit anderen deutschen Ländern. Diese Staatsverträge bedürfen innerstaatlich zumeist der Ratifikation und Umsetzung durch ein Landesgesetz. Sie nehmen dann den Rang dieses einfachen Landesgesetzes ein; ein formeller Vorrang gegenüber den sonstigen Kommunalgesetzen besteht nicht. Kommt es zu Konflikten der staatsvertraglich vereinbarten Regelungen mit sonstigen Landesgesetzen, sind jene Gesetze im Zweifel aber im Sinne des Staatsvertrages auszulegen, weil nicht erwartet werden kann, dass der Landesgesetzgeber sich bewusst vertragswidrig verhalten wollte.

XI. Fazit

186 Es zeigt sich, dass das Kommunalrecht der Länder sich aus einer Vielzahl von Gesetzen ergibt, die formal auf gleicher Stufe stehen. Diese haben zwei unterschiedliche Ansatzpunkte, zum einen den Status der erfassten Kommunen, zum anderen die zu erfüllende Sachaufgabe. Überschneiden sich die Kommunalgesetze in ihrem Anwendungsbereich, so ist vor allem durch Anwendung der lex specialis – Regelung zwischen ihnen eine Vorrangbeziehung herzustellen. Die umfangreichsten Regelungen finden sich in den Gemeindeordnungen; andere Gesetze verweisen zumeist auf sie. Helfen Verweisungen als Mittel der Lückenschließung nicht weiter, ist die analoge Heranziehung kommunalrechtlicher Regelungen desselben Landes zu erwägen.

187 In den letzten Jahren haben die Länder zunehmend parallele Regelungen erlassen; selbst vormals sehr unterschiedlich ausgestaltete Gebiete wie die innere Kommunalverfassung haben sich weitgehend einander angeglichen. Das Kommunalrecht vollzieht damit eine Entwicklung nach, die auch aus anderen den Ländern vorbehaltenen Gebieten des Verwaltungsrechts wie dem Bauordnungsrecht oder dem allgemeinen Gefahrenabwehrrecht bekannt ist – die Entwicklung eines gemeindeutschen Verwaltungsrechts.

XII. Kontrollfragen

1) Bestehen auf Landesebene Kodifikationen des Kommunalrechts nach dem Vorbild des BGB? (Rn. 159) **188**
2) In welchen Gesetzen sind die Handlungsformen der Kommunen für eine gemeinsame Aufgabenerfüllung geregelt? (Rn. 177)
3) Welche Regelungen finden auf einen Stadt-Umland-Verband wie den Regionalverband Saarbrücken oder die Region Hannover Anwendung? (Rn. 179)
4) Wo sind die Details zur Wahl der Gemeindevertretung typischerweise geregelt? (Rn. 180)
5) Welche Rechtsgrundlagen bestehen für einen Eigenbetrieb einerseits, für eine Sparkasse andererseits? (Rn. 181, 182)
6) Wo finden sich die gesetzlichen Grundlagen für die Erhebung von Beiträgen und Gebühren durch die Kommunen? (Rn. 183)
7) Welche Regelungen sind typischerweise in einem Gesetz über den kommunalen Finanzausgleich enthalten? (Rn. 184)
8) Inwiefern sind staatsvertragliche Regelungen für die Kommunen von Bedeutung? (Rn. 185)

Literatur zu § 5

Grünewald, Die neue Kommunalverfassung des Landes Brandenburg, LKV 2008, 349–354

Kintz, Klausurrelevante kommunalrechtliche Probleme in juristischen Staatsprüfungen in Rheinland-Pfalz, LKRZ 2011, 476–480 sowie 2012, 37–40; 77–80

Lange, Rechtsprechung zum Kommunalrecht in Hessen, Rheinland-Pfalz und im Saarland, LKRZ 2012, 217–222

Mehde, Die Neue Niedersächsische Kommunalverfassung, NordÖR 2011, 49–55

Mehde, Aktuelle Entwicklungen im Kommunalrecht der Bundesländer – Vom Ende zum Anfang der Geschichte, DVBl 2010, 465–471

Schieferdecker, Das Recht der Regionalplanung in der Metropolregion Rhein-Neckar, VBlBW 2007, 9–14

Sundermann, Änderungen im Kommunalrecht des Landes Nordrhein-Westfalen im Jahre 2012, DVP 2013, 143–146

Risch/Schweitzer, Die neue Hessische Gemeindeordnung, LKRZ 2012, 173–179

§ 6 Status der Kommunen

I. Grundlagen

189 Das Kommunalrecht stellt in erheblichem Umfang Organisationsrecht dar. Dem liegt ein bestimmtes rechtliches Bild von den Kommunen zu Grunde, das es zu beschreiben gilt. Im Unterschied zu anderen Rechtsgebieten findet das Kommunalrecht seinen Gegenstand nicht einfach vor, sondern konstituiert ihn mit. Zentrale Idee des deutschen Kommunalrechts ist dabei die Selbstverwaltung der Kommune als Gebietskörperschaft. Diese Gebietskörperschaft ist von anderen juristischen Personen des öffentlichen Rechts abzugrenzen. Zudem treten die Kommunen in verschiedenen rechtlichen Erscheinungsformen auf, wobei die tatsächliche kommunale Größe und der rechtliche Status der Kommune nicht immer Hand in Hand gehen. Die so bestimmte Kommune steht in ihrem Status nicht ein für alle Mal fest, sondern verändert sich in der Zeit, wobei Gebiets- und Funktionalreformen besondere Bedeutung zukommt. Diese Reformen lassen auch die kommunale Binnengliederung nicht unbeeinflusst.

II. Kommunen als Gebietskörperschaften

1. Begriff und Abgrenzungen

190 Kommunen sind gebietskörperschaftlich organisierte juristische Personen des öffentlichen Rechts auf unterstaatlicher Ebene.

191 Als *Körperschaft* bezeichnet man Vereinigungen natürlicher oder juristischer Personen, deren Willensbildung maßgeblich von diesen bestimmt wird. Körperschaften sind abzugrenzen von Anstalten und Stiftungen. Anstalten fassen personelle und sachliche Verwaltungsmittel zusammen. Sie unterteilen sich in rechtsfähige Anstalten wie Sparkassen und nicht rechtsfähige wie Schulen. Stiftungen sind organisatorisch und zumeist auch rechtlich verselbstständigte, einem festgelegten Zweck dienende Vermögensmassen.

192 Die Kommunen fassen die Menschen auf einem bestimmten Gebiet zusammen und stellen deshalb *Gebietskörperschaften* dar. Sie sind zu unterscheiden von Personalkörperschaften wie Ärztekammern oder Industrie- und Handelskammern, deren Mitglieder nicht nach räumlichen Gesichtspunkten, sondern nach anderen Kriterien, vorzugsweise nach dem Beruf, bestimmt werden.

193 Die Kommunen zählen als Gebietskörperschaften zu den *juristischen Personen des öffentlichen Rechts.* Diese sind im Unterschied zu den juristischen Personen des Privatrechts Hoheitsträger und können sich der Handlungs- und Organisationsformen des öffentlichen Rechts bedienen, ohne dass es dafür im Einzelfall noch einer speziellen Zuweisung in Form der Beleihung[1] bedürfte. Die Kommunen sind rechtsfähig nicht nur im Hinblick auf öffentlich-rechtliche, sondern auch in Bezug auf privatrechtliche Rechtspositionen. Als juristische Personen handeln sie durch den Hauptverwaltungsbeamten und ihre weiteren Organe. Deren Handlungen werden ihnen nach den Bestimmungen der Kommunalordnungen zugerechnet und für deren Fehlverhalten haben sie bei hoheitlichem Handeln nach § 839 BGB; Art. 34 GG, bei privatrechtlichem Tätigwerden nach §§ 31; 89 I BGB i.V.m. einer Anspruchsgrundlage wie § 280 BGB einzustehen. Im gerichtlichen Verfahren sind die Kommunen parteifähig und durch ihre Organe prozessfähig.

194 Die Kommunen sind *unterstaatliche* Gebietskörperschaften. Sie weisen zwar in gleicher Weise wie Staaten ein Gebiet, Bewohner und hoheitliche Gewalt auf („Land, Leute, Macht"), sind aber nicht selbstorganisationsfähig und souverän. Nur im Rahmen der staatlichen Kommunalgesetze steht ihnen als Ausprägung der Garantie kommunaler Selbstverwaltung das Recht zum Erlass der Hauptsatzung (→ Rn. 307 ff.) zu.

2. Namen und Hoheitszeichen

195 a) Die Kommunen tragen einen Namen und führen Hoheitszeichen. Der *Name* ist die Bezeichnung einer Kommune zur Identifikationsstiftung der Einwohner nach innen und zur Unterscheidung von anderen Kommunen nach außen. Tragen mehrere Kommunen denselben Namen, so sind unterscheidende Zusätze erforderlich, z.B. Frankfurt am Main und Frankfurt (Oder). Die Namensgebung der Kommunen orientiert sich an den historisch überlieferten Begriffen. Eine Kommune kann in der Regel nicht aus eigener Machtvollkommenheit ihren Namen ändern, sondern hat die Namensänderung bei der obersten Kommunalaufsichtsbehörde zu beantragen.[2]

196 Hat eine Gemeinde bisher die historische Bezeichnung „*Stadt*" getragen, so behält sie diese. Dieser Zusatz kann neu verliehen werden, wenn eine Gemeinde städtisches Gepräge aufweist; d.h. wenn ihre Einwohnerzahl, Wirtschafts- und Sozialstruktur denjenigen Kommunen gleichkommt, die schon jetzt als Städte bezeichnet werden. Aus der so genannten *„Verleihung der Stadtrechte"* folgen aber keine rechtserheblichen Positionen. Seit der Deutschen Gemeindeordnung 1935 unterscheiden die Kommunalgesetze nicht mehr zwischen Städte- und Landgemeindeordnungen; auch folgt aus der Anerkennung als Stadt noch nicht automatisch die

[1] Zur Beleihung siehe *Kiefer*, LKRZ 2009, 441–445.

[2] § 5 I GO BW; Art. 2 II BayGO; § 9 I BbgKVerf; § 12 HessGO; § 8 I KV MV; § 19 I NdsKomVG; § 13 I GO NRW; § 4 I GO RP; § 2 I SaarlKSVG; § 5 I SächsGO; § 12 II GO LSA; § 11 I GO SH; § 4 I ThürKO.

Kreisfreiheit. Die Gesetze über den Finanzausgleich knüpfen gleichfalls nicht an die Einordnung als Stadt, sondern als Unter-, Mittel- oder Oberzentrum an.

197 Praktisch wichtiger ist die Verleihung der Bezeichnung „*Bad*", weil an die darin zum Ausdruck kommende Anerkennung als Kurort das Recht zur Erhebung der Kurtaxe auf der Grundlage der Kommunalabgabengesetze gekoppelt ist (→ Rn. 183 ff.).

198 Gegen zivilrechtliche Beeinträchtigungen ihres Namensrechts können die Kommunen nach § 12 BGB vorgehen. Für den Schutz gegen öffentlich-rechtliche Störungen fehlt es an ausdrücklichen öffentlich-rechtlichen *Beseitigungs- und Unterlassungsansprüchen*. Hier ist § 12 BGB analog im öffentlichen Recht heranzuziehen.[3] Der Abwehranspruch ist mit der Leistungsklage vor den Verwaltungsgerichten geltend zu machen.

199 b) *Hoheitszeichen* sind Symbole, welche die Stellung als Hoheitsträger veranschaulichen und der Unterscheidung von anderen Hoheitsträgern dienen. Hoheitszeichen stellen ein Spezifikum juristischer Personen des öffentlichen Rechts dar. Typische Hoheitszeichen der Kommunen sind Wappen, Flagge und Dienstsiegel[4]. Im Vergleich dazu verfügen Staaten üblicherweise zusätzlich noch über eine Hymne, einen Nationalfeiertag und ggf. einen Wahlspruch.

III. Arten kommunaler Körperschaften

200 Das deutsche Recht kennt verschiedene Arten von Kommunen. Deren Vielgestaltigkeit lässt sich auf *drei Grundformen kommunaler Gebietskörperschaften* zurückführen; und zwar auf die Gemeinde, den Landkreis und den Bezirk. Zu diesen drei Grundtypen treten Übergangsformen wie die Verbandsgemeinde, die kreisfreie Stadt und der Stadt-Umland-Verband hinzu. Überdies bestehen weitere kommunale Körperschaften.

1. Gemeinden und gemeindefreie Gebiete

201 Die *Gemeinden* sind kommunale Gebietskörperschaften unterster Stufe, die in Art. 28 II 1 GG unmittelbar verfassungsrechtlich garantiert sind. In weiten Teilen Deutschlands herrscht eine kleinräumige Siedlungsstruktur vor mit zahlreichen kleinen Ortschaften und vergleichsweise wenigen Einwohnern je Ortschaft. Ursprünglich waren diese Ortschaften selbstständig und bildeten je für sich eine Gemeinde. Mit den steigenden Anforderungen an die Wahrnehmung öffentlicher Aufgaben zeigte sich aber, dass erst ab einer Mindestgröße von ca. 5.000 Einwohnern – nach heutigen Erkenntnissen der Verwaltungswissenschaft eher ab

[3] Allgemeine Meinung, vgl. *Ellenberger* in: Palandt, Bürgerliches Gesetzbuch, 73. Auflage, 2014, § 12 BGB, Rn. 41; *Kleinevoss*, Der zivilrechtliche Namensschutz der Gemeinde, 2007.

[4] Manche Kommunalordnungen verlangen für die Wirksamkeit von Erklärungen der Kommune den Abdruck des Dienstsiegels, vgl. § 62 I 2 SaarlKSVG und § 81 b I 2 GO LSA.

8.000 Einwohnern – eine geordnete Aufgabenwahrnehmung durch die Gemeindeverwaltung erfolgen kann. Die Landesgesetzgeber standen daher vor der Regelungsaufgabe, einerseits die gewachsenen örtlichen Verhältnisse mit ihrer bürgerschaftlichen Selbstverwaltung zu respektieren, andererseits aber hinreichend große und leistungsfähige Einheiten für die Aufgabenwahrnehmung zu schaffen. Die Landesgesetzgeber haben sich teils für Einheitsgemeinden, teils für mehrstufige Gemeinden entschieden.

In *Einheitsgemeinden*[5], wie sie v.a. in Hessen und Nordrhein-Westfalen verbreitet **202**
sind, werden zwei oder mehr Ortschaften zusammengefasst. Nur die Einheitsgemeinden, nicht aber die früher rechtlich selbstständigen Ortschaften, weisen den Status einer Gemeinde auf. Solche Einheitsgemeinden führen zu leicht überschaubaren kommunalrechtlichen Verhältnissen und sind relativ leistungsstark. Dies wird aber z.T. mit einer gewissen Bürgerferne der Gemeindeverwaltung erkauft.

Auch bei *zusammengesetzten Gemeinden* werden Ortschaften zu einer größeren **203**
Kommune zusammengefasst. Im Unterschied zur Einheitsgemeinde kommt aber weiterhin den bisher einzelnen Ortschaften – zum Teil auch der zusammenfassenden Kommune – Gemeindestatus zu. Politische Entscheidungen werden eher auf der Ebene der als Gemeinden anerkannten Ortschaften gefällt, die verwaltungstechnische Umsetzung dieser Entscheidungen sowie die Erfüllung sonstiger Verwaltungsaufgaben erfolgt auf der Stufe der zusammenfassenden Kommune. Soll diese auch eigene politische Entscheidungen treffen, entwickelt sie sich also in Richtung eines Gemeindeverbandes, so muss sie ihrerseits über ein unmittelbar demokratisch legitimiertes Hauptorgan verfügen.[6] Mit diesem Modell zusammengesetzter Gemeinden soll einerseits die Bürgernähe der Gemeindeverwaltung gewahrt werden, andererseits aber sollen leistungsfähige Verwaltungseinheiten geschaffen werden. Dafür wird eine gewisse Unübersichtlichkeit der zweistufigen Gemeindeverwaltung in Kauf genommen sowie eine uneinheitliche Verwaltungsstruktur im Land, je nachdem ob Ortschaften zu mehrstufigen Gemeinden zusammengefasst wurden oder ob sie für sich alleine auch außerhalb einer Verbandsgemeinde über die notwendige Verwaltungskraft verfügen. Solche mehrstufigen Gemeinden finden sich in Form der Ämter in Brandenburg, Mecklenburg-Vorpommern und Schleswig-Holstein[7] sowie der Samtgemeinden in Niedersachsen[8] und der Verbandsgemeinden in Rheinland-Pfalz.[9]

Grundsätzlich ist das gesamte Landesgebiet vollständig in Gemeinden aufge- **204**
teilt; eine Ausnahme bilden die in einigen Ländern zulässigen *gemeindefreien (ausmärkischen) Gebiete*[10]. Dabei handelt es sich zumeist um ehemalige Gutsbezirke,

[5] *Gimmler*, Kommunalpolitische Blätter 1981, 1006 f.

[6] Die Entscheidung des LVerfG SH, Urteil vom 26.2.2010, Az.: LVerfG 1/09, ist insofern auf andere Länder übertragbar.

[7] Vgl. §§ 133–140 BbgKVerf; §§ 125-148 KV MV; §§ 1 ff. AmtsO SH.

[8] §§ 97–106 NdsKomVG.

[9] §§ 64–73 GO RP. Nur diese Verbandsgemeinden sind gesetzlich ausdrücklich als Gebietskörperschaft anerkannt.

[10] Vgl. Art. 10a BayGO; § 23 IV NdsKomVG i.V.m. § 1 NdsGfrGVO.

frühere staatliche Wirtschaftsgüter (Domänen) oder auf Grund widriger Naturbedingungen kaum nutzbare Bereiche. Diese gemeindefreien Gebiete haben wenige oder gar keine Einwohner und können wegen der fehlenden personellen Grundlage daher keine eigene geordnete Gemeindeverwaltung errichten. Die in einem gemeindefreien Gebiet anfallenden Verwaltungsaufgaben werden zumeist von der Verwaltung des Landkreises wahrgenommen, dem das Gebiet angehört; zum Teil übertragen die Gemeindeordnungen die Aufgabenwahrnehmung auch den Grundstückseigentümern. Benachbarte Gemeinden können in der Regel die Eingliederung dieser gemeindefreien Gebiete beantragen, was aber wegen der dort anfallenden Verwaltungsaufgaben mit erheblichen Kosten verbunden sein kann.

2. Landkreise und kreisfreie Städte

205 a) Die *Landkreise* sind kommunale Gebietskörperschaften mittlerer Stufe, die in Art. 28 II 2 GG unmittelbar verfassungsrechtlich garantiert sind. Sie sind einerseits Gebietskörperschaft der Kreiseinwohner, andererseits Gemeindeverband der kreisangehörigen Gemeinden. Ihr Charakter als Gebietskörperschaft zeigt sich vornehmlich in der Direktwahl des Kreistages und in den meisten Ländern[11] auch des Landrates durch die Bürger des Kreises. Die Eigenschaft als Verband der kreisangehörigen Gemeinden tritt vor allem bei der Erhebung der Kreisumlage (→ Rn. 810 f.) zu Tage. In der Rechtspraxis umfasst ein Landkreis etwa zehn bis dreißig Gemeinden. Die Flächen- und Bevölkerungsunterschiede zwischen den Kreisen eines Landes sind in der Regel bei weitem nicht so groß wie diejenigen zwischen den Gemeinden eines Kreises – die Kreise sind also im Vergleich wesentlich homogener.

206 b) *Kreisfreie Städte* nehmen sowohl Aufgaben der Gemeinden als auch der Landkreise wahr – faustformelmäßig kann man sagen: Sie sind Gemeinde und Kreis zugleich.[12] Daher kommen einer kreisfreien Stadt viel mehr Entscheidungsmöglichkeiten zu als einer kreisangehörigen Gemeinde. Auch hat die Stadt keine Kreisumlage zu entrichten. Allerdings bedeuten die selbst wahrgenommenen kreislichen Aufgaben eine erhebliche finanzielle Last, welche die Ersparnis durch die nicht geschuldete Kreisumlage übertreffen kann.

207 c) Eine Zwischenform zwischen kreisangehörigen Gemeinden und kreisfreien Städten bilden die *kreisangehörigen Gemeinden mit Sonderstatus*, meist große selbstständige Städte genannt. Diese sind auf halbem Wege zu einer kreisfreien Stadt stecken geblieben. Sie sind für eine normale kreisangehörige Gemeinde zu groß, für eine kreisfreie Stadt zu klein. Teils handelt es sich auch um ehemals kreisfreie Städte. Sie werden im Grundsatz nach den Regeln für kreisangehörige Gemeinden behandelt; begrenzt auf ihr Gebiet werden ihnen aber z.T. nach den Kommunalordnungen oder den jeweiligen Fachgesetzen Aufgaben zugewiesen, die im übrigen Kreisgebiet der Landkreis wahrnimmt. Die erhöhte finanzielle Belastung

---

[11] Ausnahmen bilden Baden-Württemberg und Schleswig-Holstein.

[12] In Baden-Württemberg wird insofern plastisch von „Stadtkreisen" gesprochen, vgl. §§ 3; 131 GO BW.

durch diese vermehrte Aufgabenwahrnehmung wird bei der Kreisumlage sowie im kommunalen Finanzausgleich berücksichtigt.

3. Bezirke und Stadt-Umland-Verbände

a) Oberhalb der Landkreise befinden sich in den meisten größeren Flächenländern Deutschlands die Regierungsbezirke.[13] Dabei handelt es sich um staatliche Verwaltungsbezirke, nicht um kommunale Organisationen. Allerdings sind die *bayerischen Bezirke*[14] und der *Bezirksverband Pfalz*[15] im vormals bayerischen Landesteil des heutigen Rheinland-Pfalz auch als kommunale Körperschaften ausgestaltet. Diese kommunalen Gebietskörperschaften höherer Stufe erfüllen Aufgaben, die in den übrigen Ländern staatlichen Stellen zur Wahrnehmung zugewiesen sind. Sie werden nicht ausdrücklich von Art. 28 II 2 GG garantiert, wohl aber von Art. 9 BayV und Art. 78 II RPV. Auch diese Bezirke stellen sowohl eine Gebietskörperschaft der Bezirkseinwohner dar als auch einen bündischen Kommunalverband der bezirksangehörigen Landkreise. Ein Bezirk umfasst zumeist drei bis vier kreisfreie Städte und etwa zehn Landkreise. 208

b) Von den Bezirken können die *Stadt-Umland-Verbände* unterschieden werden, die in großstädtischen Verdichtungsräumen eine Großstadt mit den angrenzenden Gemeinden des Umlandes zusammenschließen. Beispiele sind etwa die Region Hannover[16], der Regionalverband FrankfurtRheinMain[17] und der Regionalverband Saarbrücken[18]. Diese Verbände beruhen auf spezialgesetzlicher Grundlage, und es lassen sich nur wenige allgemeine Regeln angeben. Zumeist verfügen sie über eine direkt gewählte Vertretungskörperschaft, ggf. auch über einen direkt gewählten Hauptverwaltungsbeamten. Gelegentlich ist der an die Großstadt angrenzende Landkreis aufgelöst und seine Aufgaben von dem Verband mit übernommen worden. Zum Teil werden diese Stadt-Umland-Verbände auch als Regionen bezeichnet; der Begriff der Region ist aber rechtlich nicht klar definiert und wird bspw. auch für grenzüberschreitende Kooperationen in den so genannten „Euregios“[19] verwendet. 209

---

[13] Vgl. § 11 LVG BW; §§ 1–7 BayLKrSitzV; §§ 1, 2 I HessRegPräsBezG; § 8 LOG NRW.

[14] BayBezO. Die sieben Bezirke sind Mittelfranken, Niederbayern, Oberbayern, Oberfranken, Oberpfalz, Schwaben und Unterfranken. Siehe dazu *Merk*, BayVBl. 1999, 545; *Simnacher*, BayVBl. 2000, 357.

[15] § 1 BezO RP.

[16] §§ 3; 159–167 NdsKomVG; siehe *Priebs*, Die Bildung der Region Hannover, DÖV 2002, 144 ff.

[17] §§ 7–21 HessMetropolG; dazu *Birkenfeld*, Kommunalrecht Hessen, 5. Auflage, 2011, Rn. 759 ff.

[18] §§ 194–218 SaarlKSVG; siehe *Groß*, Die Reform des Stadtverbandes Saarbrücken, 2008; *Priebs*, Stadtverband-Stadtkreis-Regionalverband. Zur Reform der Verwaltungsstrukturen im Großraum Saarbrücken, DÖV 2008, 45–53.

[19] *Röper*, VerwArch 2004, 301.

4. Stadtstaaten?

210 Die drei Stadtstaaten Hamburg, Berlin und Bremen sind hinsichtlich ihrer Einordnung als Kommunen zu unterscheiden: In Hamburg werden staatliche und gemeindliche Tätigkeit gemäß Art. 4 I HmbV nicht getrennt, so dass man Hamburg insgesamt nur als Staat, nicht aber als Gemeinde betrachten kann. Eine Berufung auf Art. 28 II GG und die Erhebung einer Kommunalverfassungsbeschwerde zum BVerfG scheiden deshalb aus. Dies gilt auch für die hamburgischen Bezirke, die nur staatliche Verwaltungseinheiten sind.[20] Berlin hingegen versteht sich gemäß Art. 1 I BerlV zugleich als Land und als Stadt, so dass an sich eine Berufung auf Art. 28 II GG und die Einlegung einer Kommunalverfassungsbeschwerde möglich wären. Diese städtische Rechtsposition wird aber vollständig durch die Staatsqualität des Landes überlagert. Die Berliner Bezirke sind zwar Selbstverwaltungseinheiten, besitzen aber keine eigene Rechtspersönlichkeit und können sich gleichfalls nicht auf Art. 28 II 1 GG berufen und eine Kommunalverfassungsbeschwerde erheben.[21] Beide Landesregierungen können aber gegen Bundesgesetze jeweils eine abstrakte Normenkontrolle einlegen. In *Bremen* bilden sowohl die Stadt Bremen als auch die Stadt Bremerhaven nach Art. 143 I BremV jede für sich eine Gemeinde des bremischen Staates. Daneben besteht die Freie Hansestadt Bremen als Gemeindeverband höherer Ordnung der Städte Bremen und Bremerhaven gemäß Art. 143 II BremV sowie als Staat nach Art. 64 BremV. Auch hier wird im Hinblick auf die Freie Hansestadt Bremen der kommunale Status vollständig von der Eigenschaft als Land überlagert, während in Bezug auf die Städte Bremen und Bremerhaven theoretisch durchaus die Anwendung kommunalrechtlicher Bestimmungen und damit auch der Kommunalverfassungsbeschwerde in Betracht kommt.

211 **Übersicht 6-1: Status der Kommunen**

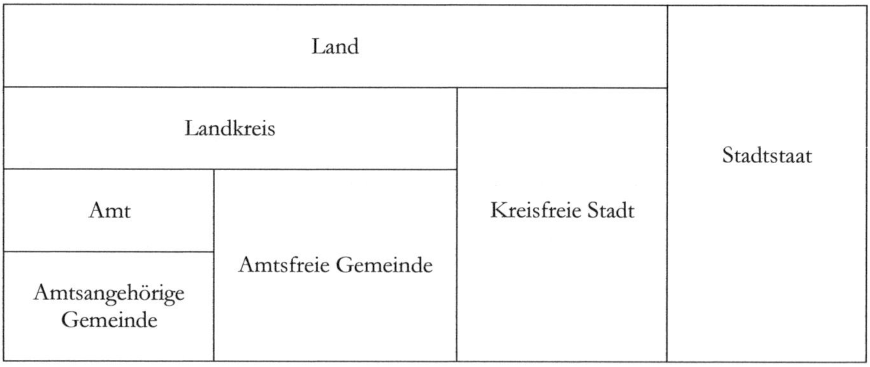

<table>
<tr><td colspan="3">Land</td><td rowspan="4">Stadtstaat</td></tr>
<tr><td colspan="2">Landkreis</td><td rowspan="3">Kreisfreie Stadt</td></tr>
<tr><td>Amt</td><td rowspan="2">Amtsfreie Gemeinde</td></tr>
<tr><td>Amtsangehörige Gemeinde</td></tr>
</table>

---

20 Vgl. Art. 4 II HmbV.

21 Dazu *Musil/Kirchner*, Das Recht der Berliner Verwaltung, 3. Auflage, 2012, S. 19 ff.

5. Weitere kommunale Körperschaften

Neben den bisher aufgeführten kommunalen Gebietskörperschaften gibt es weitere kommunale *Körperschaften*, deren Mitglieder Kommunen oder andere kommunale Personalkörperschaften sind. Diesen Körperschaften kommt kein umfassender Wirkungskreis zu, sie üben Hoheitsgewalt regelmäßig nur über ihre Mitglieder und deren Einwohner aus, nicht jedoch über jeden beliebigen Dritten, der sich in ihrem räumlich-gegenständlichen Wirkungsbereich aufhält. Zum einen zählen dazu die auf der Grundlage der Landeskooperationsgesetze gebildeten Zweckverbände (→ Rn. 767). Zum anderen sind die Kommunalverbände höherer Ordnung zu nennen, die alle Landkreise und kreisfreien Städte des jeweiligen Landes bzw. Landesteils umfassen und in den Ländern Baden-Württemberg, Hessen, Nordrhein-Westfalen und Sachsen bestehen. Sie erfüllen v.a. soziale Aufgaben, etwa als Träger der überörtlichen Sozialhilfe, daneben haben sie vereinzelt auch kulturelle oder kommunalwirtschaftsrechtliche Kompetenzen. Im Einzelnen handelt es sich um den Kommunalverband für Jugend und Soziales Baden-Württemberg[22], den Landeswohlfahrtsverband Hessen[23], die Landschaftsverbände Rheinland und Westfalen-Lippe[24] sowie den Kommunalen Sozialverband Sachsen[25]. 212

IV. Veränderungen des kommunalen Status

Der Status einer Kommune steht nicht ein für alle Mal fest, sondern ist Wandlungen unterworfen. Diese betreffen alle drei Elemente der Kommune: Gebiet, Einwohner und Kommunalverwaltung. Der Wandel eines Elements bleibt dabei in der Regel nicht ohne Auswirkungen auf die anderen beiden Elemente. Wechselt die Zugehörigkeit eines Gebietes von einer Kommune zu einer anderen, so geht auch die politische Zugehörigkeit der Einwohner über und die Wahrnehmung öffentlicher Aufgaben erfolgt durch die neue Kommune an Stelle der alten. 213

1. Gebietsreform

Bedeutsamster Fall einer Änderung des kommunalen Status ist die *Gebietsreform.* 214
Dabei werden auf Gemeinde- oder Kreisebene zwei oder mehr Kommunen zu

[22] Gesetz über den Kommunalverband für Jugend und Soziales Baden-Württemberg (Jugend- und Sozialverbandsgesetz – JSVG), vom 1.7.2004, GBl. BW S. 469, 572.

[23] Gesetz über den Landeswohlfahrtsverband Hessen vom 7.5.1953, HessGVBl. S. 93.

[24] Landschaftsverbandsordnung für das Land Nordrhein-Westfalen (LVerbO) i.d.F. der Bkm. v. 14.7.1994, GVBl. NW S. 657.

[25] Gesetz über den Kommunalen Sozialverband Sachsen vom 14.7.2005, SächsGVBl. S. 167, 171. Der Verband wurde vormals als Landeswohlfahrtsverband Sachsen bezeichnet.

einer neuen zusammengeschlossen oder eine oder mehrere Kommunen gehen in einer anderen auf. Ganz vereinzelt kann es auch zu einer Aufspaltung oder Abtrennung von Kommunen kommen. Solche Gebietsreformen wurden durch Gesetz auch gegen den Willen der betroffenen Kommunen seit den 60er Jahren des vergangenen Jahrhunderts im Westen Deutschlands, seit den 90er Jahren auch in den neuen Ländern durchgeführt. Sie sind grds. verfassungsrechtlich zulässig, obwohl die zusammengeschlossenen oder angeschlossenen Kommunen ihre rechtliche Selbstständigkeit vollständig verlieren. Denn Art. 28 II GG und die vergleichbaren Bestimmungen in den Landesverfassungen garantieren nicht die rechtliche Existenz der einzelnen Kommune, sondern den Bestand von Kommunen überhaupt (→ Rn. 58). Allerdings sind aus diesen Verfassungsbestimmungen Anforderungen an den gebietsreformierenden Gesetzgeber zu entnehmen: Die Neugliederung des Gebietes muss im öffentlichen Interesse liegen, landesweit gleichförmigen Grundsätzen folgen und zugleich die örtlichen Gegebenheiten berücksichtigen. Die neu geschaffene Kommune darf nicht zu groß gebildet werden, damit v.a. die ehrenamtlichen Mitglieder der Vertretungskörperschaft noch Kenntnis von dem gesamten Gebiet der Kommune und ihren Angelegenheiten behalten und eine wirksame Selbstverwaltung ausüben können.[26] Die betroffenen Kommunen sind anzuhören. Gegen ihren Willen darf die Neugliederung nur durch Gesetz oder auf gesetzlicher Grundlage durch Rechtsverordnung erfolgen.

2. Insbesondere: Erwerb und Verlust der Kreisfreiheit

215 Erlangt eine bisher kreisangehörige Gemeinde den Status einer kreisfreien Stadt, so geht dem Landkreis, aus dem sie ausscheidet, i.d.R. eine seiner wirtschaftsstärksten Gemeinden verloren, die über die Umlage erheblich zu den Kreisfinanzen beigetragen hat. Auch kann der Sitz der Kreisverwaltung in dieser Gemeinde gelegen haben und sich nunmehr außerhalb des Kreisgebietes befinden. Andererseits kann für den Kreis und die weiterhin kreisangehörigen Gemeinden der Vorteil bestehen, nicht mehr von dieser einen Gemeinde dominiert zu werden.

216 In früheren Zeiten tendierte man zu einer relativ großzügigen Zuerkennung der Kreisfreiheit. Seit den 60er Jahren des vergangenen Jahrhunderts werden indes vormals kreisfreie Städte wieder *„eingekreist“*. Dadurch wird die Leistungsfähigkeit der Landkreise gestärkt und die Beziehungen zwischen der Stadt und den sie umgebenden Gemeinden unter dem Dach desselben Landkreises zusammengefasst. Die geltenden Kommunalgesetze kennen in der Regel[27] weder einen Anspruch kreisangehöriger Gemeinden auf Gewährung der Kreisfreiheit bei Überschreitung bestimmter Einwohnerschwellenwerte noch einen Anspruch angrenzender Landkreise auf Wiedereinkreisung. Hierbei handelt es sich viel-

[26] Vgl. Urteil des LVerfG MV vom 18.8.2011 (LVerfG 21/10).

[27] Einen Anspruch auf ermessensfehlerfreie Entscheidung über die Kreisfreiheit räumen allerdings Art. 5 III BayGO; § 10 II 2 GO LSA ein. Zum Anspruch auf Einkreisung siehe auch Art. 5a BayGO.

mehr um politische Zweckmäßigkeitsentscheidungen des Landesgesetzgebers im Einzelfall, die den oben beschriebenen Anforderungen an die Gebietsreform genügen müssen.

3. Funktionalreform?

217 Keine Änderung des kommunalen Status bewirkt die *Funktionalreform* (→ Rn. 262). Dabei werden Aufgaben zwischen der staatlichen und der kommunalen Ebene sowie innerhalb der kommunalen Ebene zwischen Gemeinden und Kreisen neu verteilt. Bisherige Aufgaben werden entzogen, neue werden zugewiesen. Zu beachten ist, dass nicht nur der Verlust von Aufgaben in die Garantie kommunaler Selbstverwaltung eingreift, sondern auch die Aufgabenübertragung wegen der damit verbundenen finanziellen Belastungen.

4. Insolvenz der Kommune?

218 Angesichts der angespannten Haushaltslage vieler Kommunen ist theoretisch ein „Kommunalbankrott" vorstellbar; d.h. die Kommune kann ihren gesetzlichen Zahlungsverpflichtungen nicht mehr nachkommen. Sind juristische Personen des Privatrechts zahlungsunfähig (§ 17 InsO), droht ihre Zahlungsunfähigkeit (§ 18 InsO) oder sind sie überschuldet (§ 19 InsO), kann über ihr Vermögen das Insolvenzverfahren eröffnet werden, das mit der Auflösung der juristischen Person enden kann. Nach § 12 I Nr. 2 InsO ist die Eröffnung des Insolvenzverfahrens über das Vermögen juristischer Personen des öffentlichen Rechts, die der Aufsicht eines Landes unterstehen, unzulässig, wenn das Landesrecht dies bestimmt. Sämtliche Länder haben in ihren Ausführungsgesetzen zur InsO oder in den Kommunalordnungen selbst von dieser Ermächtigung Gebrauch gemacht und festgelegt, dass über das Vermögen der Kommunen kein Insolvenzverfahren eröffnet werden kann. Können Kommunen ihre Zahlungsverpflichtungen nicht mehr erfüllen, so wird eine subsidiäre Haftung des aufsichtführenden Landes anzuerkennen sein.[28] Dieses wird im Rahmen seiner Staatsaufsicht über die Kommune dieser ein Haushaltssanierungskonzept vorschreiben und ggf. einen Staatskommissar einsetzen; zum rechtlichen Untergang der Kommune kommt es nicht.

5. Weitere Veränderungen

219 Neben der Gebietsreform sind *weitere Änderungen* des kommunalen Status durch den Verlust eines oder mehrerer Merkmale der Kommunen als Gebietskörperschaften denkbar – in gleicher Weise kennt das Völkerrecht den Untergang von Staaten durch den Verlust von einem oder mehreren der Staatselemente. Beispielsweise kann das kommunale Gebiet in Folge von Naturkatastrophen unbe-

[28] Vgl. *Nierhaus/Gebhardt* in: Schriftenreihe des Kommunalwissenschaftlichen Instituts der Universität Potsdam, Band 4, Zur Ausfallhaftung des Staates für zahlungsunfähige Kommunen 1999.

wohnbar werden und sämtliche Einwohner haben das Gebiet zu verlassen. Sollte wirklich einmal ein solcher Fall eintreten, so wird bei einem dauerhaft unbewohnbaren Gebiet von einem vollständigen Untergang der Kommune auszugehen sein, bei bloß vorübergehend nicht zu nutzenden Gebieten von einem Fortbestand der Kommune und der einstweiligen Wahrnehmung ihrer Aufgaben durch die nächsthöhere Verwaltungsebene.

V. Kommunale Binnengliederung

220 Die im Außenverhältnis als einheitliche Gebietskörperschaft in Erscheinung tretenden Kommunen sind im Innenverhältnis je nach Landesrecht zum Teil weiter untergliedert in rechtlich unselbstständige Untereinheiten. Städte können in Stadtbezirke, Gemeinden in Ortschaften aufgeteilt sein. Bei Landkreisen ist eine weitere Untergliederung unüblich; hier existieren aber zum Teil Außenstellen der Verwaltung. Erfolgt eine solche Binnengliederung, werden von der Gesamtkommune diejenigen öffentlichen Aufgaben auf den Stadtbezirk bzw. die Ortschaft übertragen, deren Bedeutung über die kommunale Untereinheit nicht wesentlich hinausreicht. Dazu zählen bspw. Entscheidungen über soziale und kulturelle Einrichtungen oder über die Verkehrsinfrastruktur in dem jeweiligen Bezirk. Die Übertragung erfolgt zumeist durch die Gemeindeordnung des Landes, zum Teil können den Untereinheiten darüber hinaus auch durch die Hauptsatzung der Gemeinde weitere Aufgaben transferiert werden. Die Untereinheiten verfügen über eine eigene Vertretungskörperschaft, meist als Bezirks- oder Ortsrat[29] bezeichnet, sowie ggf. über einen Verwaltungsbeamten als Ehrenbeamten, zumeist Bezirks- oder Ortsvorsteher/-bürgermeister[30] genannt. Diese Organe erfüllen eine Doppelfunktion: Sie vertreten die Gesamtkommune gegenüber den Einwohnern ihres Bezirks und den Bezirk gegenüber der Gesamtkommune. Bei ihren Entscheidungen haben sie die Belange der Gesamtkommune zu beachten.

221 Die kommunale Binnengliederung ist durch den Gesetzgeber zumeist als Folge der Gebietsreformen ermöglicht worden. Mit Rücksicht auf das Bedürfnis der Einwohner nach wohnortnaher Verwaltung wurde auch auf kommunaler Ebene wieder eine teilweise Dezentralisierung zugelassen. Die gesetzliche Option, kommunale Untereinheiten einzurichten, zeigt, dass bei der Gebietsreform gelegentlich „über das Ziel hinausgeschossen wurde“, denn es macht wenig Sinn, zuerst größere kommunale Einheiten zu schaffen und diese dann wieder zu unterteilen.

---

[29] Z.B. § 91 NdsKomVG; § 36 I GO NRW (Bezirksvertretung).
[30] Z.B. § 92 NdsKomVG; § 36 II 2–3; § 39 II 3 GO NRW.

VI. Aktuelle Entwicklungen

Nachdem in den letzten Jahren die Gebietsreformen zu einem gewissen Abschluss gekommen zu sein schienen, zeichnet sich angesichts des Bevölkerungsschwundes in den ländlichen Regionen sowie der weiterhin bestehenden Finanzkrise der Kommunen erneut der Weg hin zu größeren Einheiten ab. Derzeit stehen in vielen Ländern vor allem die Bildung von Regionen sowie Zusammenschlüsse der Landkreise auf der Tagesordnung, aber auch Gemeindefusionen sind absehbar. Bei all diesen Gebietsreformen bleibt darauf zu achten, dass nicht nur landesplanerische Gesichtspunkte Berücksichtigung finden, sondern die Einwohner der Kommune weiterhin ein hinreichend überschaubares kommunalpolitisches Betätigungsfeld vorfinden. 222

VII. Kontrollfragen

1) Sind Kommunen rechts- und geschäftsfähig im öffentlichen und privaten Recht? (Rn. 193) 223
2) Nach welchen Regeln bestimmt sich die Haftung der Kommune für das Handeln ihrer Organ- und Amtswalter? (Rn. 193)
3) Auf welche Weise wird der Name einer Kommune geschützt? (Rn. 198)
4) Welche Vorzüge und welche Nachteile sind mit der Kreisfreiheit verbunden? (Rn. 206)
5) Welcher Zusammenhang besteht zwischen Gebietsreform und kommunaler Binnengliederung? (Rn. 221)
6) Worin liegt der Unterschied zwischen Gebiets- und Funktionalreform? (Rn. 214, 217)
7) Kann über das Vermögen einer Kommune das Insolvenzverfahren eröffnet werden? (Rn. 218)

Rechtsprechung zu § 6

BVerfGE 59, 216 (Änderung des Gemeindenamens) 224
BVerfGE 86, 90 (Rück-Neugliederung)
BVerfGE 107, 1 (24 f.) (Anhörungspflicht)
BVerwG, NVwZ-RR 1995, 587 (Zuständigkeit von Bezirksvertretungen)
LVerfG Bbg. DVBl. 1996, 37 (Gebietsänderung wegen Braunkohlentagebaus)
VerfGH Rh.-Pf., DÖV 1970, 601 (Eingemeindung)
VerfGH M-V, NVwZ 2007, 1054; JuS 2007, 1144 (Kreisgebietsreform Mecklenburg-Vorpommern)
OVG Lüneburg, OVGE 36, 352 (gemeindefreie Gebiete)
OVG Lüneburg, DVBl. 1989, 937 (Anhörungsrecht des Ortsrates)
VGH München, BayVBl. 1981, 399 (Auflösung einer Gemeinde)

Literatur zu § 6

225 **Zu Gemeindeverbänden und Regionen:**

Blümel, Das verfassungsrechtliche Verhältnis der kreisangehörigen Gemeinden zu den Kreisen, VerwArch 75 (1984), 197–218, 297–331

Bovenschulte, Gemeindeverbände als Organisationsformen kommunaler Selbstverwaltung, 2000

Henneke, Verfassungsrechtlicher Schutz der Gemeindeverbände vor gesetzlichem Aufgabenentzug im dualistischen und monistischen Aufgabenmodell, ZG 2002, 72–104

Henneke/Maurer/Schoch, Die Kreise im Bundesstaat, 1994

Mecking, Die Regionalebene in Deutschland, 1995

Rautenberg, Ein Vergleich der vier großen Regionalverbände Deutschlands, DVBl. 2003, 768–777

Ritgen, Der Landkreis als Zukunftsmodell – Zur Rolle der Kreise im Mehrebenensystem, DVBl. 2013, 708–712

Schmidt-Aßmann, Perspektiven der Selbstverwaltung der Landkreise, DVBl. 1996, 533–542

Schoch (Hrsg.), Selbstverwaltung der Landkreise in Deutschland, 1996

Seggemann, Die Region, 2009

Stein, Das Verhältnis zwischen der Samtgemeinde und ihren Mitgliedsgemeinden, NdsVBl 2012, 7–10

Stüer, Region und Regionalisierung, LKV 2004, 6–10

Zsinka, Die Verbandsgemeinde: ein Zukunftsmodell? DÖV 2013, 61–70

Zum kommunalen Namensrecht:

Ernst, Städtenamen und Internet-Domains in der Praxis der Gerichte, VR 2003, 120–122

Kleinevoss, Der zivilrechtliche Namensschutz der Gemeinde, 2007

Winkelmann, Das Recht der öffentlich-rechtlichen Namen und Bezeichnungen, 1984

Zur Aufgabenverlagerung:

Kronisch, Aufgabenverlagerung und gemeindliche Aufgabengarantie, 1993

Loschelder, Die Befugnis des Gesetzgebers zur Disposition zwischen Gemeinde- und Kreisebene, 1986

Ritgen, Der Landkreis als Zukunftsmodell – Zur Rolle der Kreise im Mehrebenensystem, DVBl 2013, 708–712

Schmidt, „In dubio pro municipio?“ – Zur Aufgabenverteilung zwischen Landkreisen und Gemeinden, DÖV 2013, 509–515

Tepe, Verfassungsrechtliche Vorgaben für Zuständigkeitsverlagerungen zwischen Gemeindeverbandsebenen, 2009

Zur Gebietsreform:

Rothe, Kreisgebietsreform und ihre verfassungsrechtlichen Grenzen, 2004

Meyer, Gebiets -und Verwaltungsreformen des letzten Jahrzehnts im Spiegel der Verfassungsrechtsprechung, NVwZ 2013, 1177–1184

Zur kommunalen Zahlungsunfähigkeit:

Engelsing, Zahlungsunfähigkeit von Kommunen und anderen juristischen Personen des öffentlichen Rechts, 1999

Faber, Insolvenzfähigkeit für Kommunen?, DVBl. 2005, 933–946

Hoffmann, Die geordnete gebietskörperschaftliche Insolvenz am Beispiel deutscher Kommunen, 2012

Katz, Haftung und Insolvenz der Kommunen und ihrer Unternehmen, GemH 2004, 49–52

Nierhaus/Gebhardt,, Zur Ausfallhaftung des Staates für zahlungsunfähige Kommunen, 1999

Paulus, Überlegungen zur Insolvenzfähigkeit von Gemeinden, ZInsO 2003, 869–872

Schneider, Gemeinde-Insolvenz hier nicht möglich, Städte- und Gemeinderat 2013, 24–25

77

§ 7 Kommunale Aufgaben

I. Grundlagen

226 Bei allen Hoheitsträgern ist zwischen ihren Aufgaben und Befugnissen zu unterscheiden, wie Art. 30 GG veranschaulicht. Aufgaben sind die von den Hoheitsträgern zu verfolgenden Ziele. Befugnisse sind die rechtlichen Mittel zur Verwirklichung dieser Ziele (→ § 8). Die Aufgaben der Hoheitsträger werden herkömmlich unter der Lehre von den Staatszwecken abgehandelt. Dabei besteht zwar im Einzelnen keine Einigkeit über die von Staaten zu verfolgenden Zwecke, aber zumindest für das bundesdeutsche Verfassungsrecht lassen sich die Staatszwecke innerer (Art. 8 I GG) und äußerer (Art. 26 GG) Frieden, Freiheit (Art. 2 I GG) und sozialer Ausgleich (Art. 20 I GG) ermitteln. Diese Zwecke gelten nicht nur für den Bund und die Länder als Staaten, sondern auch für die kommunale Ebene – deshalb könnte man auch allgemein von den Zwecken der Hoheitsträger sprechen. Diese Zwecke sind natürlich auf kommunaler Ebene anders gewichtet als auf staatlicher, so ist z.B. der Einfluss der Kommunen auf den sozialen Ausgleich wesentlich größer als auf den äußeren Frieden.

227 Unterhalb dieser noch sehr abstrakten Zwecke der Hoheitsträger hat sich bis heute keine umfassende Lehre öffentlicher Aufgaben entwickelt.[1] Bezogen auf die Kommunen darf eine solche Theorie nicht einfach einzelne Sachgebiete aufzählen und diese der Gemeinde- oder Kreisebene zuweisen oder den Kommunen ganz vorenthalten, sondern es ist von der verfassungsrechtlichen Garantie kommunaler Selbstverwaltung auszugehen, die auch das Aufgabenfindungsrecht der Kommunen (→ Rn. 73) umschließt. Obgleich danach zwar theoretisch von den Gemeinden alle örtlich und von den Landkreisen alle überörtlich verwurzelten Angelegenheiten aufgegriffen werden können, sind doch die Einschränkungen der Kommunen durch die finanziellen Auswirkungen der Aufgabenwahrnehmung stets zu bedenken.

228 Die Kommunalgesetze unterscheiden Aufgaben des eigenen[2] und des übertragenen[3] Wirkungskreises; in einigen Ländern sind daneben auch noch Pflicht-

---

[1] Siehe aber *Bull*, Zum Wandel öffentlicher Aufgaben und Staatsfinanzen, in: Hesse/Zöpel (Hrsg.), Der Staat der Zukunft, 1990, S. 31.

[2] § 2 I und II GO BW; Art. 7 und 57 II BayGO; § 2 I und III 1 Alt. 1 BbgKV; §§ 2 f. HessGO; § 2 I und III KV MV; § 5 NdsKomVG; §§ 2 und 3 I GO NRW; § 2 I GO RP; § 5 I und III SaarlKSVG; § 2 I und II SächsGO; § 4 GO LSA; § 2 I 1 GO SH und § 2 ThürKO.

aufgaben zur Erfüllung nach Weisung[4] bekannt. Schließlich sind auch die Möglichkeit der Organleihe[5] und das so genannte Kondominium zu bedenken. Diese Aufgaben können geordnet werden gemäß ihrer ursprünglichen Rechtsnatur, ihrem Status nach der Zuweisung an die Kommunen und den die Aufgabe erfüllenden Organen. Zusätzlich zu diesen Differenzierungen sind weitere Unterscheidungen nach der Bedeutung einer Aufgabe für die Kommune und der Dauer der Aufgabenwahrnehmung gebräuchlich. Besonderes Augenmerk verdienen schließlich die Aufgabenverteilung innerhalb der kommunalen Ebene zwischen Gemeinde und Kreis sowie die Funktionalreform.

In Anlehnung an das Kommunalrecht haben sich vergleichbare Unterteilungen der Aufgaben auch bei anderen Selbstverwaltungskörperschaften entwickelt, insbesondere die Differenzierung zwischen eigenem und übertragenem Wirkungskreis ist auch dort gebräuchlich.[6] 229

II. Eigener Wirkungskreis

Aufgaben des eigenen Wirkungskreises der Kommunen sind ursprünglich kommunale Aufgaben, die bei den Kommunen verbleiben und durch kommunale Organe wahrgenommen werden. Große Bereiche der Leistungsverwaltung stellen solche originären Selbstverwaltungsaufgaben dar. Über Aufgaben des eigenen Wirkungskreises wird lediglich staatliche Rechtsaufsicht (→ § 21), aber keine Fachaufsicht (→ § 22) ausgeübt. Bei den Aufgaben des eigenen Wirkungskreises ist zwischen freiwilligen und pflichtigen Selbstverwaltungsaufgaben zu unterscheiden. 230

1. Freiwillige Selbstverwaltungsaufgaben

Bei *freiwilligen Selbstverwaltungsaufgaben*[7] kommt der Kommune ein doppeltes Ermessen zu: Zum einen steht ihr Entschließungsermessen zu, ob sie überhaupt die Aufgabe erfüllen will. Zum anderen gebührt ihr Auswahlermessen, in welcher 231

---

[3] § 2 II GO BW; Art. 8 BayGO; § 2 III 1 BbgKV; § 4 II-IV HessGO; § 3 KV MV; § 6 NdsKomVG; § 3 I GO NRW; § 2 II GO RP; § 5 III SaarlKSVG; § 2 II SächsGO; § 5 GO LSA; § 2 I 2 GO SH und § 3 ThürKO.

[4] § 2 III GO BW; Art. 8 II BayGO; § 2 III 2 BbgKV; § 4 I HessGO; § 3 I KV MV; § 6 II NdsKomVG; § 3 II und III GO NRW; § 2 II 1 GO RP; § 6 I SaarlKSVG; § 2 III SächsGO; § 5 I GO LSA; § 3 GO SH und § 3 I 2 ThürKO.

[5] V.a. Entleihung des Landrats als staatliche Kommunalaufsichtsbehörde, vgl. z.B. § 110 I BbgKVerf; § 136 III HessGO. Siehe zu diesem Institut auch *Maurer*, Allgemeines Verwaltungsrecht, 18. Auflage, 2011, § 21 Rn. 54; *Stelkens*, Verwaltungsprivatrecht, 2005, S. 155 f.

[6] Siehe *Kluth*, Funktionale Selbstverwaltung, S. 243.

[7] § 2 I GO BW; Art. 7 BayGO; § 2 I BbgKVerf; § 2 HessGO; § 2 I KV MV; § 5 I Nr. 1-3 NdsKomVG; § 2 GO NRW; § 2 I 1 GO RP; § 5 I SaarlKSVG; § 2 I SächsGO; § 4 I 1 Alt. 1 GO LSA; § 2 I GO SH; § 2 I ThürKO.

Form sie die Aufgabe wahrnehmen will. Faustformelmäßig zusammengefasst, ist die Kommune frei hinsichtlich des „Ob" und „Wie". Solche freiwilligen Selbstverwaltungsaufgaben sind meist sehr kostenintensiv, weshalb dem kommunalen Spielraum hier v.a. finanzielle Grenzen gezogen sind. Beispiele für freiwillige Selbstverwaltungsaufgaben sind Schwimmbäder, Bibliotheken und Volkshochschulen.

2. Pflichtige Selbstverwaltungsaufgaben

232 Bei *pflichtigen Selbstverwaltungsaufgaben*[8] hingegen ist die Kommune eingeschränkt. Der Gesetzgeber hat bereits entschieden, dass sie die Aufgabe wahrnehmen muss; allein über die konkrete Form der Aufgabenerfüllung darf die Kommune noch verfügen. Allerdings können auch hier bundes- oder landesrechtlich vorgegebene Standards die Kommune begrenzen. Vereinfacht formuliert, ist die Kommune gebunden hinsichtlich des „Ob", aber frei in Bezug auf das „Wie". Zu den pflichtigen Selbstverwaltungsaufgaben zählen bspw. die Bauleitplanung, die Straßenreinigung und der Betrieb von Kindergärten.

III. Übertragener Wirkungskreis

233 *Aufgaben des übertragenen Wirkungskreises*[9], bzw. Auftragsangelegenheiten, sind ursprünglich staatliche Aufgaben, welche den Kommunen übertragen wurden und als weiterhin staatliche Aufgaben durch kommunale Organe wahrgenommen werden. Große Teile der Eingriffsverwaltung stellen solche Aufgaben des übertragenen Wirkungskreises dar, sofern das Landesrecht sie nicht den Pflichtaufgaben zur Erfüllung nach Weisung zuordnet. Erfüllt eine Kommune Aufgaben des übertragenen Wirkungskreises, unterliegt sie sowohl der Rechtsaufsicht (→ § 21) als auch der Fachaufsicht (→ § 22). Zur Klarstellung sei angemerkt, dass die Aufgaben des übertragenen Wirkungskreises stets pflichtige Aufgaben sind – es gibt keine freiwilligen Fremdverwaltungsaufgaben! Beispiele für solche Aufgaben des übertragenen Wirkungskreises sind das Melde- und Ausländerwesen sowie die Kfz-Zulassung.

234 Die Übertragung staatlicher Aufgaben auf die Kommunen verfolgt *zwei Ziele*: Aus staatlicher Sicht wird der Aufbau eigener Bundes- und Landesunterbehörden erspart, was den Verwaltungsapparat reduziert und Kosten senkt. Aus kommunaler Perspektive werden die Kommunen als einzige untere Verwaltungsebene etabliert und vor der Konkurrenz staatlicher Sonderverwaltungen auf unterer Stufe bewahrt. Allerdings ist der Grundsatz der Einheit der Verwaltung auf kommunaler Ebene nicht ausnahmslos durchgeführt worden – so existiert be-

[8] § 2 II GO BW; Art. 57 II BayGO; § 2 III 1 Alt. 1 BbgKVerf; § 3 HessGO; § 2 III KV MV; § 5 I Nr. 4 NdsKomVG; § 3 I GO NRW; § 2 I 2 GO RP; § 5 III SaarlKSVG; § 2 II SächsGO; § 4 I 1 Alt. 2 GO LSA; § 2 II GO SH; § 2 III ThürKO.

[9] Art. 8 BayGO; § 6 NdsKomVG; § 2 II GO RP; § 5 GO LSA; § 3 ThürKO.

reits von Verfassung wegen die Bundesfinanzverwaltung mit eigenem Verwaltungsunterbau (Art. 87 I GG).

IV. Pflichtaufgaben zur Erfüllung nach Weisung

Einige Länder kennen in ihren Kommunalgesetzen neben den Aufgaben des eigenen Wirkungskreises die *Pflichtaufgaben zur Erfüllung nach Weisung*[10]. Diese Aufgabenkategorie geht zurück auf den Weinheimer Entwurf (→ Rn. 45) und folgt dem so genannten monistischen Modell. Danach soll eine Kommune möglichst alle ihr zukommenden Aufgaben in Selbstverwaltung erfüllen. 235

Es besteht Unsicherheit hinsichtlich der Rechtsnatur der Pflichtaufgaben zur Erfüllung nach Weisung: Betrachtete man diese *als Aufgaben des eigenen Wirkungskreises* der Kommunen, käme dies zwar der Intention des Weinheimer Entwurfes nahe; aber jedes fortbestehende staatliche Weisungsrecht erschiene als ein schwerwiegender Eingriff in die Garantie kommunaler Selbstverwaltung.[11] Deutete man hingegen die Pflichtaufgaben zur Erfüllung nach Weisung einfach *als Aufgaben des übertragenen Wirkungskreises* unter bloß abgewandelter Bezeichnung, führte man durch die Hintertür doch wieder das eigentlich abgelehnte dualistische Aufgabenmodell ein.[12] Stattdessen sollte man die Pflichtaufgaben zur Erfüllung nach Weisung *als Aufgaben sui generis* ansehen.[13] Es handelt sich um ursprünglich staatliche Aufgaben, welche den Kommunen übertragen wurden und als nunmehr kommunale Aufgaben durch kommunale Organe wahrgenommen werden. Anders gewendet: Es geht um Fremdverwaltung in Form der Selbstverwaltung. 236

Nehmen Kommunen Pflichtaufgaben zur Erfüllung nach Weisung wahr, unterfallen sie der Rechtsaufsicht und zusätzlich allgemeinen Weisungen der Fachaufsicht – nur ausnahmsweise sollen auch Einzelweisungen erteilt werden. Die Fachaufsicht ist also abgeschwächt im Vergleich zur Fachaufsicht über Aufgaben des übertragenen Wirkungskreises. 237

Es ist zu beachten, dass die Pflichtaufgaben zur Erfüllung nach Weisung nur im Recht einzelner Länder, nicht aber im Bundesrecht verwirklicht worden sind. Auch in solchen Ländern, welche dem Modell der Weisungsaufgaben folgen, haben die Kommunen daher zumindest diejenigen Aufgaben, welche ihnen einst durch Bundesgesetze übertragen worden sind, weiterhin als Aufgaben des über- 238

---

[10] § 2 III GO BW; § 2 III 1 Alt. 2, IV 2 und 3 BbgKVerf; § 4 I HessGO; § 3 I KV MV; § 3 II GO NRW; § 2 III SächsGO; § 3 I GO SH.

[11] In dieser Weise *Ehlers*, NWVBl. 1990, 44 (48); *Rietdorf*, DVBl. 1958, 344; *Scheerbarth*, DVBl. 1958, 83 (84); *Senger*, DVBl. 1957, 10.

[12] So *Gönnenwein*, Gemeinderecht, 1963, S. 105 f.; *Schmidt-Jortzig*, Kommunalrecht, 1982, Rn. 541.

[13] OVG Münster, OVGE 13, 356; dem folgend *Erlenkämper*, Städtetag 1977, 545; *Wachter*, SKV 1976, 399 (300 f.).

tragenen Wirkungskreises zu erfüllen![14] Folglich müssen in solchen Ländern mindestens sogar *drei Kategorien kommunaler Aufgaben* unterschieden werden: Aufgaben des eigenen Wirkungskreises wie die Bauleitplanung, Pflichtaufgaben zur Erfüllung nach Weisung nach Landesrecht wie die Bauaufsicht und Aufgaben des übertragenen Wirkungskreises gemäß Bundesrecht wie die Kfz-Zulassung.

V. Organleihe

239 Anstatt die Aufgaben zu den Organen zu bringen, kann man auch die Organe zu den Aufgaben holen. Dies geschieht in Form der *Organleihe*[15]. Ein kommunales Organ, meist der Hauptverwaltungsbeamte, wird vom Land oder Bund entliehen und nimmt nun zusätzlich zu seinen kommunalen Aufgaben auch noch ihm zugewiesene staatliche Aufgaben als staatliche wahr; er handelt insoweit als staatliches Organ. Gegen seine Entscheidungen ist Widerspruch zur nächsthöheren staatlichen Behörde gegeben; § 73 I 2 Nr. 3 VwGO greift nicht ein. Klagegegner im verwaltungsgerichtlichen Verfahren ist das Land oder der Bund, nicht aber die Kommune. Verletzt das entliehene Organ seine Pflichten, haftet der entleihende Staat, nicht die Kommune, der der entliehene Hauptverwaltungsbeamte angehört.

240 Die Organleihe erkennt man daran, dass das Gesetz die Aufgabe nicht der Kommune als solcher zuweist, sondern eines der kommunalen Organe „herauspickt" und dieses als Behörde der staatlichen Verwaltung bezeichnet; z.B.: „Der Landrat hat *als Behörde der Landesverwaltung* die Aufgabe […]"[16]. Keine Organleihe liegt hingegen bei folgender Formulierung vor: „Der Landkreis hat *als untere Verwaltungsbehörde* die Aufgabe […]"[17]. Eine Organleihe erfolgt v.a. bei Aufgaben der Gefahrenabwehr wie dem Katastrophenschutz sowie der Kommunalaufsicht über die kreisangehörigen Gemeinden.

241 Auch das Verfassungsrecht kennt die Organleihe. So werden in Art. 96 V GG Gerichte der Länder für den Bund entliehen, und in Art. 99 GG wird den Ländern das BVerfG als Landesverfassungsgericht zur Verfügung gestellt, wovon bis zum Jahr 2008 aber nur Schleswig-Holstein Gebrauch gemacht hatte.

---

[14] Zudem existiert in manchen Ländern zusätzlich zu den Pflichtaufgaben zur Erfüllung nach Weisung auch noch eine Gruppe von Auftragsangelegenheiten gemäß Landesrecht, z.B. § 2 III 2 BbgKVerf.

[15] Z.B. Entleihung des Landrats als staatliche Kommunalaufsichtsbehörde, § 110 I BbgKVerf; § 136 III HessGO. Dazu *Hirschberger*, Organleihe, Begriff und Rechtmäßigkeit, 1989; *Vietmeier*, Die staatlichen Aufgaben der Kommunen und ihrer Organe, 1992.

[16] Z.B. § 55 HessKrO.

[17] Z.B. § 111 ThürKO.

Übersicht 7-1: Arten kommunaler Aufgaben 242

Aufgabenart	Kommunales Ermessen	Staatliche Weisungen	HVB wird tätig als Beamter von	Kontrolle durch VKS	Haftung	Beispiele
Freiwillige Selbstverwaltungsaufgaben	„Ob" und „Wie"	Keine	Kommune	Ja	Kommune	Bibliotheken, Kulturförderung
Pflichtige Selbstverwaltungsaufgaben	„Wie"	Keine	Kommune	Ja	Kommune	Schulträger, Bauleitplanung
Pflichtaufgaben zur Erfüllung nach Weisung	„Wie", nur soweit keine Weisung des Landes.	Muss im Einzelfall vorbehalten sein.	Kommune	I.d.R. ja	Kommune	Bauaufsicht (manche Länder)
Auftragsangelegenheiten	Nein, aber staatliches Ermessen.	Immer möglich.	Kommune	I.d.R. ja	Kommune	Bauaufsicht (andere Länder)
Organleihe	Nein, aber staatliches Ermessen.	Immer möglich.	Land/Bund	Nein	Land	Wehrerfassung, Zivilschutz, Katastrophenschutz

VI. Kondominium?

243 Als *Kondominium*[18], als gemeinsame Herrschaft, bezeichnet man Aufgaben, die zugleich kommunalen als auch staatlichen Charakter aufweisen (sollen). Diese werden vergleichbar den Aufgaben des übertragenen Wirkungskreises den Kommunen durch Gesetz zur Wahrnehmung zugewiesen. Die kommunalen Organe handeln aber nicht aus eigener Machtvollkommenheit – ggf. im Einzelfall gemäß einer staatlichen Weisung – sondern sie bedürfen zur Aufgabenerfüllung jeweils der Genehmigung der staatlichen Organe. Deren Genehmigungsmaßstab

[18] Dazu *Ipsen*, Aufsicht über die Städte – Kontrolle oder Kondominium, 1986; *Thode*, Das kommunal-staatliche Kondominium in der Schulträgerschaft, 1982.

ist nicht auf eine reine Rechtmäßigkeitsprüfung beschränkt, sondern die Staatsorgane dürfen eigene Zweckmäßigkeitserwägungen anstellen. Im Unterschied zu Aufgaben des übertragenen Wirkungskreises handelt es sich bei der Mitwirkung der Staatsorgane also nicht um Rechts- und Fachaufsicht über kommunale Aufgabenerfüllung, sondern um eine eigene Wahrnehmungskompetenz staatlicher Organe. Zu diesen Kondominialaufgaben werden manchmal die Bildung eines Zweckverbandes oder die Veräußerung von Gegenständen künstlerischen oder wissenschaftlichen Wertes gezählt – jeweils unter staatlicher Genehmigung. Die Kondominialaufgaben sind zunehmend in die Kritik geraten: Es ist nicht nur umstritten, welche Aufgaben im Einzelnen zu dieser Kategorie zu zählen sind, sondern es ist bereits fraglich, ob diese Aufgabengattung überhaupt existiert.

244 Für diese Aufgabenkategorie spricht, dass es kommunale Handlungen gibt, die nicht ohne Einfluss auf übergeordnete staatliche Interessen bleiben. So wird im Falle der Zweckverbandsbildung das Organisationsgefüge der Hoheitsträger verändert, und bei der Veräußerung von Kunst- oder Wissenschaftsgegenständen ist zugleich das nationale Kulturgut betroffen. Betrachtete man diese Aufgaben als ursprünglich staatliche Aufgaben, an denen gesetzlich den Kommunen ein Mitwirkungsrecht eingeräumt wurde, so handelt es sich um eine Erweiterung der kommunalen Einflusssphäre. Würde diese Aufgabenkategorie dann durch den Gesetzgeber abgeschafft oder im Wege der Interpretation abgelehnt, fielen diese Aufgaben an die staatliche Ebene zurück. Sie wären dann ohne jede Mitwirkung der Kommunen auszuüben.

245 Selbst wenn man in dieser Weise die Kondominialaufgaben als den Kommunen gewährte staatliche Aufgaben verstände, wäre damit allerdings nicht nur ein kommunaler Aufgabengewinn verbunden, sondern zugleich ein Eingriff in die kommunale Organisations- (→ Rn. 67), Personal- (→ Rn. 68) und Finanzhoheit (→ Rn. 70). Im Übrigen ist gegen diese Aufgabenkategorie anzuführen, dass die deutsche Rechtsordnung auch sonst – abgesehen vom Sonderfall der Grundsicherung für Arbeitsuchende gemäß Art. 91e I GG – keine gemeinsamen Aufgaben des Staates im Zusammenwirken mit Selbstverwaltungsträgern kennt. Einzelne Aufgaben werden vielmehr entweder der staatlichen oder der Selbstverwaltungsebene zugeordnet. Die Kategorie der Kondominialaufgaben stammt vielmehr aus vorgrundgesetzlichen Zeiten und ist mit Art. 28 II GG und den Parallelbestimmungen in den Landesverfassungen nicht zu vereinbaren. Nach der hier vertretenen weiten Auslegung der Garantie kommunaler Selbstverwaltung sind sämtliche Aufgaben den Kommunen zur eigenverantwortlichen Wahrnehmung durch kommunale Organe zugewiesen. Auch die herkömmlich den Kondominialaufgaben zugerechneten Bereiche sind rein kommunale Aufgaben und unterfallen einzelnen kommunalen Hoheiten: So unterfällt die Veräußerung von Gegenständen der Finanzhoheit (→ Rn. 70) und durch die Bildung eines Zweckverbandes wird die Kooperations- (→ Rn. 71) sowie ggf. noch die Organisationshoheit (→ Rn. 67) ausgeübt. Staatliche Mitwirkungsrechte, orientiert an Zweckmäßigkeitserwägungen, stellten einen erheblichen Eingriff in die Garantie kommunaler Selbstverwaltung dar, der nur durch Rechtsgründe, nicht aber durch Zweckmäßigkeitsgesichtspunkte zu rechtfertigen wäre.

Folgte man der Lehre von den Kondominialaufgaben, dann wäre die staatliche Genehmigung als repressives Verbot mit Befreiungsvorbehalt zu deuten – so wie dies bei an Privaten gerichteten staatlichen Verboten jenseits der grundrechtlich geschützten Sphäre der Fall ist. Lehnt man indes in Übereinstimmung mit der hier vertretenen Ansicht die Kategorie der Kondominialaufgaben ab, so erscheinen die gesetzlich vorgesehenen staatlichen Genehmigungsvorbehalte als präventive Verbote mit Erlaubnisvorbehalt – so wie auch an Private gerichtete Verbote innerhalb des grundrechtlich geschützten Bereichs zu deuten sind. **246**

VII. Sonstige Einteilungen kommunaler Aufgaben

Neben der bereits erörterten Einteilung in Aufgaben des eigenen und des übertragenen Wirkungskreises sowie in die Pflichtaufgaben zur Erfüllung nach Weisung sind weitere Untergliederungen kommunaler Aufgaben möglich. Daran knüpfen sich nicht in dem Maße unterschiedliche Rechtsfolgen wie bei der oben beschriebenen Einteilung, sondern diese Differenzierungen haben v.a. darstellenden und erklärenden Wert. **247**

1. Existenz- und Zweckaufgaben

Nach ihrer *Bedeutung* für die Kommune unterscheidet man Existenz- und Zweckaufgaben.[19] **248**

a) *Existenzaufgaben* sind Aufgaben, deren Erfüllung nicht hinausgeschoben werden könnte, ohne dass die Kommune als handlungsfähige Gebietskörperschaft entfiele. Ihre Erfüllung ist also die notwendige organisatorische und institutionelle Voraussetzung für das Bestehen kommunaler Selbstverwaltung. Zu diesen Existenzaufgaben zählen etwa die Bildung kommunaler Organe sowie die organisatorischen und verfahrensmäßigen Voraussetzungen für deren Tätigwerden. Werden Existenzaufgaben nicht wahrgenommen, so ist mit einem baldigen Einschreiten der Kommunalaufsichtsbehörde zu rechnen. **249**

b) *Zweckaufgaben* dienen der funktionalen Entfaltung der Kommunalverwaltung. Sie betreffen v.a. das Tätigwerden der Kommune gegenüber ihren Einwohnern. Insbesondere die Daseinsvorsorge und die kommunale Entwicklungsplanung sind dazu zu rechnen. Werden Zweckaufgaben nicht erfüllt, so sind zwar die organisatorischen Voraussetzungen für kommunales Tätigwerden weiterhin gegeben, aber von diesen Voraussetzungen wird im Einzelfall kein Gebrauch gemacht. Zumeist werden die betroffenen Einwohner selbst hier den **250**

---

[19] Dazu *Schmidt*, Kommunale Kooperation, S. 142; *Oebbecke*, Zweckverbandsbildung und Selbstverwaltungsgarantie, S. 7; *ders.*, Gemeindeverbandsrecht, Rn. 374; *Schmidt-Jortzig*, Unruh-FG, 1983, S. 525 (532); vgl. *v. Mutius*, Unruh-FG, 1983, S. 227 (246); *v. Mutius/Schoch*, DVBl. 1981, 1077 f.

Verwaltungsrechtsweg beschreiten. Die Kommunalaufsichtsbehörde könnte zwar umgehend einschreiten, wird aber meist den Ausgang der gerichtlichen Verfahren abwarten.

2. Daueraufgaben und einmalige Aufgaben

251 Nach dem erforderlichen *Zeitraum* der Aufgabenerfüllung können Daueraufgaben und einmalige Aufgaben unterschieden werden.[20]

252 a) *Daueraufgaben* sind über einen längeren Zeitraum wahrzunehmen. Die meisten kommunalen Aufgaben stellen Daueraufgaben dar; insbesondere der Betrieb öffentlicher Einrichtungen zählt dazu. Bei Daueraufgaben kann sich die kooperative Aufgabenerfüllung gemeinsam mit anderen Kommunen anbieten, um die Aufgabe überhaupt wahrnehmen zu können oder Kosten zu senken.

253 b) *Einmalig zu erfüllende Aufgaben* erschöpfen sich mit ihrer Erfüllung. Dazu gehört bspw. die Bauleitplanung für ein bestimmtes Gebiet, die mit der Bebauung des Gebietes abgeschlossen ist und nicht mehr verändert werden kann. Bei einmalig zu erfüllenden Aufgaben erweist sich die Schaffung eigenständiger Verwaltungsträger meist als zu aufwändig.

VIII. Aufgabenverteilung zwischen kreisangehörigen Gemeinden und Kreisen

254 Aufgaben müssen nicht nur zwischen der staatlichen und der kommunalen Ebene verteilt werden, sondern auch innerhalb der kommunalen Stufe sind die Aufgaben den Gemeinden und Landkreisen je nach ihrem verschiedenen Status (→ § 6) zuzuweisen.

1. Herkömmliche Einteilung der Kreisaufgaben

255 Herkömmlich werden überörtliche Aufgaben, Ergänzungs- und Ausgleichsaufgaben der Landkreise anerkannt. *Überörtliche Aufgaben* sind nach überwiegender Ansicht solche, die nach ihrem sachlichen Zuschnitt über das Gebiet der einzelnen Gemeinde hinausreichen, z.B. die Verbindungsstraßen zwischen den Gemeinden oder die Förderung des regionalen Fremdenverkehrs.[21] Diese Aufgaben werden regelmäßig den Landkreisen zugeordnet, wenngleich sie auch von mehreren Gemeinden gemeinsam im Wege kommunaler Kooperation erfüllt werden könnten.[22] Deshalb besteht auch eine engere Auffassung, die zu dieser ersten Aufgabenkategorie nur Existenzaufgaben (→ Rn. 249) des Landkreises rechnet.[23]

---

[20] Siehe *Schmidt*, Kommunale Kooperation, S. 142 f.

[21] Vgl. *Waechter*, Kommunalrecht, 3. Auflage, 1997, Rn. 174.

[22] Vgl. § 2 I 3 KrO NW.

[23] Vgl. *Geis*, Kommunalrecht, 3. Auflage, 2014, § 16, Rn. 1, und *Gern*, Sächsisches Kommunalrecht, 2000, Rn. 987.

Dann bleibt allerdings offen, wie die verbleibenden überörtlichen Aufgaben einzuordnen sind, die regelmäßig, aber nicht stets von einem Landkreis erfüllt werden.

Unter *Ergänzungsaufgaben* eines Landkreises versteht man solche Aufgaben, die an sich einer Gemeinde zufielen, die diese aber mangels hinreichender Leistungsfähigkeit nicht alleine wahrnehmen kann.[24] Teils wird bei solchen Ergänzungsaufgaben der Landkreis nur im Innenverhältnis zu der Gemeinde tätig, tritt aber nicht nach außen gegenüber den Einwohnern in Erscheinung, z.B. bei Rechtsberatung der Gemeinde.[25] Teils agiert der Landkreis auch gegenüber den Einwohnern an Stelle der Gemeinde, z.B. durch Betrieb einer Kreisvolkshochschule oder eines Kreiskrankenhauses.[26] **256**

Als dritte Kategorie kreislicher Aufgaben werden herkömmlich die *Ausgleichsaufgaben* anerkannt.[27] Sofern man darunter die Unterstützung der gemeindlichen Aufgabenerfüllung durch den Landkreis versteht[28], ist kein Unterschied zu den Ergänzungsaufgaben mehr erkennbar. Bestimmt man die Ausgleichsaufgaben hingegen von ihren finanziellen Auswirkungen her[29], reduzieren sie sich auf eine gemeindliche Finanzierungsmodalität. **257**

Diese herkömmliche Einteilung der Kreisaufgaben erfasst manche Aufgaben doppelt, sowohl als Ergänzungs- denn auch als Ausgleichsaufgaben. Andere Aufgaben, wie die Staatsaufsicht über die kreisangehörigen Gemeinden, werden ausgeklammert. Zudem werden der Einteilung verschiedene Kriterien zu Grunde gelegt, indem teils auf den Gegenstand der Aufgabe, teils auf den Finanzierungsweg abgestellt wird.[30] **258**

2. Maßstäbe gesetzgeberischer Aufgabenzuordnung

Steht der Gesetzgeber vor der Frage, den Gemeinden oder Landkreisen eine Aufgabe zuzuordnen, so hat er m.E. zunächst zu klären, ob die Aufgabe bereits von ihrer Rechtsnatur her eindeutig als eine örtliche oder überörtliche Aufgabe charakterisiert werden kann. Örtliche Aufgaben wie die Bauleitplanung sind in jedem Fall den Gemeinden vorbehalten. Überörtliche Aufgaben wie der zwischengemeindliche Verkehr sind regelmäßig den Landkreisen zuzuweisen und machen den Kern ihres Selbstverwaltungsrechts aus. **258a**

---

[24] Vgl. *Burgi*, Kommunalrecht, 4. Auflage, 2012, § 20, Rn. 17; *Wimmer*, NVwZ 1998, 28 (29).

[25] Siehe *Schmidt-Jortzig*, Kommunalrecht, 1982, Rn. 593.

[26] So *Burgi*, Kommunalrecht, 4. Auflage, 2012, § 20, Rn. 17; *Gern*, Sächsisches Kommunalrecht, 2000, Rn. 987.

[27] Siehe *Gönnenwein*, Gemeinderecht, 1963, S. 390 f.

[28] So *Burgi*, Kommunalrecht, 4. Auflage, 2012, § 20, Rn. 17; *Geis*, Kommunalrecht, 3. Auflage, 2014, § 16, Rn. 1.

[29] In dieser Weise *Pagenkopf*, Kommunalrecht I, 2. Auflage, 1975, S. 291; *Waechter*, Kommunalrecht, 3. Auflage, 1997, Rn. 175.

[30] Ausführlich *Schmidt*, DÖV 2013, 509–514.

258b Führt dies nicht weiter sind die drei verfassungsrechtlich vorgezeichneten Verteilungsregeln der Verhältnismäßigkeit, Subsidiarität und des grundsätzlichen Vorrangs der gemeindlichen Aufgabenerfüllung zu beachten.

258c Nach dem *Verhältnismäßigkeitsprinzip* muss die zu erfüllende Aufgabe einen verfassungsmäßigen Zweck verfolgen.[31] Die kommunale Ebene, der die Aufgabe zugeordnet wird, muss in der Lage sein, diese zu erfüllen. Wird die Aufgabe dem Landkreis zugeordnet, ist zu prüfen, ob eine Aufgabenwahrnehmung durch die kreisangehörigen Gemeinden nicht in gleicher Weise wirksam wäre, aber milder in das Selbstverwaltungsrecht der kreisangehörigen Gemeinden eingriffe. Allerdings kann nicht nur die Vorenthaltung einer Aufgabe, sondern auch deren Übertragung wegen der damit verbundenen finanziellen Lasten und der Einschränkung sonstiger Ressourcen für andere Aufgaben eine Belastung einer Selbstverwaltungskörperschaft darstellen. Schließlich ist im Rahmen der Angemessenheit zwischen dem Ausmaß des Eingriffs in die gemeindliche und der Stärkung der kreislichen Selbstverwaltung sowie der Bedeutung der Aufgabenerfüllung für die Einwohner abzuwägen. Dabei können auch Gesichtspunkte der Bürgernähe, der Komplexität der Aufgabe sowie der notwendigen Fach- und Rechtskenntnisse eine besondere Rolle spielen.

258d Zusätzlich ist das *Subsidiaritätsprinzip* zu beachten.[32] Nach diesem ursprünglich aus dem katholischen Kirchenrecht[33] stammenden Rechtsprinzip braucht das, was eine kleinere Gemeinschaft erfüllen kann, nicht von einer größeren wahrgenommen werden. Interpretiert man die kommunale Aufgabenzuordnung in diesem Sinne, wie dies in der Rastede-Entscheidung des BVerfG[34] mit dem darin angesprochenen verfassungsrechtlichen Aufgabenverteilungsprinzip angelegt ist, dann besteht ein Vorrang der gemeindlichen Aufgabenerfüllung – zumindest soweit die Verwaltungs- und Finanzkraft der kreisangehörigen Gemeinden reicht.

258e Verbleiben nach Anwendung des Verhältnismäßigkeits- und des Subsidiaritätsprinzips noch Unklarheiten an der Auswahl des richtigen Aufgabenträgers, so ist im Zweifel von einem *Vorrang der gemeindlichen Aufgabenerfüllung* auszugehen. Diese Auffangregel des „In dubio pro municipio."[35] ergibt sich unmittelbar aus Art. 28 Abs. 2 GG, weil Art. 28 Abs. 2 Satz 1 GG einen stärkeren Schutz gewährleistet als Art. 28 Abs. 2 Satz 2 GG. Auch die entsprechenden landesverfassungsrechtlichen Gewährleistungen sind jeweils in diesem Sinne grundgesetzkonform auszulegen.

---

[31] Auch das BVerfG(E 125, 141 (167)) erkennt nunmehr die Bedeutung des Verhältnismäßigkeitsgrundsatzes im Bereich der kommunalen Selbstverwaltung ausdrücklich an.

[32] Ebenso *Gönnenwein*, Gemeinderecht, 1963, S. 389; a.A. *Schmidt-Jortzig* Kommunalrecht, 1982, Rn. 581 ff. (allerdings vor BVerfGE 79, 127 (Rastede)).

[33] Siehe die Enzykliken Rerum novarum von Papst Leo XIII. von 1891 sowie Quadragesimo anno von Papst Pius XI. von 1931.

[34] BVerfGE 79, 127 (150).

[35] Dazu ausführlich *Schmidt*, DÖV 2013, 509–514.

3. Aufgabenzugriff des Kreises

Zum Teil sehen die Landkreisordnungen vor, dass die Kreise *Aufgaben und Einrichtungen der kreisangehörigen Gemeinden übernehmen* können.[36] Diese Übernahme ist als dreistufiges Verfahren ausgestaltet. Im ersten Schritt wird eine Einigung zwischen Gemeinde und Kreis über das „Ob“ und „Wie“ der Übernahme angestrebt. Kommt diese Einigung nicht zustande, kann der Kreis auf der zweiten Stufe die Übernahme (das „Ob“) beschließen. Nun können weiterhin die Bedingungen der Übernahme (das „Wie“) zwischen Gemeinde und Kreis vereinbart werden. Scheitert auch diese Vereinbarung, so setzt auf der dritten Ebene die Kommunalaufsichtsbehörde des Landkreises die Bedingungen der Übernahme fest. Die Gemeinden können sowohl gegen den Beschluss des Landkreises als auch gegen die Entscheidung der Aufsichtsbehörde vor den Verwaltungsgerichten vorgehen. 259

Erzwingt der Landkreis die Übernahme von Aufgaben und Einrichtungen, 260 macht er von seiner *Kompetenz-Kompetenz* Gebrauch; also von der Zuständigkeit, sich weitere Zuständigkeiten selbst zu verschaffen. Diese Kompetenz-Kompetenz greift schwer in die Garantie kommunaler Selbstverwaltung der Gemeinden ein. Die Landkreisordnungen machen ihre Ausübung deshalb davon abhängig, dass *„[die Übernahme] notwendig ist, um einem Bedürfnis der Kreiseinwohner in einer dem öffentlichen Wohl entsprechenden Weise zu genügen“*[37]. Diese wenig aussagekräftige Gesetzesformulierung ist im Sinne des Verhältnismäßigkeitsprinzips zu deuten. Danach ist aber in aller Regel keine vollständige Übernahme der Aufgabe erforderlich, vielmehr kann der Landkreis seine Ergänzungsaufgabe (→ Rn. 256) wahrnehmen und die Gemeinden bei der Aufgabenerfüllung unterstützen.

4. Aufgabenübertragung auf die Gemeinden

Einige Landkreisordnungen bestimmen, dass der Landkreis auf Antrag seiner 261 kreisangehörigen Gemeinden Aufgaben auf diese *übertragen* soll, wenn diese die Aufgaben in einer dem öffentlichen Wohl entsprechenden Weise erfüllen können und hierdurch die zweckmäßige Erfüllung der Aufgaben des Landkreises im Übrigen nicht gefährdet wird.[38] Diese Aufgabenüberlassung stellt das Gegenstück zum Aufgabenzugriff des Landkreises dar. Im Unterschied dazu kann sie aber nur mit Zustimmung des Landkreises erfolgen. Ein Anspruch auf Aufgabenüberlassung besteht zumeist nicht; es handelt sich vielmehr i.d.R. um eine Zweckmäßigkeitserwägung des Landkreises.

---

[36] Vgl. § 122 III BbgKVerf; § 5 III NdsKomVG; § 2 III KrO RP; § 2 I KrO SH; § 87 III ThürKO.

[37] Z.B. § 122 III 2 BbgKVerf.

[38] Z.B. § 122 V BbgKVerf; § 5 IV NdsKomVG; § 2 IV KrO RP.

IX. Funktionalreform

262 Die Aufgabenzuweisung zwischen der kommunalen und der staatlichen Ebene sowie innerhalb der kommunalen Ebene steht nicht ein für alle Mal fest, sondern der Gesetzgeber kann die Aufgaben neu zuschneiden. Diese Veränderung der Aufgabenzuweisung bezeichnet man als *Funktionalreform*[39]. Sie ist von der Gebietsreform zu unterscheiden und bewirkt im Gegensatz zu dieser keine Veränderung des kommunalen Status (→ Rn. 213), sondern lediglich eine Neuzuweisung einzelner Aufgaben an in ihrem Status unveränderte Kommunen. Die Verlagerung von Aufgaben auf eine höhere Stufe nennt man *Hochzonung*; für die Verschiebung von Aufgaben auf eine niedrigere Ebene hat sich der Ausdruck *Tief(er)zonung* bisher noch nicht etabliert.

263 Die *Grenzen* der Funktionalreform liegen in Art. 28 II GG und den entsprechenden Garantien der Landesverfassungen. Kommunale Existenzaufgaben (→ Rn. 255) können gar nicht übertragen werden; Zweckaufgaben unter Berücksichtigung des Verhältnismäßigkeitsprinzips (→ Rn. 84, 258c) nur insoweit, als dass die Aufgabenverlagerung geeignet, erforderlich und angemessen im Hinblick auf die Aufgabenerfüllung ist und noch ein hinreichender Aufgabenbestand sowohl der Gemeinde- als auch der Kreisebene verbleibt. Besondere Beachtung verdient, dass nicht nur der Entzug von Aufgaben in die Garantie kommunaler Selbstverwaltung eingreifen kann, sondern auch die Zuweisung neuer Aufgaben wegen der damit verbundenen finanziellen Belastungen und organisatorischen Eingriffe die Selbstverwaltungsgarantie zu beeinträchtigen vermag.

X. Privatisierung

264 Seit den 90er Jahren des vergangenen Jahrhunderts ist es auch auf kommunaler Ebene zu verstärkten Privatisierungen gekommen. Man unterscheidet dabei nach der gewählten Organisationsform, dem Rechtsträger und der Natur der Aufgabe wenigstens[40] formelle, funktionelle und materielle Privatisierung: Bei der *formellen Privatisierung* (oder Organisationsprivatisierung) wird ein kommunales Unternehmen von einer öffentlich-rechtlichen in eine privatrechtliche Rechtsform überführt. Die Kommune als Trägerin des Unternehmens und die Rechtsnatur des Unternehmenszwecks als öffentliche Aufgabe bleiben indes erhalten. So sind bspw. manche Eigenbetriebe in GmbHs umgewandelt worden. Kommunen wollten mit der formellen Privatisierung vor allem den Bindungen des öffentlich-rechtlichen Haushalts- sowie des Dienstrechts entgehen. Unter *funktioneller Priva-*

---

[39] *Schmidt*, Kommunale Kooperation, S. 377; *Siedentopf/Laux*, Funktionalreform in Sachsen, 1998, S. 37 ff.

[40] Hierzu sowie zu weiteren Formen der Privatisierung wie der Vermögens- und der Finanzierungsprivatisierung *Hellermann*, Örtliche Daseinsvorsorge und gemeindliche Selbstverwaltung, 2000, S. 3 f., m.w.N.

tisierung versteht man die organisatorische Einbindung Privater in den Vollzug einer weiterhin von der Kommune getragenen öffentlichen Aufgabe. Davon erhoffte man sich einen verstärkten Wettbewerb und Kostensenkung. Die *materielle Privatisierung* (oder Aufgabenprivatisierung) schließlich bezeichnet die teilweise oder vollständige Veräußerung eines kommunalen Unternehmens an einen Privaten. Da Private nur in privatrechtlichen Organisationsformen wie einer GmbH handeln können, setzt die materielle Privatisierung die formelle Privatisierung voraus.

XI. Aktuelle Entwicklungen

Inzwischen ist die Privatisierung an ihre Grenzen gestoßen. Die damit verbun- **265**
denen Hoffnungen haben sich nur teilweise erfüllt: Weder hat sich die Führung eines Unternehmens in privatrechtlichen Formen stets als der öffentlich-rechtlichen Organisationsform überlegen erwiesen (zumal nun mit der „Anstalt öffentlichen Rechts"[41] in manchen Ländern eine auf die Kommunen zugeschnittene öffentlich-rechtliche Unternehmensform zur Verfügung steht) noch ist in allen den Privaten überlassenen Tätigkeitsfeldern ein funktionierender Wettbewerb mit sinkenden Kosten für die Einwohner eingetreten. Die Veräußerung kommunaler Unternehmen erzeugte zwar einen einmaligen Erlös, laufende Beiträge zum kommunalen Haushalt sind aber entfallen.

Deshalb zeichnet sich seit einigen Jahren ein umgekehrter Trend ab, die so **266**
genannte „*Rekommunalisierung*"[42]. Darunter versteht man eine Umkehr der Privatisierung: Anteile an veräußerten Unternehmen werden zurück erworben (materielle Rekommunalisierung), Aufgaben werden wieder in öffentliche Hände übernommen (funktionelle Rekommunalisierung) und unter kommunalem Einfluss stehende Unternehmen werden in öffentlich-rechtliche Organisationsformen überführt (formelle Rekommunalisierung).

XII. Kontrollfragen

1) Welche Arten kommunaler Aufgaben kann man nach den staatlichen Ein- **267**
wirkungsmöglichkeiten unterscheiden? (Rn. 228, 230-233)
2) Gibt es auch freiwillige Aufgaben des übertragenen Wirkungskreises? (Rn. 233)

---

[41] Art. 89 BayGO; § 94 BbgKVerf; §§ 141–147 NdsKomVG; § 114a GO NRW; § 86a GO RP; AnstG LSA; § 106a GO SH.

[42] *Bauer,* DÖV 2012, 329–338; *Brüning,* VerwArch 100 (2009), 453–474; *Burgi,* NdsVBl. 2012, 225–232; *Guckelberger*, VerwArch 104 (2013), 161–187; *Leisner-Egensperger,* NVwZ 2013, 1110–1116; *Schmidt,* Rechtliche Rahmenbedingungen und Perspektiven der Rekommunalisierung, DÖV 2014, 357–365.

3) Zählen die Pflichtaufgaben zur Erfüllung nach Weisung zum eigenen oder zum übertragenen Wirkungskreis der Kommunen? (Rn. 236)
4) Welche verfassungsrechtlichen Gründe sprechen gegen die Annahme eines Kondominiums? (Rn. 245)
5) Warum kann sowohl der Entzug als auch die Übertragung von Aufgaben einen Eingriff in die Garantie kommunaler Selbstverwaltung darstellen? (Rn. 263)
7) Welche Arten der Privatisierung sind zu unterscheiden? (Rn. 264)
8) Was bedeutet Rekommunalisierung? (Rn. 266)

Rechtsprechung zu § 7

268 BVerwGE 98, 273 (Aufgabenabgrenzung zwischen Gemeinden und Landkreisen)
BVerwGE 101, 99 (Ergänzungs- und Ausgleichsaufgaben der Landkreise)
OVG Koblenz, DVBl. 1993, 894 (Unterstützungsaufgaben)
OVG Lüneburg, NVwZ 1982, 385 (Aufnahme von Asylbewerbern als Aufgabe des übertragenen Wirkungskreises)
VGH München, BayVBl. 1985, 368 (Rechtsschutz im übertragenen Wirkungskreis)

Literatur zu § 7

269 **Zur Aufgabenverteilung:**
Burgi, Kommunalisierung als gestaltungsbedürftiger Wandel von Staatlichkeit und von Selbstverwaltung, DV 42 (2009), 155–177
Eggers, Die Verzonung von Aufgaben, Zuständigkeiten, Kompetenzen und Befugnissen, 2011
Falk, Die kommunalen Aufgaben unter dem Grundgesetz, Baden-Baden, 2006
Henkel, Die Kommunalisierung von Staatsaufgaben, 2010
Henneke, Aufgabenzuständigkeit im kreisangehörigen Raum, 1992
Henneke, Optimale Aufgabenerfüllung im Kreisgebiet?, 1998
Klaes, Die kommunale Auftragsverwaltung – eine zweifelhafte Alternative zur Organleihe des Landrates?, DVBl. 2009, 1298–1303
Knemeyer, Aufgabenkategorien im kommunalen Bereich, DÖV 1988, 397–404
Krausnick, Erosionen der örtlichen Selbstverwaltung, VerwArch 2011, 359–382
Kronisch, Aufgabenverlagerung und gemeindliche Aufgabengarantie, 1993
Lusche, Die Selbstverwaltungsaufgaben der Landkreise, 1998
Oldiges, Die Gemeinde im übertragenen Wirkungskreis, in: Stern/Grupp (Hrsg.), GS Burmeister 2005, 269–288
Saipa, Der übertragene Wirkungskreis: Die Macht der Kommunen, in: FS Faber, 2007, 117–136
Schmidt, „In dubio pro municipio?“: Zur Aufgabenverteilung zwischen Landkreisen und Gemeinden, DÖV 2013, 509–514
Vietmeier, Die staatlichen Aufgaben der Kommunen und ihrer Organe, 1992
Vietmeier, Die Rechtsstellung der Kommunen im übertragenen Wirkungskreis, DVBl. 1993, 190–197

Wimmer, Ausgleichs- und Ergänzungsaufgaben der Kreise, NVwZ 1998, 28–31

Zur Privatisierung:

Burgi, Funktionale Privatisierung und Verwaltungshilfe, 1999
Burgi, Kommunales Privatisierungsfolgenrecht, NVwZ 2001, 601–607
Gaß, Die Umwandlung gemeindlicher Unternehmen, 2002
Leisner-Egensperger, Rekommunalisierung und Grundgesetz, NVwZ 2013, 1110–1116
Kämmerer, Privatisierung, 2001
Mann, Die öffentlich-rechtliche Gesellschaft, 2002
Remmert, Private Dienstleistungen in staatlichen Verwaltungsverfahren, 2003
Schoch, Rechtliche Steuerung der Privatisierung staatlicher Aufgaben, Jura 2008, 672–683
Stein, Privatisierung kommunaler Aufgaben, DVBl. 2010, 563–571
Weiß, Beteiligung Privater an der Wahrnehmung öffentlicher Aufgaben und staatliche Verantwortung, DVBl. 2002, 1167–1182

Zur Rekommunalisierung:

Bauer, Zukunftsthema „Rekommunalisierung", DÖV 2012, 329–338
Brüning, (Re-)Kommunalisierung von Aufgaben aus privater Hand – Maßstäbe und Grenzen, VerwArch 100 (2009), 453–474
Burgi, Privatisierung und Rekommunalisierung aus rechtswissenschaftlicher Sicht, Nds-VBl. 2012, 225–232
Budäus/Hilgers, Mutatis mutandis: Rekommunalisierung zwischen Euphorie und Staatsversagen, DÖV 2013, 701–708
Guckelberger, Die Rekommunalisierung privatisierter Leistungen in Deutschland, VerwArch 104 (2013), 161–187
Leisner-Egensperger, Rekommunalisierung und Grundgesetz, NVwZ 2013, 1110–1116
Libbe/Hanke, Rekommunalisierung – neue alte Wege der öffentlichen Daseinsvorsorge, der gemeindehaushalt 2011, 108–113
Röber, Privatisierung adé? Rekommunalisierung öffentlicher Dienstleistungen im Lichte des Public Managements, Verwaltung & Management 2009, 227–240
Schmidt, Rechtliche Rahmenbedingungen und Perspektiven der Rekommunalisierung, DÖV 2014, 357–365

§ 8 Kommunale Handlungsformen

I. Grundlagen

270 Den Kommunen stehen unabhängig von ihrem kommunalrechtlichen Status (→ § 6) zur Erfüllung ihrer Aufgaben (→ § 7) eine Vielzahl von Handlungsformen zur Verfügung. Diese lassen sich nach verschiedenen Gesichtspunkten ordnen und sind erst in deren Zusammenspiel vollständig zu erfassen. Im Einzelnen sind die folgenden Kriterien heranzuziehen:

271 Nach dem Verband, der eine Regelung erlässt, ist zwischen staatlichen Regelungen und solchen von Selbstverwaltungskörperschaften zu unterscheiden. Einzig Parlamentsgesetze, also Gesetze im formellen Sinne, sind dem Bund und den Ländern vorbehalten. Die übrigen Regelungen, darunter auch Gesetze im materiellen Sinne wie Rechtsverordnungen und Satzungen, können auch oder gar nur von Selbstverwaltungskörperschaften erlassen werden.

272 Nach dem die Regelung treffenden Organ ist zwischen Vorschriften, die von Parlamenten oder parlamentsähnlichen Gremien wie der kommunalen Vertretungskörperschaft erlassen werden, und Bestimmungen, die von der Staatsregierung oder den diesen vergleichbaren kommunalen Hauptverwaltungsbeamten herrühren, zu unterscheiden. Zumeist werden diese Bestimmungen dem Verband, dem das handelnde Organ angehört, zugerechnet; ausnahmsweise, so v.a. bei Geschäftsordnungen, erfolgt eine Zurechnung nur an das handelnde Organ selbst, nicht aber durch das Organ hindurch weiter an den Verband.[1]

273 Betrachtet man die Beziehung zwischen Regelungsgeber und -adressat, so ist zwischen Regelungen des Innenrechts, bei denen beide der hoheitlichen Sphäre angehören, und Vorschriften des Außenrechts, die an einen außerhalb der öffentlichen Verwaltung stehenden Bürger gerichtet sind, zu unterscheiden.

274 Hinsichtlich der Anzahl der Adressaten ist zwischen individuellen Regelungen wie Verwaltungsakten, die sich nur an einen einzigen Adressaten wenden, und generellen Regelungen wie Satzungen, die unbestimmt viele Adressaten im Blick haben, zu differenzieren. Betrifft eine Regelung mehrere, aber nicht unbestimmt viele Adressaten, z.B. eine Geschäftsordnung, so scheint auf den ersten Blick eine generelle Regelung vorzuliegen, indes spricht der abgegrenzte Adressatenkreis für die Einordnung als individuelle Vorschrift.

275 In gleicher Weise können Bestimmungen nach der Anzahl der geregelten Sachverhalte in konkrete Regelungen, die nur einen Fall betreffen, z.B. ein Ver-

[1] Dies gewinnt Bedeutung bei der Bestimmung des Klagegegners im verwaltungsgerichtlichen Verfahren.

waltungsakt, und abstrakte Regelungen, die unbestimmt viele Fälle erfassen, bspw. eine Satzung, eingeteilt werden.

Schließlich ist nach dem Rechtsgebiet, dem die Regelungen angehören, zwischen öffentlich-rechtlichen Regelungen wie dem verwaltungsrechtlichen Vertrag und privatrechtlichen wie dem zivilrechtlichen Vertrag zu unterscheiden. **276**

Die Prüfungsreihenfolge dieser Kriterien ist im Prinzip beliebig, allein sprachliche Gründe können eine bestimmte Anordnung nahe legen. Kombiniert man diese sechs Kriterien, von denen jedes mindestens zwei Möglichkeiten bietet, so scheinen sich auf den ersten Blick 2^6=64 Handlungsformen zu ergeben. Von diesen 64 denkbaren Handlungsformen sind in der Praxis aber nur wesentlich weniger realisiert worden. Diese sollen nun betrachtet werden. **277**

II. Satzungen und Rechtsverordnungen

1. Begriff der Satzung

Die Satzung ist die zentrale Regelungsform der Kommune. Es ist zwischen Satzungen im materiellen und im formellen Sinne zu unterscheiden. Eine Satzung im materiellen Sinne ist die von einer Kommune erlassene abstrakt-generelle Regelung mit Außenwirkung. Eine Satzung im formellen Sinne ist ein von der kommunalen Vertretungskörperschaft erlassener Rechtsakt, der die Bezeichnung „Satzung" oder „Statut" trägt. Das Verhältnis von Satzungen im materiellen und formellen Sinne zueinander kann nach dem Bild zweier sich schneidender Kreise beschrieben werden: Es gibt eine große Schnittmenge von Satzungen im sowohl materiellen als auch formellen Sinne. Daneben besteht die Differenzmenge der Satzungen im nur formellen Sinne. Diese werden zwar von der kommunalen Vertretungskörperschaft erlassen, erfüllen aber eines oder mehrere der soeben geschilderten Merkmale der Satzung im materiellen Sinne nicht. Dazu zählen bspw. der Bebauungsplan gemäß § 10 BauGB, der keine abstrakte Regelung darstellt, sowie die kommunale Haushaltssatzung, die sich nur auf den Einzelfall des Haushaltsplanes bezieht und der keine Außenwirkung zukommt. Die zweite Differenzmenge wird gefüllt von den Satzungen im nur materiellen Sinne. Diese sind zwar von der Kommune erlassene abstrakt-generelle Regelungen mit Außenwirkungen, sie werden aber nicht als Satzungen bezeichnet. Hierhin gehören die von der Kommune erlassenen Rechtsverordnungen (→ Rn. 306). **278**

Beachten Sie, dass das Staatsrecht in vergleichbarer Weise zwischen Gesetzen im formellen und materiellen Sinne unterscheidet! Gesetze im formellen Sinne werden von dem Parlament erlassen; Gesetze im materiellen Sinne sind abstrakt-generelle Regelungen. Auch hier stellen die meisten Regelungen Gesetze sowohl im formellen als auch im materiellen Sinne dar. Beispiele für Gesetze im nur formellen Sinne sind das Zustimmungsgesetz zu völkerrechtlichen Verträgen nach Art. 59 II GG und das Haushaltsgesetz nach Art. 110 II GG. Gesetze im **279** nur materiellen Sinne sind die Rechtsverordnungen und die Satzungen im materiellen Sinne.

2. Zuständigkeit zum Satzungserlass

280 Hinsichtlich der Zuständigkeit zum Satzungserlass ist zwischen der Verbands- und der Organzuständigkeit zu unterscheiden.

281 a) Die *Verbandszuständigkeit* gibt Auskunft darüber, welcher Hoheitsträger für den Erlass einer Regelung zuständig ist. Lediglich bei Gesetzen im formellen Sinne ist die Verbandszuständigkeit der Kommunen ausgeschlossen. Im Übrigen kann eine Verbandszuständigkeit der Gemeinden, des Landkreises oder beider begründet sein. Dabei ist jeweils zwischen dem eigenen und dem übertragenen Wirkungskreis der Kommunen sowie den Pflichtaufgaben zur Erfüllung nach Weisung zu unterscheiden.

282 aa) Im *eigenen Wirkungskreis* (→ Rn. 230) steht der Kommune grds. eine umfassende Satzungshoheit zu. Die Kommune darf in Ausprägung der Garantie kommunaler Selbstverwaltung hier jede Angelegenheit der örtlichen Gemeinschaft aufgreifen und durch Satzung regeln. Diese Satzungshoheit ist unmittelbar verfassungsrechtlich gewährleistet und wird durch die Kommunalordnungen lediglich deklaratorisch wiederholt. Sofern die kommunalen Satzungen in die Grundrechte der Einwohner oder Dritter nachhaltig eingreifen können, bedürfen sie zur Erfüllung des Gesetzesvorbehalts der Grundrechte einer besonderen gesetzlichen Ermächtigungsgrundlage, welche über die allgemeine Gewährleistung der Satzungsautonomie hinausgeht. Solche Ermächtigungen finden sich im Hinblick auf den Zwang zum Anschluss an öffentliche Einrichtungen und deren Benutzung i.d.R. in der jeweiligen Kommunalordnung[2], in Bezug auf die Erhebung von Steuern, Beiträgen und Gebühren in den Kommunalabgabengesetzen[3] und hinsichtlich besonderer baurechtlicher Beschränkungen im BauGB[4].

283 bb) Im *übertragenen Wirkungskreis* (→ Rn. 233) haben die Landesgesetzgeber verschiedene Wege eingeschlagen. Zum Teil wird den Kommunen auch hier die Befugnis zum Satzungserlass zugewiesen.[5] Diese Satzungsermächtigung geht über die allgemeine Ermächtigung hinaus, weil danach nur Angelegenheiten des eigenen Wirkungskreises durch Satzung geregelt werden können und Aufgaben des übertragenen Wirkungskreises von ihrem Ursprung her gerade keine örtli-

---

[2] Vgl. § 11 I GO BW; Art. 24 I Nr. 2 BayGO; § 12 II 1 BbgKV; § 19 II 1 HessGO; § 15 I 1 KV MV; § 13 S. 1 NdsKomVG; § 9 S. 1 GO NRW; § 26 I GO RP; § 22 I SaarlKSVG; § 14 I SächsGO; § 8 S. 1 Nr. 2 GO LSA; § 17 II 1 GO SH und § 20 II 1 Nr. 2 ThürKO.

[3] Vgl. § 2 KAG BW; Art. 2 BayKAG; § 2 HessKAG; § 2 NdsKAG; § 2 KAG NRW.

[4] Z.B. § 16 BauGB (Veränderungssperre); § 22 BauGB (Sicherung der Fremdenverkehrsfunktion; § 25 BauGB (Vorkaufssatzung); § 132 BauGB (Erschließungsbeitragssatzung); § 135c BauGB (Ausgleichssatzung); § 142 BauGB (Sanierungssatzung); § 165 VI BauGB (Entwicklungssatzung); § 172 BauGB (Erhaltungssatzung).

[5] Z.B. Art. 23 S. 2 BayGO; § 12 I 2; § 147 I 2 SaarlKSVG; jeweils bei ausdrücklicher sondergesetzlicher Ermächtigung.

chen Angelegenheiten darstellen. Durch eine solche erweiternde Satzungsermächtigung entlehnt der Landesgesetzgeber eine Handlungsform der Selbstverwaltung und stellt sie den Kommunen auch im Bereich der Fremdverwaltung zur Verfügung. Selbstverständlich genügt diese Satzungsermächtigung alleine noch nicht, um Kommunen das Aufgreifen jeder Aufgabe durch Satzung zu ermöglichen. Hinzutreten muss vielmehr stets eine Aufgabenübertragung auf die Kommune, die zumeist durch ein Fachgesetz, nicht aber in der Gemeinde- oder Kreisordnung selbst erfolgt.

Zum Teil wird den Kommunen im übertragenen Wirkungskreis auch die Be- **284**
fugnis zum *Verordnungserlass* übertragen.[6] Diese Ermächtigung ist i.d.R. verfassungsrechtlich unbedenklich. Denn während Art. 80 I 1 GG den Kreis der Ermächtigungsadressaten für den Erlass von Rechtsverordnungen auf die Bundesregierung, einen Bundesminister oder eine Landesregierung beschränkt und nur unter den Voraussetzungen des Art. 80 I 4 GG eine Weiterübertragung erfolgen darf, gehen die Landesverfassungen in diesem Punkt zumeist über das Grundgesetz hinaus und gestatten, neben der Landesregierung oder einem Landesminister auch andere Behörden zum Verordnungserlass zu ermächtigen.[7] Natürlich genügt auch diese Verordnungsermächtigung alleine noch nicht, um Kommunen das Aufgreifen jeder Aufgabe durch Rechtsverordnung zu gestatten. Hinzukommen muss auch hier jeweils eine fachgesetzliche Aufgabenübertragung auf die Kommune.

cc) Bei der Frage, ob die Kommunen zur Rechtsetzung bei den *Pflichtaufgaben* **285**
zur Erfüllung nach Weisung (→ Rn. 235) durch Satzung oder Verordnung zu ermächtigen sind, kehrt die Unsicherheit über die Rechtsnatur dieser Aufgaben wieder. Versteht der Landesgesetzgeber diese Aufgaben nach ihrer Übertragung eher als Angelegenheiten der Kommune, wird er zur Satzungsermächtigung tendieren.[8] Betont er hingegen ihre Rechtsnatur als ursprünglich staatliche Aufgaben, liegt die Verordnungsermächtigung näher.[9]

Die praktische Bedeutung des Unterschieds in den Handlungsformen des **286**
übertragenen Wirkungskreises ist eher gering, weil die Kommunalgesetze zumeist anordnen, dass die für Satzungen geltenden Vorschriften auch auf kommunale Rechtsverordnungen anzuwenden sind.[10] Dies betrifft nicht nur das Verfahren der Satzungsgebung, sondern auch die Vorschriften über Satzungsfehler

[6] Z.B. Art. 42 BayLStVG; § 55 NdsSOG; § 43 POG RP; § 94 SOG LSA, § 27 ThürOBG.

[7] Z.B. Art. 61 I 1 LV BW; Art. 80 S. 1 BbgV; Art. 57 I 1 LV MV; Art. 43 I 1 NdsV; Art. 70 S. 1 LV NRW; Art. 110 I 1 LV RP; Art. 104 I 1 SaarlV; Art. 75 I 1 SächsV; Art. 79 I 1 LV LSA; Art. 38 I 1 LV SH; Art. 84 I 1 ThürV; abweichend Art. 118 HessV (nur Landesregierung).

[8] Vgl. § 65 II LVwG SH.

[9] Z.B. § 10 PolG BW; § 26 BbgOBG; §§ 73 f. HessSOG; § 27 OBG NRW; § 9 SächsPolG; § 55 LVwG SH; § 17 SOG MV.

[10] Z.B. § 4 V GO BW; § 3 VI BbgKVerf; § 10 VI NdsKomVG; § 7 VI GO NRW; § 4 V SächsGO; § 6 VIII GO LSA.

(→ Rn. 301). Über diese Verweisung unterliegen auch Rechtsverordnungen einer gesonderten Fehlerfolgenregelung, was in der deutschen Rechtsordnung eine Seltenheit darstellt.

287 b) Die *Organzuständigkeit* besagt, welches der kommunalen Organe für den Erlass der Satzungen zuständig ist. Regelmäßig werden Satzungen nur von der kommunalen Vertretungskörperschaft erlassen – in gleicher Weise wie im staatlichen Bereich Gesetze im formellen Sinne auch nur von dem Parlament beschlossen werden. Soweit das Landesrecht den Bürgerentscheid[11] kennt, kann die Bürgerschaft auch im Wege direkter Demokratie einen ihr unterbreiteten Satzungsvorschlag annehmen. Für Ausnahmefälle sieht das Landesrecht zumeist eine *Eilkompetenz* des kommunalen Hauptverwaltungsbeamten auch für den Satzungserlass vor. Weil dadurch die kommunalinterne Aufgabenzuweisung verschoben wird, ist die Ausübung dieser Eilkompetenz an besonders strenge Voraussetzungen geknüpft: Es muss eine Gefahr im Verzuge abgewehrt werden, d.h. eine Sachlage, bei der ein Schaden eintreten würde, wenn nicht an Stelle der zuständigen Behörde eine andere Behörde tätig würde. Außerdem muss die an sich zuständige kommunale Vertretungskörperschaft zumindest unverzüglich vom Erlass der Regelung informiert werden; ggf. sieht das Landesrecht auch eine nachträgliche Bestätigung der vom Hauptverwaltungsbeamten erlassenen Regelung vor.

288 Besteht eine gesetzliche Verpflichtung zum Satzungserlass und werden weder die kommunale Vertretungskörperschaft oder die Bürgerschaft noch im Rahmen seiner Eilkompetenz der Hauptverwaltungsbeamte tätig, so kann die Kommunalaufsichtsbehörde zum Aufsichtsmittel der *Ersatzvornahme*[12] greifen und die Satzung an Stelle und auf Kosten der Kommune erlassen. Eine solche fremd gesetzte Satzung wird der Kommune in gleicher Weise wie eine selbst gesetzte zugerechnet; d.h. die Satzung nimmt denselben Rang wie eine von der Kommune selbst stammende Satzung ein und kann durch nachfolgende Satzungen auch wieder aufgehoben oder verändert werden. Wird ein Verfahren vor dem Oberverwaltungsgericht nach § 47 VwGO gegen die Satzung angestrengt, so ist die Kommune Antragsgegnerin; allerdings wird die Aufsichtsbehörde nach § 65 VwGO beigeladen werden.

3. Verfahren der Satzungsgebung

289 Das Verfahren der Satzungsgebung kann im Prinzip entsprechend dem staatlichen Gesetzgebungsverfahren in chronologischer Reihenfolge erläutert werden.

---

[11] § 21 GO BW; Art.18a BayGO; § 15 BbgKVerf; § 8b HessGO; § 102 KV MV; § 33 NdsKomVG; § 26 GO NRW; § 17a GO RP; § 21a SaarlKSVG; § 24 SächsGO; § 26 GO LSA; § 16g GO SH; § 17 ThürKO.

[12] § 123 GO BW; Art. 113 BayGO; § 116 BbgKVerf; § 140 HessGO; § 82 KV MV; § 174 NdsKomVG; § 123 GO NRW; § 123 GO RP; § 133 SaarlKSVG; § 116 SächsGO; § 138 GO LSA; § 125 GO SH; § 12 ThürKO.

Allerdings handelt es sich um ein Einkammersystem und die Kommunalaufsichtsbehörde wirkt mit.

a) Eine dem Art. 76 I GG vergleichbare Bestimmung über die *Satzungsinitiative*, d.h. das Recht zur Einbringung von Entwürfen für Satzungen, enthalten die Kommunalordnungen zumeist nicht. Die Verabschiedung einer Satzung durch eine kommunale Vertretungskörperschaft stellt aber den (wichtigsten) Unterfall eines Beschlusses der Vertretungskörperschaft dar. Sofern die Kommunalordnungen ausdrücklich das Antragsrecht der Mitglieder der Vertretungskörperschaft regeln, wird davon auch das Recht umfasst, Satzungsentwürfe einzubringen. Fehlt es an einer solchen ausdrücklichen Regelung, ist aus der Stellung des einzelnen Mitglieds der Vertretungskörperschaft als freier, nur dem Gemeinwohl verpflichteter Vertreter der Einwohner der Kommune das Recht herzuleiten, Entwürfe einzubringen. Auch der Hauptverwaltungsbeamte kann Satzungsentwürfe einbringen, denn er hat die Beschlüsse der Vertretungskörperschaft vorzubereiten.[13] **290**

b) Der Satzungsbeschluss setzt – wie bei den anderen Beschlüssen der Vertretungskörperschaft auch – das Erreichen der Beschlussfähigkeit und der erforderlichen Mehrheit voraus. **291**

aa) Unter *Beschlussfähigkeit* versteht man die Fähigkeit eines Kollegialorgans, wirksame Beschlüsse zu fassen. Während in Bund und Land die Beschlussfähigkeit der Parlamente zumeist nur in deren Geschäftsordnungen geregelt ist, sind auf kommunaler Ebene die Vorschriften über die Beschlussfähigkeit in den Kommunalordnungen selbst enthalten[14]. Danach ist die kommunale Vertretungskörperschaft in der Regel unter zwei Voraussetzungen beschlussfähig: Zum Ersten muss sie ordnungsgemäß unter Beifügung der Tagesordnung einberufen worden sein – es muss also in der Ladung selbst bereits auf die anstehende Entscheidung über den Satzungserlass hingewiesen worden sein. Zum Zweiten muss mehr als die Hälfte der gesetzlich vorgesehenen Mitglieder anwesend sein. **292**

Diese strengen Anforderungen an die Beschlussfähigkeit werden von den Kommunalordnungen nun in dreierlei Weise aufgeweicht: Zum einen ist die Vertretungskörperschaft auch beschlussfähig, wenn alle Mitglieder anwesend sind und keines eine Verletzung der Einberufungsvorschriften rügt. Zum anderen gilt die Vertretungskörperschaft auch dann als beschlussfähig, wenn sich ihre Mitgliederzahl im Laufe der Sitzung verringert, aber keines der verbliebenen Mitglieder die fehlende Beschlussfähigkeit geltend macht. Ist die Vertretungskörperschaft schließlich trotz dieser Erleichterungen in einer Sitzung über den Satzungserlass beschlussunfähig, so hat eine zweite Sitzung stattzufinden, in der **293**

[13] § 43 I GO BW; Art. 46 II 1 BayGO; § 54 I Nr. 1 BbgKVerf; § 38 III 1 KV MV; § 59 III 1 NdsKomVG; § 62 II 1 GO NRW; § 47 I 2 Nr. 1 GO RP; § 59 II 2 SaarlKSVG; § 52 I SächsGO; § 62 I GO LSA; § 55 I 4 Nr. 2 GO SH; § 35 IV 1 ThürKO. In Hessen obliegt dies gemäß § 66 I 3 Nr. 2 HessGO dem Gemeindevorstand.

[14] § 37 I-IV GO BW; Art. 47 BayGO; § 38 BbgKVerf; § 53 HessGO; § 30 KV MV; § 65 NdsKomVG; § 49 GO NRW; § 39 GO RP; § 44 SaarlKSVG; § 39 I-IV SächsGO; § 53 GO LSA; § 38 GO SH; § 36 ThürKO.

erneut über die Satzung beraten wird. In dieser zweiten Sitzung ist die Vertretungskörperschaft ohne Rücksicht auf die Zahl der anwesenden Mitglieder beschlussfähig, sofern in der Ladung zur zweiten Sitzung ausdrücklich darauf hingewiesen wurde.

294 bb) Im Hinblick auf die erforderliche Mehrheit ist zwischen der Bezugsgröße der Mehrheit und dem erforderlichen Quorum zu unterscheiden. Als *Bezugsgröße* der Mehrheit sind in absteigender Reihenfolge denkbar: Die gesetzliche Mitgliederzahl, die anwesenden Mitglieder, die abstimmenden Mitglieder, die gültig abstimmenden Mitglieder, die gültig mit „Ja“ oder „Nein“ abstimmenden Mitglieder. Die Kommunalordnungen stellen zumeist auf die Summe der mit „Ja“ oder „Nein“ abstimmenden Mitglieder ab. Stimmenthaltungen sind in Bayern[15] landesgesetzlich verboten, im Übrigen reduziert eine Stimmenthaltung die Bezugsgröße.

295 Als erforderliches *Quorum* sind in absteigender Reihenfolge vorstellbar: Einstimmigkeit, Zweidrittelmehrheit, absolute Mehrheit, relative Mehrheit. Von diesen denkbaren Quoren ist die Einstimmigkeit nur von theoretischem Interesse; die hohe Anforderung der Zweidrittelmehrheit wird – anders als bei Änderungen der Staatsverfassung – selbst für den Erlass und die Änderung der Hauptsatzung nicht verlangt (→ Rn. 307). In aller Regel fordern die Kommunalordnungen für den Beschluss der Satzung die absolute Mehrheit der mit „Ja“ oder „Nein“ abstimmenden Mitglieder. Im Übrigen könnte es auf die relative Mehrheit nur ankommen, wenn drei oder mehr Vorschläge zur Abstimmung ständen, was aber bei der Entscheidungsfrage, ob eine Satzung zu beschließen ist, regelmäßig nicht zutrifft. Stimmenthaltungen, sofern nicht bereits gesetzlich verboten, zählen auch bei der Berechnung des erforderlichen Quorums nicht mit. Halten sich Ja- und Nein-Stimmen genau die Waage, so deuten die Kommunalordnungen diesen Fall der Stimmengleichheit als Antragsablehnung.[16]

296 c) Die von der Vertretungskörperschaft beschlossene Satzung darf nicht gegen höherrangiges Recht verstoßen. Um ihre Vereinbarkeit mit der Verfassung, den Gesetzen und sonstigen höherrangigen Rechtsakten sicherzustellen, ist dem endgültigen Satzungserlass deshalb eine *kommunalinterne Kontrolle* vorgeschaltet. Der Hauptverwaltungsbeamte hat die Satzung auf ihre Rechtmäßigkeit hin zu überprüfen. Hält der Hauptverwaltungsbeamte die Satzung für rechtswidrig, so stehen ihm – je nach Landesrecht – bis zu drei verschiedene Möglichkeiten zur Verfügung: Er kann Einspruch bzw. Widerspruch gegen die Satzung einlegen und damit einen erneuten Beschluss der Vertretungskörperschaft erzwingen.[17] In

[15] Art. 48 I 2 BayGO; Art. 42 I 2 BayKrO.

[16] § 37 VI 3 GO BW; Art. 51 I 2 BayGO; § 66 I 2 NdsKomVG; § 50 I 2 GO NRW; § 40 I 2 GO RP; § 45 I 2 SaarlKSVG; § 39 VI 3 SächsGO; § 54 II 3 GO LSA; § 39 I 3 GO SH; § 39 I 2 ThürKO. Siehe dazu *Schmidt,* JZ 2003, 133–138.

[17] § 43 II 1 Hs. 1 GO BW; Art. 59 II BayGO; § 55 I 1-3 BbgKVerf; § 63 I 1 HessGO; § 33 I 1 KV MV; § 88 I 2 NdsKomVG; § 54 II 1 GO NRW; § 42 I GO RP; § 60 I 1 SaarlKSVG; § 52 II 1 Hs 1 SächsGO; § 62 III 1 GO LSA; § 43 I GO SH; § 44 S. 1 ThürKO.

diesem Fall verbleibt das Verfahren noch im kommunalinternen Bereich. In Niedersachsen kann der Hauptverwaltungsbeamte stattdessen auch der Kommunalaufsichtsbehörde berichten, die unverzüglich zu entscheiden hat, ob sie die Satzung beanstandet.[18] In den übrigen Ländern hat der Hauptverwaltungsbeamte zunächst Einspruch einzulegen und, wenn dieser erfolglos geblieben ist, anschließend Bericht an die Aufsichtsbehörde zu erstatten.[19] Von der jeweiligen Phase des Beanstandungsverfahrens hängt es ab, ob in einem anschließenden verwaltungsgerichtlichen Verfahren sich die kommunale Vertretungskörperschaft und der Hauptverwaltungsbeamte in einem Kommunalverfassungsstreit (→ § 15) gegenüber stehen, oder ob die Aufsichtsbehörde – so sie denn ebenfalls beanstandet haben sollte – durch den Hauptverwaltungsbeamten in die Beklagtenstellung gedrängt wird.

Zum Teil sehen die Kommunalordnungen über diese Regelungen hinausgehend vor, dass der Hauptverwaltungsbeamte Beschlüsse der Vertretungskörperschaft, darunter auch den Erlass einer Satzung, darauf zu überprüfen hat, dass sie nicht gegen das Wohl der Kommune verstoßen.[20] Damit wird dem Hauptverwaltungsbeamten über die Rechtmäßigkeitsprüfung hinaus auch noch eine *Zweckmäßigkeitskontrolle* zugewiesen. Hält der Hauptverwaltungsbeamte die Satzung für zweckwidrig, so kann er diese beanstanden und eine erneute Beschlussfassung der Vertretungskörperschaft erzwingen. Er kann in diesen Fällen weder die Aufsichtsbehörde einschalten noch gegen den wiederholenden Beschluss der Vertretungskörperschaft vorgehen; der Hauptverwaltungsbeamte ist also in seinen rechtlichen Reaktionsmöglichkeiten eingeschränkt. **297**

d) Zusätzlich zu der kommunalinternen Kontrolle der Satzung durch den Hauptverwaltungsbeamten erfolgt eine weitere *kommunalexterne Überprüfung* durch die Kommunalaufsichtsbehörde. Hierbei ist zwischen einer vorherigen und einer nachträglichen Kontrolle zu unterscheiden. Bei der präventiven Prüfung ist die Satzung noch vor ihrer Bekanntmachung der Kommunalaufsichtsbehörde zur Genehmigung vorzulegen. Die Kommunalaufsichtsbehörde hat die Satzung lediglich auf ihre Vereinbarkeit mit höherrangigem Recht hin zu überprüfen; Zweckmäßigkeitserwägungen dürfen nicht angestellt werden. Eine solche vorherige Kontrolle war früher für nahezu alle kommunalen Satzungen vorgeschrieben und wird heute in einigen Ländern nur noch für besonders bedeutsame Satzungen wie die Hauptsatzung[21] oder für besonders gefahrträchtige Satzungen wie die Sparkassensatzung verlangt, die nach den Sparkassengesetzen der Länder der Genehmigungspflicht unterliegt. Im Übrigen ist gegenwärtig zumeist nur noch eine repressive Kontrolle der Satzungen gefordert. Erst die bereits bekannt ge- **298**

---

[18] § 88 I 1 NdsKomVG.

[19] § 43 II 5 GO BW; § 55 I 10 BbgKVerf; § 33 II 1 KV MV; § 88 I 4, 6 NdsKomVG; § 54 II 4 GO NRW; § 42 II 1 GO RP; § 52 II 5 SächsGO; § 62 III 5 GO LSA; § 44 S. 2 ThürKO.

[20] § 43 II 1 Hs. 2 GO BW; § 63 I 2 HessGO; § 33 I 2 KV MV; § 54 I GO NRW; § 52 II 1 Hs. 2 SächsGO; § 62 III 2 GO LSA.

[21] § 4 II 2 BbgKVerf; § 5 II 4 KV MV; § 7 II 1 GO LSA; § 4 I 3 GO SH.

machte Satzung ist der Kommunalaufsichtsbehörde mitzuteilen, die diese dann nachträglich auf ihre Rechtmäßigkeit hin zu überprüfen und ggf. zu beanstanden hat.[22] Diese Abschwächung aufsichtsbehördlicher Kontrolle stärkt die kommunale Selbstverwaltung, kann aber die Anzahl rechtswidriger Satzungsbestimmungen erhöhen.

299 e) Satzungen werden i.d.R. durch den Hauptverwaltungsbeamten unterzeichnet und dann *bekannt gemacht.*[23]

300 f) Satzungen *treten* an dem in ihnen festgelegten Tag *in Kraft*. Liegt dieser Termin vor Bekanntmachung der Satzung, handelt es sich um einen Fall der Rückwirkung. Fehlt es an einer ausdrücklichen Bestimmung, sehen die Kommunalordnungen zumeist vor, dass Satzungen am Tag nach ihrer Bekanntmachung in Kraft treten.[24] Diese Regelungen sind staatsrechtlich Art. 82 II 2 GG vergleichbar, der allerdings einen Zeitraum von 14 Tagen zwischen Bekanntmachung und In-Kraft-Treten vorsieht.

4. Satzungsfehler

301 Regelungen, die gegen höherrangiges Recht verstoßen, sind nichtig. So besagt es das *Nichtigkeitsdogma*, das für Rechtsgeschäfte § 134 BGB[25] zu Grunde liegt und von der noch überwiegenden Meinung[26] auch im Staatsrecht im Hinblick auf verfassungswidrige Gesetze vertreten wird. Wendet man dieses Dogma auch auf kommunale Satzungen an, so müssten formelle Fehler im Verfahren der Satzungsgebung oder materielle Fehler der Satzung selbst nicht nur zur Rechtswidrigkeit der Satzung, sondern auch zu ihrer Nichtigkeit führen.

302 Indes erscheint die strenge Rechtsfolge der Nichtigkeit vielfach unangebracht, weil nichtige Rechtsakte keine Wirkung entfalten dürfen und schon eingetretene Wirkungen wieder rückgängig gemacht werden müssen. Eine solche Rückabwicklung kann bei privatrechtlichen Rechtsgeschäften noch durchgeführt wer-

---

[22] Vgl. § 121 I 1 Hs. 1 GO BW; Art. 112 S. 1 BayGO; § 113 I 1 BbgKV; § 138 Hs. 1 HessGO; § 81 I 1 KV MV; § 173 I 1 NdsKomVG; § 122 I 1 GO NRW; § 121 S. 1 Hs. 1 GO RP; § 130 S. 1 Hs. 1 SaarlKSVG; § 114 I 1 Hs. 1 SächsGO; § 136 I 1 GO LSA; § 123 I 1 Hs. 1 GO SH und § 120 I 1 Hs. 1 ThürKO.

[23] § 4 III 1 GemO BW; Art. 26 II BayGO; § 3 III 1 BbgKVerf; § 5 III 1 HessGO; § 5 IV KV MV; § 11 I NdsKomVG; § 7 IV 1 GO NRW; § 24 III 1 GO RP; § 12 IV 1 SaarlKSVG; § 4 III 1 SächsGO; § 6 II 2 GO LSA; § 4 II GO SH; § 21 I 1 ThürKO. Siehe nun OVG Weimar, NVwZ-RR 2011, 615, sowie VGH Kassel, NVwZ-RR 2013, 564.

[24] So § 4 III 2 GO BW; § 3 V BbgKVerf; § 5 III 2 HessGO; § 5 IV 4 KV MV; § 7 IV 2 GO NRW; § 24 III 3 GO RP; § 12 IV SaarlKSVG; § 4 III 2 SächsGO; § 6 V GO LSA; § 69 LVwG SH; § 21 II 1 ThürKO; eine Woche nach Bekanntmachung sieht Art. 26 I 1 BayGO vor; gar 14 Tage nach Bekanntmachung finden sich in § 10 III NdsKomVG.

[25] Dazu *Ellenberger* in: Palandt, 73. Auflage, 2014, § 134 BGB, Rn. 6 ff, 13.

[26] *Bethge*, in: Maunz/Schmidt-Bleibtreu/Klein/Bethge, 41. EL, 2013, § 31 BVerfGG, Rn. 142–144, § 78 BVerfGG, insb. Rn 7; siehe ferner *Heckmann* in: Sodan/Ziekow, 4. Auflage, 2014, § 183 VwGO, Rn. 12.

den, bei öffentlich-rechtlichen Rechtsakten mit zahlreichen Adressaten und einer Vielzahl von Lebensvorgängen erweist sie sich häufig als unmöglich. So hat nicht nur das Privatrecht in § 134 BGB mit der Wendung *„wenn sich nicht aus dem Gesetz ein anderes ergibt"* bereits alternative Lösungsmöglichkeiten vorgesehen, sondern auch das BVerfG hat verschiedene Urteilsformen entwickelt, welche die mit der Nichtigkeit verbundenen unerwünschten Rechtsfolgen vermeiden. Hier sei an die schlichte Unvereinbarkeitserklärung erinnert, aber auch an die verfassungskonforme Auslegung von Gesetzen und die Einordnung eines Gesetzes als noch verfassungsgemäß.[27]

Die Gesetzgeber der Kommunalordnungen stehen hinsichtlich der Rechtsfolgen von Satzungen, die gegen höherrangiges Recht verstoßen, vor einer vergleichbaren Regelungsaufgabe. Auch hier geht es darum, ein *differenziertes System von Fehlerfolgen* zu entwickeln, das einerseits Rechtsverstöße nicht gänzlich ohne Sanktion belässt, andererseits aber die Wirksamkeit einmal erlassener Satzungen nicht ohne gewichtigen Grund einschränkt. Kurzum, hier stellt sich im Gewand der Satzungsfehlerfolgen die alte Frage nach dem Verhältnis von materieller Gerechtigkeit und Rechtssicherheit. **303**

Die Kommunalordnungen lösen dieses Problem, indem sie zumeist die Verletzung bestimmter Verfahrens- oder Formvorschriften für *unbeachtlich* erklären, wenn dieser Mangel einer Satzung nicht schriftlich binnen eines Jahres – teilweise auch schon binnen sechs Monaten – gegenüber der Kommune geltend gemacht worden ist.[28] Unbeachtlichkeit bedeutet, dass die Satzung rechtswidrig bleibt, die Satzungsadressaten aus der Rechtswidrigkeit nach Fristablauf aber keine für sie günstigen Rechtsfolgen mehr herleiten können. Zum Teil umschreiben die Kommunalordnungen die nach Fristablauf unbeachtlichen Verfahrensverstöße nur allgemein, zum Teil führen sie diese im Einzelnen auf. Typischerweise unbeachtlich sind danach Verstöße gegen Vorschriften über die ordnungsgemäße Ladung, die Beschlussfähigkeit der Vertretungskörperschaft sowie die Anhörung des Ausländerbeirates und weiterer Beiräte. Fehlt es hingegen an der ausnahmsweise erforderlichen Genehmigung der Kommunalaufsichtsbehörde oder wurde die Satzung nicht ordnungsgemäß bekannt gemacht, so sind diese Verstöße in aller Regel erheblich und können uneingeschränkt auch noch nach Fristablauf geltend gemacht werden. **304**

Diese Fehlerfolgenregelungen wurden ursprünglich für Bauleitpläne in den §§ 214 ff. BauGB entwickelt und sind von diesen bereichsbegrenzten bundesrechtlichen Vorschriften in das allgemeine Kommunalrecht der Länder eingedrungen. Die Regelung der Unbeachtlichkeit von Satzungsfehlern nach Fristab- **305**

---

[27] BVerfG, NJW 1958, 1227; *Schlaich/Korioth*, Das Bundesverfassungsgericht, Rn. 440–451; *Lüdemann*, JuS 2004, 27; *Rieger*, NVwZ 2003, 17; *Voßkuhle*, AöR 125 (2000), 177.

[28] Z.B. § 4 IV GO BW; § 3 IV BbgKVerf; § 5 IV HessGO (hier sechs Monate); § 5 V, VI KV MV; § 10 II NdsKomVG; § 7 VI GO NRW; § 24 VI GO RP; § 12 VI SaarlKSVG; § 4 IV SächsGO; § 6 IV GO LSA; § 4 III GO SH (für Bebauungsplan oder sonstige städtebauliche Satzungen); § 21 IV, V ThürKO.

lauf ähnelt den Bestimmungen über die fristgebundene Anfechtung von Verwaltungsakten nach §§ 70; 74 VwGO. Mit der gebotenen Vorsicht wird man von der *Bestandskraft rechtswidriger Satzungen* sprechen können.

5. Besonderheiten bei Rechtsverordnungen

306 Zur besseren Übersicht sollen an dieser Stelle die bereits gewonnenen Erkenntnisse über kommunale Rechtsverordnungen noch einmal zusammengefasst werden: Kommunale Rechtsverordnungen können als Satzungen im nur materiellen Sinne angesehen werden. Sie ähneln eher kommunalen Satzungen (im formellen Sinne) als staatlichen Rechtsverordnungen, weil die Vorschriften über kommunale Satzungen vielfach auf sie anzuwenden sind. Dies betrifft v.a. den Prozess der Verordnungsgebung, aber auch den Umgang mit Fehlern der Rechtsverordnung, die nur binnen einer in den Kommunalordnungen festgesetzten Frist gerügt werden können. Von besonderem Interesse ist, dass die Rechtsverordnungen bei Gefahr im Verzug auch von dem Hauptverwaltungsbeamten erlassen werden können.

III. Insbesondere: Die Hauptsatzung

1. Begriff und Funktion

307 Die Hauptsatzung stellt die nähere Ausgestaltung der Grundordnung der Kommune dar. Sie ist von ihrer Funktion her einer staatlichen Verfassung vergleichbar; dem kommunalen Hauptsatzungsgeber kommt aber wegen der vorrangigen staatlichen Kommunalgesetze inhaltlich wesentlich weniger Spielraum zu als dem Verfassunggeber (pouvoir constituant). Die Kommunalordnungen enthalten zumeist in ihrem ersten Teil über die Grundlagen der Kommunalverfassung eine Vorschrift über die Hauptsatzung.[29] Soweit darin keine abschließende Regelung getroffen wurde, finden ergänzend die allgemeinen Vorschriften über kommunale Satzungen Anwendung – in gleicher Weise sind auf staatlicher Ebene auf die Verfassungsänderung ergänzend die Bestimmungen über den Erlass von Gesetzen anzuwenden.

2. Formelle Anforderungen

308 a) *Zuständig* zum Erlass der Hauptsatzung ist die Kommune selbst. Anders als im angelsächsischen Raum wird also das Grundstatut einer Kommune nicht von dem staatlichen Parlament gewährt, weil dies mit der Garantie kommunaler

[29] § 4 II GO BW; § 4 BbgKVerf; § 6 HessGO; § 5 II KV MV; § 12 NdsKomVG; § 7 III GO NRW; § 25 GO RP; § 4 II 2 SächsGO; § 7 GO LSA; § 4 I 2-4 GO SH; § 20 I ThürKO; keine Hauptsatzung ist im Saarland erforderlich, dazu *Wohlfarth*, (Saarländisches) Kommunalrecht, 3. Auflage, 2003, Rn. 80.

Selbstverwaltung nach Art. 28 II GG und den Parallelbestimmungen in den Landesverfassungen nicht zu vereinbaren wäre. Die Hauptsatzung ist von der kommunalen Vertretungskörperschaft zu erlassen. Ein Bürgerbegehren oder ein Bürgerentscheid über die Hauptsatzung sind unzulässig, weil in der Hauptsatzung u.a. Fragen der inneren Organisation der Kommunalverwaltung geregelt werden. Theoretisch könnte auch die Kommunalaufsichtsbehörde im Wege der Ersatzvornahme die Hauptsatzung erlassen, sollte die Kommune einer entsprechenden aufsichtsbehördlichen Anordnung nicht nachgekommen sein; praktisch dürfte ein solch nachhaltiger Eingriff in die kommunale Selbstverwaltung kaum erforderlich werden.

b) Das *Verfahren* zur Hauptsatzungsgebung ist im Vergleich zum normalen Satzungsgebungsverfahren in drei Punkten verschärft: Erstens wird die in der kommunalen Vertretungskörperschaft erforderliche Mehrheit nunmehr auf die gesetzliche Mitgliederzahl bezogen, nicht mehr bloß auf die Summe der Ja- und Nein-Stimmen. Zweitens müssen nicht mehr nur mehr Stimmen für als gegen die Satzung abgegeben werden, sondern es muss eine absolute Mehrheit der gesetzlichen Mitglieder der Vertretungskörperschaft für die Hauptsatzung stimmen. Drittens ist die Hauptsatzung in manchen Ländern der Kommunalaufsichtsbehörde anzuzeigen[30], in anderen gar von dieser zu genehmigen[31]. Sind die gesetzlichen Voraussetzungen der Hauptsatzung erfüllt, besteht in Ausprägung der Garantie kommunaler Selbstverwaltung ein Anspruch auf Erteilung der Genehmigung. 309

c) Die unter diesen verschärften Anforderungen beschlossene und genehmigte Hauptsatzung ist in gleicher Weise wie gewöhnliche Satzungen auch *bekannt zu machen*. 310

d) Zumeist ordnen die Kommunalgesetze ausdrücklich an, dass *Änderungen* der Hauptsatzung in demselben Verfahren zu erfolgen haben. Diese Vorschrift stellt eine besondere gesetzliche Ausformung des allgemeinen actus contrarius – Gedankens dar. 311

3. Inhalt

Hinsichtlich des Inhalts der Hauptsatzung ist zwischen Muss- und Kann-Vorschriften zu unterscheiden. *Mussvorschriften* sind Bestimmungen, die auf Grund ausdrücklicher gesetzlicher Anordnung in der Hauptsatzung enthalten sein müssen. Zu diesem obligatorischen Inhalt der Hauptsatzung zählen typischerweise 312

[30] § 4 II 2 BbgKVerf; § 5 II 2 KV MV. In Baden-Württemberg und Thüringen sind neben der Hauptsatzung auch alle anderen Satzungen der Kommunalaufsichtsbehörde anzuzeigen, vgl. § § 4 III 3 GO BW; § 21 III 1 ThürKO. In Mecklenburg-Vorpommern ist die Hauptsatzung der Kommunalaufsichtsbehörde vorab gemäß § 5 II 4 KV MV anzuzeigen, andere Satzungen nur nachträglich gemäß § 5 IV 5 KV MV.

[31] § 7 II 2 GO LSA; § 4 I 4 GO SH.

Regelungen über die Zahl der Beigeordneten.[32] *Kannvorschriften* sind Regelungen, die in die Hauptsatzung aufgenommen werden können, aber nicht müssen. Hinsichtlich dieses fakultativen Inhalts der Hauptsatzung besteht für eine Kommune ein Einschätzungsspielraum, welche Regelungen sie selbst für so wesentlich erachtet, dass diese ihren Platz in der Hauptsatzung und nicht in einer normalen Satzung finden sollen und künftig nur noch erschwert abgeändert werden können. Typische Kannvorschriften sind Bestimmungen über die Bildung von Ausschüssen[33] und die Einrichtung von Ortsbezirken[34]. Um leichter verständlich zu sein, darf die Hauptsatzung auch deklaratorisch Bestimmungen der Kommunalgesetze *wiederholen*, obgleich der Kommune für eine eigenständige, konstitutive Regelung dieser Sachgebiete die Kompetenz fehlt.

4. Stellung der Hauptsatzung in der Normenhierarchie

313 Die kommunale Hauptsatzung ist nachrangig hinter staatlichen Gesetzen und Rechtsverordnungen, wie sich aus Art. 28 II 1 GG *„im Rahmen der Gesetze […] zu regeln“* und Art. 28 II 2 GG *„nach Maßgabe der Gesetze“* ergibt. Sie geht aber sonstigen Rechtsakten der Kommune vor, insbesondere anderen kommunalen Satzungen und Verordnungen. Diese können daher gegen die Hauptsatzung verstoßen, was in Gerichtsverfahren geltend gemacht werden kann. Auch der Kommunalaufsichtsbehörde dient die kommunale Hauptsatzung als Maßstab der Rechtmäßigkeitsprüfung für sonstige Rechtsakte der Kommune.

IV. Verwaltungsakte und verwaltungsrechtliche Verträge

314 Neben den abstrakt-generellen Satzungen und Rechtsverordnungen kann eine Kommune wie andere Behörden auch im Außenverhältnis Verwaltungsakte erlassen und verwaltungsrechtliche Verträge abschließen.

1. Verwaltungsakte

315 Hinsichtlich des Erlasses von Verwaltungsakten durch die Kommunen ergeben sich gegenüber dem Erlass durch staatliche Behörden nur kleinere Besonderheiten:

316 a) Kommunale Verwaltungsakte, die den Bürger belasten, bedürfen in gleicher Weise wie belastende staatliche Verwaltungsakte als Grundrechtseingriff einer *Ermächtigungsgrundlage*. Diese kann nicht nur in einem staatlichen Parlamentsgesetz liegen, sondern auch eine kommunale Satzung vermag Ermächtigungsgrund-

---

[32] § 49 GO BW; § 59 II 1 BbgKVerf; § 71 I 1 GO NRW; § 50 I 2 GO RP; § 55 I 2 SächsGO; § 65 I GO LSA.

[33] § 39 I 1 GO BW; § 43 III BbgKVerf; § 44 II 2 GO RP; § 41 I 1 SächsGO.

[34] § 64 I 1 GO BW; § 45 I 2 BbgKVerf; § 81 I 3 HessGO; § 90 I 1 NdsKomVG; § 65 I SächsGO; § 86 I 2 GO LSA; § 45 I 1 ThürKO.

lage zu sein, sofern die Kommune ihrerseits durch ein Parlamentsgesetz zum Satzungserlass ermächtigt wurde (→ Rn. 282). Die Kommune kann sich also – in den Grenzen ihrer Satzungsautonomie – ihre Ermächtigungsgrundlage selbst verschaffen. Bezogen auf die Kommune als Rechtsträger können Normgeber und Normanwender zusammenfallen.

b) Was die *formelle Rechtmäßigkeit* kommunaler Verwaltungsakte anbelangt, so werden diese i.d.R. von dem Hauptverwaltungsbeamten und den ihm nachgeordneten Stellen der Kommunalverwaltung erlassen. Zwar ist die kommunale Vertretungskörperschaft gleichfalls der Exekutive zuzuordnen, so dass diese theoretisch auch selbst Verwaltungsakte erlassen könnte. Doch führt der Hauptverwaltungsbeamte die Beschlüsse der Vertretungskörperschaft aus.[35] 317

Im Übrigen haben die Kommunen beim Erlass von Verwaltungsakten gemäß § 28 VwVfG und den Parallelregelungen in den Landesverwaltungsgesetzen den Adressaten anzuhören und die übrigen Verfahrensvorschriften, etwa über die Form und die Begründung von Verwaltungsakten, zu beachten. 318

c) Was die *materielle Rechtmäßigkeit* der von Kommunen erlassenen Verwaltungsakte betrifft, finden auch hier die allgemeinen Regeln Anwendung. Es ist folglich zwischen Tatbestands- und Rechtsfolgenseite der Ermächtigungsgrundlage zu unterscheiden. Auf Tatbestandsseite können auch bei kommunalen Verwaltungsakten unbestimmte Rechtsbegriffe mit oder ohne Beurteilungsspielraum auftreten; auf Rechtsfolgenseite sind gebundene (*„muss"*; *„hat zu"*) und Ermessensentscheidungen (*„kann"*) zu unterscheiden. 319

2. Verwaltungsrechtliche Verträge

Anstatt Verwaltungsakte zu erlassen, kann die Kommune auch verwaltungsrechtliche Verträge nach §§ 54 ff. VwVfG abschließen. Typische Anwendungsfelder für solche Verträge liegen v.a. im Baurecht, wobei die speziellen Vorschriften des BauGB[36] vorrangig heranzuziehen sind. Bei von den Kommunen geschlossenen Verträgen ist daneben v.a. § 58 II VwVfG zu beachten, was die erforderliche Mitwirkung anderer Behörden anbelangt. So wird bspw. ein von dem Landkreis als Bauaufsichtsbehörde abgeschlossener verwaltungsrechtlicher Vertrag über eine Baugenehmigung erst wirksam, wenn die kreisangehörige Gemeinde, deren Planungshoheit betroffen ist und die zu einer Baugenehmigung nach § 36 BauGB ihr Einvernehmen erteilen müsste, zugestimmt hat. 320

[35] § 43 I GO BW; § 54 I Nr. 2 BbgKVerf; § 85 I 1 Nr. 2 NdsKomVG; § 62 II GO NRW; § 47 I Nr. 2 GO RP; § 59 II 2 SaarlKSVG; § 52 I SächsGO; § 62 I GO LSA; § 65 I Nr. 2 GO SH; § 29 I 2 ThürKO.

[36] V.a. § 11 BauGB. Siehe ferner den Durchführungsvertrag nach § 12 I 1 BauGB sowie die vertragliche Einschaltung eines Verfahrensmittlers nach § 4b BauGB.

V. Handlungsformen des Innenrechts

321 Von den bisher erörterten Rechtsakten des Außenrechts sind die Handlungsformen des Innenrechts zu unterscheiden. Dazu zählen die Geschäftsordnungen, Verwaltungsvorschriften und Weisungen.

1. Geschäftsordnungen

322 Geschäftsordnungen sind individuell-abstrakte Regelungen des Innenrechts. Sie werden von einem Kollegialorgan erlassen, richten sich an den abgegrenzten Kreis der Organwalter dieses Kollegialorgans und behandeln mit der Selbstorganisation, dem Verfahren und der Disziplin in diesem Kollegialorgan unbestimmt viele Sachverhalte. Die kommunale Vertretungskörperschaft erlässt ihre Geschäftsordnung selbst; für andere kommunale Kollegialorgane wie den Hauptausschuss (→ § 12) wird deren Geschäftsordnung zumeist ebenfalls von der kommunalen Vertretungskörperschaft bestimmt. Darin zeigt sich eine gewisse Parallele zur staatsrechtlichen Ebene. Auch hier erlassen der Bundestag nach Art. 40 I 2 GG und der Bundesrat gemäß Art. 52 III 2 GG ihre Geschäftsordnungen selbst, während die Geschäftsordnungen des Gemeinsamen Ausschusses nach Art. 53a I 4 GG und des Vermittlungsausschusses gemäß Art. 77 II 2 GG vom Bundestag mit Zustimmung des Bundesrates beschlossen werden. Die kommunalen Geschäftsordnungen stehen im Rang unter den Kommunalgesetzen und der kommunalen Hauptsatzung. Kommunale Satzungen und Geschäftsordnungen nehmen hingegen den gleichen Rang ein; die Abgrenzung zwischen beiden hat nach ihrem Anwendungsbereich – Außenwirkung dort, Innenwirkung hier – zu erfolgen (str.).

323 Im Unterschied zu den Rechtsakten des Außenrechts kann von Geschäftsordnungen im Einzelfall mit qualifizierter Mehrheit *abgewichen* werden. Dies sieht die Geschäftsordnung des Bundestages in § 126 GOBT vor; ebenso gestattet § 48 GOBRat im einzelnen Fall auf der Grundlage eines einstimmigen Beschlusses der Länderkammer eine Abweichung. Gleiches wird man für die Geschäftsordnungen kommunaler Kollegialorgane annehmen müssen, selbst wenn es hier an einer ausdrücklichen Abweichensklausel fehlen sollte. Denn die Einhaltung der Geschäftsordnung ist kein Selbstzweck, sondern soll dem besseren Verfahren innerhalb eines Kollegialorgans dienen. Ist eine qualifizierte Mehrheit in dem Kollegialorgan aber der Auffassung, dass im Einzelfall eine andere Verfahrensweise effektiver wäre, so erscheint eine Abweichung möglich, sofern nicht in den höherrangigen Kommunalgesetzen garantierte Rechtspositionen beeinträchtigt werden.

324 Wird ein kommunaler Rechtsakt, z.B. eine Satzung, unter Verstoß gegen Vorschriften der Geschäftsordnung erlassen, so ist dieser Rechtsakt zwar *geschäftsordnungswidrig*, aber wirksam. Der Verstoß gegen bloße Vorschriften des Innenrechts berührt die Wirksamkeit von Maßnahmen im Außenverhältnis grds. nicht. Nur soweit in der Geschäftsordnung Rechtspositionen garantiert werden, die bereits

in den höherrangigen Kommunalordnungen gewährleistet sind, kann allein wegen dieser gesetzlichen Verankerung die Wirksamkeit des Außenrechtsaktes eingeschränkt sein. Aber selbst dann sind die Vorschriften über die Unbeachtlichkeit von Satzungsfehlern (→ Rn. 301) zu berücksichtigen.

Einwohner der Kommune oder außen stehende Dritte können gegen die Geschäftsordnung nicht mit Aussicht auf Erfolg klagen, weil diese ihnen gegenüber keine Außenwirkung entfaltet. Hingegen können Mitglieder des Kollegialorgans gegen die Geschäftsordnung Leistungs- oder Feststellungsklage erheben und geltend machen, diese verletze die ihnen durch die höherrangigen Kommunalgesetze eingeräumten Rechtspositionen. 325

2. Verwaltungsvorschriften

Von den Geschäftsordnungen sind die Verwaltungsvorschriften zu unterscheiden. Diese sind generell-abstrakte Regelungen des Innenrechts, die von dem Hauptverwaltungsbeamten oder anderen Spitzen der Kommunalverwaltung erlassen werden und an nachgeordnete Verwaltungsstellen gerichtet sind. Sie organisieren diese, legen die Tatbestandsmerkmale der anzuwendenden Rechtsvorschriften aus und steuern die Ermessensausübung. Gegen die im Innenbereich der Kommunalverwaltung verbleibenden Verwaltungsvorschriften ist kein Rechtsschutz der Einwohner der Kommune oder außen stehender Dritter gegeben. Verwaltungsvorschriften können nur über den allgemeinen Gleichheitssatz des Art. 3 I GG Außenwirkung entfalten und dann zur Grundlage einer verwaltungsgerichtlichen Klage gemacht werden. Klaffen Verwaltungspraxis und Verwaltungsvorschrift auseinander, kommt es für die Selbstbindung der Kommunalverwaltung auf die bisher geübte Verwaltungspraxis an. 326

Vergleichbar stellen auf staatsrechtlicher Ebene die Verwaltungsvorschriften ein Instrument der Bundesregierung dar, gemäß Art. 84 II GG die landeseigene Verwaltung, nach Art. 85 II 1 GG die Bundesauftragsverwaltung und gemäß Art. 86 S. 1 GG die bundeseigene Verwaltung zu steuern. 327

3. Weisungen

Weisungen sind individuell-konkrete Regelungen des Innenrechts, die von dem Hauptverwaltungsbeamten oder einer anderen übergeordneten Stelle der kommunalen Verwaltung an nachgeordnete Verwaltungsstellen ergehen. Sie bestimmen das Vorgehen in einem Einzelfall und sind ein wichtiges Mittel des Hauptverwaltungsbeamten, den Geschäftsgang der Verwaltung zu lenken. Sie stellen das innenrechtliche Pendant zu den Verwaltungsakten im Außenverhältnis dar. Weil Weisungen innerhalb des kommunalen Innenbereichs verbleiben, können sie von den Einwohnern der Kommune oder außen stehenden Dritten nicht angefochten werden. Diese müssen ihre Rechtsbehelfe vielmehr gegen den Verwaltungsakt oder einen anderen außenwirksamen Akt richten, der infolge der Weisung ergeht. Allenfalls können sich kommunale Amtswalter gegen die sie persönlich treffenden Weisungen wenden, z.B. gegen die Zuweisung eines neuen 328

Aufgabenbereichs. Auf staatsrechtlicher Ebene sind die Weisungen im Rahmen der landeseigenen Verwaltung nach Art. 84 V GG und der Bundesauftragsverwaltung nach Art. 85 III GG vergleichbar.

VI. Kommunale Beteiligung an fremden Rechtsetzungsverfahren

329 Zusätzlich zum Erlass eigener Rechtsakte können Kommunen auf Grund ausdrücklicher gesetzlicher Anordnung am Erlass fremder Rechtsakte beteiligt sein. Dies ist insbesondere der Fall, wenn durch die Entscheidung einer anderen Behörde gegenüber dem Bürger zugleich in eine der kommunalen Hoheiten eingegriffen wird. Auch hier ist zwischen dem Außenverhältnis zum Bürger und dem Innenverhältnis der Verwaltung zu unterscheiden. Besonders zu beachten ist, dass dieses Innenverhältnis sich nicht auf die Kommune beschränkt, sondern sich hier auf alle zusammenwirkenden Hoheitsträger bezieht. Wichtigstes Beispiel ist das gemeindliche Einvernehmen nach § 36 BauGB zur Erteilung einer Baugenehmigung durch die Bauaufsichtsbehörde des Landkreises. Diese Genehmigung greift zugleich in die Planungshoheit der Gemeinde ein, dennoch wird im Außenverhältnis gegenüber dem Bauherrn alleine die Bauaufsichtsbehörde des Landkreises tätig. Die Gemeinde tritt nach außen nicht in Erscheinung; das gemeindliche Einvernehmen wird in einem behördeninternen Vorgang erteilt oder verweigert. Wird das Einvernehmen versagt und auch nicht nach § 36 II 3 BauGB ersetzt und aus diesem Grunde die Baugenehmigung nicht erteilt, so hat der Bauherr seine Verpflichtungsklage auf Genehmigungserteilung gegen die ihm im Außenverhältnis gegenübertretende Bauaufsichtsbehörde des Landkreises zu richten, nicht aber gegen die Gemeinde. Allerdings wird die Gemeinde nach § 65 II VwGO von Amts wegen notwendig beizuladen sein. Bei Erfolg der Klage wird das fehlende gemeindliche Einvernehmen durch das gerichtliche Urteil ersetzt. Schließt die im Außenverhältnis in Erscheinung tretende Behörde an Stelle eines Verwaltungsaktes einen verwaltungsrechtlichen Vertrag ab, so muss die Gemeinde nach § 58 II VwVfG auch an diesem Vertragsschluss mitwirken und wird dadurch geschützt (→ Rn. 320).

VII. Privatrechtliche Handlungsformen

330 Nach der überwiegenden Auffassung von der so genannten *Formenwahlfreiheit* der Verwaltung sollen die Hoheitsträger, und damit auch die Kommunen, sich neben den öffentlich-rechtlichen Rechtsakten auch der privatrechtlichen Handlungsformen bedienen dürfen. Nach dieser Ansicht sei weder dem Grundgesetz noch den Landesverfassungen ein Verbot des Tätigwerdens in privatrechtlichen Formen zu entnehmen. Vielmehr müsse das Privatrecht als eine allgemeine Rechtsordnung angesehen werden, die für jedermann, d.h. sowohl für Private als auch für Hoheitsträger, gelte; während das öffentliche Recht als Sonderrecht für die Hoheitsträger hinzutrete.

Diese vermeintliche Formenwahlfreiheit der Verwaltung begegnet aus mehreren Gründen *Bedenken*: Zum einen erscheint es überzeugender, das Privatrecht als Recht für Private, d.h. als deren Sonderrecht, anzusehen und es nicht als allgemeine Basisrechtsordnung zu betrachten, zu der das Öffentliche Recht dann als Überbau hinzutritt. Denn das Privatrecht ist Ausprägung der grundgesetzlich gewährleisteten Privatautonomie und nicht Mittel zur Erfüllung hoheitlicher Aufgaben. Zum anderen werden durch diese *„Flucht ins Privatrecht"* die Rechtspositionen der Einwohner der Kommune verkürzt, wie v.a. an Hand des Nutzungsanspruchs der Einwohner (→ Rn. 643 ff.) zu zeigen sein wird. Schließlich schränkt eine kommunale Aufgabenerfüllung in privatrechtlichen Formen die Möglichkeiten der Kommunalaufsicht ein (→ Rn. 687 ff.). Der Umfang staatlicher Kontrolle darf aber nicht in den Händen der zu überwachenden Kommune liegen und von dieser durch geschickte rechtliche Gestaltungen verringert werden können. **331**

Folgt man ungeachtet dieser Bedenken der überwiegenden Meinung, so können die Kommunen im Außenverhältnis öffentlich-rechtliche Regelungen durch privatrechtliche Rechtsakte ersetzen. Sie können an Stelle von Satzungen Allgemeine Geschäftsbedingungen nach §§ 305 ff. BGB verwenden und, anstatt einen Verwaltungsakt zu erlassen oder einen verwaltungsrechtlichen Vertrag zu vereinbaren, einen privatrechtlichen Vertrag schließen. Auch ergänzende privatrechtliche Handlungsformen wie die Kündigung als Gestaltungsrecht stehen ihnen dann offen. **332**

Die Folgen dieses Ausgreifens in das Privatrecht werden dadurch gemindert, dass die Kommunen auch bei ihrem privatrechtlichen Tätigwerden weiterhin gemäß Art. 20 III GG an Gesetz und Recht, insbesondere nach Art. 1 III GG an die Grundrechte, gebunden sind. Eine grundrechtsfreie kommunale Verwaltung in den Formen des Privatrechts darf es nicht geben. Diese Bindung der Kommunen an die Grundrechte, v.a. auch an den Gleichheitssatz des Art. 3 I GG, zeigt aber erneut, dass das Privatrecht mit seiner Privatautonomie als Recht zum freien Vertragsschluss – damit aber letztlich auch zur willkürlichen Behandlung Dritter – auf die Aufgabenerfüllung von Hoheitsträgern nicht recht passt. **333**

Handlungsformen des Innenrechts, wie Geschäftsordnungen, Verwaltungsvorschriften oder Weisungen, können hingegen nach allgemeiner Meinung nicht durch privatrechtliche Formen ersetzt werden. Denn für diesen inneren Bereich der öffentlichen Verwaltung fehlt es an entsprechenden privatrechtlichen Vorschriften, die herangezogen werden könnten. Allenfalls für Zielvereinbarungen und andere Verträge zwischen Behördenspitze und Fachbereichen bzw. Fachdiensten im Rahmen des Neuen Steuerungsmodells (→ Rn. 506) mag eine Orientierung an privatrechtlichen Verträgen erwogen werden. **334**

VIII. Prozessuale Umsetzung: Normenkontrolle vor dem OVG

1. Einführung

335 Gegen Satzungen als zentrales Regelungsinstrument der Kommunen ist ein zweifacher Rechtsschutz gegeben: Zum einen können die Einwohner und andere von der Satzung Betroffene den Erlass von auf die Satzung gestützten Verwaltungsakten abwarten und dann im herkömmlichen Wege der Anfechtungsklage unmittelbar gegen den belastenden Verwaltungsakt und mittelbar auch gegen die diesem zu Grunde liegende Satzung vorgehen (inzidenter Rechtsschutz). Zum anderen kann auch unmittelbar die Gültigkeit der Satzung selbst überprüft werden (prinzipaler Rechtsschutz), sofern das Landesrecht dies bestimmt[37]. Auch im Rahmen dieser verwaltungsgerichtlichen Normenkontrolle sind Zulässigkeit und Begründetheit der Hauptsache zu unterscheiden. Daneben kommt zur vorläufigen Sicherung der Rechte des Betroffenen auch noch der Erlass einer einstweiligen Anordnung in Betracht, bei der gleichfalls Zulässigkeit und Begründetheit des Antrags unterschieden werden können.

2. Zulässigkeit der Hauptsache

336 a) Ein Antrag nach § 47 VwGO setzt die *Eröffnung des Verwaltungsrechtsweges* gemäß § 40 I VwGO voraus. Verfahren gegen kommunale Satzungen sind stets öffentlich-rechtliche Streitigkeiten. An diesen sind auch keine Verfassungsorgane in ihrer Eigenschaft als solche beteiligt. Schließlich sind auch keine abdrängenden Sonderzuweisungen ersichtlich; insbesondere kann sich ein Verfahren vor den Kammern für Baulandsachen nach §§ 217 ff. BauGB nicht unmittelbar gegen von den Kommunen erlassene Satzungen richten.

337 b) Die allgemeinen Verfahrensvoraussetzungen bestimmen sich nach den §§ 61 ff. VwGO (→ auch Rn. 521). Gemäß § 63 VwGO können an einem verwaltungsgerichtlichen Verfahren Kläger, Beklagter, Beigeladener und Vertreter des öffentlichen Interesses beteiligt sein. Im Verfahren nach § 47 VwGO heißt der Kläger *Antragsteller*, die gemäß § 47 II 2 VwGO beklagte Kommune *Antragsgegnerin*. Im Unterschied zur verfassungsgerichtlichen Normenkontrolle ist das Verfahren nach § 47 VwGO also als kontradiktorisches Verfahren ausgestaltet. Gemäß § 47 II 4 VwGO können weitere Personen *beigeladen* werden, deren rechtliche Interessen durch die Entscheidung berührt werden. Der Beiladung kommt in dem Verfahren nach § 47 VwGO nicht die gleiche Bedeutung zu wie in Verfahren gegen kommunale Einzelakte, denn falls die Satzung für ungültig erklärt wird, wirkt diese Entscheidung gemäß § 47 V 2 Hs. 1 VwGO ohnehin für und gegen jedermann (erga omnes), ohne dass es noch auf die durch die Beiladung

[37] § 4 AGVwGO BW; Art. 5 BayAGVwGO; § 4 I BbgVwGG; § 15 HessAGVwGO; § 13 AGGStrG MV; § 7 NdsAGVwGO; § 4 I RP AGVwGO (mit Einschränkungen); § 18 SaarlAGVwGO; § 24 I SächsJG; § 10 AGVwGO LSA; § 5 AGVwGO SH; § 4 ThürAGVwGO.

ausgelöste Rechtskrafterstreckung gemäß § 121 VwGO ankäme. Bedeutsamer erscheinen demgegenüber die dem Beigeladenen nach § 66 VwGO zustehenden prozessualen Rechte. Überdies kann dem Land und anderen juristischen Personen des öffentlichen Rechts, deren Zuständigkeit durch die Satzung berührt wird, gemäß § 47 II 3 VwGO Gelegenheit zur Äußerung gegeben werden. Der *Vertreter des öffentlichen Interesses* spielt im Verfahren nach § 47 VwGO gegen kommunale Satzungen keine Rolle. Er kann nach § 36 I 2 VwGO nur die Vertretung des Landes oder von Landesbehörden übernehmen, nicht aber von Kommunen.[38]

Gemäß § 61 VwGO müssen Antragsteller, Antragsgegnerin und Beigeladene **338** *beteiligtenfähig* sein. Die verfahrensrechtliche Beteiligtenfähigkeit orientiert sich an der materiellen Rechtsfähigkeit. Der Antragsteller ist als natürliche oder juristische Person gemäß § 61 Nr. 1 VwGO beteiligtenfähig. Die Kommune als Antragsgegnerin ist ebenfalls nach § 61 Nr. 1 Alt. 2 VwGO beteiligtenfähig; denn diese Bestimmung bezieht sich auch auf juristische Personen des öffentlichen Rechts. Die Beteiligtenfähigkeit etwaiger Beigeladener folgt gleichfalls aus § 61 Nr. 1 VwGO.

Die Beteiligten müssen ferner gemäß § 62 VwGO *prozessfähig* sein. Darunter **339** versteht man die Fähigkeit, Prozesshandlungen vorzunehmen, z.B. Anträge zu stellen oder Rechtsbehelfe zu ergreifen. Die verfahrensrechtliche Prozessfähigkeit orientiert sich an der materiellen Geschäftsfähigkeit. Für natürliche Personen als Antragsteller oder Beigeladene folgt die Prozessfähigkeit aus § 62 I Nr. 1 VwGO. Für juristische Personen als Antragsteller oder Beigeladene sowie für die Kommune als Antragsgegnerin ergibt sich die Prozessfähigkeit aus § 62 III VwGO. „*Vereinigung*" wird in § 62 III VwGO in einem weiteren Sinne als in § 61 Nr. 2 VwGO gebraucht und stellt den Oberbegriff für die juristischen Personen nach § 61 Nr. 1 Alt. 2 VwGO und die Vereinigungen nach § 61 Nr. 2 VwGO dar. Für die Kommune handelt im Prozess ihr Hauptverwaltungsbeamter gemäß § 62 III VwGO i.V.m. den Vorschriften der Kommunalgesetze über die Vertretung der Kommune in gerichtlichen Verfahren. Dies ist keine Vertretung i.S.d. §§ 164 ff. BGB, sondern organschaftliches Handeln für die Kommune.[39]

c) Das Verfahren nach § 47 VwGO muss die statthafte Rechtsschutzform ge- **340** gen kommunale Satzungen darstellen. Gemäß § 47 I Nr. 1 VwGO können in allen Ländern die Oberverwaltungsgerichte gegen baurechtliche Satzungen[40] und Rechtsverordnungen angerufen werden. Gegen sonstige kommunale Satzungen kann vor dem Oberverwaltungsgericht nur vorgegangen werden, sofern das Landesrecht dies bestimmt. Solche Zuweisungen an das Oberverwaltungsgericht sind zumeist in den Landesausführungsgesetzen zur Verwaltungsgerichtsordnung

---

[38] *Hufen*, Verwaltungsprozessrecht, 9. Auflage, 2013, § 4, Rn. 33 f.; zur Gegenansicht tendiert *Guckelberger* in: Sodan/Ziekow, VwGO, 4. Auflage, 2014, § 36, Rn. 17, m.w.N.

[39] Dazu *Ellenberger* in: Palandt, 73. Auflage, 2014, § 164 BGB, Rn. 5a.

[40] Zum Rechtsschutz gegen Flächennutzungspläne nach §§ 5 ff. BauGB siehe BVerwGE 128, 382 sowie *Bringewat*, NVwZ 2013, 984.

enthalten[41]; in Nordrhein-Westfalen als einzigem Flächenland ist bisher kein prinzipaler Rechtsschutz gemäß § 47 I Nr. 2 VwGO gegeben. Beachtung verdient, dass § 47 I Nr. 2 VwGO als Antragsgegenstand nicht bloß Satzungen benennt, sondern jede im Rang unter dem Landesgesetz stehende Rechtsvorschrift. Dadurch kann auch gegen kommunale Verordnungen vor dem Oberverwaltungsgericht geklagt werden, sofern das jeweilige Landesrecht dies gestattet.[42]

341 d) Im Unterschied zu einer abstrakten Normenkontrolle vor dem BVerfG muss der Antragsteller einer verwaltungsgerichtlichen Normenkontrolle gemäß § 47 II 1 Hs. 1 VwGO *antragsbefugt* sein; d.h. es muss zumindest möglich erscheinen, dass der Antragsteller durch die Satzung oder deren Anwendung in seinen Rechten verletzt ist oder in absehbarer Zeit verletzt werden wird. Diese Antragsbefugnis ist vergleichbar der Klagebefugnis nach § 42 II VwGO zu bestimmen. Der Adressat einer ihn belastenden Satzung ist also stets klagebefugt.

342 Gemäß § 47 II 1 Hs. 2 VwGO kann außerdem *jede Behörde* einen Antrag auf Normenkontrolle stellen. Nähme man diese Bestimmung wörtlich, so könnten auch fachfremde Behörden oder Behörden aus anderen Bundesländern gegen kommunale Satzungen vorgehen. Hier ist der Wortlaut des § 47 II 1 Hs. 2 VwGO offenkundig zu weit geraten. Es ist eine teleologische Reduktion auf solche Behörden vorzunehmen, welche die zur Überprüfung anstehende Satzung anzuwenden haben. Weil kommunale Satzungen i.d.R. nur von Verwaltungsstellen derselben Kommune angewandt werden, bleiben danach kaum noch Behörden als denkbare Antragsteller übrig.[43] Allenfalls im Hinblick auf Satzungen eines Landkreises erscheint vorstellbar, dass Behörden kreisangehöriger Gemeinden dessen Satzungen anzuwenden haben und eine Überprüfung nach § 47 VwGO anstreben.

343 e) Dem Normenkontrollverfahren nach § 47 VwGO hat *kein Vorverfahren* voranzugehen; die §§ 68 ff. VwGO sind weder direkt noch analog anwendbar.

344 f) Der Antrag im Verfahren nach § 47 VwGO ist analog § 81 I VwGO *schriftlich* zu stellen; der erforderliche Inhalt der Antragsschrift ergibt sich in entsprechender Anwendung des § 82 VwGO. Gemäß § 47 II 1 VwGO ist die verwaltungsgerichtliche Normenkontrolle binnen *eines Jahres* nach Bekanntmachung der Satzung zu erheben; im Unterschied zur verfassungsgerichtlichen Normenkontrolle ist die verwaltungsgerichtliche also fristgebunden.

344a g) Der Antrag gegen einen Bebauungsplan oder eine andere baurechtliche Satzung darf ferner nicht gemäß § 47 IIa VwGO *präkludiert* sein, d.h. für den Antragsteller darf nicht die Möglichkeit bestanden haben, seine Einwendungen

---

[41] § 4 AGVwGO BW; Art. 5 BayAGVwGO; § 4 I BbgVwGG; § 15 HessAGVwGO; § 13 AGGStrG MV; § 7 NdsAGVwGO; § 4 AGVwGO RP; § 18 SaarlAGVwGO; § 24 I SächsJG; § 10 AGVwGO LSA; § 5 AGVwGO SH; § 4 ThürAGVwGO.

[42] Zu Einschränkungen siehe § 4 I AGVwGO RP (nicht für untergesetzliches Recht, das von einem Verfassungsorgan stammt).

[43] Für den Antrag der Aufsichtsbehörde nach § 47 VwGO fehlt es am Rechtsschutzbedürfnis, weil die Aufsichtsbehörde mit eigenen Mitteln die Aufhebung einer Satzung erzwingen kann.

gegen die baurechtliche Satzung zuvor im Rahmen der verwaltungsverfahrensrechtlichen öffentlichen Auslegung oder einer anderen Form der Öffentlichkeitsbeteiligung geltend zu machen, wenn auf diese Rechtsfolge im Rahmen der Beteiligung hingewiesen worden ist.[44]

h) Auch für einen Normenkontrollantrag nach § 47 VwGO darf das *allgemeine Rechtsschutzbedürfnis* nicht fehlen; insbesondere darf kein einfacherer Weg des Antragstellers bestehen, sein Rechtsschutzziel zu erreichen. Die Möglichkeit, gegen die kommunale Satzung eine Verfassungsbeschwerde vor dem BVerfG oder dem jeweiligen Landesverfassungsgericht zu erheben, stellt niemals einen einfacheren Weg dar, weil vor Erhebung der Verfassungsbeschwerde der Rechtsweg erschöpft sein muss[45]. Zum Teil schreibt das Landesrecht[46] in Ausübung der Ermächtigung des § 47 III VwGO auch vor, dass das OVG die Vereinbarkeit der zu überprüfenden Rechtsvorschrift mit Landesrecht nicht prüft, soweit ein Kontrollmonopol des jeweiligen Landesverfassungsgerichts besteht. **345**

Zu beachten ist schließlich § 47 IV VwGO, auf dessen Grundlage das Oberverwaltungsgericht das Verfahren aussetzen kann, bis ein Verfassungsgericht über die Gültigkeit der Rechtsvorschrift entschieden hat. Auch die Möglichkeit, den Erlass eines auf die Satzung gestützten Verwaltungsaktes abzuwarten und dann gegen diesen Anfechtungsklage zu erheben, schließt ein Verfahren nach § 47 VwGO nicht aus. Beide Verfahren stehen selbstständig nebeneinander.

3. Begründetheit der Hauptsache

Die verwaltungsgerichtliche Normenkontrolle ist gemäß § 47 I VwGO begründet, wenn die zur Überprüfung gestellte Satzung oder deren Auslegung gegen höherrangiges Recht verstößt. **346**

a) Die Satzung bedarf einer gesetzlichen *Ermächtigungsgrundlage*. Für grundrechtssensitive Bereiche ist eine spezielle gesetzliche Ermächtigung erforderlich, z.B. aus dem BauGB, den Kommunalabgabengesetzen oder den Vorschriften über den Anschluss- und Benutzungszwang; im Übrigen genügt die allgemeine kommunale Satzungshoheit (→ Rn. 69). **347**

b) Im Hinblick auf die *formelle Rechtmäßigkeit* müssen die Vorschriften der Kommunalgesetze über die Satzungsgebung eingehalten worden sein (→ Rn. 289 ff.). Ist die in den Kommunalgesetzen vorgesehene Rügefrist verstrichen, ohne dass eine Rüge erfolgte, kann der Antragsteller aus den rügefähigen, aber von ihm nicht gerügten Fehlern keinen Anspruch auf Aufhebung der Satzung herleiten. **348**

c) Im Rahmen der *materiellen Rechtmäßigkeit* ist die Vereinbarkeit der kommunalen Satzung mit sämtlichem höherrangigem Recht zu überprüfen; im Unter- **349**

---

[44] Vgl. OVG Lüneburg, NVwZ-RR 2011, 834.

[45] BVerfGE 76, 107; *Rennert*, JuS 2008, 29; *Bethge*, in: Maunz/Schmidt-Bleibtreu/Klein/Bethge, 41. EL 2013, § 91 BVerfGG, Rn. 23–26, 47–54.

[46] Zur Rechtslage in den einzelnen Ländern siehe *Ziekow* in: Sodan/ders., VwGO, 4. Auflage, 2014, § 47, Rn. 315 ff.

schied zu Normenkontrollverfahren vor dem BVerfG oder den Landesverfassungsgerichten ist der Prüfungsmaßstab also nicht auf das Grundgesetz oder die Landesverfassung verengt. So kann im Verfahren vor dem Oberverwaltungsgericht bspw. ein Verstoß der Satzung nicht nur gegen die staatlichen Kommunalgesetze, sondern auch gegen die Hauptsatzung der Kommune geltend gemacht werden.

350 d) Im Unterschied zu Anfechtungsklagen nach § 113 I 1 VwGO und Verpflichtungsklagen nach § 113 V VwGO ist im Rahmen der Begründetheit der verwaltungsgerichtlichen Normenkontrolle keine subjektive Rechtsverletzung des Antragstellers zu prüfen. An dieser Stelle erweisen sich die gesetzlichen Regelungen als inkonsequent: Einerseits ist die verwaltungsgerichtliche Normenkontrolle nur zulässig, wenn es gemäß § 47 II 1 Hs. 1 VwGO zumindest als möglich erscheint, dass der Antragsteller in einem seiner Rechte verletzt wird (→ Rn. 341); andererseits kommt es im Rahmen der Begründetheit auf diese subjektive Rechtsverletzung dann nicht mehr an. Dieser Verzicht auf das Erfordernis der subjektiven Rechtsverletzung lässt sich am ehesten dadurch erklären, dass zwar die Antragsbefugnis als Zulässigkeitsfilter Popularklagen ausschließen soll, bei der Begründetheit dann aber doch der Charakter der Normenkontrolle als objektives Beanstandungsverfahren im Vordergrund steht.

351 e) Kommt das Oberverwaltungsgericht zu dem Ergebnis, dass die angegriffene Satzung auf keine wirksame Ermächtigungsgrundlage gestützt werden kann, sie an einem beachtlichen formellen Fehler leidet oder materielle Mängel aufweist, so stehen dem Gericht verschiedene *Tenorierungsmöglichkeiten* zur Auswahl: Im Regelfall wird das Oberverwaltungsgericht die rechtswidrige Satzung gemäß § 47 V 2 VwGO für unwirksam ex tunc erklären. Ausnahmsweise kommt auch eine Unwirksamerklärung ex nunc in Betracht, wenn durch die Unwirksamerklärung ex tunc ein Zustand bewirkt würde, der noch weiter von einer rechtmäßigen Lage entfernt wäre als bei einer nicht so weit reichenden gerichtlichen Entscheidung.[47]

352 c) Die *Kostenentscheidung* richtet sich nach §§ 154 ff. VwGO. Wird eine rechtswidrige Satzung nicht für unwirksam ex tunc erklärt, sondern bleibt das Oberverwaltungsgericht in seinem Rechtsfolgenausspruch dahinter zurück, so trägt dennoch die Kommune als Antragsgegnerin die Kosten in voller Höhe, weil diese eingeschränkte Rechtsfolge nicht als teilweises Unterliegen dem Antragsteller zuzurechnen, sondern den Interessen Dritter oder der Allgemeinheit geschuldet ist. Einem Beigeladenen können nach § 154 III VwGO Kosten nur auferlegt werden, wenn er selbst einen Antrag gestellt hat. Nur wenn der Beigeladene dieses Kostenrisiko eingegangen ist, entspricht es der Billigkeit, ihm im Falle des Obsiegens einen eigenen Erstattungsanspruch nach § 162 III VwGO zuzuerkennen.

[47] Ebenso *Ziekow* in: Sodan/ders., VwGO, 4. Auflage, 2014, § 47, Rn. 355 ff.

Übersicht 8-1: Verwaltungsgerichtliche Normenkontrolle 353

Der Antrag hat Erfolg, wenn er zulässig und begründet ist.

A. Zulässigkeit der verwaltungsgerichtlichen Normenkontrolle
Die Zulässigkeit des Antrags auf verwaltungsgerichtliche Normenkontrolle bestimmt sich nach § 47 VwGO.

I. Eröffnung des Verwaltungsrechtsweges
– § 40 I VwGO
1. Öffentlich-rechtliche Streitigkeit.
2. Nicht-verfassungsrechtlicher Art.
3. Keine abdrängende Sonderzuweisung.

II. Allgemeine Verfahrensvoraussetzungen
1. Beteiligtenfähigkeit § 61 VwGO; Landesbehörden § 61 Nr. 3 VwGO; LAGVwGO.
2. Prozessfähigkeit § 62 VwGO.

III. Verwaltungsgerichtliche Normenkontrolle als statthafte Rechtsschutzform
– Antragsteller begehrt Feststellung der Ungültigkeit einer Rechtsvorschrift.
1. Satzungen, Rechtsverordnungen nach BauGB, § 47 I Nr. 1 VwGO.
2. Sonstiges untergesetzliches Landesrecht, § 47 I Nr. 2 VwGO i.V.m. LAGVwGO.

IV. Antragsbefugnis
– Es muss gemäß § 47 II 1 Hs. 1 VwGO zumindest möglich erscheinen, dass der Antragsteller durch die Rechtsvorschrift oder deren Anwendung in seinen Rechten verletzt ist oder in absehbarer Zeit verletzt werden wird.
– Bei Antrag einer Behörde gemäß § 47 II 1 Hs. 2 VwGO ist keine Antragsbefugnis erforderlich; die Behörde muss aber mit der Anwendung der zur Überprüfung gestellten Rechtsvorschrift befasst sein (str.).

V. Vorverfahren?
– Kein Vorverfahren.

VI. Form und Frist
1. Schriftform analog § 81 I VwGO; Inhalt der Antragsschrift analog § 82 VwGO.
2. Jahresfrist nach Bekanntmachung der Rechtsvorschrift gemäß § 47 II 1 VwGO.

VII. Allgemeines Rechtsschutzbedürfnis
1. Keine Präklusion gemäß § 47 IIa VwGO
2. Kein einfacherer Weg ersichtlich.
– Verfahren vor BVerfG/LVerfG ist kein einfacherer Weg, siehe aber § 47 III, IV VwGO.
– Klagemöglichkeit gegen eine Maßnahme auf Grundlage der zur Überprüfung gestellten Rechtsvorschrift schließt den Antrag nach § 47 VwGO nicht aus.
3. Kein Verzicht.
4. Keine Verwirkung.
5. Kein Missbrauch.

VIII. Antragsgegner

- Im Unterschied zur verfassungsgerichtlichen Normenkontrolle gibt es einen Antragsgegner, und zwar die Körperschaft, Anstalt oder Stiftung, welche die Rechtsvorschrift erlassen hat, § 47 II 2 VwGO.

B. Beiladung

- Nach § 47 II 4 VwGO möglich; allerdings wirkt die Entscheidung bei Ungültigkeit der Rechtsvorschrift gemäß § 47 V 2 Hs. 1 VwGO ohnehin erga omnes.

C. Begründetheit der verwaltungsgerichtlichen Normenkontrolle

Die verwaltungsgerichtliche Normenkontrolle ist gemäß § 47 I VwGO begründet, wenn die zur Überprüfung gestellte Rechtsvorschrift oder deren Anwendung gegen höherrangiges Recht verstößt.

I. Ermächtigungsgrundlage

1. Vorschrift des BauGB.
2. Gesetzliche Verordnungs- oder Satzungsermächtigung.

II. Formelle Rechtmäßigkeit

- Siehe v.a. Vorschriften über das Verfahren der kommunalen Vertretungskörperschaft.

III. Materielle Rechtmäßigkeit

- Vereinbarkeit mit sämtlichem höherrangigen Recht; im Unterschied zu Verfahren vor dem BVerfG/LVerfG ist der Prüfungsmaßstab nicht auf GG/LV beschränkt.

IV. Subjektive Rechtsverletzung?

- Nach h.M. nicht zu prüfen, weil § 113 I 1 VwGO direkt nicht gilt und auch nicht analog heranzuziehen sei.
- Inkonsequent, soweit im Rahmen der Zulässigkeit die Antragsbefugnis nach § 47 II 1 Hs. 1 VwGO verlangt wird.

V. Kostenentscheidung

- §§ 154 ff. VwGO.
- Wird die Satzung oder Rechtsverordnung gemäß § 47 V 2 VwGO für nicht wirksam erklärt, trägt der Antragsgegner die Kosten, selbst wenn der Antragsteller ursprünglich die Feststellung der Nichtigkeit beantragt hatte.
- Beiladung gemäß § 154 III; § 162 III VwGO berücksichtigen.

VI. Entscheidung über die vorläufige Vollstreckbarkeit

- Betrifft lediglich die Kosten.

4. Vorläufiger Rechtsschutz

354 In Ergänzung der verwaltungsgerichtlichen Normenkontrolle in der Hauptsache kann auch noch der Erlass einer einstweiligen Anordnung nach § 47 VI VwGO beantragt werden. Durch diesen vorläufigen Rechtsschutz sollen die Rechte des Antragstellers bis zum Abschluss des Normenkontrollverfahrens gewahrt, aber das Ergebnis der Normenkontrolle nicht vorweggenommen werden. Auch bei

einer solchen einstweiligen Anordnung ist zwischen Zulässigkeit und Begründetheit zu unterscheiden.

a) Die *Zulässigkeit* der einstweiligen Anordnung bestimmt sich nach § 47 VI 355
VwGO. Der Verwaltungsrechtsweg muss gemäß § 40 VwGO eröffnet sein (→ Rn. 336). In gleicher Weise wie im Hauptsacheverfahren müssen die allgemeinen Verfahrensvoraussetzungen vorliegen (→ Rn. 337). Die Verfahrensbeteiligten heißen auch hier Antragsteller und Antragsgegner; eine Beiladung ist gleichfalls möglich (str.). Der Antragsteller muss analog § 47 II VwGO antragsbefugt sein, d.h. es muss zumindest möglich erscheinen, dass ihm ein Anspruch auf Erlass der begehrten einstweiligen Anordnung zusteht. Die einstweilige Anordnung ist analog § 81 VwGO schriftlich zu beantragen mit einem Inhalt entsprechend § 82 VwGO. Der Antrag ist nicht fristgebunden, allerdings wird in Fällen der einstweiligen Anordnung ohnehin besondere Eilbedürftigkeit bestehen. Dem Antrag auf Erlass einer einstweiligen Anordnung darf das allgemeine Rechtsschutzbedürfnis nicht fehlen; es darf also kein einfacherer Weg zur Erreichung des Antragsziels eröffnet sein, das Hauptsacheverfahren darf nicht offensichtlich unzulässig, insbesondere verfristet, sein und die Antragstellung nicht rechtsmissbräuchlich erfolgen.

b) Der Antrag auf Erlass einer einstweiligen Anordnung ist *begründet*, wenn 356
dem Antragsteller ein Anordnungsanspruch zusteht, ein Anordnungsgrund vorliegt und die Hauptsache nicht vorweggenommen wird. Der *Anordnungsanspruch* ist im Verfahren nach § 47 VI VwGO an dem vorläufigen Rechtsschutz nach § 32 BVerfGG orientiert, jedoch nicht an der einstweiligen Anordnung nach § 123 VwGO. Es wird eine reine Folgenabwägung durchgeführt, nicht aber mittelbar die Rechtmäßigkeit der Satzung überprüft.[48] Die Folgen, die den Antragsteller träfen, wenn eine einstweilige Anordnung nicht erginge, der Normenkontrollantrag aber Erfolg hätte, müssen schwerer wiegen als die Nachteile, die entstünden, wenn die begehrte einstweilige Anordnung zwar erlassen würde, dem Normenkontrollantrag aber der Erfolg zu versagen wäre. Ein *Anordnungsgrund* nach § 47 VI VwGO ist nur bei besonderer Eilbedürftigkeit gegeben. Zumeist wird es genügen, den Erlass eines auf die Satzung gestützten Verwaltungsaktes abzuwarten und dann gegen diesen Verwaltungsakt Anfechtungsklage zu erheben und einen Antrag nach §§ 80; 80a VwGO zu stellen. Durch den Erlass der einstweiligen Anordnung darf grds. die *Hauptsache nicht vorweggenommen* werden. So kann im Verfahren des einstweiligen Rechtsschutzes insbesondere nur beantragt werden, dass der Vollzug, die Anwendung oder die Wirksamkeit der angegriffenen Satzung ausgesetzt wird, nicht aber die Aufhebung der Satzung selbst begehrt werden.

c) Auch im Verfahren des vorläufigen Rechtsschutzes folgt die Kostenent- 357
scheidung den §§ 154 ff. VwGO.

---

[48] Ebenso *Ziekow* in: Sodan/ders., VwGO, 4. Auflage, 2014, § 47, Rn. 392–399; a.A. *Unruh* in: Fehling/Kastner/Störmer,, Verwaltungsrecht, 3. Auflage, 2013, § 47 VwGO, Rn. 141–146.

5. Normerlassklage?

358 Gelegentlich will ein Antragsteller sich nicht gegen eine ihn belastende Satzung wehren, sondern den Erlass einer ihn begünstigenden Satzung erreichen. Eine solche Klage, die gerichtet ist auf den Erlass einer Satzung, nennt man *Normerlassklage*. § 47 VwGO ist auf diese Klageart nicht direkt anwendbar, weil nach dieser Vorschrift nur die Aufhebung einer Satzung, nicht aber deren Erlass begehrt werden kann. Gleichwohl legt eine systematisch orientierte Betrachtung nahe, auch eine solche Normerlassklage zuzulassen[49], sei es als Leistungsklage[50], als Feststellungsklage[51] oder als Klage sui generis in Anlehnung an § 47 VwGO[52]. Verfassungsrechtlich spricht das Gebot effektiven Rechtsschutzes nach Art. 19 Abs. 4 GG dafür, eine Klage nicht nur *gegen*, sondern auch *auf* jede behördliche Maßnahme einzuräumen. Einfachgesetzlich kann zum einen die in § 47 VwGO eingeräumte Möglichkeit, gegen untergesetzliche Rechtsvorschriften vorzugehen, gespiegelt werden als Klage auf Erlass von Rechtsnormen. Zum anderen zeigt der systematische Vergleich mit der Verpflichtungsklage und der Leistungsklage als Vornahmeklage, dass auch im Übrigen eine Klage auf Erlass jeder behördlichen Handlung erhoben werden kann.

IX. Aktuelle Entwicklungen

359 Seitdem die Planungseuphorie vergangener Jahrzehnte verflogen ist, sind keine neuartigen kommunalen Handlungsformen in Sicht. Allerdings zeichnet sich eine geänderte Behandlung rechtswidriger Satzungen ab: Während früher fehlerhafte Satzungen meist als nichtig betrachtet wurden, hat sich in den letzten Jahren ausgehend von den baurechtlichen Bestimmungen der §§ 214 f. BauGB ein gesondertes Fehlerfolgenregime auch in den Kommunalordnungen entwickelt. Danach müssen die meisten Verfahrens- und Bekanntmachungsfehler binnen Jahresfrist gesondert gerügt werden. Erfolgt die Rüge nicht, ist die Satzung jedenfalls aus diesem Grunde nicht mehr angreifbar. Die Satzungen sind daher auf bestem Wege, eine Bestandskraft vergleichbar derjenigen von Verwaltungsakten zu entwickeln.

---

[49] Siehe *Hufen*, Verwaltungsprozessrecht, § 20, Rn. 1 ff.; *Schenke*, Verwaltungsprozessrecht, Rn. 347, 389, 884, 1081 ff.; *Schmidt*, DÖV 2011, 169–174; *Würtenberger*, Verwaltungsprozessrecht, Rn. 690 ff.

[50] So VGH München, BayVBl. 1981, 499.

[51] Dies vertritt BVerwG, BayVBl. 1990, 117.

[52] In dieser Weise VGH München, BayVBl. 1980, 209.

X. Kontrollfragen

1) Wie unterscheidet sich die kommunale Hauptsatzung von sonstigen kommunalen Satzungen? (Rn. 307, 309, 313) 360
2) Welche Besonderheiten bestehen bei der Behandlung von Satzungsfehlern? (Rn. 303-305)
3) Wie kann ein Bauherr gegen die Verweigerung des gemeindlichen Einvernehmens nach § 36 BauGB vorgehen? (Rn. 329)
4) Welche privatrechtlichen Handlungsformen stehen einer Kommune zur Verfügung? (Rn. 330-334)
5) Was spricht für die Möglichkeit der Erhebung einer Normerlassklage vor dem OVG? (Rn. 358)
6) Kann man von einer Bestandskraft von Satzungen sprechen? (Rn. 305, 359)

Rechtsprechung zu § 8

BVerwG, DVBl. 1988, 790 (Normenkontrolle gegen Geschäftsordnung) 361
OVG Koblenz, NVwZ-RR 2012, 289 (Normenkontrolle gegen Klarstellungssatzung)
OVG Lüneburg, NVwZ-RR 2012, 286 (Normenkontrolle gegen Abwasserbeseitigungssatzung)
OVG Magdeburg, NVwZ-RR 2013, 201 (Unzulässige Normenkontrolle bei Festsetzung privatrechtlicher Benutzungsentgelte)

Literatur zu § 8

Zu Satzungen: 362

Heintzen, Das Rangverhältnis zwischen Rechtsverordnung und Satzung, DV 29 (1996), 17–45
Ipsen, Soll das kommunale Satzungsrecht gegenüber staatlicher und gerichtlicher Kontrolle gestärkt werden?, JZ 1990, 789–796
Maurer, Bestandskraft von Satzungen?, in: Püttner (Hrsg.), FS Bachof, 1984, S. 215–243
Maurer, Rechtsfragen kommunaler Satzungsgebung, DÖV 1993, 184–194
Oebbecke, Kommunale Satzungsgebung und verwaltungsgerichtliche Kontrolle, NVwZ 2003, 1313–1317
Schmidt-Aßmann, Die kommunale Rechtsetzung im Gefüge der administrativen Handlungsformen und Rechtsquellen, 1981
Schmidt-Jortzig, Soll das kommunale Satzungsrecht gegenüber staatlicher und gerichtlicher Kontrolle gestärkt werden?, DVBl. 1990, 920–926
Schoch, Soll das kommunale Satzungsrecht gegenüber staatlicher und gerichtlicher Kontrolle gestärkt werden?, NVwZ 1990, 801–810
Sichert, Einführung in die kommunale Rechtsetzung am Beispiel gemeindlicher Benutzungssatzungen, JuS 2000, 144–148, 348–353, 552–555
Wahlhäuser, Wie werden Satzungen rechtsverbindlich?, NWVBl. 2007, 338–341

Zu Verfahrensfehlern:

Hill, Das fehlerhafte Verfahren und seine Folgen im Verwaltungsrecht, 1986

Kaarst, Der rechtswidrige Gemeinderatsbeschluss, 1994

Morlok, Die Folgen von Verfahrensfehlern am Beispiel von kommunalen Satzungen, 1988

Schmorleiz, Eine Gemeinderatssitzung wirft viele Fragen auf, DVP 2012, 370-372

Schneider, Der verfahrensfehlerhafte Ratsbeschluß – Zur Dogmatik der Verfahrensfehlerfolgen, NWVBl. 1996, 89–95

Weitz, Zu den verfahrensrechtlichen und formellen Tücken der Beanstandung von Gemeindevertretungsbeschlüssen, LKRZ 2013, 322–327

Zur verwaltungsgerichtlichen Normenkontrolle:

Hüttenbrink, Das Recht auf fehlerfreie Abwägung als subjektiv-öffentliches Recht i.S.d. Antragsbefugnis gem. § 47 II VwGO , DVBl. 1997, 1253–1258.

Kintz, Die Normenkontrolle nach § 47 VwGO, JuS 2000, 1099–1105.

Löhnig, Rechtsschutz gegen Bauleitpläne nach § 47 VwGO, JuS 1998, 315–318.

Pielow, Neuere Entwicklungen beim „prinzipalen" Rechtsschutz gegenüber untergesetzlichen Normen, DV 32 (1999), 445–479.

Schenke, Die Antragsbefugnis natürlicher und juristischer Personen im Normenkontrollverfahren gemäß § 47 II 1 1. Alt. VwGO, VerwArch 90 (1999), 301–327.

Zweiter Teil: Innere Kommunalverfassung

§ 9 Überblick über die innere Kommunalverfassung und Kommunalverwaltung

Als innere Kommunalverfassung bezeichnet man den Teil des Kommunalrechts, der sich mit der internen Struktur der Kommune beschäftigt. Hier werden der Aufbau der kommunalen Organe, ihre Zuständigkeiten, ihr Verfahren unter- und miteinander sowie die kommunalen Beauftragten und Beschäftigten behandelt. Auch der so genannte Kommunalverfassungsstreit gehört in diesen Zusammenhang. Dieser Teil des Kommunalrechts weist zahlreiche Parallelen zum Staatsorganisationsrecht auf. **363**

I. Begriffsbestimmungen

Zum besseren Verständnis der inneren Kommunalverfassung müssen vorab die Begriffe Organ und Organwalter geklärt werden: **364**

Organ stammt vom griechischen Wort to organon – das Werkzeug. Ein Organ ist eine Einrichtung einer juristischen Person, die für diese handelt. Eine Kommune ist als juristische Person nur handlungsfähig durch ihre Organe. Diese sind Mittel der Kommune, ihren Willen zu bilden und diesen zu äußern. Deshalb wird das Handeln ihrer Organe der Kommune als ihr eigenes Handeln zugerechnet – v.a. über §§ 31; 89 BGB. Zwar sind die Organe keine Stellvertreter der Kommune, sondern deren Teil; die Vorschriften über die Stellvertretung können aber ggf. analog auf organschaftliches Handeln angewandt werden. Beispiele für kommunale Organe sind der Bürgermeister und die Stadtverordnetenversammlung. **365**

Von dem Organ ist der *Organwalter* zu unterscheiden. Das ist eine natürliche Person, die zum Inhaber eines bestimmten Organs bestellt ist und konkret die diesem Organ zugewiesenen Kompetenzen ausübt, z.B. der Bürgermeister Becker und der Stadtverordnete Schulze. **366**

II. Anzahl und Art der kommunalen Organe

367 Unter rechtstheoretischen Gesichtspunkten wäre überhaupt nur ein Organ erforderlich, durch das die Kommune als juristische Person handelte und auf das alle Kompetenzen vereint wären. Ein solcher Gewaltenmonismus wäre selbstverständlich mit der grundgesetzlichen Ordnung nicht vereinbar. Zwar besteht auf kommunaler Ebene anders als auf staatlicher Stufe keine herkömmliche Gewaltenteilung zwischen Legislative, Exekutive und Judikative; vielmehr rechnen das Grundgesetz und die Landesverfassungen alle kommunalen Organe der Exekutive zu – einschließlich der kommunalen Vertretungskörperschaft. Gleichwohl fordern das Rechtsstaats- und Demokratieprinzip, welche gemäß Art. 28 I 1 GG auch für die Kommunen als Teil der Länder gelten, dass auch auf kommunaler Ebene *wenigstens zwei voneinander getrennte Organe* vorhanden sind. Dies stellt den für das Kommunalrecht zuständigen Landesgesetzgeber vor die Aufgabe, zumindest diese zwei Organe zu errichten und die Verbandskompetenzen der Kommune vollständig und überschneidungsfrei auf diese zu verteilen.

368 Diese Anforderungen werden in Art. 28 I 2 GG konkretisiert, wo eine kommunale *Vertretungskörperschaft* (→ § 10) als Organ der Willensbildung von Verfassung wegen gefordert wird. Hinzu tritt in sämtlichen Ländern ohne ausdrückliche grundgesetzliche Absicherung ein Organ der Willensäußerung; dies ist meist der kommunale *Hauptverwaltungsbeamte* (→ § 11) als monokratisches Organ, in Hessen um Beigeordnete verstärkt zu einem kollegialen Gemeindevorstand.

369 Über diese zwei Organe hinaus sehen manche Kommunalordnungen *weitere Organe* (→ § 12) vor, und zwar zumeist ein Zwischenorgan, das zum Teil Aufgaben der Vertretungskörperschaft übernimmt, zum Teil den Hauptverwaltungsbeamten entlastet.

370 Neben diesen gesetzlich vorgeschriebenen Organen oder an ihrer Stelle können die Kommunen nicht unter Berufung auf ihre Organisationshoheit (→ Rn. 67) in ihrer Hauptsatzung oder auf anderer Rechtsgrundlage *zusätzliche oder andere Organe* schaffen; die gesetzlichen Regelungen sind grds. abschließend. Diese gesetzlichen Vorschriften über die Organe und deren Zuständigkeiten greifen damit zwar in die kommunale Organisationshoheit ein, dieser Eingriff ist aber gerechtfertigt durch Gesichtspunkte der Rechtssicherheit als Orientierungsgewissheit. Dritte müssen wissen, wer für die Kommune im Rechtsverkehr verbindlich handeln und diese berechtigen und verpflichten kann. Im Rahmen dieser gesetzlichen Vorgaben als äußere Grenzen können die Kommunen aber den Zuschnitt ihrer Organe und Fachbereiche festlegen und deren Zuständigkeiten und Verfahren bestimmen.

371 Die gesetzlich vorgesehenen Organe und Organteile können die ihnen zugewiesenen Kompetenzen gegeneinander vor den Verwaltungsgerichten verteidigen. Dies geschieht in der Form des so genannten Kommunalverfassungsstreits (→ § 13) als einer Sonderform des verwaltungsgerichtlichen Organstreits.

Der von den Organen gebildete und geäußerte Wille muss umgesetzt werden. 372
Zu diesem Zweck verfügen die Kommunen jeweils über eine eigene Kommunalverwaltung (→ § 14) mit Beamten und Arbeitnehmern.

Innerhalb der Kommunalverwaltung sind besondere Beauftragte (→ § 15) wie 373
die Gleichstellungsbeauftragte bestellt. Ihnen kommt keine Organstellung zu. Sie dienen nicht der allgemeinen Willensbildung und -äußerung der Kommune, sondern der Verfolgung einer spezifischen – zumeist gesetzlich besonders geregelten – Querschnittsaufgabe.

Übersicht 9-1: 374
Typische Bezeichnungen kommunaler Organe und Organteile

Kommune / Organ(teil)	**Gemeinde**	**Stadt**	**Landkreis**	**Zweckverband**
Vertretungskörperschaft	Gemeindevertretung/ Gemeinderat	Stadtverordnetenversammlung	Kreistag	Verbandsversammlung
Mitglied der Vertretungskörperschaft	Gemeindevertreter/ Ratsmitglied	Stadtverordneter	Kreistagsabgeordneter	Mitglied der Verbandsversammlung
Zwischenorgan	Hauptausschuss	Hauptausschuss	Kreisausschuss	(–)
Hauptverwaltungsbeamter	Bürgermeister	Oberbürgermeister	Landrat	Verbandsvorsteher

III. Kommunalverfassungstypen

Traditionell bestanden in Deutschland vier Typen der Kommunalverfassung, 375
und zwar die Bürgermeisterverfassung, die Magistratsverfassung, sowie die norddeutsche und die süddeutsche Ratsverfassung. Diese vier Typen unterschieden sich im Wesentlichen in der Direktwahl der kommunalen Organe sowie der Stellung des Hauptverwaltungsbeamten. Bei allen vier Verfassungstypen wurde die kommunale Vertretungskörperschaft wegen Art. 28 I 2 GG unmittelbar von den Bürgern gewählt. Einzig bei der *süddeutschen Ratsverfassung* wählten die Bürger außerdem den Hauptverwaltungsbeamten direkt, der die Verwaltung führte. Die übrigen drei Verfassungen unterschieden sich hinsichtlich der Leitung der Verwaltung. Während bei der *Bürgermeisterverfassung* genauso wie bei der süddeutschen Ratsverfassung einzig der Hauptverwaltungsbeamte die Verwaltung leitete, kannte die *norddeutsche Ratsverfassung* eine Doppelspitze aus Bürgermeister bzw. Landrat und Gemeindedirektor bzw. Kreisdirektor. Der Bürgermeister/Landrat repräsentierte die Kommune nach außen, der Gemeindedirektor/Kreisdirektor führte die Verwaltung nach innen. Bei der hessischen *Magistratsverfassung* schließ-

lich bestand ein kollegialer Kommunalvorstand aus dem Hauptverwaltungsbeamten und den Beigeordneten.

376 **Übersicht 9-2: Die traditionellen vier Typen der Kommunalverfassung**

Bezeichnung	Wahl der Verwaltungsspitze durch	Leitung der Verwaltung durch	Beispiele
Bürgermeisterverfassung	Vertretungskörperschaft	Hauptverwaltungsbeamten	Landrat in Schleswig-Holstein
Magistratsverfassung	Teils Bürger, teils Vertretungskörperschaft	Kollegialen Kommunalvorstand: – Hauptverwaltungsbeamten – Beigeordnete	Hessen
Norddeutsche Ratsverfassung	Vertretungskörperschaft	Doppelspitze: – Repräsentant – Verwaltungschef	Früher Niedersachsen
Süddeutsche Ratsverfassung	Bürger	Hauptverwaltungsbeamten	Regelfall

377 Seit den 90er Jahren des vergangenen Jahrhunderts ist es zu einer erheblichen Angleichung der Kommunalverfassungssysteme gekommen. Nahezu ausnahmslos hat sich die süddeutsche Ratsverfassung mit der Direktwahl auch des Hauptverwaltungsbeamten und der Leitung der Kommunalverwaltung nur durch diesen durchgesetzt. Lediglich in Baden-Württemberg und Schleswig-Holstein wird der Landrat noch vom Kreistag gewählt, und in Hessen hat sich die Magistratsverfassung – allerdings inzwischen mit Direktwahl des Hauptverwaltungsbeamten – erhalten.

IV. Kontrollfragen

378 1) Was versteht man unter einem Organ? (Rn. 365)

2) Welche kommunalen Organe muss ein Landesgesetzgeber bei Erlass einer Kommunalordnung mindestens vorsehen? (Rn. 367, 368)

3) Kann eine Kommune durch ihre Hauptsatzung weitere Organe errichten? (Rn. 370)

4) Nennen Sie typische Bezeichnungen für die kommunale Vertretungskörperschaft und deren Mitglieder! (Rn. 374)

5) Welche Typen der Kommunalverfassung sind zu unterscheiden und welche Verfassung hat sich deutschlandweit durchgesetzt? (Rn. 375-377)

Rechtsprechung zu § 9

BVerfG, NVwZ 1995, 677 (Pflicht zur Bestellung hauptamtlicher Gleichstellungsbeauftragter) **379**
BVerwGE 45, 207 (Zulässigkeit eines Insichprozesses einer Gemeinde)
OVG Münster, NVwZ-RR 2013, 814 (Neutralitätsgebot für Gemeindeorgane)

Literatur zu § 9

v. Arnim, Die politische Durchsetzung der Kommunalverfassungsreform der 90er Jahre, DÖV 2002, 585–592 **380**
Buß, Das Machtgefüge in der heutigen Kommunalverfassung, 2002
Dreßler, Zur Stellung des direktgewählten Bürgermeisters gegenüber dem Gemeindevorstand und der Gemeindevertretung in der (unechten) Magistratsverfassung, VR 2009, 22–26
Knemeyer, Die duale Rat-Bürgermeister-Verfassung als Leitverfassung nach den Kommunalverfassungsreformen, JuS 1998, 193–197
Kremer, Kommunalisierung als Element der Verwaltungsreform, VerwArch 2011, 242–267
Mehde, Aktuelle Entwicklungen im Kommunalrecht der Bundesländer, DVBl. 2010, 465–471
Stargardt, Kommunalverfassungen in Deutschland, VR 1995, 118–130; 145–156

§ 10 Vertretungskörperschaft

I. Grundlagen

381 Die Vertretungskörperschaft ist das kommunale Hauptorgan und als einziges kommunales Organ in Art. 28 I 2 GG unmittelbar grundgesetzlich abgesichert. Auf Gemeindeebene wird die kommunale Vertretungskörperschaft zumeist als „*Rat*“[1], „*Gemeinderat*“[2] oder „*Gemeindevertretung*“[3] bezeichnet; für städtische Vertretungskörperschaften sind auch die Bezeichnungen „*Stadtverordnetenversammlung*“[4], „*Stadtrat*“[5] oder „*Stadtvertretung*“[6] geläufig. Auf Landkreisebene wird die Vertretungskörperschaft „*Kreistag*“[7] genannt.

382 Die Vertretungskörperschaft wird – stark vereinfacht – auch als Kommunalparlament angesehen. Diese Einordnung wird der verfassungsrechtlichen und einfachgesetzlichen Einordnung der Vertretungskörperschaft als Teil der Exekutive zwar nicht gerecht, ermöglicht aber doch, Parallelen zu staatlichen Parlamenten aufzuzeigen und dadurch wesentliche Eigenschaften kommunaler Vertretungskörperschaften zu erkennen.

II. Zuständigkeiten

383 Sämtliche Kommunalordnungen statten die Vertretungskörperschaft mit einer Fülle von Zuständigkeiten aus. Diese können auf drei Wegen erlangt werden: Zum einen weisen die Kommunalgesetze der Vertretungskörperschaft eine ganze Reihe von Einzelzuständigkeiten zu, teils als Katalog, teils über das Gesetz verstreut; zum anderen kann die Vertretungskörperschaft sich von sonstigen Organen wahrzunehmende Aufgaben vorbehalten; schließlich steht ihr als Hauptor-

---

[1] § 7 I, II Nr. 1 NdsKomVG; § 41 GO NRW.

[2] § 23 GO BW; Art. 30 I 1 BayGO; § 28 I 1 GO RP; § 29 I SaarlKSVG; § 27 I SächsGO; § 36 I 1 GO LSA; § 22 I 1 ThürKO.

[3] § 27 I 1 BbgKVerf; § 49 S. 1 HessGO; § 22 I 1 KV MV; § 7 HS. 1 GO SH.

[4] § 27 I 2 BbgKVerf; § 9 I 3 HessGO.

[5] § 25 I 2 GO BW; Art. 30 I 2 BayGO; § 28 II 1 GO RP; § 27 II SächsGO; § 36 I 2 GO LSA; § 29 II SaarlKSVG; § 22 I 3 ThürKO.

[6] § 22 I 2 KV MV; § 7 HS. 2 GO SH.

[7] § 18 I 1 KrO BW; Art. 22 LKrO Bay; § 131 I 4 BbgKVerf; § 8 HessKrO; § 103 KV MV; § 7 I, II Nr. 4 NdsKomVG; § 25 KrO NRW; § 21 I 1 LKrO RP; § 155 SaarlKSVG; § 23 SächsLKrO; § 24 LKO LSA; § 7 KrO SH; § 101 I 1 ThürKO.

gan der Kommune eine Auffangkompetenz für alle Zuständigkeiten zu, die keinem anderen Organ ausdrücklich zugewiesen worden sind.

1. Einzelne gesetzlich vorgesehene Zuständigkeiten

Die der kommunalen Vertretungskörperschaft in der Regel gut 25 katalogartig zugewiesenen Zuständigkeiten lassen sich nach den der Vertretungskörperschaft dabei zukommenden Funktionen einteilen. Zu diesem Zweck kann man sich an den einem staatlichen Parlament zugewiesenen Aufgaben orientieren, wenngleich nicht jede parlamentarische Aufgabe ihre Entsprechung bei der kommunalen Vertretungskörperschaft findet und umgekehrt auch nicht jede der Vertretungskörperschaft zugewiesene Aufgabe ihr Gegenstück auf parlamentarischer Ebene hat. Überdies kann jede denkbare Einteilung nicht gänzlich überschneidungsfrei erfolgen, weil die Vertretungskörperschaft bei der Wahrnehmung einer Aufgabe oftmals in mehrerlei Hinsicht gefordert ist. So wird bspw. bei Verabschiedung der kommunalen Haushaltssatzung die Vertretungskörperschaft sowohl als Regelungsgeber wie auch in Ausübung ihrer Budgetfunktion tätig. **384**

a) Regelungsgeber

Am wichtigsten ist die Stellung der Vertretungskörperschaft als *Regelungsgeber*. Sie ist zuständig für den Erlass, die Änderung und die Aufhebung von Satzungen, Verordnungen und Bauleitplänen als Regelungen des Außenrechts.[8] Darin ähnelt sie dem staatlichen Parlament als Gesetzgeber. Vergleichbar dem Parlament gibt sie sich auch selbst eine Geschäftsordnung als Regelung des Innenrechts.[9] Über staatliche Parlamente hinaus geht aber ihre Befugnis, Richtlinien zu verabschieden, nach denen die Verwaltung geführt werden soll.[10] Ein staatliches Parlament griffe damit unzulässigerweise in den Kernbereich der Regierung ein – für die kommunale Vertretungskörperschaft ist diese Kompetenz nur aus ihrer Stellung als Teil der Exekutive zu erklären. **385**

---

[8] § 24 I 2 GO BW; Art. 30 II BayGO; § 28 II 1 Nr. 9 BbgKV; § 51 Nr. 6 HessGO; § 22 II 1 i.V.m. III Nr. 6 KV MV; § 58 I Nr. 5 NdsKomVG; § 41 I 1 i.V.m. I 2 lit. f und g GO NRW; § 32 I 2 i.V.m. II Nr. 1 GO RP; § 34 S. 1 i.V.m. § 35 S. 1 Nr. 12 SaarlKSVG; § 28 I i.V.m. II Nr. 4 SächsGO; § 44 II 1 i.V.m. III Nr. 1 GO LSA; § 27 I 2 i.V.m. § 28 S. 1 Nr. 2 und 4 GO SH und § 22 III 1 i.V.m. § 26 II Nr. 2 ThürKO.

[9] § 24 I 2 GO BW; Art. 45 I BayGO; § 28 II 1 Nr. 2 BbgKVerf; § 51 Nr. 1 HessGO; § 22 II 1 i.V.m. III Nr. 4 KV MV; § 58 I Nr. 2 NdsKomVG; § 41 I 1 i.V.m. I 2 lit. a GO NRW; § 37 I GO RP; § 34 S. 1 i.V.m. § 35 S. 1 Nr. 13 SaarlKSVG; § 28 I i.V.m. II Nr. 1 SächsGO; § 44 II 1 i.V.m. III Nr. 2 GO LSA; § 34 II GO SH und § 34 I ThürKO.

[10] Siehe § 24 I 2 GO BW; Art. 30 III BayGO; § 28 II Nr. 1 BbgKV; § 51 Nr. 1 HessGO; § 22 III Nr. 4 KV MV; § 58 I Nr. 2 NdsKomVG; § 41 I 2 lit. a GO NRW; § 32 I 2 GO RP; § 28 I Var. 1 SächsGO und § 27 I 1 GO SH.

b) Haushalt und Vermögen

386 Neben der Funktion als „kommunaler Gesetzgeber" kommt der Vertretungskörperschaft auch eine zentrale Rolle hinsichtlich des Kommunalhaushalts und des Kommunalvermögens zu. Sie beschließt – wie schon erwähnt – die *Haushaltssatzung*[11] und sorgt durch den Erlass von Abgabensatzungen und die Festsetzung privatrechtlicher Entgelte für kommunale Einnahmen. Sie entscheidet auch über die Kreditaufnahme. Nach Abschluss des Haushaltsjahres hat ihr der Hauptverwaltungsbeamte Rechnung zu legen und sie kann diesen entlasten. Diese Stellung der Vertretungskörperschaft im Budgetkreislauf weist große Ähnlichkeiten mit dem parlamentarischen Haushaltsgesetzgeber auf, wie der Blick auf die Art. 110 II 1; 114 I; 115 I 1 GG zeigt.

387 Die Vertretungskörperschaft verfügt ferner über das *Kommunalvermögen*, kann für eine bestimmte Aufgabe gebundenes so genanntes Kommunalgliedervermögen in freies Vermögen umwandeln und über die von der Kommune verwalteten öffentlich-rechtlichen und privatrechtlichen Stiftungen disponieren. Auch diese administrativen Funktionen gehen weit über die einem staatlichen Parlament zukommenden Aufgaben hinaus, dem eine umfangreiche, unter Regierungskontrolle befindliche Finanzverwaltung gegenübersteht.

c) Wahlorgan

388 Wesentlich schwächer ausgeprägt ist die Stellung der Vertretungskörperschaft als *Wahlorgan*. Während staatliche Parlamente durch die Wahl des Regierungschefs[12] großen Einfluss auf die Politik ausüben können und sie darüber hinaus durch die Richterwahl[13] auch noch die Judikative beeinflussen können, haben die kommunalen Vertretungskörperschaften in diesem Bereich stark an Einfluss verloren: Gegenwärtig werden nur noch die Landräte in Baden-Württemberg und Schleswig-Holstein von den Kreistagen gewählt – im Übrigen erfolgt eine Direktwahl der Hauptverwaltungsbeamten durch die Bürger der Kommune. Bis in die 90er Jahre des letzten Jahrhunderts hinein wurden indes in den meisten Ländern die Hauptverwaltungsbeamten durch die Vertretungskörperschaften bestimmt. Heute verbleibt den Vertretungskörperschaften in den meisten Ländern nur noch die Aufgabe, die Beigeordneten, die Gleichstellungsbeauftragte und andere Beauftragte (→ § 13) sowie – falls vorhanden – die Mitglieder des Zwischenorgans (→ § 12) zu wählen und der Ernennung von Beamten des gehobenen oder höheren Dienstes zuzustimmen.

---

[11] Vgl. § 81 I GO BW; Art. 65 I BayGO; § 67 IV 1 BbgKV; § 97 III 1 HessGO; § 47 I KV MV; § 114 I 1 NdsKomVG; § 80 IV 1 GO NRW; § 97 I 1 Hs. 1 GO RP; § 86 I SaarlKSVG; § 76 II 1 SächsGO; § 94 I GO LSA; § 79 II GO SH und § 57 I ThürKO.

[12] Art. 63; 67 GG.

[13] Art. 94 I 2 GG.

d) Kontrolle der Kommunalverwaltung

389 Obgleich der Vertretungskörperschaft die Wahl des Hauptverwaltungsbeamten genommen wurde, so spielt sie bei der *Kontrolle der Kommunalverwaltung* mit dem Hauptverwaltungsbeamten an der Spitze doch noch eine wichtige Rolle. Neben der schon angesprochenen Budgetkontrolle überwacht die Vertretungskörperschaft auch im Übrigen die Durchführung ihrer Beschlüsse. Zu diesem Zweck können selbst einzelne Mitglieder der Vertretungskörperschaft Fragen stellen. Schließen sich weitere Mitglieder dem Informationsverlangen an, so kann bei einem solchen qualifizierten Begehren auch Akteneinsicht verlangt werden. Manche Kommunalordnungen sehen ferner vor, dass die Vertretungskörperschaft gesonderte Akteneinsichtsausschüsse bilden kann.[14] Diese Ausschüsse sind entfernt den Untersuchungsausschüssen staatlicher Parlamente verwandt, jedoch nicht mit so weit reichenden strafprozessualen Beweiserhebungsrechten ausgestattet.

e) Außendarstellung der Kommune

390 Hinsichtlich der *Außendarstellung der Kommune* gehen die Befugnisse der Vertretungskörperschaft über die einem staatlichen Parlament[15] zugewiesenen Zuständigkeiten hinaus. Die kommunale Vertretungskörperschaft entscheidet über die kommunalen Symbole wie das Wappen der Kommune, benennt öffentliche Sachen, z.B. die kommunalen Straßen, und verleiht und entzieht das Ehrenbürgerrecht.

f) Status der Kommune

391 Die kommunale Vertretungskörperschaft ist auch erheblich an Entscheidungen über den *Status der Kommune* beteiligt. So entscheidet sie in den meisten Ländern mit qualifizierter Mehrheit über die Hauptsatzung[16] – ebenso wie ein staatliches Parlament mit qualifizierter Mehrheit an Verfassungsänderungen mitwirkt. Auch vertraglich vereinbarte Gebietsänderungen bedürfen in der Regel der Zustimmung der Vertretungskörperschaft.

g) Organisationsentscheidungen

392 Schließlich ist die Vertretungskörperschaft maßgeblich in *kommunale Organisationsentscheidungen* eingebunden. Sie entscheidet über die Errichtung privatrechtlicher Einrichtungen und Unternehmen sowie die Verpachtung und Übertragung der Betriebsführung. Auch die öffentlich-rechtliche Aufgabenverlagerung auf

---

[14] § 24 III 1 GO BW; § 50 II 2 HessGO; § 55 III 2 Var. 1 GO NRW; § 33 III 2 GO RP; § 44 V 2 GO LSA; § 28 V 1 SächsGO.

[15] Z.B. nach Art. 22 I 3 GG.

[16] § 4 II GO BW; § 4 II 1 BbgKVerf; § 6 II 1 HessGO; § 5 II 3 KV MV; § 12 II NdsKomVG; § 7 III 3 GO NRW; § 25 II GO RP; § 4 II 2 SächsGO; § 7 II 1 GO LSA; § 20 I 4 ThürKO.

andere Kommunen oder Zweckverbände ist von ihr zu beschließen. Des Weiteren kann eine Kommune neue freiwillige Aufgaben des eigenen Wirkungskreises nur mit Zustimmung der Vertretungskörperschaft übernehmen. Auf kommunaler Ebene stehen der Vertretungskörperschaft damit Kompetenzen zu, die auf staatlicher Stufe zumeist von der Regierung, nicht aber von dem Parlament wahrgenommen werden.

2. Zuständigkeitsverlagerungen

393 Zusätzlich zu den der Vertretungskörperschaft ausdrücklich katalogartig zugewiesenen Zuständigkeiten können ihr weitere Kompetenzen zukommen, die sie sich vorbehalten hat, welche ihr von anderen Organen übertragen wurden oder die sie an Stelle anderer Organe auszuüben hat:

a) Durch Hauptsatzung vorbehaltene Aufgaben

394 Bestimmte Aufgabengruppen des Hauptverwaltungsbeamten oder anderer kommunaler Organe können der Vertretungskörperschaft bereits durch die Hauptsatzung vorbehalten werden.[17] Die gesetzlichen Zuständigkeitsverteilungen sind insofern *hauptsatzungsdispositiv* – so wie man aus dem BGB-Schuldrecht vertragsdispositives Gesetzesrecht kennt. Außerdem kann die Vertretungskörperschaft sich im Einzelfall die Zuständigkeit durch Beschluss vorbehalten.[18] Der Vertretungskörperschaft wird damit ein weit reichendes Zugriffsrecht auf die Kompetenzen des Hauptverwaltungsbeamten und anderer kommunaler Organe eingeräumt – entsprechend eng ist der unantastbare Kernbereich der Zuständigkeiten dieser Organe zu bestimmen. Die Vertretungskörperschaft kann auf diesem Wege viel weiter in die Kompetenzen anderer Organe eingreifen als dies einem staatlichen Parlament gegenüber der Regierung möglich ist.

b) Übertragung von Aufgaben im Einzelfall

395 Zusätzlich zu dieser von der Vertretungskörperschaft selbst ausgehenden Aufgabenbeschaffung können ihr auch noch von anderen Organen auf deren Initiative hin Aufgaben *übertragen* werden.[19] Dies wird insbesondere geschehen, wenn einer üblicherweise einfach gelagerten Angelegenheit im Einzelfall besondere Bedeutung zukommt oder ein anderes Organ die politische Verantwortung für eine die Bürger belastende Entscheidung scheut.

c) Ersetzung anderer Organe

396 Überdies kann die Vertretungskörperschaft auch andere Organe, insbesondere den Hauptverwaltungsbeamten, ersetzen, wenn diese im Einzelfall wegen per-

[17] § 28 III 2 BbgKVerf; § 58 III 2 NdsKomVG.
[18] § 28 III 1 BbgKVerf, § 58 III 1 NdsKomVG.
[19] Z.B. § 50 III 2 BbgKVerf.

sönlicher Betroffenheit nicht selbst entscheiden können. So ist die Vertretungskörperschaft bspw. für den Abschluss von Verträgen der Kommune mit dem Hauptverwaltungsbeamten zuständig. Diese Regelungen stellen das öffentlich-rechtliche Äquivalent zum privatrechtlichen Verbot des Selbstkontrahierens nach § 181 BGB dar.

d) Kompetenzminderung

Haben die bisher besprochenen Zuständigkeitsverlagerungen zu einer Kompetenzerweiterung der Vertretungskörperschaft geführt, so kann diese umgekehrt auch Aufgaben auf andere Organe, insbesondere auf ein Zwischenorgan wie den Verwaltungsausschuss, übertragen und damit ihren eigenen Kompetenzbestand vermindern.[20] Ein solcher Kompetenztransfer wird vor allem im Hinblick auf regelmäßig anfallende Überwachungsaufgaben erfolgen, um die Vertretungskörperschaft von diesen Routineaufgaben zu entlasten und ihr die Konzentration auf grundlegende Entscheidungen zu ermöglichen. Für eine solche Zuständigkeitsübertragung bestehen zwei Grenzen: eine absolute und eine relative. Absolut ausgeschlossen ist die Übertragung von denjenigen Kompetenzen, die der Vertretungskörperschaft zur „*ausschließlichen*"[21] Wahrnehmung zugewiesen worden sind. Relativ ausgeschlossen ist der Kompetenztransfer, wenn die Vertretungskörperschaft bereits so viele Zuständigkeiten auf andere Organe übertragen hat, dass die Verlagerung einer weiteren Kompetenz sie aus ihrer Rolle als kommunales Hauptorgan verdrängte. 397

e) Kein Kompetenzzugriff anderer Organe

Nach dem bisher Gesagten dürfte selbstverständlich sein, dass der Hauptverwaltungsbeamte oder andere kommunale Organe sich nicht aus eigener Machtvollkommenheit Kompetenzen der Vertretungskörperschaft vorbehalten können – ein solches Zugriffsrecht steht nur der Vertretungskörperschaft, nicht aber anderen Organen zu. 398

3. Auffangzuständigkeit als Hauptorgan

Wurde der Vertretungskörperschaft weder ausdrücklich eine Kompetenz zugewiesen noch im Einzelfall übertragen, so kann sie dennoch in ihrer Funktion als 399

[20] § 24 I 2; § 39 I GO BW; Art. 32 II 1, 37 II BayGO; § 28 II BbgKVerf (Umkehrschluss); § 50 I 2; § 62 I 3 HessGO; § 22 II, V 2 KV MV; § 58 V NdsKomVG; § 41 II GO NRW; § 32 I 2 GO RP; § 34 S. 1 SaarlKSVG; § 28 I SächsGO; § 44 II 1 GO LSA; § 27 I 3 GO SH; § 22 III 1 ThürKO.

[21] § 39 II GO BW; Art. 32 II 2, Art. 37 II 1 BayGO; § 28 II 1 BbgKVerf; § 51 HessGO; § 22 III KV MV; § 58 I, II NdsKomVG; § 41 I 2 GO NRW; § 32 II GO RP; § 35 SaarlKSVG; § 41 II SächsGO; § 44 III GO LSA; § 28 GO SH; § 26 II ThürKO.

kommunales Hauptorgan[22] zuständig sein. Fehlt es an ausdrücklichen speziellen gesetzlichen Regelungen sowie an zuweisenden Beschlüssen, so kommt der Vertretungskörperschaft eine Auffangzuständigkeit zu. Die Vertretungskörperschaft kann grds. jede der Kommune zugewiesene Kompetenz aufgreifen, es sei denn, diese ist gesetzlich ausdrücklich dem Hauptverwaltungsbeamten oder einem anderen kommunalen Organ zur eigenen ausschließlichen Wahrnehmung vorbehalten. Solche der Vertretungskörperschaft verschlossene Aufgaben sind typischerweise Aufgaben des übertragenen Wirkungskreises, bei denen der Hauptverwaltungsbeamte in die staatliche Behördenhierarchie weisungsgebunden eingefügt ist, sowie geheimhaltungsbedürftige Angelegenheiten, die nicht von einem größeren Gremium wahrgenommen werden sollen.[23]

400 **Übersicht 10-1: Vergleich der Funktionen des Bundestages mit denen der kommunalen Vertretungskörperschaft**

Funktion	**Bundestag**	**Kommunale Vertretungskörperschaft**
Legislativfunktion	a) Verfassungsänderung, Art. 79 II GG; b) Gesetzesinitiative und -beschluss, Art. 76 I; 77 I 1 GG; c) Geschäftsordnung, Art. 40 I 2 GG	a) Hauptsatzung; b) Satzungsgebung; c) Geschäftsordnung
Budgetfunktion	a) Haushaltsgesetz, Art. 110 II GG; b) Kreditbewilligung, Art. 115 I GG	a) Haushaltssatzung; b) Überplanmäßige Aufwendungen
Kreationsfunktion	a) Eigene Ausschüsse, Art. 43 I GG; b) Wahl des Bundeskanzlers, Art. 63; 67 GG; c) (-), Bundesregierung entsendet Vertreter; d) Gemeinsamer Ausschuss, Art. 53a I 1 GG; e) Vermittlungsausschuss, Art. 77 II 1, 2 GG; f) BVerfG, Art. 94 I 2 GG	a) Eigene Ausschüsse; b) (-), heute i.d.R. Direktwahl des HVB; c) Vertreter in Wirtschaftsunternehmen; Rechnungsprüfer; d) – f) (-)

[22] § 24 I 2 GO BW; Art. 30 II BayGO; § 28 I BbgKVerf; § 50 I 1 HessGO; § 22 II 1 KV MV; §§ 45 I 1, 58 NdsKomVG; § 41 I 1 GO NRW; § 32 I 2 GO RP; § 34 S. 1 SaarlKSVG; § 28 I SächsGO; § 44 II 1 GO LSA; § 27 I 2 GO SH; § 22 III 1 ThürKO.

[23] § 44 III GO BW; Art. 37 I BayGO; § 54 I Nr. 3, 4; § 38 V KV MV; § 85 I 1 Nr. 5, 6 NdsKomVG; § 62 I 2 GO NRW; § 47 I 1 Nr. 4 GO RP; § 59 III 2 Var. 2, IV SaarlKSVG; § 53 III SächsGO; § 63 II GO LSA; § 55 V GO SH; § 29 II Nr. 2 ThürKO.

Funktion	Bundestag	Kommunale Vertretungskörperschaft
Administrativfunktion	(-), siehe Bundesregierung	a) Allgemeine Verwaltungsgrundsätze; b) Allgemeine Personalgrundsätze
Kontrollfunktion	a) Interpellationsrecht, Art. 43 I GG; b) Untersuchungsausschuss, Art. 44 GG; c) Rechnungslegung und Entlastung, Art. 114 I GG	a) Auskunft und Akteneinsicht; b) Ausschüsse; c) Rechnungslegung und Entlastung
Repräsentationsfunktion	Hauptstadtregelung, Art. 22 I 3 GG, sonst eher Bundespräsident	Ehrenbürgerrecht; Wappen, Flagge, Siegel; Namensgebung
Auffangfunktion	Im Wege der Interpretation des Grundgesetzes hergeleitet.	Umfassende Zuständigkeit, soweit nicht gesetzlich etwas anderes bestimmt ist.

III. Zusammensetzung und interne Organisation

1. Zusammensetzung

Die Vertretungskörperschaft besteht aus gewählten Mitgliedern sowie häufig noch aus dem Hauptverwaltungsbeamten als Mitglied kraft Amtes. 401

a) Gewählte Mitglieder

Die *gewählten Mitglieder* der Vertretungskörperschaft werden in allgemeiner, unmittelbarer, freier, gleicher und geheimer Wahl gewählt. Einzelheiten der Wahl sind zumeist nicht in den Kommunalordnungen, sondern in einem speziellen Kommunalwahlgesetz geregelt. Die Wahl folgt grds. den für die Wahl der Abgeordneten in einem staatlichen Parlament maßgebenden Grundsätzen und Regeln (→ Rn. 573 ff.). Die Gestaltungsmöglichkeiten der wählenden Bürger der Kommune sind aber gegenüber der staatlichen Parlamentswahl häufig durch die Möglichkeiten des Kumulierens und Panaschierens (→ Rn. 579) erweitert. 402

Im Hinblick auf die *Anzahl der Mitglieder* der Vertretungskörperschaft hat sich für die Landesgesetzgeber das Problem gestellt, für Kommunen sehr unterschiedlicher Größe vereinheitlichende Regelungen zu treffen. Eine abstrakt festgelegte Mitgliederzahl könnte sich für kleine Kommunen als zu groß erweisen, um eine hinreichende Zahl geeigneter Organwalter zu wählen, für große Kommunen als zu klein, um eine ausreichende Repräsentation aller Teile der Kommune zu gewährleisten. Deshalb wurde die Anzahl der Mitglieder von der Einwohnerzahl der Kommune abhängig gemacht: Je mehr Einwohner die Kommu- 403 ne zählt, desto mehr Mitglieder bilden die Vertretungskörperschaft. Die Anzahl der Mitglieder der Vertretungskörperschaft wächst dabei nicht nach einem proportionalen, sondern nach einem degressiven Maßstab; dies bedeutet, dass bspw. bei einer Kommune doppelter Einwohnerzahl weniger als doppelt so viele Organwalter zu wählen sind.

b) Mitglied kraft Amtes

404 Zusätzlich zu den gewählten Mitgliedern gehört der kommunalen Vertretungskörperschaft meist auch der Hauptverwaltungsbeamte als *Mitglied kraft Amtes* an.[24] In den meisten Ländern wird er bereits gesetzlich zum Vorsitzenden der Vertretungskörperschaft bestimmt.[25] In dieser Mitgliedschaft kraft Amtes liegt ein weiterer entscheidender Unterschied zum staatlichen Parlamentsrecht, wo der Regierungschef und die Minister dem Parlament nicht angehören müssen und dies zum Teil auch gar nicht dürfen. Diese personelle Verzahnung zwischen dem Hauptverwaltungsbeamten und der Vertretungskörperschaft lässt sich am besten mit den Verwaltungsfunktionen der Vertretungskörperschaft erklären. Eine Vertretungskörperschaft, die z.B. hinsichtlich der Veräußerung von Grundstücken direkt in die Verwaltungstätigkeit gegenüber dem Bürger eingebunden ist, bedarf in viel größerem Maße als ein staatliches Parlament des direkten Zugriffs auf das Fachwissen der Verwaltung und damit des engen persönlichen Kontakts zum Hauptverwaltungsbeamten als deren Spitze. In Anbetracht der möglichst effektiven Aufgabenerledigung auf kommunaler Ebene tritt demgegenüber die personelle Gewaltenteilung zurück.

2. Interne Organisation

405 Die Vertretungskörperschaft als Kollegialorgan muss sich selbst organisieren. Dies geschieht in normativer und personeller Hinsicht:

a) Geschäftsordnung

406 Alle Kommunalordnungen sehen in gleicher Weise vor, dass die Vertretungskörperschaft sich eine *Geschäftsordnung* gibt.[26] Dabei handelt es sich um eine individuell-abstrakte Regelung des Innenrechts (→ Rn. 322 ff.). Diese regelt im Rahmen der kommunalgesetzlichen Vorgaben wenigstens die Bildung von Ausschüs-

---

[24] § 25 I 1 GO BW; Art. 31 I BayGO; § 27 I 1 BbgKVerf; § 45 I 2 NdsKomVG; § 40 II 2 GO NRW; §§ 29 I 1, 36 I 1, III GO RP; § 29 I 1 SächsGO; § 36 I 1 GO LSA; § 23 I 1 ThürKO.

[25] §§ 25 I 1, 42 I 1 GO BW; Art. 36 S. 1 BayGO; § 40 II 4 GO NRW; § 36 I 1 GO RP; § 42 I 1 SaarlKSVG; §§ 29 I 1,. 36 I, 51 I 1 SächsGO; § 23 I 2 ThürKO.

[26] § 36 II GO BW; Art. 45 I BayGO; § 35 I BbgKVerf; § 60 I 1 HessGO; § 22 VI KV MV; § 69 S. 1 NdsKomVG; § 51 II GO NRW; § 37 I GO RP; § 39 S. 1 SaarlKSVG; § 38 II SächsGO; § 51a GO LSA; § 34 II GO SH; § 34 I ThürKO.

sen sowie weitere Fragen des inneren Aufbaus der Vertretungskörperschaft und deren Verfahren.

b) Vorsitzender

Die Vertretungskörperschaft wählt ihren *Vorsitzenden*, sofern nicht der Hauptverwaltungsbeamte schon kraft Amtes diese Position bekleidet (→ Rn. 441). Der Vorsitzende eröffnet und schließt die Sitzungen, erteilt und entzieht das Wort, wirkt auf die ordnungsgemäße Stellung von Anträgen hin und sorgt – ganz allgemein formuliert – für den ordnungsgemäßen Ablauf der Sitzung. Staatsrechtlich ist seine Stellung am ehesten mit der Position des Parlamentspräsidenten vergleichbar. Im Unterschied zu diesem steht er aber keiner separaten Parlamentsverwaltung vor, sondern seine Befugnisse konzentrieren sich auf den Sitzungsablauf. **407**

c) Ausschüsse

Die Vertretungskörperschaft tagt nicht nur als Plenum, sondern sie kann sich auch in *beratenden Ausschüssen* organisieren. Die Kommunalordnungen legen zumeist nicht die Art und Anzahl der zu bildenden Ausschüsse fest. Die Ausschüsse sollen aber die Beschlüsse der Vertretungskörperschaft vorbereiten, weshalb sich aus dem Aufgabenanfall der Vertretungskörperschaft zugleich mittelbar Vorgaben für den Zuschnitt der Ausschüsse ergeben. Die Vertretungskörperschaften kleinerer Kommunen bilden typischerweise einen Haupt- und Finanzausschuss, einen Bau- und Umweltausschuss sowie einen Ausschuss für soziale und kulturelle Angelegenheiten. Die zahlenmäßig umfangreicheren Vertretungskörperschaften größerer Kommunen haben diese Ausschüsse zum Teil aufgespalten und daneben noch weitere Ausschüsse eingerichtet. **408**

In manchen Ländern können allgemein durch die Hauptsatzung oder im Einzelfall durch Beschluss der Vertretungskörperschaft so genannte *beschließende Ausschüsse* gebildet werden.[27] Diese entscheiden in Sachfragen von geringerer Relevanz im Rahmen ihrer Zuständigkeit selbstständig an Stelle der Vertretungskörperschaft mit der Folge, dass ihre Beschlüsse wie Beschlüsse des Plenums behandelt werden. Die Vertretungskörperschaft kann dem beschließenden Ausschuss Weisungen erteilen, Angelegenheiten von dem Ausschuss zurückholen und dessen Beschlüsse ändern oder aufheben. Bei besonderer Bedeutung der Angelegenheit im Einzelfall kann auch der beschließende Ausschuss selbst diese der Vertretungskörperschaft zur Beschlussfassung unterbreiten. Die Übertragung bestimmter Angelegenheiten auf beschließende Ausschüsse zur Entlastung der Vertretungskörperschaft weist gewisse Parallelen zu dem aus dem Gerichtsverfassungsrecht bekannten Transfer eines Rechtsstreits von einem Kollegialgericht auf den Einzelrichter auf. **409**

[27] § 39 I GO BW; Art. 32 II 1 BayGO; § 44 I GO RP; § 48 I SaarlKSVG; § 41 I SächsGO; § 45 I; § 47 GO LSA; § 26 I Alt. 2 ThürKO.

410 Grundsätzlich gehört jedes Mitglied der Vertretungskörperschaft genau einem Ausschuss als stimmberechtigtes Mitglied an; fraktionslose Abgeordnete sind i.d.R. nur mit beratender Stimme beteiligt[28]. Jedes Mitglied der Vertretungskörperschaft kann darüber hinaus auch bei den nichtöffentlichen Sitzungen anderer Ausschüsse der Vertretungskörperschaft zuhören. Dies entspricht der Besetzung von Parlamentsausschüssen und der Rechtsprechung des BVerfG[29] zur Stellung fraktionsloser Abgeordneter. Zusätzlich zu den Mitgliedern der Vertretungskörperschaft können den Ausschüssen auch noch Einwohner der Kommune sowie sonstige sachverständige Dritte mit beratender Stimme angehören. Den auf solche Art erweiterten Ausschüssen korrespondieren auf staatsrechtlicher Ebene die Enquetekommissionen.

411 Die Sitzungen der Ausschüsse sind – je nach Festlegung in der Geschäftsordnung der Vertretungskörperschaft – öffentlich oder nichtöffentlich; im Übrigen sind die Vorschriften über das Verfahren der Vertretungskörperschaft als Plenum entsprechend anzuwenden.[30]

d) Fraktionen

412 Die *Fraktionen* sind öffentlich-rechtliche Zusammenschlüsse von Organwaltern zur Verstärkung ihrer Wirkungsmöglichkeiten in der Vertretungskörperschaft. Die Möglichkeit, Fraktionen in der Vertretungskörperschaft zu bilden, war lange Zeit gesetzlich nicht geregelt und deshalb entsprechend umstritten. Heute haben die meisten Kommunalordnungen klargestellt, dass eine gesetzlich festgelegte Zahl von Mitgliedern eine Fraktion formen kann.[31] Meistens werden lediglich zwei Mitglieder verlangt, was auf den ersten Blick als sehr geringe Anforderung erscheint, aber bei jeder Vertretungskörperschaft von weniger als 40 Mitgliedern schon mehr als 5% der Mitglieder darstellt. In der Rechtspraxis wird eine Fraktion zumeist von solchen Mitgliedern der Vertretungskörperschaft gebildet, die derselben Partei angehören – eine gesetzliche Voraussetzung der Fraktionsbildung ist dies nicht. Denn Fraktions- und Parteimitgliedschaft sind strikt voneinander zu trennen und folgen jeweils eigenen Regeln (str.), was insbesondere beim Ausschluss aus Fraktion oder Partei Bedeutung gewinnen kann.

---

[28] Siehe *v. Schwanenflug/André*, NJOZ 2013, 1441.

[29] BVerfG, NJW 1990, 373.

[30] § 39 V; § 41 III GO BW; Art. 55 II BayGO; § 44 III BbgKVerf; § 62 V HessGO; § 36 VII KV MV; § 72 III 5 NdsKomVG; § 58 II GO NRW; § 46 V GO RP; § 48 VI SaarlKSVG; § 41 V; § 43 III SächsGO; § 46 XII GO SH; § 43 I 4 ThürKO. In Sachsen-Anhalt werden in den §§ 49–54 GO LSA von vornherein gemeinsame Regelungen für die Vertretungskörperschaft und ihre Ausschüsse getroffen.

[31] § 32 I BbgKVerf; § 36a I HessGO; § 23 V KV MV; § 57 I NdsKomVG; § 56 I GO NRW; § 30a I GO RP; § 30 V SaarlKSVG; § 35a I SächsGO; § 43 GO LSA; § 32a I GO SH; § 25 ThürKO. In Brandenburg erklärte das LVerfG (VfgBbg 45/09) 2011 den dortigen § 32 I BbgKV für nichtig, soweit eine Mindeststärke von drei Mitgliedern gefordert wurde.

Die Fraktionen beteiligen sich an der Willensbildung im Plenum und den Ausschüssen der Vertretungskörperschaft sowie ggf. dem Zwischenorgan (→ § 12) und weiteren Organen der Kommune. Sie sind die organisatorische Grundeinheit, auf die die Redezeiten und Ausschusssitze verteilt werden.[32] Die Kommune kann den Fraktionen personelle und sachliche Mittel zur Wahrnehmung ihrer Arbeit gewähren, was eine erhebliche organisatorische Verstärkung der in einer Fraktion zusammengeschlossen Mitglieder bedeutet und einen wichtigen Anreiz zur Fraktionsbildung darstellt.[33] 413

3. Ordnungsgewalt und Hausrecht

Bei einem Kollegialorgan wie der Vertretungskörperschaft, an der Organwalter ganz unterschiedlicher politischer Herkunft beteiligt sind, kann der ordnungsgemäße Ablauf der Sitzungen leicht gefährdet werden. Überdies sind die öffentlichen Sitzungen des Plenums und der Ausschüsse von Störungen aus dem Zuhörerraum bedroht. Deshalb sehen die Kommunalordnungen, ggf. ergänzt durch die Geschäftsordnung der Vertretungskörperschaft, verschiedene Instrumente vor, um die Ordnung zu wahren: 414

a) Ordnungsgewalt

Gegenüber den Mitgliedern der Vertretungskörperschaft übt der Vorsitzende die *Ordnungsgewalt* aus.[34] Ihm stehen dafür in aufsteigender Reihenfolge die Verweisung zur Sache und der Ordnungsruf, die Wortentziehung und der Ausschluss von der Sitzung zur Verfügung. Von diesen Ordnungsmitteln regeln die Kommunalordnungen zumeist nur den stark in die mitgliedschaftliche Stellung eingreifenden Ausschluss von der Sitzung ausdrücklich. Gegen den Ausschluss kann das betroffene Mitglied die Vertretungskörperschaft anrufen, gegen deren Entscheidung ist dann der Rechtsweg zu den Verwaltungsgerichten (→ § 15) eröffnet. Sofern die übrigen milderen Mittel nicht ausdrücklich in der Geschäftsordnung der Vertretungskörperschaft vorgesehen sind, folgen sie zumindest im Wege eines argumentum a maiore ad minus aus der allgemeinen Ordnungsgewalt des Vorsitzenden: Wenn dieser ein Mitglied schon ausschließen kann, dann vermag er erst recht diesem lediglich das Wort zu entziehen. 415

Besonders nachhaltig greift ein über einen längeren Zeitraum sich erstreckender Ausschluss in die Stellung als Mitglied der Vertretungskörperschaft ein. Des- 416

[32] Bilden Fraktionen eine Zählgemeinschaft, sind sie wie eine einheitliche Fraktion zu behandeln; vgl. § 41 II 7 BbgKVerf.

[33] § 57 III NdsKomVG; § 56 III GO NRW; § 35a III SächsGO; in den anderen Ländern besteht die Möglichkeit, die Fraktionsbildung in der Geschäftsordnung der Vertretungskörperschaft zu regeln.

[34] § 36 I 2 GO BW; Art. 53 I 1 BayGO; § 37 I BbgKVerf; § 58 IV; § 60 HessGO; § 29 I 5 KV MV; § 63 I NdsKomVG; § 51 I GO NRW; § 36 II; § 38 GO RP; § 43 I SaarlKSVG; § 38 I 2 SächsGO; § 55 I 2 GO LSA; § 37 S. 2; § 42 GO SH; § 41 S. 1 ThürKO. Siehe OVG Koblenz, Urteil v. 15.3.2013, Az.: 10 A 10573/12.

halb kann dieser langfristige Ausschluss nur von der Vertretungskörperschaft selbst, nicht aber allein von ihrem Vorsitzenden verhängt werden.[35] Auch gegen diesen langfristigen Ausschluss können selbstverständlich die Verwaltungsgerichte angerufen werden (→ § 15).

b) Hausrecht

417 Gegenüber den Zuhörern der Sitzung und sonstigen Dritten, die nicht Mitglied der Vertretungskörperschaft sind, steht dem Vorsitzenden der Vertretungskörperschaft das *Hausrecht* zu.[36] Das Hausrecht ist das Recht, über den Zugang zu, das Verweilen in und die Entfernung aus Räumlichkeiten zu entscheiden. Das Widersetzen gegen die Hausgewalt des Vorsitzenden ist strafrechtlich sanktioniert in § 123 I Alt. 2 StGB.[37]

IV. Rechtsstellung der Mitglieder

418 Das einzelne Mitglied der Vertretungskörperschaft ist – vergleichbar einem Parlamentsabgeordneten – Inhaber eines freien Mandats und damit persönlich und sachlich unabhängig.[38] Dieses freie Mandat fächert sich in einzelne Rechte auf, die in Anlehnung an die Aufgaben der Vertretungskörperschaft dargestellt werden können. Die Rechtsstellung des Mitgliedes der Vertretungskörperschaft wäre aber unvollständig, würden nicht die mit den Rechten einhergehenden Pflichten mitbedacht.

1. Rechte der Mitglieder

419 Das wichtigste Recht eines Mitgliedes der Vertretungskörperschaft besteht darin, sich am Geschehen im Plenum und in den Ausschüssen der Vertretungskörperschaft zu beteiligen. Das Mitglied kann nicht nur an den Sitzungen teilnehmen, sondern selbst aktiv werden, indem es Reden hält und Anträge stellt.[39] *Rede- und Antragsrecht* eines Mitglieds werden aber begrenzt durch die den übrigen Mitglie-

---

[35] § 36 III 2 GO BW; Art. 53 II BayGO; § 63 III NdsKomVG; § 51 II GO NRW; § 31 GO RP (Ausschluss nach strafrechtlicher Verurteilung); § 55 II GO LSA; § 41 ThürKO.

[36] § 36 I 2 GO BW; Art. 53 I 1 BayGO; § 37 I BbgKVerf; § 58 IV 1 HessGO; § 29 I 5 KV MV; § 63 I NdsKomVG; § 51 I GO NRW; § 36 II GO RP; § 43 I SaarlKSVG; § 38 I 2 SächsGO; § 55 I 2 GO LSA; § 37 S. 2 GO SH; § 41 S. 1 ThürKO.

[37] Dazu *Fischer*, Strafgesetzbuch, 61. Auflage, 2014, § 123, Rn. 11.

[38] § 32 III GO BW; § 30 I BbgKVerf; § 35 I HessGO; § 23 III 1, 2 KV MV; § 54 I NdsKomVG; § 43 I GO NRW; § 30 I GO RP; § 30 I SaarlKSVG; § 35 III SächsGO; § 42 I GO LSA; § 32 I GO SH; § 24 I ThürKO.

[39] Vgl. OVG Münster, NVwZ-RR 2013, 239, zum Initiativrecht eines Gemeinderatsmitglieds zur Erweiterung der Tagesordnung.

dern in gleicher Weise zustehenden Rechte sowie durch die Funktionsfähigkeit der Vertretungskörperschaft insgesamt.

Das Mitglied kann ferner an *Abstimmungen* über Sachfragen und *Wahlen* von Personen teilnehmen. Dabei kommt jedem Mitglied im Plenum eine Stimme zu; in Ausschüssen können fraktionslose Mitglieder indes auf eine beratende Funktion beschränkt sein (→ Rn. 410). **420**

Zur Vorbereitung der Sach- und Personalentscheidungen der Vertretungskörperschaft kann das einzelne Mitglied *Fragen* an den Hauptverwaltungsbeamten richten und Informationen begehren.[40] Die meisten Kommunalordnungen sehen darüber hinaus vor, dass ein Viertel der Mitglieder der Vertretungskörperschaft oder eine Fraktion Akteneinsicht verlangen kann.[41] **421**

Weil die Arbeit der Vertretungskörperschaft sich in gleicher Weise wie bei einem staatlichen Parlament nicht nur im Plenum, sondern auch in den Ausschüssen abspielt, kann jedes Mitglied verlangen, wenigstens *in einem Ausschuss mitwirken* zu dürfen. Fraktionsgebundene Mitglieder haben auch in diesem Ausschuss Stimmrecht, fraktionslose Mitglieder sollen nicht stimmberechtigt sein, um das Ergebnis des Ausschusses, der die Sitzung des Plenums vorbereitet, nicht zu verfälschen. **422**

Die bisherige Darstellung der Mitgliedsrechte zeigt bereits, dass der Fraktionsmitgliedschaft entscheidende Bedeutung für die Wahrnehmung der Mitgliedschaftsrechte zukommt. Jedes Mitglied der Vertretungskörperschaft hat das Recht, sich in Ausübung seiner Kooperationskompetenz mit anderen Mitgliedern zu einer Fraktion zusammenzuschließen. In der Rechtspraxis werden sich zumeist Mitglieder derselben Partei zu einer Fraktion zusammenfinden; dies ist indes nicht gesetzlich zwingend. Ein Fraktionsausschluss darf nur aus wichtigem Grund erfolgen.[42] **423**

Weil die Mitglieder der Vertretungskörperschaft ehrenamtlich tätig sind und dieses ehrenamtliche Engagement ihre berufliche Stellung beeinträchtigen kann, bedürfen sie *ergänzender Rechte*, um ihre Aufgaben wahrnehmen zu können und vor beruflichen Nachteilen geschützt zu sein. Die meisten Kommunalordnungen sehen einen gegen seinen Arbeitgeber gerichteten Anspruch des Mitglieds auf die **424**

[40] § 24 IV GO BW; § 29 I BbgKVerf; § 50 II HessGO; § 34 III KV MV; § 56 NdsKomVG; § 55 I GO NRW; § 33 IV GO RP; § 37 I SaarlKSVG; § 28 V SächsGO; § 44 VI GO LSA; § 30 I i.V.m. § 36 II GO SH. Siehe nun auch OVG Koblenz, NVwZ-RR 2011, 31, zum Anspruch auf angemessene Unterrichtung der Mitglieder des Gemeinderats und der Fraktionen sowie OVG Münster, NVwZ-RR 2013, 730 zum Akteneinsichtsanspruch eines Ratsmitglieds.

[41] § 24 III GO BW; § 50 II 2 HessGO; § 55 V GO NRW; § 33 III GO RP; § 37 I 3 SaarlKSVG; § 28 IV SächsGO; § 22 III 4 ThürKO. Nach § 44 V GO LSA reicht ein Zehntel der Abgeordneten, gemäß § 29 I BbgKVerf; § 34 IV KV MV und § 30 GO SH kann sogar jeder Abgeordnete alleine Akteneinsicht verlangen. Siehe *Eyermann*, NVwZ 2005, 43.

[42] Vgl. OVG Saarlouis, NVwZ-RR 2012, 613; *Schmidt-Jortzig/Hansen*, NVwZ 1994, 116.

zur Wahrnehmung seiner Aufgaben als Ratsmitglied notwendige freie Zeit vor.[43] Es kann außerdem Urlaub für die Teilnahme an Fortbildungsveranstaltungen für sein kommunales Amt beanspruchen.[44] Eine Kündigung oder jede sonstige Beendigung des Arbeitsverhältnisses durch den Arbeitgeber wegen der Stellung als Mitglied der Vertretungskörperschaft ist unzulässig.[45]

425 Jedem Mitglied steht außerdem ein gegen die Kommune gerichteter Anspruch zu auf Ersatz des durch die Wahrnehmung des kommunalen Mandats entstandenen *Verdienstausfalls.*[46] Dieser berechnet sich grds. nach dem tatsächlich entstandenen Verdienstausfall, kann aber ggf. pauschaliert werden. Auch wer nur einen Haushalt führt, hat aus Gründen der Gleichwertigkeit von häuslicher und beruflicher Tätigkeit einen Anspruch auf einen pauschalierten Stundensatz. Meistens kann zusätzlich zu dem Verdienstausfall auch noch der *Ersatz von Auslagen* verlangt werden; dazu zählen bspw. Kinderbetreuungskosten. In der Rechtspraxis entsteht häufig Streit über die Höhe der einem Mitglied der Vertretungskörperschaft gegen die Kommune zustehenden Ersatzansprüche; deshalb empfehlen sich möglichst präzise satzungsmäßige Regelungen. Je großzügiger Ersatzansprüche gewährt werden, desto mehr nähert sich das ehrenamtliche Mandat als Mitglied der kommunalen Vertretungskörperschaft einem hauptamtlichen Abgeordnetenmandat an. Die Kommune kann Kosten sparen, indem Sitzungen der Vertretungskörperschaft möglichst in den Abendstunden stattfinden, in denen mit weniger Verdienstausfall zu rechnen ist. Auch sollten knapp bemessene Entschädigungsregelungen ein Gebot sparsamer Haushaltsführung sein.

426 Überblickt man diese den Mitgliedern der kommunalen Vertretungskörperschaft eingeräumten Rechte, so finden sich auffällige Parallelen zur Stellung eines Bundes- oder Landtagsabgeordneten. Lediglich *Indemnität*, also Straflosigkeit von Äußerungen und Abstimmungen, und *Immunität*, Schutz vor Strafverfolgung, können die kommunalen Organwalter nicht beanspruchen.[47] Hier hat der Kommunalgesetzgeber zutreffend das öffentliche Interesse an möglicher Strafverfol-

---

[43] § 32 II 3 GO BW; § 30 II 3 BbgKVerf; § 35a IV 1 HessGO; § 27 V 2 KV MV; § 54 II 3 NdsKomVG; § 44 II GO NRW; § 18a V GO RP; § 35 II 3 SächsGO; § 42 II 4 GO LSA; § 24a S. 5 GO SH.

[44] § 35a IV 2 HessGO; § 54 II 4–6 NdsKomVG.

[45] § 32 II 2 GO BW; § 30 II 2 BbgKVerf; § 35a II HessGO; § 27 V 1 KV MV; § 54 II 2 NdsKomVG; § 44 I 4 GO NRW; § 18 a II GO RP; § 35 II 2 SächsGO; § 42 II 2 GO LSA; § 24a S. 4 GO SH.

[46] § 32 I 1; § 19 I GO BW; Art. 31 II 1 i.V.m. 20a II BayGO; § 30 IV 1 BbgKVerf; § 35a IV 3 i.V.m. § 27 I HessGO; § 27 I Nr. 2 KV MV; § 55 I i.V.m. § 44 I NdsKomVG; § 45 I GO NRW; § 18 IV 1 GO RP, § 30 I 1 i.V.m. § 28 I SaarlKSVG; § 35 I 1 i.V.m. § 21 I SächsGO; § 42 I 1 i.V.m. § 33 I GO LSA; § 24 I 1 Nr. 2 GO SH; § 24 I 1 i.V.m. § 13 I 2-5 ThürKO. Siehe nun auch OVG Münster, NVwZ-RR 2011, 245 sowie zum Pfändungsschutz LG Dessau-Roßlau, NVwZ-RR 2013, 565.

[47] Siehe aber Art. 51 II BayGO, wonach kein Mitglied des Gemeinderats zu irgendeiner Zeit wegen seiner Abstimmung gerichtlich oder dienstlich verfolgt oder sonst außerhalb des Gemeinderats zur Verantwortung gezogen werden darf.

gung höher bewertet als die Funktionsfähigkeit der kommunalen Vertretungskörperschaft.

2. Pflichten der Mitglieder

Den Rechten der Mitglieder stehen Pflichten gegenüber. Diese sind wie alle hoheitlichen Organwalter gemäß Art. 20 III GG an Gesetz und Recht gebunden. Dazu zählen nicht nur das Grundgesetz, die Landesverfassung und die sonstigen staatlichen Regelungen, sondern auch die Hauptsatzung der Kommune, die Geschäftsordnung der Vertretungskörperschaft und alle weiteren kommunalen Rechtsakte, sofern die Vertretungskörperschaft diese nicht gerade durch eine neuere Regelung gleichen oder höheren Ranges ablöst. **427**

Die Mitglieder der Vertretungskörperschaft sollen ihre Tätigkeit nach ihrer freien, nur durch die Rücksicht auf das *Gemeinwohl* geleiteten Überzeugung ausüben.[48] Gemeinwohl ist ein schillernder Begriff, der sich einer abschließenden Festlegung entzieht. Weil die Kommune selbst aber nach den einführenden Bestimmungen der Kommunalgesetze dem Wohl ihrer Einwohner dient, kann die Gemeinwohlverpflichtung der Mitglieder der Vertretungskörperschaft am ehesten als Pflicht präzisiert werden, das Wohl der Einwohner der Kommune zu fördern. **428**

Um die Vertretungskörperschaft funktionsfähig zu erhalten, sind deren Mitglieder zur Teilnahme an den Sitzungen des Plenums und der Ausschüsse, denen sie angehören, verpflichtet.[49] Über Angelegenheiten, die in nichtöffentlicher Sitzung erörtert wurden, haben sie Stillschweigen zu bewahren[50], wenngleich eine Bestrafung nach § 353b StGB wegen Verletzung des Dienstgeheimnisses zumeist nicht in Betracht kommen wird. **429**

Die besondere Nähe der Mitglieder der Vertretungskörperschaft zur Kommune kommt auch darin zum Ausdruck, dass sie – abgesehen von der Stellung als gesetzlicher Vertreter eines Anspruchstellers – keine fremden Ansprüche gegen die Kommune geltend machen und keine Gerichtsverfahren gegen die Kommune anstrengen dürfen.[51] Diese meist etwas hochtrabend als Treuepflicht **430**

---

[48] Siehe auch § 108e StGB.

[49] § 34 III GO BW; Art. 48 I 1 BayGO; § 31 I 2 BbgKVerf; § 23 III 3 KV MV; § 33 I SaarlKSVG; § 35 IV SächsGO; § 52 I GO LSA; § 37 I ThürKO. In Rheinland-Pfalz gibt es in § 30 II 1 GO RP die Verpflichtung zur gewissenhaften Amtsausübung; in Schleswig-Holstein gemäß § 32 II 2 GO SH die Pflicht der Mitglieder, die in der Gemeindevertretung erwachsenden Pflichten auszuüben.

[50] § 35 II GO BW; Art. 31 II 1 i.V.m. 20 II, III BayGO; §§ 31 II, 21 II BbgKVerf; § 35 II 1 i.Vm. 24 HessGO; § 23 VI KV MV; § 54 III i.V.m. § 40 I NdsKomVG; § 43 II i.V.m. 30 I GO NRW; § 20 I GO RP; §§ 30 I 1, 26 III SaarlKSVG; §§ 35 I 1, 19 II SächsGO; §§ 36 I 1, 28 I, 30 II GO LSA; § 21 I, II GO SH; §§ 24 I, 12 III ThürKO.

[51] §§ 32 I 1, 17 III GO BW; Art. 31 II, 20 III BayGO; § 35 II 1 i.V.m. § 26 HessGO; § 26 KV MV; § 54 III i.V.m. § 42 NdsKomVG; § 43 II i.V.m. § 32 I GO NRW; § 21 GO RP; §§ 30 I 1, 26 II SaarlKSVG; §§ 35 I 1, 19 III SächsGO; §§ 36 I 1, 28 I, 30 III GO LSA; §§ 21 III, 23 GO SH.

bezeichnete Unterlassungspflicht stellt für Rechtsanwälte einen erheblichen wirtschaftlichen Nachteil dar und führt oftmals dazu, dass qualifizierte Anwälte nicht zur Mitarbeit in der kommunalen Vertretungskörperschaft gewonnen werden können.[52]

V. Aktuelle Entwicklungen

431 In den letzten Jahren haben sich im Hinblick auf die kommunalen Vertretungskörperschaften zwei Entwicklungen vollzogen, die sich mit den Stichworten Verkleinerung und Parlamentarisierung umschreiben lassen. Vielfach sind die gesetzlich vorgesehenen Mitgliederzahlen der Vertretungskörperschaften abgesenkt worden und den Vertretungskörperschaften wurde gar die Befugnis eingeräumt, in der Hauptsatzung oder durch Beschluss ihre Größe weiter zu verringern.[53] Dadurch sollen zum einen Kosten gespart, zum anderen aber auch eine effektivere Arbeit der Vertretungskörperschaft ermöglicht werden. Auf dieser Linie liegt auch die Parlamentarisierung der Arbeit der Vertretungskörperschaft. Aus dem staatlichen Parlamentsrecht bekannte Rechte wie das Antragsrecht und das Recht zur Fraktionsbildung sind ausdrücklich in die Kommunalordnungen eingefügt worden. Damit haben die Landeskommunalgesetzgeber sich endgültig von dem Wunschbild der apolitischen, rein sachorientiert arbeitenden kommunalen Vertretungskörperschaft verabschiedet und anerkannt, dass die aus dem staatlichen Parlamentarismus geläufigen allgemeinpolitischen Auseinandersetzungen bezogen auf die örtlichen Angelegenheiten auch auf die kommunale Ebene durchschlagen. Für die Zukunft ist mit einer Verstärkung dieses Trends zu rechnen, und es erscheint nur noch eine Frage der Zeit, wann die Zugehörigkeit der kommunalen Vertretungskörperschaft zur kommunalen Exekutive nachhaltig in Frage gestellt werden wird.

VI. Kontrollfragen

432 1) Warum kommt gerade der kommunalen Vertretungskörperschaft die Auffangzuständigkeit zu und nicht einem anderen kommunalen Organ? (Rn. 381, 399)

2) Was spricht für, was gegen die Einordnung der kommunalen Vertretungskörperschaft als „Kommunalparlament"? (Rn. 382)

---

[52] In Brandenburg ist die entsprechende Norm des § 23 BbgKVerf durch das LVerfG Bbg mit Beschluss vom 19.10.2012 (Az.: 31/11) nur wegen Verstoßes gegen das landesverfassungsrechtliche Zitiergebot für verfassungswidrig und nichtig erklärt worden.

[53] § 25 II GO BW; § 38 II HessGO; § 46 IV NdsKomVG; § 29 III GO LSA.

3) Könnte die kommunale Vertretungskörperschaft alle ihre Aufgaben auf andere Organe übertragen? (Rn. 397)
4) Wer führt den Vorsitz in der kommunalen Vertretungskörperschaft? (Rn. 407)

Rechtsprechung zu § 10

Zu Funktionen der Vertretungskörperschaft: 433
BVerfGE 32, 346 (Gemeinderat als Legislativorgan)

Zu Fraktionen:
LVerfG Bbg, KommJur 2011, 415 (Kommunalverfassungsbeschwerde gegen Anhebung der Fraktionsmindeststärke)
LVerfG MV, DVBl. 2005, 244 (Organstreitverfahren gegen gesetzliche Anhebung der Fraktionsmindeststärke)
VGH München, NVwZ-RR 2000, 811 (Fraktionsmindeststärke)
OVG Bautzen, NVwZ-RR 2011, 701 (Fraktionsmindeststärke)

Zu Ausschüssen:
BVerwGE 119, 305 (Ausschussbesetzung)
OVG Lüneburg, NdsVBl. 2006, 22 (Ausschussbesetzung)
VGH Mannheim, DÖV 1988, 472 (Ausschussgröße)

Zur Geschäftsordnung und Sitzungsöffentlichkeit:
BVerwG, DVBl. 1988, 790 (Normenkontrolle gegen Geschäftsordnung)
BVerwG, DVBl. 1998, 792 (Sitzungsordnung, Tragen eines Aufklebers)
OVG Münster, DÖV 2001, 916 (Sitzungsöffentlichkeit)
VG Kassel, NVwZ-RR 2012, 660 (Film- und Tonaufnahmen aus der Gemeindevertretung)

Zur Rechtsstellung des Mitglieds der Vertretungskörperschaft:
BVerfGE 10, 4 (Rederecht)
BVerfGE 52, 42; 56, 99; 61, 68 (Vertretungsverbot)
BVerwGE 79, 200 (Rechtsfolge verbotener Mitwirkung)
LVerfG Bbg, Beschluss vom 19.10.2012, Az.: 31/11 (Vertretungsverbot)
VGH Kassel, DÖV 2001, 256 (Informationsrecht)
VGH Mannheim, DÖV 1989, 31 (Fragerecht, Antrag zur Tagesordnung)

Literatur zu § 10

Zu Funktionen der Vertretungskörperschaft: 434
Dolderer, Wie viel Parlament ist der Gemeinderat?, DÖV 2009, 146–154
Meyer, Prüfungskompetenz des Vorsitzenden der Gemeindevertretung, KommJur 2008, 161–166
Moritz, Die innergemeindliche Zuständigkeitsordnung, 2002

Petri, Gemeindevertretung contra Gemeindevorstand: Auskunft und Akteneinsicht bei personenbezogenen Daten, NVwZ 2005, 399–406
Striedl/Troidl, Mehr Demokratie im Gemeinderat, BayVBl. 2008, 289–300

Zu Fraktionen:

Bick, Die Ratsfraktion, 1989
Franz, Der Anspruch von Ratsfraktionen auf die Neubesetzung von Ausschüssen, LKV 2004, 497–501
Hopf, Der kollektive Auszug einer Gemeinderatsfraktion, BayVBl 2012, 554–561
Meyer, Das Recht der Ratsfraktionen, 5. Auflage, 2009
Molitor, Der Unmittelbarkeitsbegriff in der kommunalen Befangenheitsvorschrift und der Ausschluß bei der Flächennutzungsplanung, JA 1992, 303–307
Wüstenberg, Die kommunale Fraktionsmindeststärke in Hessen, KommJur 2006, 121–124

Zu Ausschüssen:

Geerlings/Maaß, Die Beachtung des Demokratieprinzips bei der Besetzung kommunaler Ausschüsse, DÖV 2005, 644–647
Rothe, Über die Ausschüsse der Gemeinde, Verwaltungsrundschau 2003, 55–60

Zur Geschäftsordnung und Sitzungsöffentlichkeit:

v. Bechtolsheim/Betz, Kommunalrechtliches Öffentlichkeitsprinzip versus vergaberechtlichen Geheimhaltungsgrundsatz, KommJur 2006, 1–5
Faßbender/Brückner, Der praktische Fall: Die Rache der Räte, VR 2012, 59–63
Rabeling, Die Öffentlichkeit von Gemeinderatssitzungen in der Rechtsprechung, NVwZ 2010, 411–414
Rothe, Rechtsnatur und strittige Regelungen der Geschäftsordnungen kommunaler Vertretungskörperschaften, DÖV 1991, 486–494
Schnapp, Der Streit um die Sitzungsöffentlichkeit im Kommunalrecht, VerwArch. 78 (1987), 407–458

Zur Rechtsstellung des Mitglieds der Vertretungskörperschaft:

Barrot, Ausschluss eines Stadtratsmitglieds aus dem Stadtrat, LKRZ 2012, 320–323
Berning, Öffentlichkeitsgrundsatz und Verschwiegenheitspflicht, DVP 2013, 330–336
Dauber, Der praktische Fall: Der geschwätzige Fraktionsvorsitzende, VR 2012, 348–350
Eiermann, Akteneinsicht durch kommunale Mandatsträger, NVwZ 2005, 43–48
Geis, Zum Recht des Gemeinderatsmitglieds auf freie Meinungsäußerung in der Gemeinderatssitzung, Bayerische Verwaltungsblätter 1992, 41–45
Glage, Mitwirkungsverbote in den Gemeindeordnungen, 1995
Hager, Grundfragen zur Befangenheit von Gemeinderäten, VBlBW 1994, 263–269
Molitor, Die Befangenheit von Ratsmitgliedern, 1993
Müller-Franken, Der unberechtigte Ausschluss eines Mitgliedes des Gemeinderates wegen persönlicher Beteiligung, BayVBl. 2001, 136–140
Röhl, Das kommunale Mitwirkungsverbot, Jura 2006, 725–753
Nolte, Das freie Mandat der Gemeinderatsmitglieder, DVBl. 2005, 870–880
Schäfer, Zur Befangenheit von Gemeinderatsmitgliedern, VBlBW 2003, 271–275
Schnell, Freie Meinungsäußerung und Rederecht der kommunalen Mandatsträger, 1997
Schwerdtner, Das Mitwirkungsverbot wegen Befangenheit als Rechtsproblem, VBlBW 1999, 81–83

von Schwanenflug/André, Vae soli? Mitwirkungsbefugnisse fraktionsloser Gemeindevertreter im hessischen Kommunalverfassungsrecht, NJOZ 2013, 1141–1151
Wisser, Der praktische Fall: „Eine lebhafte Gemeinderatssitzung“, VR 2013, 24–29

§ 11 Hauptverwaltungsbeamter

I. Grundlagen

435 Der kommunalen Vertretungskörperschaft als kollegialem Organ der Willensbildung mit ehrenamtlichen Organwaltern steht in allen Ländern ein Organ der Willensbetätigung gegenüber. Dies ist meist der hauptamtliche Hauptverwaltungsbeamte als monokratisches Organ – nur in Hessen bildet der Hauptverwaltungsbeamte gemeinsam mit haupt- und nebenamtlichen Beigeordneten den kollegialen Gemeindevorstand. Dieser Hauptverwaltungsbeamte wird auf Gemeindeebene *„Bürgermeister"*[1] genannt; in Großstädten führt er den Titel *„Oberbürgermeister"*[2] und auf Ebene der Landkreise heißt er *„Landrat"*[3].

436 Er steht an der Spitze der Kommunalverwaltung und repräsentiert die Kommune nach außen. Diese beiden Funktionen waren früher in Niedersachsen und Nordrhein-Westfalen als Doppelspitze auf den Gemeinde-/Oberkreisdirektor und den Bürgermeister/Landrat aufgeteilt; heute sind sie in allen Ländern in der Person des Hauptverwaltungsbeamten vereint, was an diesen zahlreiche, ganz verschiedenartige Anforderungen richtet.

II. Zuständigkeiten

437 Auch hinsichtlich der Zuständigkeiten des Hauptverwaltungsbeamten ist zwischen drei Arten von Kompetenzen zu unterscheiden: Zum einen weisen die Kommunalgesetze dem Hauptverwaltungsbeamten einen Katalog von Einzelzuständigkeiten zu; zum anderen können ihm von anderen Organen Zuständigkeiten übertragen werden; schließlich besteht für ihn eine Art Auffangkompetenz für die Geschäfte der laufenden Verwaltung.

---

[1] §§ 23, 42 I 1 GO BW; Art. 29, 34 I BayGO; § 53 I 1 BbgKVerf; §§ 65 I HessGO; §§ 21, 38 I, KV MV; §§ 7 II Nr. 1, 80 ff. NdsKomVG; §§ 40 II 1, 62 I GO NRW; §§ 28; 47 I GO RP; §§ 29 I, III, 54 ff. SaarlKSVG; §§ 51 I 1 SächsGO; §§ 35; 57 I 2 GO LSA; §§ 48 I 2, 55 ff. GO SH; §§ 22 I 1; 28 I ThürKO.

[2] § 42 IV GO BW; Art. 34 I 2 BayGO; § 53 IV 1 BbgKVerf; § 45 I 1 HessGO; § 38 I 2 KV MV; § 7 II Nr. 2 NdsKomVG; § 40 II 3 GO NRW; § 28 II 2 GO RP; § 29 III SaarlKSVG; § 51 IV SächsGO; § 57 III 1 GO LSA; § 61 II GO SH; § 28 I 2 ThürKO.

[3] § 18 KrO BW; Art. 22 LKrO Bay; § 131 I 4 BbgKVerf; § 37 HessKrO; § 103 KV MV; § 7 II Nr. 4 NdsKomVG; § 42 KrO NRW; § 21 I 1 LKrO RP; § 155 SaarlKSVG; § 23 SächsLKrO; § 24 LKO LSA; § 7 KrO SH; § 101 I 1 ThürKO.

1. Einzelne gesetzlich zugewiesene Zuständigkeiten

a) Vorbereitung und Durchführung von Beschlüssen

Was die kommunale *Rechtsetzung* anbelangt, so wirkt der Hauptverwaltungsbeamte mit den anderen Organen der Kommune zusammen. Er bereitet diese Beschlüsse (wie andere auch) der kommunalen Vertretungskörperschaft und weiterer Organe wie des Zwischenorgans vor und kann dadurch bereits im Vorfeld erheblichen Einfluss auf den Inhalt der kommunalen Rechtsetzung nehmen.[4] Diese Funktion ähnelt auf staatsrechtlicher Ebene dem Gesetzesinitiativrecht der Regierung. **438**

Sodann führt der Hauptverwaltungsbeamte die bereits gefassten Beschlüsse aus und kann zu diesem Zweck Verwaltungsakte erlassen, verwaltungsrechtliche oder privatrechtliche Verträge schließen und sich sonstiger Rechtsakte bedienen.[5] Hier kommt die Befugnis des Hauptverwaltungsbeamten zum Tragen, die Kommune nach außen gerichtlich und außergerichtlich zu vertreten.[6] Sofern gemäß § 78 I Nr. 2 VwGO im jeweiligen Landesrecht das Behördenprinzip gilt, ist er damit auch Klagegegner einer Anfechtungs- oder Verpflichtungsklage. Selbstverständlich erlässt der Hauptverwaltungsbeamte nicht höchstpersönlich jeden Verwaltungsakt der Kommune, sondern die kommunalen Bediensteten werden auf sein Geheiß hin tätig und unterzeichnen deshalb mit dem Zusatz *„im Auftrag"*, abgekürzt *„i.A."*. **439**

b) Haushalt

Auf Phasen der Vorbereitung und Durchführung konzentrieren sich auch die Zuständigkeiten des Hauptverwaltungsbeamten beim kommunalen *Budget*. Er stellt den Entwurf des Haushaltsplans fest[7], der als Teil der Haushaltssatzung von der Vertretungskörperschaft verabschiedet wird, sorgt für den Vollzug des Haushalts und legt der Vertretungskörperschaft Rechnung[8], um Entlastung zu erlangen. In größeren Kommunen können einige dieser Aufgaben auch einem speziell für die Finanzen zuständigen hauptamtlichen Beigeordneten übertragen **440**

---

[4] § 43 I GO BW; Art. 46 II 1 BayGO; § 54 I Nr. 1 BbgKVerf; § 66 I Nr. 2 HessGO; § 38 III KV MV; § 85 I 1 Nr. 1 NdsKomVG; § 62 II GO NRW; § 47 I Nr. 1 GO RP; § 59 II SaarlKSVG; § 52 I SächsGO; § 62 I GO LSA; § 65 I Nr. 2 GO SH.

[5] § 43 I GO BW; § 54 I Nr. 2 BbgKVerf; § 85 I 1 Nr. 2 NdsKomVG; § 62 II GO NRW; § 47 I Nr. 2 GO RP; § 59 II SaarlKSVG; § 52 I SächsGO; § 62 I GO LSA; § 65 I Nr. 2 GO SH; § 29 I ThürKO.

[6] § 42 I 2 GO BW; Art. 38 I BayGO; §§ 53 I 2, 57 I BbgKVerf; §§ 66 I Nr. 7, 71 I 1 HessGO; § 38 II 1 KV MV; § 86 I 2 NdsKomVG; § 63 I GO NRW; § 47 I 1 GO RP; § 59 I SaarlKSVG; § 51 I 2 SächsGO; § 57 II GO LSA; § 64 I GO SH; § 31 I ThürKO.

[7] § 97 I 1 HessGO; § 80 I GO NRW; § 76 I SächsGO.

[8] § 95 GO BW; Art. 102 BayGO; § 82 BbgKVerf; §§ 112 ff. HessGO; § 60 KV MV; § 129 NdsKomVG; § 95 f. GO NRW; § 108 GO RP; §§ 99 ff. SaarlKSVG; § 88 SächsGO; § 108 f. GO LSA; § 93 GO SH; § 80 ThürKO.

werden, meist *„Kämmerer“*[9] genannt (→ Rn. 909). Auf staatsrechtlicher Ebene obliegt die Einbringung des Haushaltsgesetzes der Regierung (vgl. für den Bund Art. 110 III GG), die Rechnungslegung dem Finanzminister (vgl. für den Bund Art. 114 I GG).

c) Vorsitz in der Vertretungskörperschaft

441 Der Hauptverwaltungsbeamte führt in vielen Ländern bereits kraft Amtes den Vorsitz in der kommunalen Vertretungskörperschaft.[10] In dieser Stellung stehen ihm Sitzungsleitung, Ordnungsgewalt und Hausrecht zu (→ Rn. 407, 414 ff.).

d) Wahlen

442 Nur eine geringe Rolle kommt dem Hauptverwaltungsbeamten jedoch bei der *Wahl* anderer Organwalter zu. Er hat allenfalls den Wahlvorgang zu organisieren sowie ggf. im Falle der Stimmengleichheit zwischen mehreren Bewerbern das Los zu ziehen. Hingegen ernennt, umgruppiert und entlässt er die Amtswalter der Kommune[11], sofern nicht bei Bediensteten der gehobenen und höheren Laufbahn die Vertretungskörperschaft sich die Zustimmung vorbehalten hat.

e) Kontrolle der Beschlüsse der Vertretungskörperschaft

443 Von großer Bedeutung ist indes die *Überwachungsfunktion* des Hauptverwaltungsbeamten. Dieser hat die Beschlüsse der Vertretungskörperschaft auf ihre Rechtmäßigkeit hin zu überprüfen und rechtswidrige Beschlüsse zu beanstanden oder der Kommunalaufsichtsbehörde zu berichten (→ Rn. 296). Zum Teil kann der Hauptverwaltungsbeamte darüber hinaus auch zweckwidrige Beschlüsse beanstanden und eine erneute Beschlussfassung der Vertretungskörperschaft erzwingen (→ Rn. 297). Diese kommunalinterne Rechts- und Zweckmäßigkeitskontrolle geht weit hinaus über die Aufgaben, die einer staatlichen Regierung hinsichtlich der vom Parlament gefassten Beschlüsse zukommen. Hier wird der Regierung von Verfassung wegen zumeist lediglich ein Zustimmungsrecht hinsichtlich finanzwirksamer Gesetzesbeschlüsse eingeräumt, im Übrigen aber Verfassungs- und Zweckmäßigkeit der Regelungen in die alleinige Verantwortung des Parlaments gestellt.[12]

---

[9] § 84 BbgKVerf; § 45 II 1 HessGO.

[10] § 25 I bzw. § 42 I 1 GO BW; Art. 36 S. 1 BayGO; § 40 II 4 GO NRW; § 36 I 1 GO RP; § 42 I 1 SaarlKSVG; §§ 29 I 1, 36 I; § 51 I 1 SächsGO; § 23 I 2 ThürKO.

[11] § 24 II GO BW; Art. 43 II 1 BayGO; § 62 I, IV BbgKVerf; § 59 V SaarlKSVG; § 55 I 4 Nr. 4 GO SH. In Hessen übt der kollektive Gemeindevorstand diese Befugnisse aus, § 73 I HessGO.

[12] Siehe Art. 113 I GG.

f) Geheimhaltungsbedürftige Angelegenheiten

Aufgaben, deren *Geheimhaltung* allgemein vorgeschrieben oder im Einzelfall von der dazu zuständigen staatlichen Behörde angeordnet ist, sind regelmäßig von dem Hauptverwaltungsbeamten durchzuführen, bei dem als monokratischem Organ am ehesten mit der Wahrung von Geheimnissen zu rechnen ist. Soll die Aufgabe hingegen von der kommunalen Vertretungskörperschaft als Kollegialorgan wahrgenommen werden, sind deren Mitglieder ausdrücklich zur Geheimhaltung zu verpflichten.[13] 444

g) Organisationsentscheidungen

Der Hauptverwaltungsbeamte trifft auch *kommunale Organisationsentscheidungen*. Er leitet und beaufsichtigt den Geschäftsgang der Verwaltung und regelt im Rahmen der Richtlinien der Vertretungskörperschaft die Geschäftsverteilung.[14] Darin zeigen sich gewisse Parallelen zur Richtlinienkompetenz eines Regierungschefs. 445

h) Aufgaben des übertragenen Wirkungskreises

Außerdem hat der Hauptverwaltungsbeamte die *Aufgaben des übertragenen Wirkungskreises* zu erfüllen und die Weisungen der Aufsichtsbehörden zu befolgen. Insoweit tritt seine Position als zumeist unmittelbar demokratisch legitimierter Organwalter einer Selbstverwaltungskörperschaft zurück hinter seiner Stellung als Teil der hoheitlichen Behördenhierarchie. 446

i) Repräsentation

In Ergänzung zu diesen zumeist im Innern der Behörde verbleibenden Aufgaben hat der Hauptverwaltungsbeamte die Kommune nach außen zu *repräsentieren*.[15] So überbringt er die Glückwünsche der Kommune bei runden Geburtstagen und sonstigen Jubiläen, eröffnet Kongresse und hält Festreden. In dieser Funktion tritt der Hauptverwaltungsbeamte als Kommunaloberhaupt in Erscheinung und kann von Amtsinsignien wie der Amtskette Gebrauch machen. 447

2. Zuständigkeitsverlagerung

Zusätzlich zu diesen dem Hauptverwaltungsbeamten katalogartig zugewiesenen Zuständigkeiten können weitere Kompetenzen auf ihn verlagert werden: 448

---

[13] Siehe *Zilkens / Elschner*, DVBl. 2002, 163.

[14] § 44 I GO BW; Art. 46 I 1 BayGO; §§ 53 I 2, 61 I BbgKVerf; § 70 I 2 HessGO; § 38 II 2, VII KV MV; § 85 III NdsKomVG; § 62 I GO NRW; § 47 I 1 GO RP; § 59 II 1 SaarlKSVG; §§ 51 I 1, 53 I SächsGO; § 63 I GO LSA; § 65 I GO SH; § 29 I ThürKO.

[15] Explizit: § 53 I 2 BbgKVerf; § 86 I 1 NdsKomVG; § 57 II GO LSA.

a) Übertragung von Aufgaben

449 Zwar kann der Hauptverwaltungsbeamte sich nicht nach Art der kommunalen Vertretungskörperschaft Aufgaben vorbehalten, weil neben der Vertretungskörperschaft kein weiteres kommunales Hauptorgan bestehen kann; ihm können aber von der Vertretungskörperschaft und anderen kommunalen Organen Aufgaben *übertragen* werden.[16] Diese Übertragung kann generell oder im Einzelfall erfolgen; sofern nicht die Aufgabe dem anderen Organ zur *„ausschließlichen"* Wahrnehmung zugewiesen wurde oder in Anbetracht der Vielzahl der bereits übertragenen Aufgaben ein weiterer Kompetenztransfer die Bedeutung des übertragungswilligen Organs aushöhlte. Sehen die Kommunalordnungen vor, dass der Hauptverwaltungsbeamte bis zu bestimmten in der Hauptsatzung festgesetzten Wertgrenzen Rechtsgeschäfte eigenverantwortlich tätigen darf, wirkt sich eine hohe Ansetzung dieser Wertgrenzen gleichfalls wie eine generelle Aufgabenübertragung aus.[17]

b) Eilkompetenz

450 Dem Hauptverwaltungsbeamten als dem am handlungsfähigsten Organ steht außerdem eine *Eilkompetenz* zu, auf Grund derer er an Stelle der Vertretungskörperschaft entscheiden kann.[18] Dieses Notentscheidungsrecht könnte die Position der Vertretungskörperschaft im Machtgefüge der kommunalen Organe gefährden, wäre es nicht an einschränkende Voraussetzungen gekoppelt: Es muss sich um einen dringenden Fall handeln und die Vertretungskörperschaft muss selbst unter Berücksichtigung abgekürzter Ladungsfristen nicht rechtzeitig entscheiden können. Grundsätzlich entscheidet nun ein Ausschuss der Vertretungskörperschaft oder ein kommunales Zwischenorgan an deren Stelle. Nur wenn auch dieses kleinere Kollegialorgan nicht rechtzeitig eine Entscheidung fällen kann, ist der Hauptverwaltungsbeamte zur Entscheidung berufen. Zumeist bedarf er dafür der Mitwirkung seines Vertreters oder des Vorsitzenden der Vertretungskörperschaft. Sodann ist die Vertretungskörperschaft unverzüglich über die Eilentscheidung des Hauptverwaltungsbeamten zu unterrichten. Sie kann dieser zustimmen oder die Entscheidung rückgängig machen.

c) Zuschnitt der Aufgaben der Beigeordneten

451 Im Unterschied zur Vertretungskörperschaft kann der Hauptverwaltungsbeamte hingegen nicht aus eigener Machtvollkommenheit Zuständigkeiten auf andere

---

[16] § 44 II GO BW; Art. 37 II BayGO; § 54 I Nr. 2 BbgKVerf; § 50 I HessGO; § 22 II, IV KV MV; § 85 I 1 Nr. 2 NdsKomVG; § 62 II 3 GO NRW; §§ 32 I, 47 I 2 GO RP; § 34 SaarlKSVG; § 53 II SächsGO; § 63 III GO LSA; § 65 I Nr. 3 GO SH; § 29 IV ThürKO.

[17] § 22 IV KV MV; § 32 III GO RP; § 28 a.E. GO SH.

[18] § 43 IV GO BW; Art. 37 III BayGO; § 58 BbgKVerf; § 70 III HessGO; § 38 IV KV MV; § 89 NdsKomVG; § 60 GO NRW; § 48 GO RP; § 61 SaarlKSVG; § 52 III SächsGO; § 62 IV GO LSA; § 65 IV GO SH; § 30 ThürKO.

Organe übertragen. Er bestimmt aber über den Zuschnitt der von den einzelnen haupt- und ehrenamtlichen Beigeordneten wahrzunehmenden Aufgabengebiete und kann auf diesem Wege seinen Zuständigkeitskreis verändern.

3. Geschäfte der laufenden Verwaltung

Schließlich sehen noch sämtliche Kommunalordnungen vor, dass der Hauptverwaltungsbeamte die „*Geschäfte der laufenden Verwaltung*"[19] zu führen hat. Diese sind von den der Vertretungskörperschaft vorbehaltenen grundlegenden Angelegenheiten abzugrenzen. Diese Differenzierung bereitet aus zwei Gründen Schwierigkeiten: **452**

Zum einen sind sowohl die Geschäfte der laufenden Verwaltung als auch die grundlegenden Angelegenheiten in Abhängigkeit von der Größe der Kommune zu bestimmen. Was für eine kleine kreisangehörige Gemeinde grundlegend sein mag und den Rahmen der laufenden Verwaltung sprengt, kann für eine Großstadt unbedeutend erscheinen und sich im Rahmen des Verwaltungsalltags bewegen. **453**

Zum anderen stellen Geschäfte der laufenden Verwaltung und grundlegende Angelegenheiten keine komplementären Begriffe dar. Vielmehr wird mit dem Kriterium der laufenden Verwaltung auf die Häufigkeit einer Angelegenheit abgestellt, mit ihrem grundlegenden Charakter aber auf ihre Bedeutung. Kombiniert man diese beiden Kriterien, so ergeben sich nicht zwei, sondern vier Fallgruppen: (1) grundlegende und seltene, (2) grundlegende und häufige, (3) unbedeutende und seltene, (4) unbedeutende und häufige Angelegenheiten. Unstreitig ist, dass die Vertretungskörperschaft für (1) grundlegende und seltene Angelegenheiten zuständig ist, der Hauptverwaltungsbeamte aber für (4) unbedeutende und häufige Angelegenheiten. Probleme bestehen aber hinsichtlich der verbliebenen Fallgruppen (2) und (3). Davon lässt sich die Fallgruppe (3) – unbedeutende und seltene Angelegenheiten – auch noch relativ leicht dem Hauptverwaltungsbeamten zuordnen, denn es ist nicht erkennbar, warum die Vertretungskörperschaft damit belastet werden sollte. Den Sachgebieten der Fallgruppe (2) – grundlegende und häufige Angelegenheiten – kommt aber sowohl besondere Bedeutung zu, was für eine Zuständigkeit der Vertretungskörperschaft spricht, als auch können sie zu den Angelegenheiten der laufenden Verwaltung gezählt werden, was sich für eine Kompetenz des Hauptverwaltungsbeamten anführen lässt. Hier wird wegen der Stellung der Vertretungskörperschaft als kommunalem Hauptorgan im Zweifel von deren Zuständigkeit auszugehen sein. Allenfalls erscheint es möglich, dass der Hauptverwaltungsbeamte nach dem Vorbild der von der Vertretungskörperschaft schon früher getroffenen Entscheidungen diese Angelegenheiten zu behandeln hat. **454**

[19] § 44 II 1 GO BW; Art. 37 I Nr. 1 BayGO; § 54 I Nr. 5 BbgKVerf; § 66 I 2 HessGO; § 38 III 2 KV MV; § 85 I 1 Nr. 7 NdsKomVG; § 41 III GO NRW; § 47 I 2 Nr. 3 GO RP; § 59 III 1 SaarlKSVG; § 53 II 1 SächsGO; § 63 I 2 GO LSA; § 65 I 2 GO SH; § 29 II Nr. 1 ThürKO.

455 **Übersicht 11-1: Geschäfte der laufenden Verwaltung**

Häufigkeit / Bedeutung	**selten**	**häufig**
grundlegend	Fallgruppe (1): Vertretungskörperschaft	Fallgruppe (2): Vertretungskörperschaft; später evtl. Hauptverwaltungsbeamter
unbedeutend	Fallgruppe (3): Hauptverwaltungsbeamter	Fallgruppe (4): Hauptverwaltungsbeamter

456 **Übersicht 11-2: Vergleich der Funktionen der Bundesregierung mit denen des kommunalen Hauptverwaltungsbeamten**

Funktion	**Bundesregierung**	**Kommunaler Hauptverwaltungsbeamter**
Legislativfunktion	a) Gesetzesinitiative, Art. 76 I GG; b) Gegenzeichnung, Art. 82 I 1 GG; c) Jederzeitiges Rederecht in Bundestag und Bundesrat, Art. 43 II GG	a) Beschlüsse vorbereiten; b) Satzungen unterzeichnen und bekanntmachen; c) Mitglied kraft Amtes in der Vertretungskörperschaft
Budgetfunktion	a) Entwurf des Haushaltsgesetzes einbringen, Art. 110 III GG Entwurf der Kreditbewilligung, Art. 115 I GG; b) Bundesfinanzminister legt Rechnung zur Entlastung der Bundesregierung, Art. 114 I GG	a) Zuleitung des vom Kämmerer festgestellten Entwurfs der Haushaltssatzung an die Vertretungskörperschaft; b) Feststellung des Jahresabschlusses und Zuleitung an Vertretungskörperschaft
Kreationsfunktion	Bundeskanzler schlägt Bundesminister vor, Art. 64 I GG	Schlägt Beigeordnete vor
Administrativfunktion	a) Jeder Minister leitet sein Ressort, Art. 65 S. 2 GG; b) Vorgesetzter der Bundesbediensteten; c) Kollegialprinzip, Art. 65 S. 3 GG; d) Vertretung des Bundes nach außen	a) Leiter der Kommunalverwaltung; b) Vorgesetzter der Kommunalbediensteten; c) Vertreter der Kommune; d) Beschlüsse ausführen; e) Entscheidungen bei Pflichtaufgaben zur Erfüllung nach Weisung
Kontrollfunktion	a) Aufsicht über Landesverwaltung,	a) Maßnahmen der Aufsichtsbehörden umsetzen;

Funktion	Bundesregierung	Kommunaler Hauptverwaltungsbeamter
	Art. 84 III; 85 IV GG; b) Aufsicht über bundesunmittelbare Körperschaften, Art. 86 GG	b) Beanstandungskompetenz
Repräsentationsfunktion	Eher Bundespräsident	Repräsentant
Auffangfunktion	Kernbereich der Exekutive	Geschäfte der laufenden Verwaltung
Notfallfunktion	a) Bundeszwang, Art. 37 GG; b) Abwehr von Gefahren für den Bestand des Bundes, Art. 91 II GG	Eilentscheidung

III. Exkurs: Kommunalvorstand in Hessen

457 Diese in allen übrigen Ländern dem Hauptverwaltungsbeamten als monokratischem Organ zukommenden Zuständigkeiten werden in Hessen von einem kollegialen Organ ausgeübt. Dieses trägt auf Gemeindeebene die Bezeichnung *„Gemeindevorstand"*[20], auf Kreisebene *„Kreisausschuss"*[21]. Es besteht aus dem direkt von den Bürgern der Kommune gewählten Hauptverwaltungsbeamten und weiteren haupt- und ehrenamtlichen Mitgliedern, *„Beigeordnete"*[22] genannt, die von der Vertretungskörperschaft gewählt werden. Mitglieder desselben Organs werden also auf zwei gänzlich verschiedenen Wegen bestimmt, was inkonsequent erscheint. Weil außerdem die Wahlperioden des Hauptverwaltungsbeamten und der Vertretungskörperschaft, welche die Beigeordneten bestimmt, auseinander fallen, kommt es sehr häufig zu unterschiedlichen politischen Mehrheiten, und dann gehört der Hauptverwaltungsbeamte der einen Partei, ein Teil der Beigeordneten aber anderen Parteien an. In diesem Bestellungsmodus schimmert das Ideal der überparteilichen Kommunalregierung durch, was aber der parteipolitischen Durchdringung auch der Kommunalpolitik kaum noch gerecht wird.

458 Innerhalb des Kollegialorgans Kommunalvorstand kann der Hauptverwaltungsbeamte sich bestimmte Kernbereiche der Kommunalverwaltung vorbehalten und die übrigen Geschäftsbereiche unter den Beigeordneten verteilen mit Ausnahme derjenigen Arbeitsgebiete, für welche die Vertretungskörperschaft hauptamtliche Beigeordnete besonders gewählt hat. Meinungsverschiedenheiten

[20] §§ 65 I HessGO.

[21] §§ 36 I 1 HessKrO. Dieses kollektive Leitungsorgan ist nicht mit dem Zwischenorgan zu verwechseln, das auf Kreisebene in Brandenburg, § 131 I 4 BbgKVerf, und in Niedersachsen, § 7 II Nr. 4 NdsKomVG, ebenfalls die Bezeichnung Kreisausschuss trägt.

[22] § 65 I HessGO.

zwischen den Mitgliedern des Kommunalvorstandes werden nach dem Mehrheitsprinzip entschieden; bei Stimmengleichheit kommt dem Hauptverwaltungsbeamten der Stichentscheid zu. Im Übrigen erledigen die Beigeordneten die laufenden Verwaltungsangelegenheiten aber selbstständig. Im Hinblick auf seine Machtstellung innerhalb des kollektiven Kommunalvorstandes erscheint der Hauptverwaltungsbeamte daher eher als *„primus inter pares"* denn als *„Regierungschef der Kommunalregierung"*.[23]

459 Kann der Kommunalvorstand nicht rechtzeitig eine Entscheidung treffen, so steht dem Hauptverwaltungsbeamten ein Notentscheidungsrecht zu (→ Rn. 450); allerdings hat er den Kommunalvorstand unverzüglich zu unterrichten. Unterlässt es der Kommunalvorstand, rechts- oder zweckwidrige Beschlüsse zu beanstanden (→ Rn. 296 f.), so hat dies der Hauptverwaltungsbeamte an seiner Stelle zu tun. Auch rechts- und zweckwidrigen Beschlüssen des Kommunalvorstandes selbst hat der Hauptverwaltungsbeamte zu widersprechen, was zu einer nochmaligen Beschlussfassung des Kommunalvorstandes führt. Erledigt sich die Angelegenheit nicht auf diese Weise, kann der Hauptverwaltungsbeamte die Vertretungskörperschaft anrufen.

IV. Persönliche Rechtsstellung

460 Der Hauptverwaltungsbeamte ist ein hauptamtlicher kommunaler Wahlbeamter auf Zeit. Seine persönliche Rechtsstellung wird im Unterschied zu derjenigen eines Ministers des Bundes oder eines Landes nicht durch ein gesondertes Gesetz geregelt, sondern bestimmt sich nach den Kommunalordnungen – ergänzt um das Beamtenrecht des Bundes und der Länder. Danach stehen dem Hauptverwaltungsbeamten zahlreiche Rechte zu, er unterliegt aber auch einer besonderen Pflichtenbindung.

1. Rechte des Hauptverwaltungsbeamten

461 Als Beamter hat der Hauptverwaltungsbeamte einen Anspruch auf amtsangemessene Besoldung. Diese kann er nicht frei mit der Kommune aushandeln, sondern sie ist in den Besoldungsgesetzen der Länder festgelegt. Danach bestimmt sich das Gehalt eines Hauptverwaltungsbeamten im Wesentlichen nach der Einwohnerzahl der von ihm repräsentierten Kommune. Die finanzielle Ausstattung des Hauptverwaltungsbeamten wird nach dem Ausscheiden aus seinem kommunalen Hauptamt abgerundet durch Versorgungsansprüche auf der Grundlage der Beamtenversorgungsgesetze. Theoretisch steht dem Hauptverwaltungsbeamten auch ein Anspruch auf Urlaub zu, wenngleich er in der Praxis wegen der erheblichen zeitlichen Belastung durch sein Amt wohl kaum diesen Urlaubsanspruch wird vollständig ausschöpfen können. All diese Einzelansprü-

[23] Vgl. *v. Schwanenflug*, KommJur 2012, 441.

che sind lediglich Ausprägungen der umfassenden Fürsorgepflicht der Kommune als Dienstherrin.

2. Pflichten des Hauptverwaltungsbeamten

Diesen Rechten stehen erhebliche Pflichten des Hauptverwaltungsbeamten gegenüber: Selbstverständlich ist der Hauptverwaltungsbeamte in seinem gesamten Handeln an Gesetz und Recht gebunden.[24] Als Spitze der kommunalen Verwaltung ist er in besonderem Maße zur Gemeinwohlorientierung seines Verhaltens aufgerufen, wobei auch hier wieder Gemeinwohl v.a. als Wohl der Einwohner der Kommune zu verstehen ist. Der Hauptverwaltungsbeamte hat sich seinem Amt mit voller Hingabe zu widmen[25]; er hat über die ihm bekannt gewordenen geheimhaltungsbedürftigen Angelegenheiten Stillschweigen zu wahren[26] und darf keine gerichtlichen oder außergerichtlichen Verfahren gegen die Kommune führen[27]. Die Beachtung dieser Pflichten hat er zu beschwören.[28] Diese hier exemplarisch aufgeführten Pflichten sind Ausdruck einer umfassenden Treuepflicht des Hauptverwaltungsbeamten gegenüber der Kommune.[29] 462

V. Aktuelle Entwicklungen

Die Stellung des Hauptverwaltungsbeamten hat in den letzten Jahren zahlreiche Änderungen erfahren. Von besonderer Bedeutung war der Übergang von der kommunalen Doppelspitze in Niedersachsen und Nordrhein-Westfalen mit Bürgermeister und Gemeindedirektor bzw. Landrat und Oberkreisdirektor zur Einfachspitze mit dem Hauptverwaltungsbeamten sowohl als Repräsentant der Kommune wie als Leiter der Verwaltung. Als kommunalrechtliche Anomalie erscheint der kollegiale Gemeindevorstand in Hessen. Hier wird zwar der Hauptverwaltungsbeamte direkt gewählt, muss seine Entscheidungen aber mit einem Gremium von Beigeordneten abstimmen. Dies degradiert ihn zum primus inter pares; derzeit sind aber keine Bestrebungen erkennbar, dieses kollegiale Führungsmodell aufzugeben. 463

Hingegen zeigt sich die Tendenz, den Hauptverwaltungsbeamten von der Tätigkeit in weiteren Gremien zu entlasten und ihm die Konzentration auf seine Kernaufgabe, die Leitung der Kommune, zu ermöglichen. So muss eine Kommune in den Aufsichtsgremien privatrechtlicher Gesellschaften nicht von ihrem Hauptverwaltungsbeamten vertreten werden und Leitungsfunktionen in von der Kommune geschaffenen juristischen Personen des Privatrechts können häufig 464

[24] Art. 20 III GG.
[25] Z.B. § 34 BeamtStG.
[26] Z.B. § 37 I BeamtStG.
[27] Z.B. § 37 III BeamtStG.
[28] Z.B. § 38 BeamtStG.
[29] §§ 33–35 BeamtStG.

von einem hauptamtlichen Geschäftsführer neben oder an Stelle des Hauptverwaltungsbeamten ausgefüllt werden.

465 Der Trend zur Politisierung der kommunalen Ebene setzt sich auch im Hinblick auf den Hauptverwaltungsbeamten fort. So sind in die Kommunalgesetze zunehmend Regelungen aufgenommen worden, welche die Abwahl des Hauptverwaltungsbeamten auf Antrag der Vertretungskörperschaft oder nach Bürgerbegehren durch Bürgerentscheid ermöglichen.[30] Dieses Verfahren ist in aller Regel zweistufig ausgestaltet: Zunächst bedarf es eines Bürgerbegehrens[31] auf Einleitung des Abwahlverfahrens (oder eines Beschlusses der Vertretungskörperschaft[32]), dann ist über die Abwahl selbst zu entscheiden. Für eine erfolgreiche Abwahl ist eine Stimmenmehrheit der Abstimmenden erforderlich; außerdem muss ein bestimmtes Quorum der Wahlberechtigten an der Wahl teilgenommen bzw. für die Abwahl gestimmt haben.

VI. Kontrollfragen

466 1) Was versteht man unter der Doppel-, was unter der Einfachspitze der Kommunalverwaltung? (Rn. 375, 436)
2) Welche Zuständigkeiten kommen dem Hauptverwaltungsbeamten zu? (Rn. 437–450, 452–454)
3) Warum kommt gerade dem Hauptverwaltungsbeamten die Eilzuständigkeit zu und nicht einem anderen kommunalen Organ? (Rn. 450)
4) In welchem Verhältnis stehen die Geschäfte der laufenden Verwaltung zu den grundlegenden Angelegenheiten der Kommune? (Rn. 454, 455)
5) Wie unterscheidet sich die Spitze der Kommunalverwaltung in Hessen von derjenigen in den übrigen Ländern? (Rn. 457, 458)
6) In welchem Rechtsverhältnis steht der Hauptverwaltungsbeamte zu seiner Kommune? (Rn. 460)

Rechtsprechung zu § 11

467 BVerfG, NVwZ 1997, 1207 (Höchstalter)
BVerwGE 104, 323 (Neutralitätspflicht)

---

[30] § 53 BbgKVerf i.V.m. § 81 BbgKomWG; § 76 IV HessGO; § 20 VII KV MV; § 82 NdsKomVG, § 66 GO NRW; § 55 I GO RP; § 58 SaarlKSVG; § 51 VI-X SächsGO; § 61 GO LSA; § 57d GO SH; § 28 VI ThürKO. Dazu *Böhme*, DÖV 2012, 55 ff.

[31] § 81 II BbgKWahlG; § 51 VIII, IX SächsGO; § 66 I 2 Nr. 2 GO NRW (Antrag); § 57d I 2 Nr. 2 GO SH (Antrag).

[32] § 76 IV 3 HessGO; § 20 VII 1 KV MV; § 82 II 1 NdsKomVG; § 66 I 2 Nr. 1 GO NRW; § 55 I 2 GO RP; § 58 I 2 SaarlKSVG; § 61 I 3 GO LSA; § 57d I 2 Nr. 1 GO SH; § 28 VI 4 ThürKO.

BVerwGE 118, 101 (Ungültigkeit einer Oberbürgermeisterwahl)
BGHZ 147, 381 (Verpflichtungserklärung, Schadensersatzpflicht)
VGH Kassel, NVwZ-RR 2013, 815 (Politische Neutralität des Bürgermeisters)
OVG Münster, OVGE 25, 186 (Geschäft der laufenden Verwaltung)

Literatur zu § 11

Zu den Zuständigkeiten des Hauptverwaltungsbeamten: 468

Binne, Die interkommunale Widerspruchs- und Beanstandungspflicht, 1991
Faber, Die Außenvertretung der Gemeinde, VR 2001, 231–235
Lange, Die Vertretung der Gemeinde, in: Krebs (Hrsg.), Liber Amicorum Hans-Uwe Erichsen, 2004, 107
Leisner, „Geschäfte der laufenden Verwaltung" im Kommunalrecht, VerwArch 100 (2009), 161–191
Lenz/Mittermayr (Hrsg.), Die Kommune als Vertragspartner, 2005
Pottmeyer, Gesamtvertretung und Einzelvertretung im Kommunalrecht, DVBl 2013, 747–752
Püttner, Formvorschriften für Erklärungen des Bürgermeisters, JZ 2002, 197–198
Schrameyer, Das Verhältnis von Bürgermeister und Gemeindevertretung, 2006
Sensburg, Der Bürgermeister als falsus procurator, NVwZ 2002, 179–180
Stelkens, Vom Dienstsiegel zur elektronischen Signatur: 100 Jahre Streit um kommunalrechtliche Formvorschriften!, VerwArch 94 (2003), 48–67
Stumpf, Kommunalrechtliche Form- und Vertretungsregelungen im Privatrechtsverkehr, BayVBl. 2006, 103–106
Zerr, Bürgermeister im Kreistag, 2005

Zur Rechtsstellung des Hauptverwaltungsbeamten:

Böhme, Die direkte Abwahl von Bürgermeistern, DÖV 2012, 55–63
Koll, Der Hauptverwaltungsbeamte im niedersächsischem Landkreis, 1998
Müller, Die Vertretung des hauptamtlichen Bürgermeisters nach der nordrhein-westfälischen Gemeindeordnung, NWVBl. 1999, 405–408
Oebbecke, Amtliche Äußerungen im Bürgermeisterwahlkampf, NVwZ 2007, 30–33
Oebbecke, Der hauptamtliche Bürgermeister als Beamter, in: Magiera u.a. (Hrsg.), FS Siedentopf 2008, S. 451–463
Schenek, Anfeindungen gegen Bürgermeister – verwaltungsrechtliche Handlungsmöglichkeiten, BWGZ 2013, 221–224
Schmehl, Sachlichkeitsgebot und Rechtsschutzfragen bei der plebiszitären Abberufung von Bürgermeistern und Landräten, KommJur 2006, 321–326
Thieme, Der Oberbürgermeister als Stadtoberhaupt, DÖV 1997, 948–954

Zu Beigeordneten:

Anger, Die Amtszeit ehrenamtlicher Beigeordneter am Beispiel des hessischen Kommunalrechts, KommJur 2005, 89–90
Schmidt, Das Akteneinsichtsrecht ehrenamtlicher Beigeordneter der Gemeinde, HGZ 2004, 344–346

§ 12 Zwischenorgan

I. Grundlagen

469 Die Kommunalgesetze der meisten Länder beschränken sich darauf, als kommunale Organe Vertretungskörperschaft und Hauptverwaltungsbeamten vorzusehen. Im Unterschied zu einem staatlichen Parlament ist die Vertretungskörperschaft aber mit zahlreichen Verwaltungsaufgaben beschäftigt, die in einem Kollegialorgan, das bspw. bei 100.000 Einwohnern der Kommune immerhin etwa 50 Mitglieder umfasst, nicht immer adäquat behandelt werden können. Um eine Überforderung der Vertretungskörperschaft zu vermeiden, können daher Aufgaben auf den Hauptverwaltungsbeamten übertragen werden (→ Rn. 449). Damit wird aber dessen ohnehin bereits machtvolle Position noch weiter gestärkt und die Vorteile einer kollegialen Beratung und Entscheidung gehen verloren.

470 Wünschenswert erscheint daher ein Gremium, das zahlenmäßig hinreichend klein ist, um noch rasch Entscheidungen fällen zu können, andererseits aber bereits groß genug, um verschiedene politische Strömungen zu Wort kommen zu lassen. Zu diesem Zweck kann entweder ein beschließender Ausschuss der Vertretungskörperschaft (→ Rn. 409) eingerichtet werden, wie dies in Baden-Württemberg, Bayern, Sachsen und Thüringen geschehen ist, oder ein weiteres kommunales Organ geschaffen werden, wie es in Brandenburg[1], Niedersachsen[2] und auf Kreisebene auch in Nordrhein-Westfalen[3] und dem Saarland[4] erfolgt ist.

471 Dieses Organ wird auf Gemeindeebene in Brandenburg als *„Hauptausschuss"*[5] bezeichnet, in Niedersachsen als *„Verwaltungsausschuss"*[6]. Auf Kreisebene trägt es

---

[1] §§ 49–50 BbgKVerf, für Landkreise wird darauf in § 131 I 1 BbgKVerf verwiesen.

[2] §§ 74–79 NdsKomVG.

[3] §§ 50–52 KrO NRW. Auf Gemeindeebene besteht in Nordrhein-Westfalen hingegen der Verwaltungsvorstand, §§ 70–74 GO NRW, der sich aus dem Bürgermeister und den Beigeordneten zusammensetzt. Diesem Gremium gehören also gerade keine Mitglieder der Vertretungskörperschaft, dort Rat genannt, an. Vielmehr ähnelt der Verwaltungsvorstand am ehesten einem kommunalen Kabinett. Vgl. ferner den Stadtvorstand in Rheinland-Pfalz, § 57 GO RP.

[4] §§ 174–176 SaarlKSVG, in § 155 SaarlKSVG ausdrücklich als Organ des Landkreises bezeichnet. Auf Gemeindeebene fehlt es im Saarland an einem vergleichbaren Organ, siehe § 29 I SaarlKSVG.

[5] § 49 BbgKVerf.

[6] § 7 II Nr. 1 NdsKomVG.

in diesen Ländern übereinstimmend die Bezeichnung *„Kreisausschuss"*[7], in der Region Hannover *„Regionsausschuss"*[8]. Dieses Zwischenorgan war ursprünglich ein kollegiales Leitungsorgan der Kommune, das sich weiterentwickelt hat zu einem Lenkungs- und Steuerungsorgan, welches Vertretungskörperschaft und Verwaltungsspitze miteinander verbindet.

II. Zuständigkeiten

Auch dieses Zwischenorgan erhält auf drei Wegen Zuständigkeiten: Zum einen weisen die Kommunalgesetze dem Zwischenorgan einige Einzelkompetenzen zu; zum anderen können dem Zwischenorgan von anderen Organen Kompetenzen übertragen werden; schließlich steht ihm eine Auffangkompetenz für alle Zuständigkeiten zu, die keinem anderen Organ ausdrücklich zugewiesen worden sind. 472

1. Einzelne gesetzlich vorgesehene Zuständigkeiten

In Niedersachsen, Nordrhein-Westfalen und dem Saarland bereitet das Zwischenorgan die Beschlüsse der Vertretungskörperschaft vor[9] – eine Aufgabe, welche in vielen Ländern dem Hauptverwaltungsbeamten obliegt (→ Rn. 438). Außerdem koordiniert es die Arbeit der Ausschüsse der Vertretungskörperschaft und erweist sich darin als ein *„Metaausschuss"*.[10] 473

Von dem Hauptverwaltungsbeamten kann das Zwischenorgan Auskunft in allen Verwaltungsangelegenheiten der Kommune verlangen und damit Kontrollrechte ausüben, wie sie in anderen Ländern allein der Vertretungskörperschaft zustehen.[11] Umgekehrt besitzt das Zwischenorgan in Niedersachsen[12] aber auch ein Einspruchsrecht gegenüber Beschlüssen der Vertretungskörperschaft, die das Wohl der Kommune gefährden, wie es sonst nur dem Hauptverwaltungsbeamten gebührt. Faustformelmäßig zusammengefasst verhält sich das Zwischenorgan gegenüber der Vertretungskörperschaft wie der Hauptverwaltungsbeamte, gegenüber dem Hauptverwaltungsbeamten aber wie die Vertretungskörperschaft. 474

---

[7] § 131 I 4 und §§ 49 f. BbgKVerf; § 7 II Nr. 4 und §§ 74 ff. NdsKomVG; §§ 50 ff. KrO NRW; §§ 174 ff. SaarlKSVG.

[8] § 7 II Nr. 5 NdsKomVG.

[9] Art. 26 S. 2 BayKrO; § 41 S. 3 Nr. 2 HessKrO; §§ 7 II Nr. 4 und 76 I 1 NdsKomVG; § 50 I 2 KrO NRW; § 175 IV SaarlKSVG; §§ 105 II, 26 I 1 ThürKO.

[10] Explizit legen § 50 I BbgKVerf; § 76 VI NdsKomVG die Koordinierungsfunktion fest.

[11] Vgl. § 70 I 2 KrO NRW; in Rheinland-Pfalz werden die Aufgaben nach § 38 S. 2 KrO RP durch die Hauptsatzung bestimmt.

[12] § 79 NdsKomVG.

2. Zuständigkeitsverlagerungen

475 Zusätzlich zu diesen dem Zwischenorgan ausdrücklich zugewiesenen Zuständigkeiten kann es sich nach Art der Vertretungskörperschaft Geschäfte der laufenden Verwaltung vorbehalten.[13] Auch können ihm vom Hauptverwaltungsbeamten Angelegenheiten übertragen werden und es kann seinerseits Aufgaben auf den Hauptverwaltungsbeamten transferieren.[14]

3. Auffangzuständigkeit

476 Schließlich beschließt das Zwischenorgan über alle Angelegenheiten, die nicht ausdrücklich der Vertretungskörperschaft oder dem Hauptverwaltungsbeamten zugewiesen worden sind.[15] Ihm kommt daher eine Auffangzuständigkeit zu, die in den anderen Ländern die kommunale Vertretungskörperschaft innehat.[16]

III. Zusammensetzung und interne Organisation

1. Zusammensetzung

477 Das Zwischenorgan setzt sich zusammen aus dem Hauptverwaltungsbeamten und weiteren Mitgliedern. Wegen der Rolle des Zwischenorgans als zentrales kommunales Steuerungsorgan ist es nur folgerichtig, dass der Hauptverwaltungsbeamte darin den Vorsitz führt.[17] Er wird unterstützt durch Mitglieder der Vertretungskörperschaft, die von dieser für die Dauer der Wahlperiode nach dem Stärkeverhältnis der Fraktionen in das Zwischenorgan gewählt werden. Bleiben danach Fraktionen unberücksichtigt, können diese Mitglieder mit beratender Stimme in das Zwischenorgan entsenden.

2. Interne Organisation

478 Die interne Organisation des Zwischenorgans erfolgt grds. nach den Regeln, die auch für die Vertretungskörperschaft gelten. Details können in der durch die Vertretungskörperschaft zu erlassenden Geschäftsordnung geregelt werden. Geschäftsordnungsautonomie kommt dem Zwischenorgan i.d.R. nicht zu. Eine vergleichbare Fremdbestimmung der Geschäftsordnung eines Kollegialorgans

---

[13] § 76 II 2 NdsKomVG.

[14] § 50 II 2, III 1 BbgKVerf; § 76 II 3, V NdsKomVG; § 50 IV KrO NRW.

[15] § 50 II 1 BbgKVerf; § 76 II 1 NdsKomVG; § 50 I 1 KrO NRW; § 175 II SaarlKSVG.

[16] Allerdings hat die Vertretungskörperschaft die Möglichkeit, Aufgaben des Zwischenorgans an sich zu ziehen, vgl. § 28 III BbgKVerf.

[17] § 49 II 3 BbgKVerf (hier kann allerdings auch ein anderer Vorsitzender gewählt werden); § 36 I 1 HessKrO; § 74 I 3 NdsKomVG; § 51 III 1 KrO NRW; § 176 II 1 SaarlKSVG; § 105 I ThürKO.

findet sich auf Bundesebene hinsichtlich der Geschäftsordnungen des Vermittlungsausschusses nach Art. 77 II 2 GG und des Gemeinsamen Ausschusses gemäß Art. 53a I 4 GG.

3. Ordnungsgewalt und Hausrecht

479 Als Vorsitzendem des Zwischenorgans kommt dem Hauptverwaltungsbeamten die Ordnungsgewalt zu. Er entscheidet also über das Rederecht, die Wortentziehung und den Ausschluss von der Sitzung (→ Rn. 414 ff.). Diese Sanktionsmittel spielen in dem kleinen, auf vertrauensvolle Zusammenarbeit angelegten Zwischenorgan eine viel geringere Rolle als in der zahlenmäßig weitaus umfangreicheren Vertretungskörperschaft. In gleicher Weise kommt auch dem Hausrecht des Vorsitzenden nur Bedeutung zu, soweit die Sitzungen des Zwischenorgans öffentlich sind.[18]

IV. Rechtsstellung der Mitglieder

480 Was die Rechtsstellung der Mitglieder des Zwischenorgans anbelangt, so sind grds. sowohl der Hauptverwaltungsbeamte als auch die übrigen Mitglieder weiterhin nach ihrer Rechtsstellung in dem entsendenden Organ zu beurteilen. Dies bedeutet, dass das Zwischenorgan aus dem Hauptverwaltungsbeamten als hauptamtlicher Organwalter und den sonstigen Mitgliedern als ehrenamtliche Organwalter besteht. Allen Mitgliedern stehen die bei der kommunalen Vertretungskörperschaft erörterten organschaftlichen Rechte zu, sofern diese nicht wie die Fraktionsbildung oder die Mitwirkung in einem Ausschuss nur auf größere Kollegialorgane zugeschnitten sind.

V. Aktuelle Entwicklungen

481 Das Zwischenorgan Haupt-/Verwaltungsausschuss, resp. Kreisausschuss, wird i.d.R. positiv beurteilt und als Möglichkeit angesehen, das parlamentarische Element der Vertretungskörperschaft und das exekutivische des Hauptverwaltungsbeamten in einem Organ zusammenzuführen.[19] Gleichwohl hat diese Kombination aus dem Hauptverwaltungsbeamten und einzelnen Mitgliedern der Vertretungskörperschaft bisher nur in wenigen Ländern Eingang in die Kommunalordnungen gefunden. Allerdings darf nicht übersehen werden, dass anderenorts (beschließende) Ausschüsse der Vertretungskörperschaft, die nicht zu einem

---

[18] Für den Ausschluss der Öffentlichkeit siehe § 78 II 1 NdsKomVG; § 52 III 2 KrO NRW; § 176 I 2 SaarlKSVG.

[19] Siehe *Ipsen*, Niedersächsisches Kommunalrecht, 4. Auflage, 2011, Rn. 433.

eigenen Organ verselbstständigt wurden, vergleichbare Steuerungs- und Koordinierungsaufgaben übernehmen.

VI. Kontrollfragen

482 1) Warum besteht neben der Vertretungskörperschaft und dem Hauptverwaltungsbeamten noch ein weiteres Organ? (Rn. 469, 470)
2) In welchem Verhältnis stehen die Zuständigkeiten dieses Zwischenorgans zu den Kompetenzen der Vertretungskörperschaft? (Rn. 476)
3) Wie werden die Mitglieder dieses Organs bestimmt und wer führt darin den Vorsitz? (Rn. 477)

Rechtsprechung zu § 12

483 OVG Lüneburg, DVBl. 1969, 847 (Vorbereitung der Beschlüsse des Verwaltungsausschusses)
OVG Lüneburg, NVwZ-RR 1989, 94 (Vorbereitung bei innerorganisatorischen Beschlüssen)

Literatur zu § 12

484 *Kremer,* Rechtsstellung und Funktionen des Hauptausschusses in der nordrhein-westfälischen Gemeindeordnung, VR 2004, 303–309
Türke, Die Stellung des Verwaltungsausschusses nach der modifizierten Ratsverfassung, AöR 82 (1957), 301–326
Wilkens, Verwaltungsausschuss und Kreisausschuss in Niedersachsen, 1992

§ 13 Beauftragte

I. Grundlagen

Kommunale Beauftragte sind Stellen innerhalb der Kommunalverwaltung, die grds. weisungsfrei einzelne Sachaufgaben für die gesamte Kommunalverwaltung wahrnehmen und dabei die Organe der Kommune in deren Aufgaben unterstützen. Im Gegensatz zu Organen verfügen Beauftragte in der Regel über keine eigenen Entscheidungskompetenzen, im Unterschied zu sonstigen Ämtern in der Kommunalverwaltung sind sie regelmäßig nicht an Weisungen gebunden. **485**

Beauftragte erfüllen eine einzelne Querschnittsaufgabe für die gesamte Verwaltung. Dazu zählen etwa die Gleichstellung von Frauen und Männern[1], die Wahrung der Belange von Kindern, Senioren oder Behinderten[2], die Integration von Ausländern, der Datenschutz[3] sowie der Schutz von Natur und Landschaft[4]. Die Zuweisung dieser Aufgaben an gesonderte Stellen innerhalb der Kommunalverwaltung deutet darauf hin, dass nach Ansicht des Regelungsgebers diese Aufgaben bisher von der Vertretungskörperschaft und dem Hauptverwaltungsbeamten nicht hinreichend erfüllt worden sind. Durch die Übertragung auf eine einzelne Stelle wird diese spezielle Aufgabe aus dem Kreis der übrigen Verwaltungsaufgaben hervorgehoben und mit einer spezifischen Organisation zu ihrer Durchsetzung ausgestattet. Dies erhöht die Wahrscheinlichkeit der Realisierung dieser Aufgabe; dabei kann aber die notwendige Abwägung mit anderen Belangen vernachlässigt werden. **486**

Zumeist schreibt der staatliche Gesetzgeber die Einsetzung von Beauftragten vor, entweder in den einführenden Vorschriften der Kommunalordnungen oder in einem gesonderten Gesetz, z.B. in einem Landesgleichstellungsgesetz. Dadurch gestaltet der Gesetzgeber die kommunale Organisationshoheit nicht bloß aus wie bei der Errichtung von Organen, um die Kommune überhaupt erst handlungsfähig zu machen, sondern er greift in diese Hoheit ein. Zugleich zwingt er die Kommune, Dienstkräfte für diese Aufgabe bereit zu stellen, was einen Eingriff in die kommunale Personalhoheit bedeutet. Wegen der finanziel- **487**

---

[1] § 18 II BbgKVerf; § 4b HessGO; § 41 I KV MV; § 8 I NdsKomVG; § 5 I 2, II GO NRW; § 2 VI GO RP; § 79a I SaarlKSVG; § 64 II SächsGO; § 74 GO LSA; § 2 III GO SH; § 33 I 2 ThürKO.

[2] Vgl. Art. 18 BayBGG; § 13 BGG NRW; § 19 I SaarlBGG; § 25 I BGG LSA und § 19 I ThürGIG.

[3] Z.B. § 5 HessDSG; § 32a DSG NRW.

[4] Z.B. § 61 IV NatSchG BW; § 38 SaarlNatSchG; § 3 III NatSchG LSA.

len Belastung der Kommune liegt zudem ein Eingriff in die kommunale Finanzhoheit vor. Dieser Eingriff in mehrere kommunale Hoheiten als Ausprägungen der Garantie kommunaler Selbstverwaltung kann jedoch regelmäßig gerechtfertigt werden durch den damit verfolgten Schutz anderer Rechtsgüter mit Verfassungsrang wie die Förderung der tatsächlichen Durchsetzung der Gleichberechtigung von Frauen und Männern nach Art. 3 II 2 GG oder das Verbot der Diskriminierung von Behinderten nach Art. 3 III 2 GG. Um die Belastung für kleine Kommunen in Grenzen zu halten, kann es aus Gründen der Verhältnismäßigkeit geboten sein, diesen die neben- oder gar ehrenamtliche Beschäftigung von Beauftragten zu ermöglichen.

488 Neben den gesetzlich vorgeschriebenen Beauftragten kann die Kommune in Ausprägung der Organisationshoheit weitere Beauftragte selbst einsetzen, z.B. einen Fahrradbeauftragten.

II. Zuständigkeiten

489 Hinsichtlich der Zuständigkeiten der Beauftragten ist zwischen der Gleichstellungsbeauftragten und weiteren Beauftragten zu unterscheiden. Der Gleichstellungsbeauftragten stehen in der Regel die folgenden vier Arten von Zuständigkeiten zu:

490 1) Sie wirkt erstens an Entscheidungen der kommunalen Organe mit. Zu diesem Zweck ist ihr das Recht eingeräumt, an Sitzungen der Organe oder Teilen davon teilzunehmen, dort das Wort zu ergreifen und zu verlangen, dass ein bestimmter Punkt auf die Tagesordnung gesetzt wird. Sie kann außerdem der Vorbereitung von Beschlüssen der Vertretungskörperschaft widersprechen, worauf der Hauptverwaltungsbeamte zu Beratungsbeginn hinzuweisen hat. Die Gleichstellungsbeauftragte ist aber kein gesetzliches Mitglied dieser Organe, und ihr steht daher auch kein eigenes Stimmrecht zu.

491 2) Die Gleichstellungsbeauftragte kann zweitens Vorhaben für ihren Aufgabenbereich anregen, insbesondere zur besseren Vereinbarkeit von Beruf und Familie.

492 3) Sie kann drittens die Öffentlichkeit über Angelegenheiten ihres Aufgabenbereiches unterrichten und dabei auch eine von dem Hauptverwaltungsbeamten abweichende Stellungnahme abgeben. Diese Befugnis zur selbstständigen Außendarstellung zeigt, dass die Gleichstellungsbeauftragte nicht innerhalb der normalen Behördenhierarchie steht, sondern in Teilbereichen aus dieser heraustritt.

493 4) Schließlich können der Gleichstellungsbeauftragten durch Beschluss der Vertretungskörperschaft weitere Aufgaben zur Förderung der Gleichberechtigung von Frauen und Männern übertragen werden.

494 Dieser Überblick zeigt, dass der Gleichstellungsbeauftragten eine ganze Reihe bedeutender Kompetenzen zustehen, diese aber jeweils auf ihren spezifischen Aufgabenbereich beschränkt sind und in keinem Fall zu einem eigenen Letztent-

scheidungsrecht der Gleichstellungsbeauftragten führen dürfen. Die Zuständigkeiten anderer Beauftragter bleiben zumeist hinter diesen der Gleichstellungsbeauftragten eingeräumten Kompetenzen zurück; insbesondere steht ihnen in der Regel kein Recht zur selbstständigen Außendarstellung auch in Abgrenzung von dem Hauptverwaltungsbeamten zu.

III. Persönliche Rechtsstellung

Das Amt der Beauftragten ist von der persönlichen Rechtsstellung der Beauftragten in gleicher Weise zu trennen, wie auch sonst zwischen Amt und Amtswalter bzw. Organ und Organwalter zu differenzieren ist. 495

Die Berufung in das Amt der Beauftragten und die Abberufung aus demselben erfolgen durch Beschluss der Vertretungskörperschaft. Dies ist einer der wenigen Bereiche, in denen die Vertretungskörperschaft nach dem Übergang zur Direktwahl des Hauptverwaltungsbeamten noch Kreationsfunktionen ausübt. Die Vertretungskörperschaft hat sich bei ihrer Entscheidung von den in Art. 33 II GG angeführten Maßstäben der charakterlichen Eignung, der allgemeinen Befähigung und der fachlichen Leistung leiten zu lassen. Die meisten Kommunalordnungen schreiben vor, dass das Amt der Gleichstellungsbeauftragten einer Frau zu übertragen ist.[5] Darin liegt ein Eingriff in das grundrechtsgleiche Recht der Männer aus Art. 33 II GG, der im Hinblick auf den speziellen Aufgabenzuschnitt dieses Amtes aus Art. 3 II 2 GG wohl noch gerechtfertigt werden kann, wenngleich für diese gesetzgeberische Diskriminierung der Männer keine zwingenden biologischen Unterschiede vorliegen dürften. Bei anderen Beauftragten fehlen denn auch solche gesetzlichen Beschränkungen auf Träger eines spezifischen Differenzierungsmerkmals, insbesondere wird nicht verlangt, dass der Behindertenbeauftragte selbst eine Behinderung aufweisen muss. 496

Die persönliche Rechtsstellung der Beauftragten kann sehr unterschiedlich ausgestaltet sein: In größeren Kommunen wird die Gleichstellungsbeauftragte, ggf. auch andere Beauftragte, hauptamtlich entweder im Angestellten- oder gar im Beamtenverhältnis beschäftigt. Ihre persönliche Rechtsstellung richtet sich nach den allgemeinen arbeits- und beamtenrechtlichen Regelungen; die Stellung als Beauftragte kann allenfalls für die tarifvertrags- oder besoldungsrechtliche Eingruppierung Bedeutung gewinnen. Gleiches gilt bei nebenamtlicher Beschäftigung; hier ist das kommunale Hauptamt maßgebend. Wird eine Beauftragte abberufen, lässt dies ihre persönliche Rechtsstellung erst einmal unberührt. Allenfalls bei Beauftragten im Angestelltenverhältnis kann zusätzlich zu der kommunalrechtlichen Abberufung eine arbeitsrechtliche Kündigung in Betracht kommen. Wird das Amt in kleineren Kommunen ehrenamtlich ausgeübt, endet mit der Abberufung (vgl. § 86 VwVfG) auch das ehrenamtliche Verhältnis zur Kommune. 497

[5] Explizit: § 4b HessGO; § 74 GO LSA.

IV. Aktuelle Entwicklungen

498 In den letzten Jahren hat sich ein Wandel des Amtes der Frauenbeauftragten hin zu einer Gleichstellungsbeauftragten vollzogen, nachdem erkannt wurde, dass Gleichstellungsprobleme nicht auf Frauen beschränkt sind, wenngleich die Frauenförderung weiterhin das wichtigste Betätigungsfeld darstellt. Nach dem Vorbild der Frauenbeauftragten sind zahlreiche weitere Beauftragte – wenn auch mit geringeren Kompetenzen – geschaffen worden. Bei dieser Fülle von Beauftragten wird in Zukunft vermehrt darauf zu achten sein, dass die unmittelbar demokratisch legitimierten Kommunalorgane ihre Entscheidungsbefugnisse nicht einbüßen.

V. Kontrollfragen

499 1) Welche kommunalen Beauftragten gibt es? (Rn. 486)
2) Kann eine Kommune durch ihre Beauftragten vertreten werden? (Rn. 494)
3) Kann auch ein Mann die Position „Frauenbeauftragte" bekleiden? (Rn. 496)

Rechtsprechung zu § 13

500 BVerfGE 91, 228 (Gleichstellungsbeauftragte Schleswig-Holstein)
NdsStGH, NdsStGHE 3, 199, NdsVBl. 1996, 87 (Hauptamtliche Frauenbeauftragte)
OVG Lüneburg, NdsVBl. 1998, 295 (Abberufung einer hauptamtlichen Frauenbeauftragten)

Literatur zu § 13

501 *Buck*, Der Beauftragte als Mittel der Kommunalaufsicht, 2009
Böhm, Frauenbeauftragte und kommunale Organisationshoheit, NVwz 1999, S. 721–725
Erichsen/Weiß, Kommunale Selbstverwaltung und staatliche Organisationsvorgaben, 1995
Mayer, Die kommunale Frauenbeauftragte in Baden-Württemberg. Rechtsstatus, Aufgaben, Befugnisse, 1994
Sporleder-Geb, Grenzen des Landesgesetzgebers bei der konkretisierenden Umsetzung von Staatszielbestimmungen – dargestellt am Beispiel kommunaler Beauftragter in Niedersachsen unter besonderer Berücksichtigung der Frauenbeauftragten, 2003

§ 14 Kommunalverwaltung

I. Grundlagen

Den Kommunen steht als Teil ihrer Selbstverwaltung gemäß Art. 28 II GG unter anderem die Organisations-, Personal- und Finanzhoheit zu. Deshalb ist es grundsätzlich ihre Angelegenheit, wie sie den Aufbau und das Verfahren ihrer Verwaltung organisieren und welche Mitarbeiter sie beschäftigen. Allerdings haben sie die Grenzen zu beachten, die ihnen hinsichtlich der Organisation und des Verfahrens die jeweilige Kommunalordnung und das Verwaltungsverfahrensgesetz des Landes sowie in Bezug auf die Beschäftigten das Beamten- und Arbeitsrecht ziehen. **502**

II. Aufbau der Kommunalverwaltung

Die Kommunalverwaltung ist in fast allen Ländern (Ausnahme Hessen) eine *monokratische Behörde*. An ihrer Spitze steht der Hauptverwaltungsbeamte. Er regelt den Aufbau und den Ablauf der Kommunalverwaltung sowie die Geschäftsverteilung. **503**

Ihm stehen die *Beigeordneten* zur Seite, die in manchen[1] Ländern stets vorgeschrieben sind, in einigen[2] erst ab einer bestimmten Größe der Kommune verpflichtend sind, und in anderen[3] überhaupt erst ab einer bestimmten Mindestgröße bestellt werden dürfen. Die Beigeordneten sind hauptberufliche Beamte auf Zeit und nehmen als Amtswalter die Leitung einer dem Hauptverwaltungsbeamten unmittelbar unterstellten Organisationseinheit war. Ihnen kommt im Unterschied zum Hauptverwaltungsbeamten keine Organstellung zu. In Nordrhein-Westfalen und in Rheinland-Pfalz bilden sie gemeinsam mit dem Hauptverwaltungsbeamten den *Kommunalvorstand*, eine Art kommunales Kabinett, das die Einheitlichkeit der Verwaltungsführung sicherstellen soll.[4] Während die Kommunalordnungen i.d.R. keine besondere formale Qualifikation des Haupt- **504**

---

[1] Z.B. § 44 II 2 HessGO.

[2] Etwa § 49 I 1 GO BW.

[3] Z.B. § 59 I BbgKVerf.

[4] Siehe § 70 GO NRW („Verwaltungsvorstand") und § 57 GO RP („Stadtvorstand"). Beide Gremien sind nicht mit dem Zwischenorgan in Brandenburg und Niedersachsen zu verwechseln, dem neben dem Hauptverwaltungsbeamten nur Mitglieder der Vertretungskörperschaft angehören.

verwaltungsbeamten, z.B. ein abgeschlossenes Hochschulstudium, vorschreiben, verlangen sie von den Beigeordneten in der Regel eine besondere fachliche Vorbildung. So muss zumeist mindestens einer der Beigeordneten die Befähigung zum Richteramt besitzen. Sie vertreten den Hauptverwaltungsbeamten, wenn dieser verhindert ist.

505 Unterhalb der Leitungsebene haben sich in den letzten Jahren in der Kommunalverwaltung erhebliche Änderungen vollzogen. Ursprünglich war die Kommunalverwaltung in Dezernate und die Dezernate in Ämter eingeteilt. In einem Dezernat waren verschiedene Aufgaben eines Bereiches zusammengefasst, z.B. die gesamte Bauverwaltung. Ämter waren dann für einzelne Aufgaben zuständig, z.B. für Hoch- oder Tiefbau. Die Aufgaben wurden dezentral wahrgenommen, die *Ressourcen* Personal, Finanzen, Räume und sonstige Verwaltungsmittel aber *zentral verwaltet.*

506 Im Zuge des *Neuen Steuerungsmodells* wandelten die meisten Kommunen die Dezernate in Fachbereiche und die Ämter in Fachdienste um. Damit ist nicht nur eine Umbenennung verbunden, sondern diesen Fachabteilungen wurde zusätzlich zu ihrer Sachaufgaben- auch eine *Ressourcenverantwortung* zugewiesen. Dies ist auf Kosten der Zentralabteilungen wie Haupt- und Personalamt geschehen. Zugleich wurde die Position des Hauptverwaltungsbeamten dadurch gestärkt, dass vormals in die Ämterhierarchie eingebundene Bereiche wie die Wirtschaftsförderung als Stabsstelle mit Querschnitts- und Leitungsaufgaben ihm direkt zugeordnet wurden.

III. Verfahren der Kommunalverwaltung

507 In Ausprägung ihrer Organisationshoheit können die Kommunen im Rahmen der Gesetze (z.B. LVwVfG) auch selbst über das Verfahren der Verwaltung bestimmen.

508 Die herkömmlich handelnde Kommunalverwaltung folgte dem Vorbild der staatlichen Verwaltung und agierte in den Kategorien von Befehl und Gehorsam: Der Hauptverwaltungsbeamte wies den Dezernenten an, dieser den Amtsleiter, der Amtsleiter den Sachbearbeiter. Dieses *top-down-Verfahren* garantierte zwar über den Hauptverwaltungsbeamten und die Vertretungskörperschaft die demokratische Rückkoppelung an den Willen der Bürger und damit die Legitimation der Entscheidungen, es schränkte aber die Handlungsspielräume und die Motivation der Amtswalter erheblich ein. Zudem wurde die besondere Sachkenntnis der in den direkten Kontakt zu den Einwohnern tretenden Sachbearbeiter kaum genutzt.

509 Eine nach dem *Neuen Steuerungsmodell* handelnde Kommunalverwaltung räumt demgegenüber den Amtswaltern auf den unteren Ebenen der Hierarchie mehr Spielraum ein. Die Steuerung soll möglichst nicht mehr durch Weisungen im Einzelfall erfolgen, sondern durch generelle Festlegung von Zielen, die von den einzelnen Amtswaltern zu erreichen sind. Dabei sollen diese Ziele den Mitarbei-

tern nicht einseitig von den jeweiligen Vorgesetzten vorgegeben, sondern zwischen beiden vereinbart werden, so dass auch die Mitarbeiter ihre eigenen Vorstellungen in den Zielvereinbarungsprozess einbringen können. Zu dem bekannten top-down-Verfahren tritt also ein gegenläufiges *bottom-up-Element* hinzu.

Die zu vereinbarenden Ziele sollen *SMART* sein, damit ist gemeint *s*pezifisch, *m*essbar, *a*ngemessen, *r*elevant und *t*erminiert. Die zu erreichenden Ziele sollen folglich genau festgelegt werden, überprüft werden können, der Leistungsfähigkeit des Mitarbeiters entsprechen, für den Gesamterfolg der Verwaltung von Bedeutung sein und innerhalb eines bestimmten Zeitraums erreicht werden können. Als Gegenleistung für das Erreichen der Ziele sollen die Mitarbeiter leistungsabhängige Vergütungsbestandteile erhalten und freier über die ihnen zugeteilten Ressourcen verfügen können. Die Zielerreichung soll von einem verwaltungsinternen Controlling gestützt auf Kennzahlen überprüft werden. 510

Das Neue Steuerungsmodell sieht ferner vor, dass solche (vertikalen) Zielvereinbarungen auch zwischen den höheren Stufen der Verwaltungshierarchie geschlossen werden sollen, also zwischen den Leitern der Fachdienste und dem Fachbereichsleiter sowie zwischen den Fachbereichsleitern und dem Hauptverwaltungsbeamten. Der Hauptverwaltungsbeamte soll sogar (horizontale) *Zielvereinbarungen* mit der Vertretungskörperschaft abschließen, in denen er sich zu bestimmten politischen Zielen verpflichtet und im Gegenzug mehr Spielraum bei der Mittelverwendung erhält. In der kommunalen Praxis sind Zielvereinbarungen bisher vor allem auf den unteren Ebenen der Verwaltungshierarchie verbreitet, während Hauptverwaltungsbeamte und Vertretungskörperschaften sich zumeist nicht zum Abschluss von Zielvereinbarungen bewegen lassen. 511

IV. Beschäftigte

Die besten Organisations- und Verfahrensregeln nützen nichts, wenn es an den geeigneten Beschäftigten fehlt, um diese im Verwaltungsalltag mit Leben zu füllen. Deshalb kommt der durch die Personalhoheit nach Art. 28 II GG geschützten Auswahl der Beschäftigten für die Kommunen zentrale Bedeutung zu. Beschäftigte ist dabei der Oberbegriff für Beamte und Arbeitnehmer. 512

Aus der Personalhoheit folgt für die Kommunen das Recht, *Beamte* zu beschäftigen. Man sagt, sie sind dienstherrenfähig. Beamte bilden das Rückgrat der Kommunalverwaltung. Sie sind häufig in Leitungspositionen tätig. Sie werden durch Verwaltungsakt grundsätzlich auf Lebenszeit ernannt. Rechtsgrundlage sind das BeamtStG des Bundes sowie das jeweilige Landesbeamtengesetz. Nach der Föderalismusreform I im Jahr 2006 haben die Länder zahlreiche Gesetzgebungskompetenzen im Beamtenrecht hinzugewonnen, unter anderem das Recht, für ihre Beamten sowie für die Kommunalbeamten die Besoldung und Versorgung gesetzlich festzulegen. Die Kommunen besitzen hingegen keine eigenen beamtenrechtlichen Regelungskompetenzen. Die Beamten stehen gemäß Art. 33 IV GG in einem besonderen Dienst- und Treueverhältnis zu ihrem Dienstherren 513

Kommune. In der Praxis wichtigste Folge ist, dass ihnen kein Streikrecht zukommt. Streitigkeiten zwischen Beamten und Kommune sind durch die allgemeinen Verwaltungsgerichte zu entscheiden.

514 Neben den Beamten beschäftigen die Kommunen auch *Arbeitnehmer*. Das ist der Oberbegriff für die eher körperlich tätigen Arbeiter und die eher geistig wirkenden Angestellten. Während die Rechtsordnung früher für beide Gruppen sehr unterschiedliche Regelungen (z.B. bei Kündigungsfristen und Altersversorgung) bereit hielt, haben sich vor allem seit den 90er Jahren des letzten Jahrhunderts diese Bestimmungen immer weiter angeglichen. Arbeitnehmer kommen vor allem auf Sachbearbeiterebene sowie bei der Erbringung von Leistungen für die Bürger zum Einsatz. Das Arbeitsverhältnis der kommunalen Arbeitnehmer bestimmt sich im Grundsatz nach den allgemeinen Arbeitsgesetzen, wie sie auch für private Unternehmen gelten. Dies bedeutet, dass die kommunalen Arbeitnehmer durch Abschluss eines Arbeitsvertrages eingestellt werden und dass ihnen grds. gekündigt werden kann. Kommunale Arbeitnehmer können in der gleichen Weise wie Beschäftigte in der Privatwirtschaft streiken, um in einem Arbeitskampf ihren Forderungen Nachdruck zu verleihen. Die Gehälter der Arbeitnehmer werden durch Tarifverträge zwischen Gewerkschaften, v.a. Verdi, und den Kommunen als Arbeitgeber vereinbart. Seit 1. Oktober 2005 gilt der Tarifvertrag des Öffentlichen Dienstes (TVöD), der den früheren Bundesangestelltentarifvertrag (BAT) zumindest für den kommunalen Bereich abgelöst hat. Während in dem BAT die Bezahlung auch stark durch soziale Faktoren wie das Lebensalter und den Familienstand bestimmt wurde, legt der TVöD im Einklang mit dem Neuen Steuerungsmodell größeres Gewicht auf Leistungsgesichtspunkte. Streitigkeiten zwischen Kommunen und ihren Arbeitnehmern sind durch die Arbeitsgerichte zu entscheiden.

V. Aktuelle Entwicklungen

515 Gegenwärtig wird versucht, betriebswirtschaftliche Konzepte auf die Organisation, den Ablauf und das Personal der Kommunalverwaltung zu übertragen. Hinsichtlich der Organisation stellt sich das Problem, dass eine Kommunalverwaltung nicht alleine nach Effizienzgesichtspunkten organisiert werden kann, sondern wegen der durch das Demokratieprinzip geforderten Bürgernähe bspw. auch „wirtschaftlich unsinnige" Entscheidungen wie die Aufrechterhaltung einer Außenstelle in einem nur schwach besiedelten Gebiet geboten sein können.[5] Was das Verfahren angeht, so kann für eine Kommunalverwaltung im Unterschied zu einem privaten Unternehmen nicht die Gewinnmaximierung der Maßstab sein, sondern lediglich die stetige Erfüllung ihrer öffentlichen Aufgaben. In Bezug auf das Personal schließlich ist zu beachten, dass die grundlegend andere Sozialisati-

[5] Zu der aus Gründen des Demokratieprinzips sich ergebenden Maximalgröße von Kommunen siehe LVerfG MV vom 18.8.2011 (LVerfG 21/10).

on der auf das Gemeinwohl verpflichteten Verwaltungsmitarbeiter es sehr erschwert, aus der privaten Wirtschaft bekannte Leistungsanreize zu übertragen. So haben auch die letzten Änderungen des TVöD die Möglichkeiten der Leistungsvergütung eher wieder reduziert. Zusammenfassend ist festzustellen, dass die Kommunalverwaltung sich zu einer unternehmensähnlicheren Organisation entwickelt, durch die öffentliche Aufgabe der Kommunen dem aber Grenzen gezogen sind.

VI. Kontrollfragen

1) Woraus ergibt sich die Gestaltungsfreiheit einer Kommune hinsichtlich ihrer **516**
Verwaltung? (Rn. 502)
2) Was sind Beigeordnete? (Rn. 504)
3) Worin liegt der Unterschied zwischen Ämtern und Fachdiensten? (Rn. 506)
4) Was versteht man unter Stabsstellen und wie unterscheiden diese sich von Fachdiensten? (Rn. 506)
5) Wann ist ein vereinbartes Ziel „smart"? (Rn. 510)
6) Wer kann Partner einer Zielvereinbarung innerhalb der Kommune sein? (Rn. 511)
7) Nennen Sie Unterschiede zwischen kommunalen Beamten und Arbeitnehmern! (Rn. 513, 514)
8) Kann man von einem „Unternehmen Kommune" sprechen? (Rn. 515)

Rechtsprechung zu § 14

BVerfGE 93, 37 (Mitbestimmungsgesetz Schleswig-Holstein) **517**
BVerwG, ZBR 1975, 226 (Umsetzung eines Amtsleiters)
OVG Lüneburg, NVwZ-RR 2012, 733 (Schadensersatz wegen Altersdiskriminierung)
OLG Naumburg, NVwZ-RR 2012, 366 (Haftung für Pflichtverletzungen durch Bedienstete)

Literatur zu § 14

Zu Beigeordneten: **518**
Wolter, Der Beigeordnete, 1978

Zum Neuen Steuerungsmodell:
Bannack-Bennefeld u.a., Verwaltungsmodernisierung/Neue Steuerungsmodelle, 2002
Bogumil, Perspektiven kommunaler Verwaltungsmodernisierung: Praxiskonsequenzen aus dem Neuen Steuerungsmodell, 2007

Bull, Die Krise der Verwaltungstheorie: vom New Public Management zum Governance-Ansatz – und wie weiter?, VerwArch 103 (2012), 1–30
Klie/Meysen, Neues Steuerungsmodell und bürgerschaftliches Engagement, DÖV 1998, 452–459
Oebbecke, Verwaltungssteuerung im Spannungsfeld zwischen Rat und Verwaltung, DÖV 1998, 853–859
Pünder, Zur Verbindlichkeit der Kontrakte zwischen Politik und Verwaltung im Rahmen des neuen Steuerungsmodells, DÖV 1998, 63–71
Schwarting, Effizienz in der Kommunalverwaltung, 2. Auflage, 2005

§ 15 Kommunalverfassungsstreit

I. Grundlagen

Die Organe und Organteile der Kommune ziehen nicht immer an einem Strang, sondern verfolgen häufig unterschiedliche Interessen. Geraten sie miteinander in Konflikt, wird vielfach das Verwaltungsgericht angerufen. Diesen Prozess bezeichnet man als Kommunalverfassungsstreit. Dabei sind zwei Varianten zu unterscheiden, und zwar der *Inter*organstreit zwischen zwei oder mehr kommunalen Organen sowie der *Intra*organstreit innerhalb eines kommunalen Kollegialorgans. Der Kommunalverfassungsstreit bildet einen Sonderfall des verwaltungsgerichtlichen Organstreits; weitere Organstreitigkeiten treten in anderen unterstaatlichen juristischen Personen des öffentlichen Rechts auf, z.B. in den Kammern der berufsständischen Selbstverwaltung. Dabei darf der verwaltungsgerichtliche Organstreit nicht mit dem verfassungsgerichtlichen Organstreit verwechselt werden, der vor dem BVerfG oder den Landesverfassungsgerichten ausgefochten wird.[1] Auch im Rahmen des verwaltungsgerichtlichen Organstreits ist zwischen Zulässigkeit und Begründetheit der Hauptsache zu unterscheiden. Neben dem Hauptsacheverfahren kommt auch noch ein Verfahren des vorläufigen Rechtsschutzes in Betracht. 519

[1] Art. 93 I Nr. 1 GG, § 13 Nr. 5, §§ 63 ff. BVerfGG; Art. 68 I Nr. 1 LV BW, § 8 I Nr. 1, §§ 44 ff. StGHG BW; Art. 64 BayV, Art. 2 Nr. 4, Art. 49 BayVerfGHG; Art. 84 II Nr. 1 BlnV, § 14 Nr. 1, §§ 36 ff. BlnVerfGHG; Art. 113 Nr. 1 BbgV, § 12 Nr. 1, §§ 35 ff. BbgVerfGG; Art. 140 I BremV, § 10 Nr. 2, § 24 ff. BremStGHG; Art. 65 III Nr. 2 HambV, § 14 Nr. 2, §§ 39a ff. HambVerfGG; Art. 131 I Var. 4 HessV, § 15 Nr. 4, § 42 HessStGHG; Art. 53 Nr. 1 LV MV, § 11 I Nr. 1, §§ 36 ff. LVerfGG MV; Art. 54 Nr. 1 NdsV, § 8 Nr. 6, § 30 NdsStGHG; Art. 75 Nr. 2 LV NRW, § 12 Nr. 5, §§ 43 ff. VerfGHG NRW; Art. 130 I; Art. 135 I Nr. 1 LV RP, § 2 Nr. 1a, §§ 23, 25 ff. VerfGHG RP; Art. 97 Nr. 1 SaarlV, § 9 Nr. 5; §§ 39 ff. SaarlVerfGHG; Art. 81 I Nr. 1 SächsV, § 7 Nr. 1; §§ 17 ff. SächsVerfGHG; Art. 75 Nr. 1 LV LSA, § 2 Nr. 2, §§ 35 ff. VerfGG LSA; Art. 44 II Nr. 1 LV SH, § 3 Nr. 1, §§ 35 ff. LVerfGG SH; Art. 80 I Nr. 3 ThürV, § 11 Nr. 3; §§ 38 ff. ThürVerfGHG. Siehe *Schmidt,* Fallrepetitorium Allgemeines Verwaltungsrecht, 2. Auflage, 2014, § 44.

II. Zulässigkeit der Hauptsache

1. Eröffnung des Verwaltungsrechtsweges

520 Die Zulässigkeit des Kommunalverfassungsstreits bestimmt sich nach § 40 VwGO und den übrigen Bestimmungen der VwGO. Kommunalverfassungsrechtliche Streitigkeiten stellen klassische öffentlich-rechtliche Streitigkeiten dar. Entgegen der irreführenden Bezeichnung als Kommunal*verfassungs*streit handelt es sich dabei um keine Streitigkeit verfassungsrechtlicher Art i.S.d. § 40 I VwGO. Denn § 40 I VwGO versteht unter Streitigkeiten verfassungsrechtlicher Art nur diejenigen, an denen Verfassungsorgane des Bundes oder eines Landes in ihrer Eigenschaft als solche beteiligt sind und um Verfassungsrecht kämpfen (so genannte doppelte Verfassungsunmittelbarkeit). Beim Kommunalverfassungsstreit streiten aber keine staatlichen Organe um Rechtspositionen aus dem Grundgesetz oder einer Landesverfassung, sondern kommunale Organe oder Organteile machen Rechte aus der Gemeindeordnung oder einem anderen Kommunalgesetz geltend. § 40 I VwGO verlangt ferner, dass die Streitigkeit nicht durch Gesetz einem anderem als dem Verwaltungsgericht ausdrücklich zugewiesen worden ist. Solche abdrängenden Sonderzuweisungen sind beim Kommunalverfassungsstreit höchst selten.

2. Allgemeine Verfahrensvoraussetzungen

521 Wie bei anderen Verfahren vor dem Verwaltungsgericht auch müssen beim Kommunalverfassungsstreit die allgemeinen Verfahrensvoraussetzungen der §§ 61 ff. VwGO vorliegen. Während diese aber in herkömmlichen Streitigkeiten zwischen dem Bürger und der öffentlichen Verwaltung in der Fallbearbeitung nur angesprochen werden müssen, sofern der Sachverhalt dafür besondere Anhaltspunkte bietet (z.B. ein minderjähriger Kläger), sind sie im Kommunalverfassungsstreit stets zu thematisieren. Denn die §§ 61 ff. VwGO sind auf Außenrechtsbeziehungen zwischen dem Bürger und dem Hoheitsträger zugeschnitten und passen nur schlecht auf Innenrechtsstreitigkeiten wie den Kommunalverfassungsstreit.

522 Am Verwaltungsprozess sind nach § 63 VwGO der Kläger und der Beklagte sowie ggf. der Beigeladene und der Vertreter des öffentlichen Interesses beteiligt. *Kläger* ist das kommunale Organ oder Organteil, das eine vorgenommene Handlung beanstandet oder eine unterlassene Handlung begehrt. Dies kann ein monokratisches Organ wie der Landrat, ein Kollegialorgan wie der Kreistag oder ein Teil eines Kollegialorgans wie der einzelne Kreistagsabgeordnete sein. *Beklagter* ist das Organ(teil), von dem die beanstandete Handlung herrührt oder das deren Vornahme unterlassen hat. Der Kreis möglicher Beklagter ist wie derjenige der Kläger zu bestimmen. Die Kommune als juristische Person, der die klagenden und beklagten Organ(teil)e angehören, ist selbst weder Kläger noch Beklagter.

523 Ein *Beigeladener* ist gemäß § 65 VwGO ein Dritter, dessen rechtliche Interessen durch die Entscheidung berührt werden, ohne dass er schon Kläger oder Beklagter wäre. Es ist zu unterscheiden zwischen der einfachen Beiladung nach

§ 65 I VwGO und der notwendigen Beiladung gemäß § 65 II VwGO. Die einfache Beiladung steht im Ermessen des Gerichts; hier reicht schon die bloße Interessenberührung aus. Im Kommunalverfassungsstreit kann es sachdienlich sein, neben den streitenden Organ(teil)en auch andere Organe und Organteile beizuladen, um weitere Verfahren zu vermeiden und es nicht zu einander widersprechenden Gerichtsentscheidungen kommen zu lassen. Die notwendige Beiladung muss erfolgen, wenn an dem zwischen Kläger und Beklagtem streitigen Rechtsverhältnis Dritte in der Weise beteiligt sind, dass die Entscheidung auch ihnen gegenüber nur einheitlich ergehen kann. Fälle notwendiger Beiladung sind im Kommunalverfassungsstreit eher selten; am ehesten erscheint dies noch vorstellbar beim Streit um knappe Güter wie Redezeit oder Fraktionsmittel, die nicht beliebig vermehrbar sind, sondern unter den vorhandenen Bewerbern in der Weise aufgeteilt werden müssen, dass der Zugewinn des einen Bewerbers zugleich den Verlust eines anderen Bewerbers bedeutet (Nullsummenspiel). Zu beachten ist ferner § 121 VwGO, wonach sich die Rechtskraft des Urteils auch auf die Beigeladenen erstreckt.

Der *Vertreter des öffentlichen Interesses* spielt hingegen im Kommunalverfassungs- **524**
streit keine Rolle. Zum einen erscheint bereits fraglich, inwieweit bei einem Streit zwischen Organ(teil)en einer juristischen Person des öffentlichen Rechts überhaupt noch von einem einheitlichen öffentlichen Interesse ausgegangen werden kann, das der Vertreter des öffentlichen Interesses zu wahren hat. Zum anderen kann der Vertreter des öffentlichen Interesses nach § 36 I 2 VwGO nur die Vertretung des Landes oder von Landesbehörden übernehmen, nicht aber von Kommunen oder kommunalen Organen.

a) Unter *Beteiligtenfähigkeit* versteht man gemäß § 61 VwGO die Fähigkeit, am **525**
Verfahren beteiligt zu sein; d.h. eine dieser vier prozessualen Rollen zu übernehmen. § 61 VwGO benennt nun drei verschiedene beteiligungsfähige Stellen; (kommunale) Organe, wie der Kreistag oder der Landrat, sind darunter nicht aufgeführt. Es bestehen verschiedene Ansätze, wie dennoch deren Beteiligungsfähigkeit begründet werden könnte:

Vereinzelt wird vertreten, ein monokratisches Organ wie der Landrat sei als **526**
natürliche Person gemäß § 61 Nr. 1 Alt. 1 VwGO zu betrachten.[2] Entsprechend müsste dann ein Kollegialorgan wie der Kreistag als juristische Person nach § 61 Nr. 1 Alt. 2 VwGO angesehen werden. Diesem Vorschlag steht jedoch entgegen, dass die deutsche Rechtsordnung im Übrigen genau unterscheidet zwischen einer Person als Rechtssubjekt, dem Organ, welches als Werkzeug dieser Person handelt, und dem Organwalter, d.h. dem Menschen, der die Stellung als Organ bekleidet.

Überzeugender erscheint es, Kollegialorgane wie den Kreistag als Vereinigung **527**
i.S.d. § 61 Nr. 2 VwGO anzusehen, der ein Recht zustehen kann.[3] Der Wortlaut

[2] *Meister*, Der Kommunalverfassungsstreit, JA 2004, 414 (416); kritisch zu dieser Auffassung *Czybulka* in: Sodan/Ziekow, VwGO, 3. Auflage, 2010, § 61, Rn. 38.

[3] *Kopp/Schenke*, VwGO, 19. Auflage, 2013, § 61, Rn. 11; *Schmidt* in: Eyermann, VwGO, 13. Auflage, 2010, § 61, Rn. 10.

des § 61 Nr. 2 VwGO gibt das her, weil „Recht" nicht unbedingt auf Rechtspositionen im Außenverhältnis beschränkt werden muss, sondern auch ausdehnend interpretiert und zusätzlich auf Rechtspositionen im Innenverhältnis bezogen werden kann. Dieser Weg über § 61 Nr. 2 VwGO bereitet aber Schwierigkeiten bei monokratischen Organen wie dem Landrat, denn einen einzelnen Organwalter wird man kaum als Vereinigung betrachten können. Andererseits ist nicht zu erklären, warum zwar ein Kollegialorgan als Vereinigung gemäß § 61 Nr. 2 VwGO beteiligungsfähig sein soll, ein monokratisches Organ aber nicht. Hier wird man § 61 Nr. 2 VwGO über seinen Wortlaut hinaus analog auf monokratische Organe anzuwenden haben, um die planwidrige Regelungslücke betreffend die Beteiligungsfähigkeit monokratischer Organe zu schließen.[4]

528 b) Vergleichbare Probleme bestehen bei der *Prozessfähigkeit* gemäß § 62 VwGO. Unter Prozessfähigkeit versteht man die Fähigkeit, Verfahrenshandlungen vorzunehmen; z.B. Klage zu erheben oder Berufung einzulegen. Betrachtet man (→ Rn. 526) monokratische Organe als natürliche Personen, folgt deren Prozessfähigkeit aus § 62 I Nr. 1 VwGO. Entsprechend ergäbe sich die Prozessfähigkeit von Kollegialorganen als juristische Personen aus § 62 III VwGO. Ordnet man (→ Rn. 527) hingegen sowohl Kollegialorgane in direkter Anwendung des § 61 Nr. 2 VwGO als Vereinigungen ein als auch monokratische Organe in analoger Heranziehung des § 61 Nr. 2 VwGO, so sind sie in beiden Fällen prozessfähig entsprechend § 62 III VwGO.

529 c) Unter *Postulationsfähigkeit* versteht man die Fähigkeit, den Verfahrenshandlungen die rechtserhebliche Form zu geben. Vereinfacht ausgedrückt, beantwortet die Postulationsfähigkeit die Frage, ob Anwaltszwang besteht. Nach § 67 I VwGO können die Beteiligten vor dem Verwaltungsgericht den Rechtsstreit selbst führen, vor dem OVG und dem BVerwG müssen sie sich hingegen gemäß § 67 IV VwGO durch Prozessbevollmächtigte vertreten lassen.

3. Statthafte Klageart

530 a) Erhebliche Probleme bereitet beim Kommunalverfassungsstreit die Bestimmung der statthaften Klageart, weil die in der VwGO ausdrücklich vorgesehenen Klagen sämtlich auf Streitigkeiten im Außenverhältnis zu einer anderen juristischen Person zugeschnitten sind. So scheidet eine *Anfechtungsklage* nach § 42 I Alt. 1 VwGO aus, weil sie sich gegen einen Verwaltungsakt richten muss und Verwaltungsakte nach § 35 S. 1 VwVfG stets Maßnahmen mit Außenwirkung sind. Überdies kommt eine Anfechtungsklage nicht in Betracht, weil Verwaltungsakte im Verhältnis der Über-/Unterordnung ergehen und die Organe oder Organteile einer Kommune einander gleich geordnet sind. Aus denselben Gründen, mangelnde Außenwirkung und Gleichordnung, kann im Kommunalverfassungsstreit auch keine *Verpflichtungsklage* erhoben werden.

---

[4] *Kopp/Schenke*, VwGO, 19. Auflage, 2013, § 61, Rn. 5; *Porz* in: Fehling/Kastner, Verwaltungsrecht, 3. Auflage, 2012, § 61 VwGO, Rn. 19; *Burgi*, Kommunalrecht, 4. Auflage, 2012, § 14, Rn. 12; *Geis*, Kommunalrecht, 3. Auflage, 2014, § 25, Rn. 8.

b) Stattdessen kann aber die in § 43 II 1; § 111 VwGO vorausgesetzte *Leistungsklage* im Kommunalverfassungsstreit erhoben werden. Diese Klage ist ihrem Wortlaut nach nicht auf Außenrechtsbeziehungen begrenzt und kann deshalb in ausdehnender Auslegung auch auf Innenrechtsbeziehungen angewendet werden. Die Leistungsklage tritt in zwei Varianten auf: Als Abwehrklage begehrt das klagende Organ oder Organteil die Abwehr organschaftlichen Handelns, das nicht im Erlass eines Verwaltungsaktes besteht. Als Vornahmeklage verlangt der Kläger organschaftliches Tätigwerden, das nicht im Erlass eines Verwaltungsaktes besteht. 531

c) Begehrt das klagende Organ oder Organteil keine Abwehr oder Vornahme organschaftlichen Handelns, sondern lediglich eine Feststellung der wechselseitigen Rechte und Pflichten, so kommt auch eine *Feststellungsklage* nach § 43 VwGO in Frage. Diese Klage ist in gleicher Weise wie die Leistungsklage ihrem Wortlaut nach nicht auf Außenrechtsbeziehungen begrenzt und kann deshalb in extensiver Interpretation auch auf das Innenrecht angewandt werden. Eine solche Klage ist als positive Feststellungsklage nach § 43 I Var. 1 VwGO gerichtet auf das Bestehen eines Rechtsverhältnisses, als negative Feststellungsklage nach § 43 I Var. 2 VwGO auf dessen Nichtbestehen. Unter einem Rechtsverhältnis versteht man eine konkrete Rechte- und Pflichtenbeziehung zwischen zwei oder mehr (Innen-) Rechtssubjekten, die entsteht durch Anwendung einer rechtlichen Regelung auf einen Sachverhalt, wobei Streit über den Inhalt des Rechtsverhältnisses bestehen muss.[5] Sowohl die positive als auch die negative Feststellungsklage sind nach § 43 II 1 VwGO subsidiär hinter einer entsprechenden Leistungsklage. Eine Nichtigkeitsfeststellungsklage gemäß § 43 I Var. 3 VwGO scheidet hingegen als statthafte Klageart eines Kommunalverfassungsstreits aus, weil sie sich gegen einen nichtigen Verwaltungsakt und damit gegen eine Maßnahme mit Außenwirkung gemäß § 35 S. 1 VwVfG richten muss. Allenfalls zur Beseitigung eines Innenrechtsaktes, der den Rechtsschein eines Verwaltungsaktes hervorruft, mag eine Nichtigkeitsfeststellungsklage in Betracht kommen. 532

d) Vor allem die ältere Rechtsprechung und Literatur betrachtete den verwaltungsgerichtlichen *Organstreit als Klage eigener Art.*[6] Dem lag folgende Erwägung zu Grunde: Auf der einen Seite weist die Generalklausel des § 40 I VwGO den Verwaltungsgerichten umfassend sämtliche öffentlich-rechtlichen Streitigkeiten zur Entscheidung zu. Auf der anderen Seite sollen die in der Verwaltungsgerichtsordnung namentlich aufgeführten Klagearten diese Streitigkeiten nicht vollständig erschöpfen können. Wenn man von den nach § 40 I VwGO den Verwaltungsgerichten zugewiesenen Streitigkeiten die von den ausdrücklich aufgeführten Klagen erfassten Verfahren abziehe, dann verbleibe eine Differenz. Für diesen Rest müssten Klagen eigener Art geschaffen werden; für den Kommunalverfassungsstreit sei dies der verwaltungsgerichtliche Organstreit als Klage 533

[5] BVerwGE 100, 262; *Kopp/Schenke*, VwGO, 19. Auflage, 2013, § 43, Rn. 11; *Redeker/von Oertzen*, Verwaltungsgerichtsordnung, 15. Auflage, 2010, § 43, Rn. 3.

[6] OVGE Münster 28, 208 (210); OVGE Lüneburg 2, 225 (227 ff.).

sui generis. Diese Ansicht baut auf der Voraussetzung auf, dass die ausdrücklich aufgeführten Klagen den Organstreit nicht erfassen können. Wie oben (→ Rn. 531) gezeigt, können aber die üblicherweise im Rahmen des Kommunalverfassungsstreits begehrten Klageziele mit der Leistungsklage verfolgt werden, so dass für die Entwicklung des Organstreits als Klage sui generis kein Raum verbleibt.

4. Klagebefugnis und Feststellungsinteresse

534 a) Wird eine Leistungsklage erhoben, so muss das klagende Organ oder Organteil analog § 42 II VwGO klagebefugt sein. Bei der Leistungsklage als Abwehrklage kann die *Klagebefugnis* nicht einfach in Anwendung der herkömmlichen Adressatentheorie bestimmt werden, nach welcher der Adressat einer belastenden behördlichen Maßnahme stets klagebefugt ist. Denn hinter der Adressatentheorie steht die weite Auslegung des Art. 2 I GG, wonach jeder belastende Hoheitsakt zumindest in das Grundrecht der Allgemeinen Handlungsfreiheit des Adressaten eingreift. Organe oder Organteile können sich aber nicht auf Grundrechte berufen. Sie müssen die Verletzung einer organschaftlichen Kompetenz geltend machen, die subjektive Innenrechte gewährt. Eine solche Kompetenz kann sich aus der Kommunalordnung oder einem anderen Kommunalgesetz, aus Rechtsverordnungen, Satzungen oder Geschäftsordnungen, ggf. auch aus Beschlüssen ergeben. Beispiele für solche organschaftlichen Kompetenzen sind das Recht zur Teilnahme an Sitzungen, Informations-, Rede-, Antrags- und Stimmrechte und das Recht auf Mittel für die Fraktionsarbeit. Hingegen begründet die bloß objektive Rechtswidrigkeit einer rechtlichen Regelung noch keine Klagebefugnis. Es besteht auch keine Klagebefugnis, organschaftliche Rechte Dritter geltend zu machen. In gleicher Weise kann die Leistungsklage als Vornahmeklage nicht auf Grundrechte gestützt werden. Vielmehr muss auch hier das klagende Organ(teil) sich auf die Pflicht eines anderen Organ(teil)s stützen können, die im Interesse des Klägers besteht.

535 b) Bei der Feststellungsklage ist keine Klagebefugnis analog § 42 II VwGO zu fordern. Hier übernimmt das *Feststellungsinteresse* nach § 43 I VwGO die Aufgabe, Klagen unbeteiligter Dritter auszuschließen. Mangels planwidriger Regelungslücke ist für eine analoge Heranziehung des § 42 II VwGO kein Raum mehr.[7] Ein solches Feststellungsinteresse ist jedes nach vernünftigen Erwägungen durch die Sachlage gerechtfertigte Interesse rechtlicher, wirtschaftlicher oder ideeller Art.[8] Vor allem die mit der Beeinträchtigung in einer organschaftlichen Kompetenz ggf. verbundene Diskriminierung sowie die Wiederholungsgefahr können ein Feststellungsinteresse begründen.

---

[7] *Hufen*, Verwaltungsprozessrecht, 9. Auflage, 2013, § 18, Rn. 17; *Kopp/Schenke*, VwGO, 19. Auflage, 2013, § 42, Rn. 63.

[8] *Kopp/Schenke*, VwGO, 19. Auflage, 2013, § 43, Rn. 23; st. Rspr, vgl. z.B. BVerwGE 100, 271.

5. Vorverfahren?

Vor Erhebung des verwaltungsgerichtlichen Organstreits ist kein Vorverfahren durchzuführen. Das Widerspruchsverfahren nach §§ 68 ff. VwGO stellt nur für Anfechtungs- und Verpflichtungsklagen ein Vorverfahren dar, nicht aber für Leistungs- und Feststellungsklagen. Besondere aufsichtsbehördliche Kontroll- oder Schlichtungsverfahren sind im Übrigen nur für den Fall der Beanstandung von Beschlüssen der Vertretungskörperschaft durch den Hauptverwaltungsbeamten vorgesehen. **536**

6. Form und Frist

Die Klage ist gemäß § 81 I VwGO schriftlich zu erheben; die Klageschrift hat den nach § 82 VwGO erforderlichen Inhalt aufzuweisen. Eine Klagefrist besteht nicht. Ist zwischen angegriffener oder begehrter Handlung und Klageerhebung aber ein sehr langer Zeitraum verstrichen, so kommt ggf. eine Verwirkung (→ Rn. 538) des umstrittenen organschaftlichen Rechts in Betracht. **537**

7. Subsidiarität und allgemeines Rechtsschutzbedürfnis

Die positive und negative Feststellungsklage sind gemäß § 43 II 1 VwGO hinter der Leistungsklage *subsidiär* – dies gilt auch bei Klagen im Innenverhältnis. Der Klage darf außerdem nicht das *allgemeine Rechtsschutzbedürfnis* fehlen, was in vier Konstellationen erfolgen kann: Zum einen darf für das klagende Organ(teil) kein einfacherer Weg zur Verfolgung seines Begehrens bestehen. Dies kann insbesondere der Fall sein, wenn die jeweilige Kommunalordnung ein Einspruchsrecht des klagenden Organ(teil)s vorsieht und dieses vor Klageerhebung keinen Einspruch erhoben hat.[9] Hingegen wird ein Antrag an die Aufsichtsbehörde auf Einschreiten keinen einfacheren Weg darstellen. Zum andern darf das klagende Organ(teil) nicht auf die geltend gemachte subjektive Innenrechtsposition verzichtet haben. Auch diese Fallgruppe ist eher unbedeutend, weil zumeist die umstrittenen Rechtspositionen des Innenrechts nicht nur allein im Interesse des Organ(teil)s bestehen, sondern auch im Interesse der Kommune selbst und daher gar nicht verzichtsfähig sind. Keine große Bedeutung kommt auch der Verwirkung des Klagerechts zu. Dafür muss eine gewisse Zeit von i.d.R. mindestens einem Jahr verstrichen sein und besondere Umstände, die über die bloße Nichterhebung der Klage hinausgehen, müssen vorliegen. Etwas praxisrelevanter sind dann wieder die Missbrauchsfälle. Das klagende Organ(teil) darf mit der Klageerhebung keine spezifisch missbilligenswerten Ziele verfolgen, wie z.B. die bloße Schikanierung des Beklagten. Wohl werden Organe oder Organteile einer juristischen Person des öffentlichen Rechts nicht in gleicher Weise wie Privatpersonen zur missbräuchlichen Klageerhebung neigen; gänzlich ausgeschlossen werden kann dies aber auch nicht. Vor allem bei erheblichen parteipolitischen Auseinan- **538**

[9] Vgl. § 60 II HessGO; § 63 II 2 NdsKomVG; § 51 III 2 GO NRW; § 38 III GO RP.

dersetzungen innerhalb der Kommune kann es zu entsprechenden Klagen kommen.

III. Begründetheit der Hauptsache

1. Leistungsklage als Abwehrklage

539 Der Kommunalverfassungsstreit ist als Leistungsklage in Form der Abwehrklage begründet, wenn dem klagenden Organ(teil) ein Anspruch auf Abwehr des angegriffenen Organhandelns zusteht. Es ist zu prüfen, ob dem beklagten Organ(teil) für sein Handeln eine Ermächtigungsgrundlage zur Verfügung steht. Eine solche Ermächtigung kann sich aus den Kommunalgesetzen, Rechtsverordnungen, Satzungen, der Geschäftsordnung des Kollegialorgans, dem beide Verfahrensbeteiligten angehören, oder aus früher gefassten Beschlüssen dieses Kollegialorgans ergeben. Auf der Basis dieser Ermächtigung muss das zuständige Organ tätig geworden sein, es muss bestehende Mitwirkungsrechte anderer Stellen beachtet und die vorgesehene Form gewahrt haben. In materieller Hinsicht müssen die tatbestandlichen Voraussetzungen der Ermächtigungsgrundlage erfüllt sein. Wurde dem beklagten Organ(teil) Ermessen eingeräumt, muss dieses fehlerfrei betätigt worden sein. Fehlt es an der Ermächtigungsgrundlage, sind formelle oder materielle Anforderungen missachtet worden, so ist weiter zu prüfen, ob das klagende Organ(teil) dadurch in seiner subjektiven Innenrechtsposition verletzt worden ist.

2. Leistungsklage als Vornahmeklage

540 Die Leistungsklage ist als Vornahmeklage begründet, wenn dem Kläger ein Anspruch auf Vornahme des begehrten Organhandelns zusteht. Dafür bedarf es einer Anspruchsgrundlage, die sich aus den Kommunalgesetzen, Rechtsverordnungen, Satzungen, der Geschäftsordnung des Kollegialorgans, dem beide Verfahrensbeteiligten angehören, oder aus früher gefassten Beschlüssen dieses Kollegialorgans ergeben kann. Es muss eine Pflicht des beklagten Organ(teil)s gerade im Interesse des klagenden Organ(teil)s bestehen. Ein solcher Anspruch setzt voraus, dass das beklagte Organ zuständig ist, die vorgesehenen Mitwirkungsrechte anderer Stellen beachtet werden und die vorgesehene Form gewahrt wird. Außerdem müssen in materieller Hinsicht die tatbestandlichen Voraussetzungen der Anspruchsgrundlage erfüllt sein. Ist dies der Fall, so kann je nach Anspruchsgrundlage eine Pflicht des beklagten Organ(teil)s zum Tätigwerden bestehen; ausnahmsweise auch nur eine Pflicht zur ermessensfehlerfreien Entscheidung über das Tätigwerden. Ist auf diese Weise Ermessen eingeräumt, so kann dies v.a. unter dem Gesichtspunkt der Gleichbehandlung der Organteile auf eine gebundene Entscheidung reduziert sein.

3. Feststellungsklage

Der Kommunalverfassungsstreit ist als positive Feststellungsklage gemäß § 43 I Var. 1 VwGO begründet, wenn durch die fragliche Maßnahme ein Rechtsverhältnis zwischen Kläger und Beklagtem entstanden ist; d.h. wenn das organschaftliche Verhalten rechtswidrig ist und der Kläger dadurch in einer organschaftlichen Kompetenz verletzt wird. Er ist als negative Feststellungsklage gemäß § 43 I Var. 2 VwGO begründet, wenn durch die fragliche Maßnahme kein Rechtsverhältnis zwischen Kläger und Beklagtem entstanden ist; d.h. wenn das organschaftliche Verhalten rechtswidrig ist und der Kläger dadurch in einer organschaftlichen Kompetenz verletzt wird. **541**

4. Entscheidungen über die Kosten und vorläufige Vollstreckbarkeit

Nach § 154 I VwGO trägt unabhängig von der gewählten Klageart das unterlegene klagende oder beklagte Organ(teil) die Kosten des Verfahrens. Erfolgte die Prozessführung nicht mutwillig, so kann das Organ(teil) bei der Kommune, der es angehört, Rückgriff nehmen. Unabhängig vom Ausgang des Verfahrens fallen die Kosten also letztlich auf die Kommune zurück. Einem beigeladenen Organ(teil) können nach § 154 III VwGO Kosten nur auferlegt werden, wenn es Anträge gestellt oder Rechtsmittel eingelegt hat. Auch hier wird ein Rückgriff auf die Kommune zuzulassen sein. Nur wenn das beigeladene Organ(teil) dieses Kostenrisiko eingegangen ist, entspricht es der Billigkeit, ihm im Falle des Obsiegens einen eigenen Erstattungsanspruch nach § 162 III VwGO zuzuerkennen. **542**

Die Entscheidung über die vorläufige Vollstreckbarkeit bestimmt sich nach §§ 167 ff. VwGO i.V.m. §§ 704 ff. ZPO. **542a**

Übersicht 15-1: Kommunalverfassungsstreit **543**

Die Klage hat Erfolg, wenn sie zulässig und begründet ist.

A. Zulässigkeit des Organstreits
Die Zulässigkeit der Klage bestimmt sich nach § 40 VwGO und den übrigen Bestimmungen der VwGO.

I. Eröffnung des Verwaltungsrechtsweges, § 40 I VwGO
1. Öffentlich-rechtliche Streitigkeit
– Kommunalrechtliche Streitigkeiten zählen traditionell zum öffentlichen Recht.
2. Nicht-verfassungsrechtlicher Art
– Keine doppelte Verfassungsunmittelbarkeit; keine staatl. Verf.-Organe in Eigenschaft als solche beteiligt, die um Verfassungsrecht kämpfen.
– Hier streiten verwaltungsrechtliche Organe („Interorganstreit“), Organteile oder Organwalter („Intraorganstreit“) um Rechtspositionen, die weder im Grundgesetz noch in einer Landesverfassung geregelt sind.
3. Keine abdrängende Sonderzuweisung an eine andere Gerichtsbarkeit.

II. Allgemeine Verfahrensvoraussetzungen, §§ 61; 62 VwGO
Problem: §§ 61; 62 VwGO sind auf Außenrechtsbeziehungen zugeschnitten.

1. Beteiligtenfähigkeit, § 61 VwGO
- M 1: § 61 Nr. 1 VwGO, Organwalter als natürliche Person; Organ als juristische Person; arg. contra: Unterschied Person – Organ – Organwalter.
- M 2: § 61 Nr. 2 VwGO direkt, Organ als Vereinigung, der ein Recht zustehen kann; arg. contra: erfasst nur Rechte im Außenverhältnis; monokratisches Organ als Vereinigung?
- M 3: § 61 Nr. 2 VwGO analog auf monokratisches Organ.

2. Prozessfähigkeit, § 62 VwGO
- M 1: § 62 I Nr. 1 VwGO Geschäftsfähigkeit natürlicher Personen; § 62 III VwGO Geschäftsfähigkeit juristischer Personen.
- M 2: § 62 III VwGO direkt (v.a. bei der Vertretungskörperschaft).
- M 3: § 62 III VwGO analog (v.a. beim Hauptverwaltungsbeamten).

III. Statthafte Rechtsschutzform, § 88 VwGO

1. Anfechtungsklage, § 42 I Alt. 1 VwGO?
- Nein, angegriffenen Maßnahmen kommt keine Außenwirkung zu, sie sind keine VAe; evtl. zur Beseitigung eines Innenrechtsaktes, der den Rechtsschein eines VA hervorruft.

2. Leistungsklage, von §§ 43; 111 VwGO vorausgesetzt
a) Als Abwehrklage
- Kläger begehrt Abwehr organschaftlichen Handelns, das nicht im Erlass eines VA besteht.

b) Als Vornahmeklage
- Kläger begehrt organschaftliches Tätigwerden, das nicht im Erlass eines VA besteht.

3. Feststellungsklage, § 43 VwGO
a) Als positive/negative Feststellungsklage
- § 43 I Var. 1/2 VwGO; (Nicht)Bestehen eines Rechtsverhältnisses ((a) konkrete Rechte- und Pflichtenbeziehung (b) zwischen zwei oder mehr *Innen*-Rechtssubjekten (c) entstanden durch Anwendung einer rechtlichen Regelung auf einen Sachverhalt (d) Streit über den Inhalt des Rechtsverhältnisses).

b) Als Nichtigkeitsfeststellungsklage?
- Nein, nach § 43 I Var. 3 VwGO nur gegen nichtigen VA und damit im Rahmen einer Außenrechtsbeziehung.
- Evtl. zur Beseitigung eines Innenrechtsaktes, der den Rechtsschein eines VA hervorruft.

4. Verwaltungsgerichtlicher Organstreit als Klage sui generis oder allgemeine Gestaltungsklage?
- Generalklausel des § 40 I VwGO einerseits, numerus clausus der ausdrücklich gesetzlich geregelten Klagearten andererseits lässt grds. Raum für weitere Klagearten, hier aber durch Leistungs- und Feststellungsklage bereits erfasst (str.).

IV. Feststellungsinteresse, § 43 I VwGO
- § 43 I VwGO; jedes nach vernünftigen Erwägungen durch die Sachlage gerechtfertigte schutzwürdige Interesse rechtlicher, wirtschaftlicher oder ideeller Art; großzügiger als § 256 I ZPO.
- Bei nachträglicher Feststellungsklage: Wiederholungsgefahr; Rehabilitationsinteresse; drohende Sanktionen.
- Bei vorbeugender Feststellungsklage: Abwarten der Kompetenzverletzung ist unzumutbar.

V. Klagebefugnis, § 42 II VwGO (analog)?
- Nur bei Leistungsklage, nicht bei Feststellungsklage (str.).
- Möglicherweise Verletzung in einer organschaftlichen Kompetenz, die subj. Innenrecht gewährt, aus Gesetz; Rechtsverordnung; Satzung; Geschäftsordnung; Beschluss (str.).
- Z.B. Teilnahme an Sitzung; Informations-; Rede-; Antrags-; Stimmrecht; Fraktionsmittel.
- Nicht Grundrechte; Rechte Dritter; bloße Feststellung der objektiven Rechtswidrigkeit einer rechtlichen Regelung.

VI. Vorverfahren?
- Kein Vorverfahren, nur in den Fällen der Beanstandung von Beschlüssen der Vertretungskörperschaft durch den Hauptverwaltungsbeamten ggfs. ein aufsichtsbehördliches Kontroll- oder Schlichtungsverfahren.

VII. Form und Frist
- Schriftform nach § 81 I VwGO; Inhalt der Klageschrift nach § 82 VwGO; keine Frist.

VIII. Allgemeines Rechtsschutzbedürfnis
1. Subsidiarität der positiven und negativen Feststellungsklage hinter der Leistungsklage nach § 43 II 1 VwGO auch bei Klagen im Innenverhältnis (str.); § 44a VwGO greift nicht ein (str.).
2. Kein einfacherer Weg ersichtlich; kein Verzicht; keine Verwirkung; kein Missbrauch.

IX. Klagegegner
- Das Organ/Der Organteil, von dem die beanstandete Handlung herrührt, oder das/der deren Vornahme unterlassen hat; nicht die Kommune selbst, der das Organ/der Organteil angehört (str.).

B. Beiladung
- Ggf. andere Organe oder Organteile nach § 65 I VwGO beiladen.

C. Begründetheit des Organstreits

I. Leistungsklage als Abwehrklage/Vornahmeklage
- Der Organstreit ist als Leistungsklage in Form der Abwehrklage/Vornahmeklage begründet, wenn dem Kläger ein Anspruch auf Abwehr des angegriffenen/Vornahme des begehrten Organhandelns zusteht.

1. Ermächtigungsgrundlage/Anspruchsgrundlage
– Z.B. aus Gesetz; RVO; Szg.; Geschäftsordnung; Beschluss (str.).
2. Formelle Voraussetzungen
– Zuständiges Organ(teil); Mitwirkungsrechte; besondere Formen.
3. Materielle Voraussetzungen
– V.a. rechtliche und tatsächliche Möglichkeit des Unterlassens/Handelns.
4. Angegriffenes Handeln wurde bereits vorgenommen oder steht unmittelbar bevor
5. Gebundene Entscheidung des Organs
– „Muss"; „kann" zu „muss" verdichtet; Gleichbehandlung der Organwalter.
6. Verletzung des Klägers in organschaftlicher Kompetenz

II. Positive/Negative Feststellungsklage
– Der Organstreit ist als positive/negative Feststellungsklage gemäß § 43 I Var. 1/2 VwGO begründet, wenn durch die Maßnahme X (k)ein Rechtsverhältnis zwischen Kläger und Beklagtem begründet wurde; d.h. wenn das organschaftliche Verhalten rechtswidrig ist und der Kläger dadurch in einer organschaftlichen Kompetenz verletzt wird.

III. Kostenentscheidung
– Kosten trägt im Außenverhältnis nach §§ 154 ff. VwGO der unterlegene Beteiligte, dieser kann bei nicht mutwilliger Prozessführung im Innenverhältnis bei der jur. Person, der er zugeordnet ist, Rückgriff nehmen.

IV. Entscheidung über die vorläufige Vollstreckbarkeit
– §§ 167 ff. VwGO; §§ 704 ff. ZPO.

IV. Vorläufiger Rechtsschutz

544 Zusätzlich zu der Leistungs- oder Feststellungsklage in der Hauptsache kann auch noch der Erlass einer einstweiligen Anordnung nach § 123 VwGO beantragt werden. Dieser vorläufige Rechtsschutz kann den Hauptsacherechtsschutz nicht ersetzen, sondern nur ergänzen. Durch den vorläufigen Rechtsschutz sollen die Rechte des Antragstellers bis zum Abschluss des Hauptsacheverfahrens gewahrt, aber das Ergebnis des Hauptsacheverfahrens nicht vorweggenommen werden. Auch bei einer solchen einstweiligen Anordnung ist zwischen Zulässigkeit und Begründetheit zu unterscheiden.

1. Zulässigkeit des Antrags auf Erlass der einstweiligen Anordnung

545 Die Zulässigkeit der einstweiligen Anordnung bestimmt sich nach § 123 VwGO. Der Verwaltungsrechtsweg muss gemäß § 40 VwGO eröffnet sein (→ Rn. 520). In gleicher Weise wie im Hauptsacheverfahren müssen die allgemeinen Verfahrensvoraussetzungen vorliegen (→ Rn. 521 ff.). Die Verfahrensbeteiligten heißen hier Antragsteller und Antragsgegner; eine Beiladung ist gleichfalls möglich (str.). Einstweiliger Rechtsschutz ist bei kommunalverfassungsrechtlichen Streitigkeiten nur im Verfahren der einstweiligen Anordnung statthaft, weil in der Hauptsache keine Anfechtungsklage zu erheben ist, so dass ein Verfahren nach § 80 V; § 80a III VwGO ausscheidet. Das antragstellende Organ(teil) muss analog § 42 II VwGO antragsbefugt sein, d.h. es muss zumindest möglich erscheinen, dass ihm ein Anspruch auf Erlass der begehrten einstweiligen Anordnung zusteht und das Begehren eilbedürftig ist, also ein Anordnungsanspruch besteht. Die einstweilige Anordnung ist analog § 81 VwGO schriftlich zu beantragen mit einem Inhalt entsprechend § 82 VwGO. Es besteht keine Antragsfrist, allerdings wird in Fällen der einstweiligen Anordnung ohnehin besondere Eilbedürftigkeit bestehen. Dem Antrag auf Erlass einer einstweiligen Anordnung darf das allgemeine Rechtsschutzbedürfnis nicht fehlen; es darf also keinen einfacheren Weg zur Erreichung des Antragsziels geben, das Hauptsacheverfahren darf nicht offensichtlich unzulässig, insbesondere verfristet, sein und die Antragstellung nicht rechtsmissbräuchlich erfolgen.

2. Begründetheit des Antrags auf Erlass einer einstweiligen Anordnung

Der Antrag auf Erlass einer einstweiligen Anordnung ist begründet, wenn dem **546**
Antragsteller ein Anordnungsanspruch zusteht, ein Anordnungsgrund vorliegt und die Hauptsache nicht vorweggenommen wird. Der nach § 123 III VwGO; § 920 II ZPO glaubhaft zu machende *Anordnungsanspruch* bestimmt sich nach dem Anspruch in der Hauptsache. Wird in der Hauptsache eine Leistungsklage als Abwehrklage oder eine negative Feststellungsklage erhoben, so kommt eine Sicherungsanordnung gemäß § 123 I 1 VwGO in Betracht. Ist in der Hauptsache eine Leistungsklage als Vornahmeklage oder eine positive Feststellungsklage statthaft, kommt eine Regelungsanordnung gemäß § 123 I 2 VwGO in Frage. Ein nach § 123 III VwGO; § 920 II ZPO glaubhaft zu machender *Anordnungsanspruch* ist nur bei besonderer Eilbedürftigkeit gegeben. Besonders eilig sind bspw. Verfahren, bei denen es um die Teilnahme an einer für die nächsten Tage anberaumten Sitzung oder die Abwendung einer Eilentscheidung des Hauptverwaltungsbeamten geht. Durch den Erlass der einstweiligen Anordnung darf grds. die *Hauptsache nicht vorweggenommen* werden. Ausnahmen von diesem Verbot bestehen bei zeitgebundenen Rechten wie der Sitzungsteilnahme, bei denen Rechtsschutz in der Hauptsache zu spät käme, und in Fällen der Existenzbedrohung des Antragstellers, was v.a. beim Streit um Fraktionsmittel in den kommunalen Vertretungskörperschaften denkbar erscheint.

Auch im Verfahren des vorläufigen Rechtsschutzes folgt die Kostenentschei- **547**
dung den §§ 154 ff. VwGO und es besteht für den unterlegenen Verfahrensbeteiligten die Möglichkeit des Rückgriffs auf die Kommune, sofern die Prozessführung nicht mutwillig erfolgte.

V. Aktuelle Entwicklungen

548 Derzeit sind keine Bestrebungen erkennbar, den Organstreit in der VwGO ausdrücklich zu regeln. Sollte es allerdings zu einer Zusammenführung der drei öffentlich-rechtlichen Gerichtsbarkeiten auf der Basis einer neuen Verwaltungsprozessordnung kommen, dann wäre in deren Rahmen auch eine Normierung inter- und intraorganschaftlicher Streitigkeiten vorstellbar. Bis dahin hat man sich allerdings weiterhin mit Leistungs- und Feststellungsklage zu behelfen.

VI. Kontrollfragen

549 1) Warum entscheidet nicht das BVerfG über den Kommunalverfassungsstreit? (Rn. 519, 520)
2) Wie sind Beteiligten- und Prozessfähigkeit der kommunalen Vertretungskörperschaft sowie des Hauptverwaltungsbeamten im Kommunalverfassungsstreit zu bestimmen? (Rn. 525–528)
3) Handelt es sich bei dem Kommunalverfassungsstreit um eine Klage sui generis? (Rn. 533)
4) Kann für die Bestimmung der Klagebefugnis im Kommunalverfassungsstreit auf die Adressatentheorie zurückgegriffen werden? (Rn. 534)
5) Wer ist Klagegegner im Kommunalverfassungsstreit? (Rn. 519, 543)
6) Wann ist ein Kommunalverfassungsstreit begründet? (Rn. 539–541)
7) Auf welche Weise kann vorläufiger Rechtsschutz bei Streitigkeiten zwischen Kommunalorganen erlangt werden? (Rn. 544)

Rechtsprechung zu § 15

550 BVerwG, NVwZ 1988, 837 (Ordnungsmaßnahme gegen Ratsmitglied)
BVerwG, NVwZ 1989, 975 (Berufung auf Grundrechte)
VGH Kassel, NVwZ 1999, 1369 (Fraktionsausschluss)
OVG Lüneburg, OVGE 22, 508 (Besetzung eines Ausschusses)
OVG Lüneburg, DÖV 1993, 1101 (Fraktionsausschluss)
VGH München, NJW 1988, 2754 (Fraktionsausschluss)
VGH München, BayVBl. 1985, 339 (Aufhebung eines Beschlusses)
OVG Münster, NVwZ-RR 1991, 260 (Rauchverbot im Ratsausschuss)
OVG Münster, DÖV 2001, 916 (ordnungsgemäße Ladung, Tagesordnung, Öffentlichkeit)

Literatur zu § 15

551 *Diemert*, Der Innenrechtsstreit im öffentlichen Recht und im Zivilrecht, 2002

Ehlers, Die Klagearten und besonderen Sachentscheidungsvoraussetzungen im Kommunalverfassungsstreitverfahren, NVwZ 1990, 105–112
Erichsen/Biermann, Der Kommunalverfassungsstreit, Jura 1997, 157–162
Franz, Der Kommunalverfassungsstreit, Jura 2005, 156–161
Martensen, Grundfälle zum Kommunalverfassungsstreit, JuS 1995, 989–992, 1077–1080
Meister, Der Kommunalverfassungsstreit, JA 2004, 414–417
Ogorek, Der Kommunalverfassungsstreit im Verwaltungsprozess, JuS 2009, 511–516
Preusche, Zu den Klagearten für kommunalverfassungsrechtliche Organstreitigkeiten, NVwZ 1987, 854–858
Roth, Verwaltungsrechtliche Organstreitigkeiten, 2001
Schmidt, Fallrepetitorium Allgemeines Verwaltungsrecht mit VwGO, 2. Auflage, 2014, § 44

Dritter Teil: Die Kommune und ihre Einwohner

§ 16 Überblick über die Rechtsstellung der Einwohner

I. Grundlagen

Das Verhältnis der Kommune zu ihren Einwohnern stellt denjenigen Teil des Kommunalrechts dar, der noch am ehesten dem klassischen Verhältnis Hoheitsträger – Grundrechtsträger ähnelt. Vergleicht man diese kommunale Beziehung mit der Relation der staatlichen Verwaltung zu den Grundrechtsträgern, so fallen jedoch drei Unterschiede auf: Zum einen können die Einwohner der Kommune viel direkter Einfluss auf das Geschehen der Kommunalverwaltung nehmen als dies gegenüber der staatlichen Verwaltung möglich ist (→ § 17). Zum anderen tritt die Kommunalverwaltung den Einwohnern weniger als Eingriffs- denn vielmehr als Leistungsverwaltung entgegen (→ § 18). Schließlich wird eine unmittelbare Beziehung zwischen den an die Einwohner erbrachten Leistungen und den von diesen zu tragenden Belastungen angestrebt (→ § 19). **552**

II. Einwohner und Bürger

Von zentraler Bedeutung im Verhältnis der Kommune zu den Grundrechtsträgern ist der Begriff des Einwohners. Einwohner ist, wer in der Kommune seinen Wohnsitz hat.[1] Der Wohnsitz bestimmt sich nach §§ 7 ff. BGB. Zum Teil gehen die Kommunalordnungen in ihren Legaldefinitionen des Einwohners auch noch darüber hinaus und zählen auch diejenigen Personen zu den Einwohnern, die in der Kommune ihren ständigen Aufenthalt haben.[2] **553**

Vereinzelt sprechen die Kommunalordnungen nicht vom Einwohner der Kommune, sondern vom *Angehörigen*.[3] Im vorliegenden Zusammenhang sind **554**

---

[1] § 10 I GO BW; § 15 I BayGO; § 11 I BbgKVerf; § 8 I HessGO; § 13 I KV MV; § 28 I NdsKomVG; § 21 I GO NRW; § 13 I GO RP; § 18 I SaarlKSVG; § 10 I SächsGO; § 20 I GO LSA; § 6 I GO SH; § 10 I ThürKO.

[2] § 11 I BbgKVerf; § 28 I 1 NdsKomVG.

[3] Art. 15 I 1 BayGO.

diese beiden Begriffe als Synonyme anzusehen, im kommunalen Kooperationsrecht versteht man unter Angehörigen die Mitglieder der Mitglieder eines Zweckverbandes (→ Rn 767 ff.).

555 *Bürger* der Kommune sind die zur Wahl der kommunalen Vertretungskörperschaft berechtigten Einwohner.[4] Diese müssen deutsche Staatsangehörige oder Statusdeutsche (Art. 116 I GG) sein oder die Staatsangehörigkeit eines EU-Mitgliedstaates (wegen Art. 28 I 3 GG) besitzen. Der kommunalrechtliche Bürgerbegriff ist von den staatsrechtlichen Bürgerbegriffen zu unterscheiden. Hier wird Bürger zum einen im Sinne von Staatsbürger als Teil des Staatsvolks verstanden und dient zur Abgrenzung von Ausländern und Staatenlosen. Zum anderen wird Bürger als Gegenbegriff (Antonym) zu Staat gebraucht und umfasst in dieser weiten Verwendung neben den Staatsbürgern gerade auch Fremde.

556 Historisch hat sich ein Wandel von der Bürger- zur Einwohnerkommune vollzogen. Dies bedeutet zweierlei: Einerseits sind viele Rechte, die früher nur Bürgern zustanden, heute allen Einwohnern zuerkannt worden, so dass im Grunde genommen nur noch das Wahlrecht als herausragendes Recht der Kommunalbürger (und letztlich als deren Unterscheidungskriterium von den Einwohnern) übrig bleibt. Andererseits sind die Anforderungen an den Erwerb des Bürgerrechts stetig abgesenkt worden. Wurden früher zusätzlich zu der jeweiligen Landesangehörigkeit ein langjähriger Aufenthalt in der Kommune, Volljährigkeit, Grundbesitz und ein bestimmtes Mindesteinkommen verlangt, ggf. gar der Kauf des Bürgerrechts, so genügen heute neben der Staatsangehörigkeit eines EU-Mitgliedstaates ein Wohnsitz von mindestens drei Monaten in der Kommune und gelegentlich sogar die Vollendung des 16. Lebensjahres, um die Bürgerstellung zu begründen.[5]

III. Gesamtschau der Rechte und Pflichten

557 Die Einwohner bilden das personelle Substrat der Kommune als Selbstverwaltungskörperschaft. Deren Beteiligung an der kommunalen Willensbildung stellt das entscheidende Element der Selbstverwaltung dar. Dabei können sich teils alle Einwohner an der kommunalen Entscheidungsfindung beteiligen, teils ist diese auf die Bürger beschränkt. Über diese politischen Rechte hinaus kommt dem Nutzungsanspruch der Einwohner große Bedeutung zu, weil die Kommunen große Teile der Daseinsvorsorge zu bewältigen haben.

558 Sowohl die politischen Ämter als auch das Angebot an kommunalen Einrichtungen bauen auf entsprechenden Leistungen der Einwohner auf. Die in Teilen

[4] Art. 15 II BayGO; § 11 I BbgKVerf; § 8 II HessGO; § 13 II KV MV; § 28 II NdsKomVG; § 21 II GO NRW; § 6 II GO SH; § 10 II ThürKO.

[5] § 12 I GO BW; Art. 1 I BayGLKrWG; § 8 BbgKomWG; § 30 I 1 HessGO; § 4 II Nr. 2 LKomWG MV; § 48 I NdsKomVG; § 7 I KomWG NRW; § 13 II GO RP; § 18 II SaarlKSVG; § 15 I SächsGO; § 20 II GO LSA; § 3 I GKWG SH; § 1 I ThürKomWG.

ehrenamtliche kommunale Verwaltung erfordert eine entsprechende Pflicht der Bürger, kommunale Ehrenämter zu übernehmen. Die kommunalen Einrichtungen können nur unterhalten werden, wenn die Einwohner finanzielle Leistungen an die Kommune erbringen.

Zusammengefasst beruht die Rechtsstellung der Einwohner der Kommune 559
auf dem grundlegenden Gedanken, dass die Einwohner sowohl Rechte besitzen als auch Pflichten tragen und die Pflichten um der Rechte willen bestehen. Grundsätzlich sollen die Kreise der Berechtigten und Verpflichteten einander decken, aber Verschiebungen sind nicht ganz zu vermeiden: So stehen einige politischen Rechte nur den Bürgern zu und manche finanzielle Last wird über den kommunalen Finanzausgleich auf andere Schultern verteilt.

IV. Kontrollfragen

1) Sind alle Bürger Einwohner und alle Einwohner Bürger? (Rn. 553-555) 560
2) In welchem Verhältnis stehen die Rechte und Pflichten der Einwohner zueinander? (Rn. 557-559)
3) Welchen Einfluss hat die Staatsangehörigkeit eines EU-Mitgliedsstaates auf die Stellung als Bürger? (Rn. 555)

Rechtsprechung zu § 16

BVerfG, NJW 1991, 1152 (Kommunales Ausländerwahlrecht) 561
VerfG Brandenburg, Urteil v. 29.08.2002, Az.: VfGBbg 15/02 (Regel-Mindesteinwohnerzahl für amtsangehörige Gemeinden)

Literatur zu § 16

Fügemann, Die Gemeindebürger als Entscheidungsträger: Zur Organstellung der Bürgerschaft, DVBl. 2004, 343–352 562
Hellermann, Örtliche Daseinsvorsorge und gemeindliche Selbstverwaltung, 2000

§ 17 Beteiligung an der kommunalen Willensbildung

I. Grundlagen

563 Gemeinden und Landkreise sind selbstverwaltete Gebietskörperschaften mit maßgeblicher Beteiligung der Einwohner. Die Kommunen sind ein wichtiges Betätigungsfeld demokratischer Willensbildung mit sehr kurzen Wegen zwischen Verwaltung und Einwohnern. Treffend bestimmt Art. 11 IV BayV: *„Die Selbstverwaltung der Gemeinden dient dem Aufbau der Demokratie in Bayern von unten nach oben."* Die Bürger – teils auch alle Einwohner – nehmen durch Wahlen und Abstimmungen an der kommunalen Willensbildung teil. Wahlen sind Entscheidungen über Personen, Abstimmungen über Sachfragen. Allerdings stehen Personen für bestimmte Programme und Sachfragen werden von Personen vertreten.

II. Wahlrecht

564 Die Bürger der Kommune wählen die Organwalter verschiedener kommunaler Organe nach bestimmten Wahlrechtsgrundsätzen.

1. Wählbare Organe

565 a) Art. 28 I 2 GG schreibt vor, dass in den Gemeinden und Landkreisen in gleicher Weise wie auf staatlicher Stufe durch Bundestag und Landtage eine direkt gewählte Vertretung bestehen muss. Diesem grundgesetzlichen Gebot sind alle Landesgesetzgeber nachgekommen[1], so dass überall direkt gewählte *Gemeindevertretungen und Kreistage* existieren. Aus dieser direkten Wahl bezieht die Vertretung ihre Legitimation als kommunales Hauptorgan.

566 b) Zusätzlich zu der kommunalen Vertretungskörperschaft wird inzwischen zumeist auch der kommunale *Hauptverwaltungsbeamte* direkt gewählt.[2] Dies stellt

---

[1] § 26 I GO BW; § 22 I KrO BW; Art. 22 I BayGlKrWG; §§ 27 II 1, § 131 I 1 BbgKVerf; § 1 HessKomWG; §§ 23 I 1, 105 I 1 KV MV; § 47 I 1 NdsKomVG; § 42 I 1 GO NRW, § 27 I 1 KrO NRW; § 29 I 2 GO RP, § 22 I 2 LKrO RP; §§ 32 I, 156 I SaarlKSVG; § 30 I SächsGO, § 26 I SächsLKrO; § 37 I 1 GO LSA, § 26 I 1 LKO LSA; Art. 3 I LV SH.

[2] § 45 GO BW; Art. 17 BayGO; § 53 II BbgKVerf; § 29 I HessGO; § 37 KV MV; § 80 I 1 NdsKomVG; § 65 I GO NRW; § 53 I GO RP; § 56 I SaarlKSVG; § 48 SächsGO; § 59 GO LSA; § 57 I GO SH; § 28 III ThürKO.

einen wichtigen Unterschied zu der nur indirekten Wahl des Bundeskanzlers und der Ministerpräsidenten dar. Diese Direktwahl ist zwar nicht von Art. 28 I 2 GG oder einer anderen Verfassungsbestimmung vorgegeben, hat sich aber im Laufe des Siegeszuges der so genannten süddeutschen Ratsverfassung dem bayerischen Vorbild folgend durchgesetzt. In allen Ländern werden mittlerweile die Bürgermeister direkt gewählt, in den meisten Ländern (mit Ausnahme von Baden-Württemberg und Schleswig-Holstein[3]) auch die Landräte.

Diese Direktwahl verschafft dem kommunalen Hauptverwaltungsbeamten eine *unmittelbare demokratische Legitimation* vergleichbar derjenigen der kommunalen Vertretungskörperschaft und stärkt ihn im Verhältnis zu dieser sowie zu den Beigeordneten. Das interkommunale Machtgefüge wird zu seinen Gunsten verschoben. Allerdings korrespondieren die dem Hauptverwaltungsbeamten zustehenden Kompetenzen nicht immer mit dieser neuen direkten demokratischen Legitimation. Während er etwa in manchen Ländern (→ Rn. 441) zugleich Vorsitzender der Vertretungskörperschaft ist, tritt er in der hessischen Magistratsverfassung[4] nur als primus inter pares im kollektiven Kommunalvorstand in Erscheinung. Dies kann in der Praxis dazu führen, dass der Hauptverwaltungsbeamte von seinen Wählern für Entwicklungen verantwortlich gemacht wird, die er selbst nur begrenzt beeinflussen konnte. **567**

Ebenso wie die Bürger der Kommune den Hauptverwaltungsbeamten wählen, können sie ihn i.d.R. auch vor Ende seiner regulären Amtszeit *abwählen* (→ Rn. 465). **568**

c) Zumeist sehen die Kommunalverfassungen der Länder zusätzlich zu den Vertretungskörperschaften und Hauptverwaltungsbeamten der Gemeinden und Landkreise die *Direktwahl weiterer Organe* vor.[5] Dabei handelt es sich in der Regel um Stellen, die innerhalb einer größeren Gemeinde einen Gemeindeteil repräsentieren, z.B. einen Stadtteil. Sofern solche Ortschaftsräte und/oder Ortschaftsvorsteher vorgesehen sind, werden sie in aller Regel nur von den Bürgern des jeweiligen Gemeindeteils (nicht aber von allen Bürgern der Gemeinde) direkt gewählt. **569**

d) Da Art. 28 I 2 GG für weitere kommunale Körperschaften nicht gilt, ist es von Grundgesetz wegen nicht zu beanstanden, dass die Verbandsversammlung eines Zweckverbandes nicht direkt gewählt wird. Vielmehr werden die Mitglieder der Verbandsversammlung von den Verbandsmitgliedern entsandt.[6] Kraft Amtes sind die Hauptverwaltungsbeamten der Mitglieder in der Verbandsversammlung **570**

[3] § 39 V KrO BW; § 43 I KrO SH.

[4] § 57 I HessGO (Wahl des Vorsitzenden).

[5] § 69 I GO BW; Art. 60a I 1 BayGO; § 45 II 1 BbgKVerf; § 82 I 1 HessGO; § 91 II 1 NdsKomVG; § 36 I 1 GO NRW; § 75 IV 1 GO RP; § 71 I 1 SaarlKSVG; § 66 I 1 SächsGO; § 86 III GO LSA; §§ 45 I, II, 45a I, II ThürKO.

[6] § 13 IV 2 GKZ BW; Art. 31 I 2 BayGKZ; § 15 II BbgGKG; § 15 II HessGKG; § 156 II, III KV MV; § 11 I, II NdsGKZ; § 15 I, II GKG NRW; § 8 I GKZ RP; § 13 II SaarlGKG; § 16 I–IV SächsGKZ; § 11 I, II GKG LSA; § 9 I GKZ SH; § 28 II ThürGKG.

vertreten.[7] Der Verbandsvorsteher wird dann von dieser Verbandsversammlung gewählt.

571 Auch bei den Ämtern in Brandenburg, Mecklenburg-Vorpommern und Schleswig-Holstein erfolgt keine Direktwahl der Mitglieder des Amtsausschusses oder des Amtsvorstehers. Vielmehr entsenden die amtsangehörigen Gemeinden vergleichbar der Beteiligung an Zweckverbänden ihre Bürgermeister (und ggfs. weitere Mitglieder) in den Amtsausschuss, und dieser wählt den Amtsvorsteher.[8]

572 Schließlich erfolgt auch keine Direktwahl sonstiger Stellen oder Organwalter wie z.B. der Gleichstellungsbeauftragten.

2. Wahlrechtsgrundsätze

573 Wahlrechtsgrundsätze sind Prinzipien, nach denen die Wahl durchzuführen ist. Art. 28 I 2 GG bestimmt, dass die Wahlen zu den Vertretungskörperschaften in Gemeinden und Landkreisen allgemein, unmittelbar, frei, gleich und geheim erfolgen müssen. Dem Wahlvorgang sind also dieselben Wahlrechtsgrundsätze zu Grunde zu legen, wie sie auch bei Bundes- und Landtagswahlen gelten. Allerdings erfahren diese Grundsätze auf kommunaler Ebene teils abweichende Ausprägungen.

574 a) Was die *Allgemeinheit* der Wahl betrifft, so sind alle Bürger der Kommune wahlberechtigt, nicht aber die übrigen Einwohner. In der Regel wird ein Mindestwohnsitz in der Kommune von drei Monaten gefordert, um „reisende Wähler" zu verhindern.[9] Minderjährige[10] und Personen, die in der Kommune nicht ihren Erstwohnsitz haben, sind vom Wahlrecht ausgeschlossen.

575 Hinsichtlich des Wahlrechts von Ausländern ist zu differenzieren: Für EU-Ausländer bestimmt Art. 22 I AEUV, dass diese in dem Mitgliedstaat der EU, in dem sie ihren Erstwohnsitz haben, das aktive und passive Wahlrecht bei Kommunalwahlen besitzen. Art. 28 I 3 GG greift dies auf und räumt bei Kommunalwahlen – im Unterschied zu Bundes- und Landtagswahlen – auch EU-Ausländern das Recht ein, zu wählen und gewählt zu werden. Damit wird auf kommunaler Ebene der Grundsatz durchbrochen, dass nur Staatsangehörige Einfluss auf die Ausübung von Hoheitsgewalt nehmen dürfen. Die strukturelle Homogenität von Kommunal- und Staatsvolk wird geschwächt.

---

[7] § 13 IV 1 GKZ BW; Art. 31 II 1 BayGKZ; § 15 III BbgGKG; § 156 II KV MV; § 11 I 1 NdsGKZ; § 8 II 3 GKZ RP i.V.m. § 88 I 1-4 GO RP; § 16 I 1 SächsGKZ; § 9 I 1 GKZ SH; § 28 II ThürGKG.

[8] § 136 I; § 138 I BbgKVerf; § 132; § 137 I KV MV; § 9 I-III; § 11 I AmtsO SH.

[9] § 12 I 1; § 45 I GO BW; Art. 1 I Nr. 2 BayGLKrWG; § 30 I 1 Nr. 3 HessGO; § 4 II Nr. 2 LKomWG MV; § 48 I 1 Nr. 2 NdsKomVG; § 7 KomWG NRW; §§ 13 II 1 Nr. 3, 29 GO RP; § 19 II 1, 32 I SaarlKSVG; § 16 I SächsGO; § 20 II 1; § 21 I Hs. 1 GO LSA; § 6 I Nr. 3 GKWG SH; § I 1 Nr. 3 ThürKO.

[10] Ausnahmen in § 7 I Nr. 1 KomWG MV; § 48 I 1 Nr. 1 NdsKomVG; § 7 KomWG NRW; § 20 II; § 21 I Hs. 1 GO LSA; § 3 I Nr. 1 GO SH dort bereits Wahlrecht mit Vollendung des 16. Lebensjahres.

b) Hinsichtlich der *Unmittelbarkeit* der Wahl bestehen keine Besonderheiten zu Bundes- oder Landtagswahlen. Auch auf kommunaler Ebene ist kein Wahlmännersystem wie bei den US-amerikanischen Präsidentenwahlen statthaft, vielmehr darf zwischen die Stimmabgabe des Bürgers und die Zusammensetzung der Vertretungskörperschaft allein die Entscheidung des gewählten Kandidaten treten, ob er die Wahl annimmt. Soweit der Hauptverwaltungsbeamte noch von der Vertretungskörperschaft gewählt wird, liegt aus Perspektive der Bürger weiterhin eine mittelbare Wahl vor, was aber verfassungsrechtlich zulässig ist. 576

c) Auch bei der *Freiheit* der Wahl ergeben sich auf kommunaler Ebene keine Besonderheiten im Vergleich zu den entsprechenden Wahlen auf Bundes- oder Landesebene. Die Bürger sind sowohl darin frei, ob sie zur Wahl gehen, als auch, wen sie wählen. Soweit Landesverfassungen wie Art. 26 III BadWürtV anordnen, dass die Ausübung des Wahl- und Stimmrechts Bürgerpflicht sei, handelt es sich lediglich um eine sittliche Pflicht, nicht um eine Rechtspflicht.[11] Eine rechtliche Verpflichtung stände im Widerspruch zu der in Art. 28 I 2 GG geschützten negativen Wahlrechtsfreiheit, d.h. zu der Freiheit, an einer Wahl nicht teilzunehmen. 577

Durch die Ausgestaltung der kommunalwahlrechtlichen Regelungen muss sichergestellt sein, dass die Bürger in ihrer Wahlentscheidung nicht durch Zwang, Täuschung oder subtilere Mittel wie kommunale Öffentlichkeitsarbeit beeinflusst werden. Insbesondere sind der Hauptverwaltungsbeamte und die ihm nachgeordnete Verwaltung bei den Wahlen zur Vertretungskörperschaft zu *parteipolitischer Neutralität* verpflichtet.[12] 578

Seit den 90er Jahren des vergangenen Jahrhunderts ist die Wahlfreiheit der Bürger durch die Möglichkeiten des Kumulierens und Panaschierens erweitert worden. Die Bürger haben nicht mehr nur eine einzige Stimme, die sie einer Liste mit einer festen Kandidatenfolge geben können, sondern sie verfügen über mehrere Stimmen und können einem bestimmten Kandidaten der Liste mehrere Stimmen zuweisen (*Kumulieren*) und ihm so zu einer besseren Platzierung auf der Liste verhelfen.[13] Sie können in manchen Ländern sogar Kandidaten verschiedener Listen auswählen (*Panaschieren*) und so im Ergebnis ihre eigene Liste zusammenstellen.[14] 579

---

[11] *Schmidt*, Grundpflichten, S. 216 ff.

[12] VG Meiningen KommJur 2009, 463 bzw. ThürVBl 2010, 21; *Borchmann*, DVP 2000, 254–259.

[13] § 19 II 1 Nr. 2 KomWG BW; Art. 34 S. 1 Nr. 4 BayGLKrWG; § 43 III 1 BbgKomWG; § 18 I 1 Nr. 3 HessKomWG; § 60 I 2 Var. 1 und 2 LKomWG MV; § 30 II 2 Nr. 2 NKomWG; § 32 I Nr. 3 KomWG RP; § 15 V 2 SächsKomWG; § 32 II 1 KomWG LSA; § 20 I 4 ThürKomWG.

[14] § 19 II 1 Nr. 1 KomWG BW; Art. 34 S. 1 Nr. 4 BayGLKrWG; § 43 III 2 BbgKomWG; § 18 I 1 Nr. 4 HessKomWG; § 60 I 2 Var. 4 LKomWG MV; § 30 II 2 Nr. 3–5 NKomWG; § 32 I Nr. 4 KomWG RP; § 15 V 2 SächsKomWG; § 32 II 3 KomWG LSA; § 9 IV 1 GKWG SH; § 20 I 5 ThürKomWG.

580 d) Der Grundsatz der *Gleichheit der Wahl* fächert sich auf in die Gebote der Chancengleichheit der politischen Gruppierungen, der Zähl- und der Erfolgsgleichheit.

581 Die *Chancengleichheit politischer Gruppierungen* betrifft nicht nur die politischen Parteien, sondern auch die auf kommunaler Ebene besonders bedeutsamen freien Wählervereinigungen. Das jeweilige Kommunalwahlrecht muss in einer Weise ausgestaltet sein, dass neben den Parteien auch politische Vereinigungen, Wählergruppen und Einzelbewerber Wahlvorschläge einreichen können. Um diese freien Wählervereinigungen, die über keinen der Parteistruktur vergleichbaren organisatorischen Unterbau verfügen, nicht zu benachteiligen, muss die Zahl der erforderlichen Unterstützungsunterschriften vom Landesgesetzgeber gering angesetzt werden.

582 Die *Zählgleichheit* gebietet, dass jede abgegebene Stimme in gleicher Weise gewertet wird. Auch auf kommunaler Ebene gibt es kein Pluralstimmrecht oder eine Einteilung der Stimmen in verschiedene Klassen. Selbstverständlich zählen Stimmen deutscher Staatsangehöriger und der EU-Ausländer in gleicher Weise.

583 Die *Erfolgsgleichheit* der Stimmen verlangt, dass grundsätzlich jede Stimme gleichen Einfluss auf die personelle Zusammensetzung des zu wählenden Organs entfaltet. Zunächst werden die Stimmen anteilig in Mandate umgesetzt nach dem Verhältnis der Anzahl der gewonnenen Stimmen zueinander. Aus den verbleibenden Stimmenresten werden die Mandate je nach Landesrecht entweder nach dem Bruchteilsystem von Hare-Niemeyer[15] oder nach dem Höchstzahlverfahren von d'Hondt[16] verteilt. Nach dem Hare-Niemeyer-System erhält diejenige Gruppierung Restmandate, die den höchsten prozentualen Zahlenbruchteil an Stimmen aufweist. In der Praxis begünstigt dies kleinere Gruppierungen. Nach dem System von d'Hondt hingegen werden die von jeder Gruppierung erzielten Stimmen nacheinander durch die natürlichen Zahlen 1, 2, 3 usw. geteilt und die Mandate dann an die höchsten Quotienten verteilt. Dies favorisiert größere Gruppierungen.

584 Entfällt auf verschiedene Gruppierungen die gleiche Anzahl an Stimmen, entscheidet zwischen ihnen das Los.

585 Die aus dem staatlichen Wahlrecht bekannte *5%-Klausel* ist auf kommunaler Ebene inzwischen aufgegeben worden, weil sie für die Funktionsfähigkeit der Vertretungskörperschaft nicht benötigt wird.[17] Deshalb können grundsätzlich auch Stimmen für politische Gruppierungen, die dieses Quorum nicht erreichen, weiterhin Berücksichtigung finden. Allerdings sind die kommunalen Vertretungs-

---

[15] § 48 II BbgKomWahlG; § 22 III HessKomWG; § 63 II, III KomWG MV; § 36 II, III NKomWG; § 41 I KomWG RP; § 39 II KomWG LSA; § 22 I ThürKomWG; Sonderfall § 33 II KomWG NRW (Verfahren nach Sainte-Laguë-Schepers).

[16] § 25 I 1 KomWG BW; Art. 35 II BayGLKrWG; § 41 I 1 SaarlKomWG; § 21 I SächsKomWG; § 10 I, II KomWG SH.

[17] Siehe BVerfG, 2 BvK 1/07, vom 13.2.2008, NVwZ 2008, 407, KommJur 2008, 248, dem die Landesverfassungsgerichte sowie die Landesgesetzgeber für ihren jeweiligen Bereich gefolgt sind.

körperschaften zahlenmäßig deutlich kleiner als der Bundestag und die Landesparlamente, so dass gleichwohl für die Erringung eines Mandats weiterhin ein beträchtlicher Prozentsatz der Stimmen erforderlich bleibt.

e) Was schließlich die *Geheimheit* der Wahl betrifft, so bestehen keine Besonderheiten der Kommunalwahlen gegenüber staatlichen Wahlen. Auch hier ist zu gewährleisten, dass die Stimmabgabe unbeobachtet erfolgen kann. Mögliche von den Wahlorganen nicht zu beeinflussende Beeinträchtigungen im Rahmen der Briefwahl sind hinzunehmen, wenn anderenfalls bestimmte Wählergruppen ihr Wahlrecht überhaupt nicht ausüben könnten. Die jeweiligen Wahlbezirke müssen so groß zugeschnitten sein, dass die einzelnen Stimmabgaben nicht mehr einem individualisierbaren Wähler zugeordnet werden können. 586

III. Formen direkter Demokratie

Die Bürger der Kommunen können ihrem Willen nicht nur in Wahlen, sondern auch in *Abstimmungen* Ausdruck verleihen. Diese sind für die kommunale Ebene zwar nicht in Art. 28 I 2 GG, wohl aber in manchen Landesverfassungen[18] vorgesehen. Insofern sind die Mitwirkungsmöglichkeiten der Bürger im kommunalen Bereich deutlich stärker ausgeprägt als auf Landes- oder Bundesebene. In den Ländern selbst stehen nur vereinzelte und im Bund – abgesehen von der Länderneugliederung nach Art. 29 GG – überhaupt keine Formen direkter Demokratie zur Verfügung. Die Kommunalordnungen hingegen kennen mittlerweile eine ganze Reihe solcher Instrumente direkter Mitwirkung, die nach zunehmender Einflussmöglichkeit der Einwohner bzw. Bürger in aufsteigender Reihenfolge wie folgt zu ordnen sind: 587

1. Einwohnerversammlung

Die meisten Kommunalordnungen verpflichten die Kommunen, regelmäßige *Einwohnerversammlungen* durchzuführen.[19] In diesen Versammlungen unterrichtet der Hauptverwaltungsbeamte oder ein von ihm bestellter Vertreter die Einwohner über aktuelle Entwicklungen in der Kommune, insbesondere über die in der Kommunalpolitik zur Entscheidung anstehenden Themen. 588

[18] Art. 72 I 2 LV BW; Art. 22 II BbgV.

[19] § 20a GO BW (hier Bürgerversammlung); Art. 18 BayGO (hier Bürgerversammlung); § 13 S. 2 Var. 2 BbgKVerf; § 8a HessGO (hier Bürgerversammlung); § 16 KV MV; § 85 V 4 NdsKomVG; § 16 GO RP; § 20 I 2 SaarlKSVG; § 22 SächsGO; § 27 I GO LSA; § 16b GO SH; § 15 I 2 ThürKO.

2. Einwohnerfragestunde

589 Über die Einwohnerversammlung geht die die zumeist ausdrücklich geregelte *Einwohnerfragestunde* hinaus.[20] Während die Gegenstände der Einwohnerversammlung von der Kommunalverwaltung vorgegeben werden, haben die Einwohner im Rahmen einer Einwohnerfragestunde die Möglichkeit, selbst die zu erörternden Themen zu bestimmen. Dem Fragerecht der Einwohner entspricht eine Antwortpflicht der Kommunalverwaltung. In der Praxis werden die Einwohnerfragestunde und die Einwohnerversammlung meist miteinander kombiniert. Häufig wird im Rahmen der Sitzung der Vertretungskörperschaft auch als gesonderter Tagesordnungspunkt eine Fragestunde der Einwohner vorgesehen.

3. Einwohnerantrag

590 Mit einem *Einwohnerantrag* können die Einwohner beantragen, dass die Vertretungskörperschaft eine bestimmte Angelegenheit der Kommune berät und entscheidet.[21] Der Einwohnerantrag ist folglich ein Mittel, einen Gegenstand auf die Tagesordnung der Vertretungskörperschaft setzen zu lassen. Für einen erfolgreichen Einwohnerantrag ist ein je nach Landesrecht unterschiedlich hohes Quorum der Einwohner erforderlich, die den schriftlich zu stellenden Antrag unterstützen und unterschreiben. Ihre Identität muss zweifelsfrei erkennbar sein. Damit die Kommunalverwaltung einen Ansprechpartner zur Verfügung hat, sind Vertrauenspersonen zu benennen, die den Einwohnerantrag ggf. in der Sitzung der Vertretungskörperschaft erläutern können. Lehnt die Vertretungskörperschaft die Beschäftigung mit dem Einwohnerantrag ab, so können in der Regel die Vertrauensleute das Verwaltungsgericht anrufen.

4. Bürgerbegehren und Bürgerentscheid

591 Während die bisher erörterten Institute direkter Einwohnerbeteiligung lediglich die Information über das Handeln der Kommunalverwaltung, Fragen an die Verwaltung oder die Agenda der Vertretungskörperschaft zum Gegenstand hatten, gehen Bürgerbegehren und Bürgerentscheid erheblich darüber hinaus. Hier geht es darum, eine eigene Entscheidung der Bürgerschaft an Stelle der Entscheidung der Vertretungskörperschaft zu treffen. Mit anderen Worten: Es wird ein *zweiter, paralleler kommunaler Entscheidungsweg* eröffnet.

---

[20] § 13 S. 2 Var. 1 BbgKVerf; § 17 I KV MV; § 16a GO RP; § 27 II GO LSA; § 16c I GO SH.

[21] Vgl. § 20b GO BW; Art. 18b BayGO; § 14 BbgKVerf ; § 18 KV MV; § 31 NdsKomVG; § 25 GO NRW; § 17 GO RP; § 21 SaarlKSVG; § 23 SächsGO; § 24 GO LSA; § 16f GO SH; § 16 ThürKO.

a) Das *Bürgerbegehren* ist das Verlangen, einen Bürgerentscheid durchzuführen.[22] In gleicher Weise wie ein Einwohnerantrag ist das Begehren schriftlich zu erheben. Es muss die zur Entscheidung zu bringende Frage, eine Begründung und einen nach den gesetzlichen Bestimmungen durchführbaren Vorschlag zur Kostendeckung enthalten. Es sind Vertrauenspersonen zu benennen, die das Begehren vor den kommunalen Gremien und ggfs. auch vor dem Verwaltungsgericht vertreten. Im Unterschied zu dem Einwohnerantrag wird ein höheres Quorum an (identifizierbaren) Unterstützern gefordert. Dabei muss es sich um Bürger der Kommune, nicht um Einwohner handeln, weil der mit dem Bürgerbegehren angestrebte Bürgerentscheid an die Stelle eines Beschlusses der gewählten Vertretungskörperschaft tritt und auch nur Bürger zu dieser Vertretungskörperschaft wahlberechtigt sind. 592

Umstritten ist, ob *EU-Ausländer*, die in der Kommune ihren Erstwohnsitz haben, bei Bürgerbegehren stimmberechtigt sind.[23] Art. 22 I AEUV räumt ihnen ausdrücklich nur das Wahlrecht, nicht das Abstimmungsrecht ein. Auch Art. 28 I 3 GG sieht eine Beteiligung der EU-Ausländer nur an Wahlen vor, nennt aber gerade nicht Abstimmungen, wie sie in Art. 20 II 2 GG neben Wahlen aufgeführt werden. Daher ist die Ausdehnung der Beteiligungsrechte der EU-Ausländer auf Abstimmungen jedenfalls europarechtlich und grundgesetzlich nicht geboten. 593

Man unterscheidet *positive und negative Bürgerbegehren.*[24] Positive Begehren haben eine neue kommunale Regelung zum Ziel, z.B. den Beschluss über die Errichtung eines kommunalen Schwimmbades. Negative bzw. kassatorische Begehren streben die Aufhebung eines Beschlusses der Vertretungskörperschaft an, z.B. über die Schließung eines Schwimmbades. 594

Bürgerbegehren können grundsätzlich nur über solche Angelegenheiten stattfinden, die zu den Aufgaben des *eigenen Wirkungskreises* der Kommune gehören. Vielfach schränken die Kommunalordnungen den Anwendungsbereich der Bürgerbegehren noch weiter ein und untersagen Begehren über die interne Organisation der Kommunalverwaltung, über Kommunalabgaben oder über den Anschluss- und Benutzungszwang.[25] 595

Über die *Zulässigkeit des Bürgerbegehrens* entscheidet in Schleswig-Holstein die Kommunalaufsichtsbehörde[26], in Niedersachsen der Hauptausschuss[27] und in 596

---

[22] § 21 III 1 GO BW; Art. 18a I BayGO; § 15 I BbgKVerf; § 8b I HessGO; § 20 IV KV MV; § 32 NdsKomVG; § 26 I GO NRW; § 17a I 1 GO RP; § 21a I 1 SaarlKSVG; § 25 SächsGO; § 25 GO LSA; § 16g III GO SH; § 17 I 1 ThürKO.

[23] Siehe *Burgi*, Kommunalrecht, 4. Auflage, 2012, § 11, Rn. 23, m.w.N.

[24] Vgl. § 15 I BbgKVerf; § 8b III Hs. 2 HessGO; § 20 IV KV MV; § 32 V 5 NdsKomVG; § 26 III GO NRW; § 17a III 1 GO RP; § 25 II 1 SächsGO; § 25 II 4 GO LSA; § 17 III 2 ThürKO.

[25] Art 18a II BayGO; § 15 III BbgKVerf; § 8b II HessGO; § 20 II KV MV; § 32 II 2 NdsKomVG; § 26 V GO NRW; § 17a II GO RP; § 21a IV SaarlKSVG; § 24 II SächsGO; § 26 III GO LSA; § 16g II GO SH; § 17 II ThürKO.

[26] § 16g V 1 GO SH.

[27] § 32 VII 1 NdsKomVG.

den übrigen Ländern die Vertretungskörperschaft[28]. Ist das Bürgerbegehren zulässig und beschließt die Vertretungskörperschaft nicht die Durchführung der verlangten Maßnahme, findet ein Bürgerentscheid statt. Wird das Bürgerbegehren hingegen für unzulässig erklärt, steht dagegen der Verwaltungsrechtsweg offen.

597 In der *Übergangszeit* zwischen der Entscheidung über die Zulässigkeit des Bürgerbegehrens und der Durchführung des Bürgerentscheids besteht die Gefahr, dass die Vertretungskörperschaft durch weitere Beschlüsse vollendete Tatsachen schafft und so dem Bürgerentscheid de facto die Grundlage entzieht. Um dies zu verhindern, sehen einige Kommunalordnungen vor, dass bis zum Bürgerentscheid dem Begehren entgegenstehende Entscheidungen der kommunalen Organe nicht mehr getroffen und entgegenstehende Verfahrenshandlungen nicht vorgenommen werden dürfen.[29] In den übrigen Ländern bleibt den Vertrauenspersonen nur die Möglichkeit, im Wege des verwaltungsgerichtlichen einstweiligen Rechtsschutzes die Suspendierung entgegenstehender Beschlüsse und Maßnahmen zu erreichen.

598 b) Bei einem *Bürgerentscheid* wird über die Frage mit „Ja" oder „Nein" entschieden, deren Vorlage an die Bürger mit dem Bürgerbegehren verlangt wurde.[30] Ein Bürgerentscheid hat Erfolg, wenn eine Mehrheit der Abstimmenden bei einer von Land zu Land variierenden Mindestbeteiligung mit „Ja" gestimmt hat. Diese länderspezifische Mindestbeteiligungsquote liegt zumeist bei einem Viertel der Stimmberechtigten.

599 Der erfolgreiche Bürgerentscheid hat die *Wirkung eines Beschlusses der Vertretungskörperschaft.*[31] Er kann während einer Sperrzeit von je nach Landesrecht einem bis drei Jahren nur durch einen weiteren Bürgerentscheid geändert werden, nicht aber durch die Vertretungskörperschaft selbst.[32] Damit soll verhindert werden, dass die Vertretungskörperschaft den im Bürgerentscheid geäußerten Willen der Bürger unterläuft. Nach Ablauf der Sperrzeit sind Änderungen durch die Vertretungskörperschaft wieder möglich.

---

[28] § 21 IV GO BW; Art. 18a VIII 1 BayGO; § 15 II 1 BbgKVerf; § 8b IV 2 HessGO; § 20 V 4 KV MV (im Benehmen mit der Rechtsaufsichtsbehörde); § 26 VI 1 GO NRW; § 17a IV 2 GO RP; § 21a V 1 SaarlKSVG; § 25 III SächsGO; § 25 IV 1 GO LSA; § 17 IV 3 ThürKO.

[29] Art. 18a IX BayGO; § 15 II 5 BbgKVerf; § 26 VI 6 GO NRW; § 16g V 2 GO SH; § 17 V ThürKO.

[30] Art. 18a IV 1 BayGO; § 15 IV 1 BbgKVerf; § 33 III 1 NdsKomVG; § 17a III 2 GO RP; § 21a II 2 SaarlKSVG; § 25 II 2 GO LSA; § 25 V GO LSA; § 17 III 5 ThürKO.

[31] § 21 VII GO BW; Art. 18a XIII BayGO; § 15 V BbgKVerf; § 8b VII HessGO; § 33 IV NdsKomVG; § 26 VIII GO NRW; § 17a VIII GO RP; § 21a VII SaarlKSVG; § 24 IV SächsGO; § 16g VIII GO SH; § 17 VIII 2 ThürKO.

[32] § 21 VII 2 GO BW; Art. 18a XIII 2 BayGO; § 15 V 2 BbgKVerf; § 8b VII 2 HessGO; § 20 I 2 KV MV; § 33 IV 2 NdsKomVG; § 26 VIII 2 GO NRW; § 17a VIII 3 GO RP; § 21a VII 3 SaarlKSVG; § 24 IV 2 SächsGO; § 26 IV 2 GO LSA; § 16g VIII 2 GO SH; § 17 VIII 3 ThürKO.

5. Bürgerbefragung

Nur einzelne Kommunalordnungen regeln bislang, dass die Vertretungskörperschaft einer Kommune beschließen kann, die Bürger zu wichtigen Angelegenheiten der Kommune zu befragen.[33] Zu diesem Zweck erlassen die Kommunen i.d.R. eine abstrakte Grundlagensatzung über Befragungen, die für den konkreten Einzelfall einer vorzunehmenden Befragung durch eine Durchführungssatzung ergänzt wird. Eine solche Bürgerbefragung erfolgt im Unterschied zu einer demoskopischen Umfrage nicht repräsentativ durch ein privates Meinungsforschungsinstitut (ggf. im Auftrag der Kommune), sondern durch eine an alle Bürger gerichtete offizielle Fragestellung der Kommunalverwaltung. Das Ergebnis einer solchen Bürgerbefragung ist im Unterschied zum Resultat eines Bürgerentscheids rechtlich nicht bindend, entfaltet aber erhebliche tatsächliche Bindungswirkung. Da die Kommunalpolitik zumindest bei einem eindeutigen Ergebnis einer Bürgerbefragung kaum in der Lage sein wird, sich darüber hinwegzusetzen, wirkt eine Bürgerbefragung faktisch ähnlich wie ein von der Vertretungskörperschaft initiierter Bürgerentscheid, ohne aber dessen strenge Voraussetzungen erfüllen zu müssen. Weil durch Bürgerbefragungen daher die Anforderungen an Bürgerentscheide umgangen werden können, bestehen erhebliche Bedenken an der Rechtmäßigkeit dieses Instituts, sofern die Kommunalordnungen nicht selbst ausdrücklich diese Möglichkeit vorsehen. Selbst bei einer gesetzlichen Regelung der Befragung darf diese aber nicht auf alle Einwohner ausgeweitet werden, weil anderenfalls auch solche Einwohner, die keinen Bürgerstatus genießen, auf diese Weise erheblichen Einfluss auf Kommunalangelegenheiten gewönnen, der ihnen auf dem herkömmlichen Wege der Wahlen und Bürgerentscheide verwehrt bliebe.[34] 599a

IV. Wahlprüfung

Jede Kommunalwahl kann wegen des Verdachts von Unregelmäßigkeiten überprüft werden. Bei allen landesrechtlichen Unterschieden im Detail ist das Verfahren i.d.R. zweistufig ausgestaltet: Zunächst kann gegen die Wahl *Einspruch* erhoben werden, entweder zur Vertretungskörperschaft[35] oder zur Kommunalaufsichtsbehörde[36]. Diese entscheidet über die Rechtmäßigkeit der Wahlhandlung. 600

---

[33] § 35 NdsKomVG (Bürger); § 20b SaarlKSVG (Einwohner).

[34] Deshalb bestehen erhebliche Zweifel an der Verfassungsmäßigkeit des § 20b SaarlKSVG, soweit diese Norm auch die Befragung von Einwohnern, die nicht Bürger sind, vorsieht.

[35] §§ 55, 56 I BbgKomWG; §§ 25, 26 I HessKomWG; §§ 35, 36 I 2 KomWG MV; §§ 46, 47 I NKomWG; §§ 39, 40 I KomWG NRW; §§ 50, 51 I KomWG LSA; §§ 38, 39 KomWG SH.

[36] § 31 I KomWG BW; Art. 51 S. 1 BayGLKrWG; § 48 KomWG RP; §§ 47, 48 I SaarlKWG; §§ 25 I SächsKomWG; § 31 I ThürKomWG.

601 Gegen deren Entscheidung ist *verwaltungsgerichtlicher Rechtsschutz* gegeben, wobei die Kommunalwahlgesetze ausdrücklich die Anwendung der allgemeinen Regelungen der VwGO über die Klagearten anordnen.[37]

602 Sowohl im behördlichen als auch im gerichtlichen Verfahren sind *verschiedene Entscheidungen* denkbar: Die Wahlprüfung bleibt erfolglos, soweit die erhobenen Einwände unbegründet sind. Das Gleiche gilt, wenn die Einwände zwar begründet sind, die geltend gemachten Verstöße das Wahlergebnis aber nicht beeinflusst haben. Haben diese Unregelmäßigkeiten hingegen das Ergebnis verändert, ist dieses ex nunc zu berichtigen. Ist eine Korrektur des Wahlergebnisses indes nicht möglich oder handelt es sich um besonders schwere Wahlverstöße, ist die Wahl insgesamt ungültig und zu wiederholen. In der Zwischenzeit von der Vertretungskörperschaft oder einem anderen gewählten Organ getroffene Entscheidungen bleiben jedoch wirksam.

603 Das ganze Verfahren ähnelt in seiner Ausgestaltung der Überprüfung von Bundestagswahlen nach Art. 41 GG; § 49 BWG; WahlprüfG; § 13 Nr. 3; § 48 BVerfGG. Auch jenes staatsrechtliche Verfahren ist zweistufig ausgestaltet: Zunächst obliegt die Entscheidung dem Bundestag, danach dem BVerfG.

V. Aktuelle Entwicklungen

604 Die Beteiligung der Bürger an der kommunalen Willensbildung ist in den letzten Jahren erheblich gestärkt worden: Nicht nur die Reformen des Wahlrechts mit der Direktwahl des Hauptverwaltungsbeamten sowie das Kumulieren und Panaschieren bei der Wahl der Vertretungskörperschaft, sondern auch Bürgerbegehren und Bürgerentscheid haben den Bürgern zusätzliche Spielräume eröffnet. Es steht nicht zu erwarten, dass diese Errungenschaften in größerem Umfang wieder zurückgenommen werden. Vielmehr zeichnet sich eine Ausdehnung vor allem der Formen direkter Mitwirkung der Bürger ab. Dies zeigt sich exemplarisch an den in mehreren Kommunen eingeführten *„Bürgerhaushalten“*[38]. Dabei werden – derzeit noch ohne ausdrückliche gesetzliche Grundlage – die Bürger der Kommune bereits im Vorfeld der Haushaltsaufstellung mit eigenen Vorschlägen zur finanziellen Schwerpunktsetzung gehört.

---

[37] § 30 II KomWG BW; Art. 51a BayGLKrWG; § 58 II BbgKomWG; § 27 HessKomWG; § 42 III LKomWG MV; § 49 II NKomWG; § 41 KomWG NRW; § 51 KomWG RP; § 48 V SaarlKomWG; § 26 III SächsKomWG; § 53 II KomWG LSA; § 40 GKWG SH; § 33 I ThürKomWG.

[38] *Albert*, Der Bürgerhaushalt: Bestandaufnahme – Erkenntnisse – Bewertungen, 2007; *Franzke*, Bürgerhaushalte. Möglichkeiten und Grenzen eines neuen Instruments der Bürgerbeteiligung, in: Schaefer/Fischer (Hrsg.), Neues Verwaltungsmanagement. Verwaltung modernisieren, Ressourcen nutzen, Abläufe optimieren, 2007, F 1.2.; *Holtkamp*, Bürgerhaushalt, in: Kersting (Hrsg.), Politische Beteiligung. Einführung in dialogorientierte Instrumente politischer und gesellschaftlicher Partizipation, 2008, S. 222–235.

VI. Kontrollfragen

1) Welche Bedeutung kommt den Kommunen für die Demokratie in Deutschland zu? (Rn. 563) 605
2) Welche kommunalen Organe werden direkt, welche nur indirekt gewählt? (Rn. 565, 566, 569–572)
3) Welche Auswirkungen hat die Direktwahl des Hauptverwaltungsbeamten auf das Verhältnis der kommunalen Organe zueinander? (Rn. 567)
4) Welche Wahlrechtsgrundsätze gelten bei Kommunalwahlen? (Rn. 573)
5) Was versteht man unter dem Kumulieren und Panaschieren?(Rn. 579)
6) Wie unterscheidet sich der Kreis der kommunalen Wahlberechtigten von denjenigen bei einer Bundes- oder Landtagswahl? (Rn. 575)
5) Welche Formen direkter Demokratie bestehen auf kommunaler Ebene und welche finden sich auch auf Landes- oder Bundesebene wieder? (Rn. 587)
6) Können EU-Ausländer sich an einem Bürgerbegehren und -entscheid beteiligen? (Rn. 593)
7) Welche Rechtsfolgen hat ein erfolgreicher Bürgerentscheid? (Rn. 599)
8) Auf welche Weise können Kommunalwahlen überprüft werden? (Rn. 600, 601)

Rechtsprechung zu § 17

Zu Wahlen: 606
BVerfGE 6, 104 (5%-Sperrklausel)
BVerfGE 6, 121 (Unterschriftenquorum)
BVerfGE 11, 266 („Rathausparteien“)
BVerfGE 11, 351; 13, 1 (Parteilose Kandidaten auf Listen)
BVerfGE 83, 37 (Kommunalwahlrecht für Ausländer)
NdsStGHE 1, 335 (d'Hondt und Hare-Niemeyer)

Zum bürgerschaftlichen Engagement:
OVG Bautzen, DVBl. 1997, 1287 (Rechtsschutz bei Bürgerbegehren)
VGH Kassel, NVwZ 1994, 396 (Einstweiliger Rechtsschutz bei Bürgerbegehren)
VGH Mannheim, NVwZ 1994, 397 (Einstweiliger Rechtsschutz bei Bürgerbegehren)
OVG Lüneburg, NdsVBl. 1998, 96 (Einstweiliger Rechtsschutz bei Bürgerbegehren)
VG Oldenburg, KommJur 2005, 341 (Kostendeckungsvorschlag bei Bürgerbegehren)
VGH München, NVwZ-RR 2011, 331 (Vorläufige Zulassung eines Bürgerbegehrens)
VGH Mannheim, NVwZ-RR 2011, 615 (Kassatorisches Bürgerbegehren)
VGH Mannheim, NVwZ-RR 2011, 837 (Bürgerbegehren zur Bauleitplanung)
VGH München, NVwZ-RR 2012, 855 (Bürgerbegehren zur Bauleitplanung)
OVG Münster, NVwZ-RR 2013, 1012 (Zulässigkeit eines Bürgerbegehrens)

Literatur zu § 17

607 **Zu Wahlen:**
Gärditz, Kommunale Wahlkampfkostenfinanzierung zwischen Parteienautonomie und Wahlrecht, BayVBl. 2008, 72–75
v. Lennep/Wellmann, Die Änderung des Kommunalwahlrechts in NRW, NWVBl. 2008, 98–101
Masing, Wahlkreiseinteilung und kommunale Gebietsgrenzen, 2001
Oebbecke, Rechtsprechungsanalyse: Der Grundsatz der gleichen Wahl im Kommunalwahlrecht, DV 31 (1998), 219–240
Theis, Das Ende der Fünf-Prozent-Sperrklausel im Kommunalwahlrecht, KommJur 2010, 168–172
Weber, Grundfälle zum Rechtsschutz im Kommunalwahlrecht, insbesondere zur Wahlprüfung, JuS 1989, 902–905

Zum bürgerschaftlichen Engagement:
Beckmann/Hagmann, Bürgerbegehren in Zeiten knapper Kassen, KommJur 2007, 89–92
Bock, Gemeindeordnung und Bürgerbeteiligung, BWGZ 2011, 855–863
v. Danwitz, Bürgerbegehren in der kommunalen Willensbildung, DVBl. 1996, 134–142
Dürr, Bürgerschaftliches Engagement und Bürgerbeteiligung bei kommunalen Vorhaben, BWGZ 2011, 872–877
Engelken, Demokratische Legitimation bei Plebisziten auf staatlicher und kommunaler Ebene, DÖV 2000, 881–895
Engelken, Der Bürgerentscheid im Rahmen des Verfassungsrechts, DÖV 2002, 977–984
Hager, Rechtspraktische und rechtspolitische Notizen zu Bürgerbegehren und Bürgerentscheid, VerwArch 84 (1993), 97–122
Hartmann, Volksgesetzgebung in Ländern und Kommunen – Eine Synopse der rechtlichen Grundlagen plebiszitärer Sachentscheidungen, DVBl. 2001, 776–785
Heimlich, Die allgemeine Leistungsklage zur Durchsetzung eines Bürgerbegehrens, DÖV 1999, 1029–1036
Huber, Die Vorgaben des Grundgesetzes für kommunale Bürgerbegehren und Bürgerentscheide, AöR 126 (2001), 165–203
Katz, Entwicklung des Rechts und der Praxis der direkten Bürgerbeteiligung, VBlBW 2009, 373–378
Klages, Freiwilliges bürgerschaftliches Engagement im kommunalen Raum, DZKommWiss 2003, 83–107
Klenke, Rechtsfragen zu Bürgerbegehren nach dem nordrhein-westfälischen Kommunalverfassungsrecht, NWVBl. 2002, 45–50
Meyer, Kassatorisches Bürgerbegehren gegen wiederholende Beschlüsse der Gemeindevertretung, KommJur 2008, 8–11
Meyer, Rechtsschutz bei kommunalen Bürgerbegehren und -entscheiden, NVwZ 2003, 183–184
Paus/Schmidt, Das Grundgesetz und die direkte Demokratie auf staatlicher und kommunaler Ebene, JA 2012, 48–52
Pieroth/Schmülling, Die Umsetzung der Richtlinie des Rates zum Kommunalwahlrecht der Unionsbürger in den deutschen Ländern, DVBl. 1998, 365–372
Ritgen, Bürgerbegehren und Bürgerentscheid, 1997
Ritgen, Die Zulässigkeit von Bürgerbegehren – Rechtspraxis und rechtspolitische Desiderate, NWVBl. 2003, 87–93

Schliesky, Aktuelle Rechtsprobleme bei Bürgerbegehren und Bürgerentscheid, DVBl. 1998, 169–176

Schliesky, Bürgerschaftliches Engagement in der repräsentativen Demokratie – rechtliche und gesellschaftliche Rahmenbedingungen auf der kommunalen Ebene, Der Landkreis 2004, 422–428

Wefelmeier, Der Kostendeckungsvorschlag – eine (zu) hohe Hürde für das Bürgerbegehren, in: Gornig/Kramer/Volkmann (Hrsg.), FS Frotscher 2007, 705–728

Wessels, Rechtliche Beurteilung der Ausnahmetatbestände und deren Umgehungsgefahr bei Bürgerbegehren und Bürgerentscheid, 2013

Wollmann, Die traditionelle deutsche kommunale Selbstverwaltung – ein „Auslaufmodell"?, DfK 2002, 24–47

Zöllner, Bürgerbegehren – Erfahrungen und Perspektiven, BayVBl. 2013, 129–138

§ 18 Nutzung kommunaler Einrichtungen

I. Grundlagen

608 Der Anspruch der Einwohner auf Nutzung kommunaler Einrichtungen stellt neben dem auf Bürger beschränkten Wahlrecht den zentralen gegen die Kommune gerichteten Anspruch dar.[1] Er ist für die kommunale Daseinsvorsorge als Teil der Leistungsverwaltung prägend. Dabei handelt es sich um ein subjektives öffentliches Recht der Einwohner auf Teilhabe an bestehenden Einrichtungen, nicht aber auf Schaffung neuer Einrichtungen.

609 Erste Vorläufer dieses Anspruchs finden sich schon im Preußischen Allgemeinen Landrecht von 1794[2] und der Preußischen Städteordnung von 1853[3]; über die Deutsche Gemeindeordnung 1935[4] ist er in das Recht aller deutschen Flächenländer eingegangen und in den jeweiligen Kommunalordnungen in nahezu gleichlautenden Formulierungen enthalten. Einzig in Brandenburg ist dieser Anspruch nicht mehr auf die Einwohner der Kommune beschränkt.[5]

610 Der kommunalrechtliche Nutzungsanspruch ist zum Vorbild zahlreicher weiterer Nutzungsansprüche geworden. Solche Ansprüche bestehen etwa gemäß § 70 GewO für jedermann, der dem Teilnehmerkreis einer festgesetzten Veranstaltung angehört, gegenüber dem Veranstalter, nach § 36 I 1 EnWG für Verbraucher gegenüber Energieversorgungsunternehmen und laut § 22 PBefG für Verkehrsteilnehmer gegenüber dem Verkehrsunternehmer. Auch der Anspruch politischer Parteien gegenüber Trägern hoheitlicher Gewalt auf Gleichbehandlung nach § 5 PartG wirkt sich regelmäßig wie ein Nutzungsanspruch aus. Sofern diese Ansprüche sich auf kommunale Veranstaltungen, Energieversorgungs- und Verkehrsunternehmen beziehen oder den Parteien von kommunaler Seite zur Verfügung gestellte Einrichtungen betreffen, konkurrieren diese bundesrechtlichen Ansprüche mit dem kommunalrechtlichen Nutzungsanspruch. Dem An-

---

[1] § 10 II 1, 2 GO BW; Art. 21 I 1 BayGO; § 12 I BbgKVerf; § 19 I HessGO; § 14 II KV MV; § 30 I Hs. 1 NdsKomVG; § 8 II Alt. 1 GO NRW; § 14 II GO RP; § 19 I SaarlKSVG; § 10 II Hs. 1 SächsGO; § 22 I Hs. 1 GO LSA; § 18 I 1 GO SH; § 14 I Hs. 1 ThürKO.

[2] PrALR vom 1.6.1794, Zweiter Teil, Siebenter Titel, §§ 28 ff.; Achter Titel, § 28 (hier auf Bürger begrenzt).

[3] § 4 Städte-Ordnung für die sechs östlichen Provinzen der Monarchie vom 30.5. 1853, PrGS 1853 S. 261.

[4] § 17 DGO vom 30.1.1935, RGBl. I S. 49.

[5] § 12 I BbgKVerf.

tragsteller steht es grundsätzlich frei, welchen Anspruch er geltend macht. Regelmäßig erweist sich aber der bundesrechtliche Anspruch als günstiger, weil er nicht auf Einwohner der Kommune beschränkt ist.

II. Begriff der öffentlichen Einrichtung

Der kommunale Nutzungsanspruch hat die Nutzung öffentlicher Einrichtungen der Kommune zum Gegenstand. Der Begriff der *Einrichtung* weist bereits einen sehr hohen Abstraktionsgrad auf und ist mit dem klassischen Instrumentarium der Begriffsbildung[6] (Oberbegriff und Unterscheidungsmerkmal) kaum zu erfassen. Am ehesten könnte man danach Einrichtung noch definieren als eine verselbstständigte Zusammenfassung von Verwaltungsmitteln, die einem spezifischen Zweck gewidmet ist, der nicht vorrangig in Gewinnerzielung besteht. Das Ziel dieser Begriffsbestimmung liegt darin, die Einrichtung von dem wirtschaftlichen Unternehmen der Kommune abzugrenzen, wie es in den Kommunalordnungen in dem Abschnitt Gemeindewirtschaft geregelt ist. Faustformelmäßig kann man sich merken: Wenn mit einer Zusammenfassung von Verwaltungsmitteln vornehmlich Gewinn erzielt werden soll, handelt es sich um ein wirtschaftliches Unternehmen; wenn überwiegend andere Zwecke verfolgt werden und eine mögliche Gewinnerzielung nur eine Nebenfolge ist, liegt eine Einrichtung vor. **611**

Es muss sich des Weiteren um eine *öffentliche* Einrichtung handeln. Das Adjektivattribut „öffentlich" erfüllt an dieser Stelle eine zweifache Abgrenzungsfunktion: Zum einen bezieht es sich auf den Träger der Einrichtung. Einrichtungen in Hand der Kommune sind von Einrichtungen in privater Hand abzugrenzen. Für die Abgrenzung kommt es allerdings nicht auf die öffentlich-rechtliche oder privatrechtliche Organisationsform der Einrichtung an, sondern auf die kommunal- oder gesellschaftsrechtlichen Einflussmöglichkeiten der Kommune. Ein Schwimmbad, das von der Kommune in der privatrechtlichen Form einer GmbH betrieben wird, stellt deshalb in gleicher Weise eine öffentliche Einrichtung dar wie ein Bad, das in der öffentlich-rechtlichen Form eines Eigenbetriebs organisiert ist. Zum zweiten bezieht sich das Merkmal „öffentlich" auf den Zweck der Verwaltungsmittel. Die der Nutzung durch Einwohner offen stehenden Einrichtungen sind abzugrenzen von Sachen im Gemeingebrauch wie öffentlichen Straßen und Sachen im Verwaltungsgebrauch wie dem Rathaus. *Sachen im Gemeingebrauch*[7] können von jedermann, nicht nur von Einwohnern, genutzt werden, was die Vorschriften des öffentlichen Sachenrechts, insbesondere die Straßengesetze, festlegen. *Sachen im Verwaltungsgebrauch*[8] können nur von der öffentlichen Verwaltung selbst gebraucht werden, nicht aber von Einwohnern oder **612**

---

[6] Dazu *Schmidt*, JuS 2003, 551–556.

[7] *Ipsen*, Allgemeines Verwaltungsrecht, 8. Auflage, 2012, Rn. 431.

[8] Dazu *Forsthoff*, Lehrbuch des Verwaltungsrechts, Bd. I, Allgemeiner Teil, 10. Auflage, 1973, S. 376 f.

Dritten, es sei denn, diese suchen im Rahmen des Verwaltungsgebrauchs die Sache auf, z.B. der Einwohner, der einen Personalausweis im Rathaus beantragt.

613 Typische kommunale Einrichtungen sind daher Kindergärten, Büchereien und Museen, Sportplätze und -hallen, Sozialstationen und Seniorenwohnungen in Trägerschaft der Kommune.

III. Nutzungsberechtigte

614 Sämtliche Kommunalordnungen treffen sehr detaillierte Vorgaben über den Kreis der Anspruchsberechtigten:

1. Einwohner

615 An erster Stelle stehen die Einwohner der Kommune. Bemerkenswert erscheint, dass der Nutzungsanspruch im Unterschied zum Wahlrecht sowie zur Teilnahme an den meisten Formen direkter Demokratie nicht auf Bürger beschränkt wird. Dies ist auch sachgerecht, weil bei der Nutzung kommunaler Einrichtungen die Deckung eines konkreten Bedarfs im Vordergrund steht und die Zugehörigkeit zum Staatsvolk als Souverän oder den diesen auf kommunaler Ebene gleichgestellten Ausländern dafür keine Rolle spielt.

616 Differenzierungen nach bestimmten Gruppen von Einwohnern sind grds. unzulässig, ergeben sich vielfach aber bereits aus der Art der Einrichtung. So wird ein Kindergarten nicht von Senioren, eine Sozialstation für alte Menschen nicht von Kindern genutzt werden.

2. Grundbesitzer und Gewerbetreibende

617 Sämtliche Kommunalordnungen erweitern den Kreis der Nutzungsberechtigten über die Einwohner hinaus auf die so genannten *Forensen*.[9] Dabei handelt es sich um Grundbesitzer und Gewerbetreibende, die ihren Wohnsitz nicht in der Kommune haben, dort aber Grundstücke besitzen oder Gewerbe betreiben.

3. Juristische Personen und Personenvereinigungen

618 Alle Kommunalordnungen stimmen darin überein, dass neben den Einwohnern und Forensen auch juristischen Personen wie GmbHs und Aktiengesellschaften der Nutzungsanspruch zusteht, sofern sie über Grundbesitz in der Kommune verfügen oder dort ein Gewerbe betreiben.[10] In gleicher Weise werden auf ver-

---

[9] § 10 III GO BW; Art. 21 III BayGO; § 12 I BbgKVerf („jedermann"); § 20 II HessGO; § 14 III KV MV; § 30 II NdsKomVG; § 8 III GO NRW; § 14 III GO RP; § 19 II SaarlKSVG; § 10 III SächsGO; § 22 II GO LSA; § 18 II GO SH; § 14 II ThürKO.

[10] § 10 IV GO BW; Art. 21 IV BayGO; § 12 I BbgKVerf („jedermann"); § 20 III HessGO; § 14 III KV MV; § 30 III NdsKomVG; § 8 IV GO NRW; § 14 IV GO RP;

fassungsrechtlicher Ebene durch Art. 19 III GG Grundrechte auch juristischen Personen zuerkannt. Gleiches hat für Personenvereinigungen wie die OHG oder KG zu gelten, was zum Teil auch ausdrücklich in den Kommunalordnungen vorgesehen wird.

4. Nichteinwohner?

Während besondere bundesrechtliche Nutzungsansprüche (→ Rn. 610) den Kreis der Anspruchsberechtigten regelmäßig nicht beschränken, so dass zumindest im Anwendungsbereich dieser speziellen Ansprüche die Eigenschaft als Einwohner der Standortkommune der Einrichtung keine Anspruchsvoraussetzung darstellt, scheinen nach dem Wortlaut des allgemeinen kommunalrechtlichen Nutzungsanspruchs die Einwohner anderer Kommunen – also die Nichteinwohner der Standortkommune – gerade keinen Anspruch auf Nutzung der Einrichtung zu besitzen. So wird auch von der überwiegenden Meinung in der Literatur unter Berufung auf den vermeintlich eindeutigen Wortlaut ein solcher Anspruch der Nichteinwohner abgelehnt.[11] 619

Diese Betrachtungsweise geht allerdings immer noch vom Bild der sich selbst genügenden Kommune aus, die nur wenige Kontakte zu anderen Kommunen aufweist und alle ihre Einrichtungen aus eigenen Mitteln geschaffen hat und unterhält. Indes hat das Planungsrecht verschiedene Kommunen als Unter-, Mittel- und Oberzentren ausgewiesen und diesen Aufgaben auch für die Kommunen in ihrem Umfeld übertragen. In gleicher Weise berücksichtigt der Finanzausgleich die Zentrumsfunktion einer Kommune durch die so genannte Einwohnerveredelung[12], d.h. größeren Kommunen werden pro Kopf ihrer Bevölkerung mehr Mittel zugewiesen als kleineren. Bestimmte Kommunen werden folglich als Zentrum anerkannt und entsprechend finanziell ausgestattet. Dann erscheint es aber nur sachgerecht, den Bewohnern des Umlandes, für die diese Einrichtungen auch geschaffen wurden, gleichfalls einen Nutzungsanspruch zuzuerkennen.[13] „Einwohner" im Sinne des kommunalrechtlichen Nutzungsanspruches ist also erweiternd auch auf die Bewohner des Umlandes zu erstrecken, die im Einzugsbereich der Einrichtung liegen. So kann ein gemeindlicher Kindergarten beschränkt sein auf die Kinder aus der Standortgemeinde, ein gemeindliches Schwimmbad auch den Einwohnern der Nachbargemeinden zur Verfügung stehen und ein städtisches Theater gar einer ganzen Region dienen. 620

Die neue Brandenburgische Kommunalverfassung hat diesen Gedanken folgend die Beschränkung auf Einwohner aufgegeben und gestattet nun jedermann 621

---

§ 19 III SaarlKSVG; § 10 V SächsGO; § 22 III GO LSA; § 18 III GO SH; § 14 III ThürKO.

[11] Siehe *Bartels*, Die rechtliche Ordnung der Benutzung öffentlicher Einrichtungen, 2000, S. 175 f.; *Erichsen*, Jura 1986, 196; *Fastenrath*, NWVBl. 1992, 51 (52).; vgl. auch *Püttner/Lingemann*, JA 1984, 121 (122 f.).

[12] Vgl. *Gern*, Deutsches Kommunalrecht, 3. Auflage, 2003, Rn. 671.

[13] Siehe *Schmidt*, DÖV 2002, 696–701.

die Benutzung der kommunalen Einrichtungen.[14] Es bleibt abzuwarten, ob auch andere Länder ihre Regelungen entsprechend anpassen werden.

IV. Einschränkungen

622 Grundsätzlich streben die Kommunen eine möglichst große Nutzung ihrer Einrichtungen an, damit diese kostendeckend arbeiten, zumindest aber nur ein geringes Defizit verursachen, weshalb sie auch in vielen Fällen eine Nutzung durch Nichteinwohner zumindest tolerieren, wenn nicht begrüßen. Dennoch ist die Nutzung kommunaler Einrichtungen nicht grenzenlos zulässig, sondern unterliegt bestimmten Schranken. Diese ergeben sich aus dem Zweck der Einrichtung, den Benutzungsvorschriften und der vorhandenen Kapazität.

1. Widmungszweck

623 Jede Einrichtung ist einem bestimmten Zweck gewidmet, den die Kommune im Ermessenswege festlegt. Die *Widmung* ist ein öffentlich-rechtlicher Rechtsakt, durch den die öffentlich-rechtliche Zweckbestimmung einer Sache festgelegt wird.[15] Die Widmung überlagert die Rechtsverhältnisse des privaten Sachenrechts und geht diesen vor, selbst dem Eigentum an einer Sache.

624 Die Widmung erfolgt in aller Regel durch Verwaltungsakt, kann aber auch durch anderen Rechtsakt, z.B. durch Satzung, ausgesprochen werden. Die Widmung erfolgt oft ausdrücklich, kann aber auch konkludent geschehen. Anzeichen für die konkludente Widmung einer Einrichtung sind insbesondere die Freigabe zur Nutzung und die bisherige Verwendung der Einrichtung, der Erlass von Benutzungsvorschriften und die haushaltsrechtliche Behandlung der Einrichtung. Eine einmal erfolgte ausdrückliche Widmung kann konkludent erweitert oder eingeschränkt werden und umgekehrt.

625 Die Widmung geschieht zu einem bestimmten öffentlichen *Zweck*. Dieser liegt in der Erfüllung einer spezifischen Verwaltungsaufgabe. Wird eine Nutzung außerhalb des Widmungszwecks angestrebt, so besteht kein Nutzungsanspruch – es ist aber zu prüfen, ob ggf. schon durch früher zugelassene Nutzungen eine konkludente Erweiterung der Widmung erfolgt ist. umgekehrt.

625a In der Praxis stellen sich Fragen des Widmungszwecks v.a. bei der Überlassung von Stadthallen an politische Parteien. Eine Kommune kann nicht bestimmte, von ihr als extremistisch eingestufte, aber vom BVerfG bislang nicht verbotene Parteien von der Nutzung ausschließen und zugleich anderen Parteien weiterhin die Nutzung gestatten. Hier besteht für die Kommune nur die Mög-

[14] § 12 I BbgKVerf.

[15] *Maurer*, Allgemeines Verwaltungsrecht, 18. Auflage, 2011, § 9, Rn. 33.

lichkeit, die Stadthalle generell allen Parteien oder gar keiner Partei für Veranstaltungen zur Verfügung zu stellen.[16]

2. Benutzungsvorschriften

Die Nutzung der Einrichtung hat im Rahmen der bestehenden Vorschriften zu erfolgen. Das Benutzungsverhältnis kann öffentlich-rechtlich oder – nach überwiegender Meinung – auch privatrechtlich ausgestaltet sein: 626

a) Ist das Nutzungsverhältnis *öffentlich-rechtlich* ausgeformt, regelt eine Benutzungssatzung den Zugang der Nutzer zur Einrichtung und deren Verhalten in der Einrichtung. Der Nutzer wird durch *Verwaltungsakt* zur Einrichtung zugelassen. Dies kann auch durch eine automatische Einrichtung geschehen, z.B. durch das Drehkreuz am Eingang eines Schwimmbades. Der Nutzer kann gegen eine Verweigerung der Nutzung Widerspruch einlegen und Verpflichtungsklage gegen die Kommune auf Zulassung zur Einrichtung erheben. Als Gegenleistung für die Nutzung wird eine Benutzungsgebühr (→ Rn. 819) durch Verwaltungsakt erhoben. Die mögliche Haftung der Kommune bestimmt sich nach den Grundsätzen der öffentlich-rechtlichen pVV analog § 241 II; § 280 BGB und der Amtshaftung nach § 839 BGB, Art. 34 GG. 627

Theoretisch könnte an Stelle des Zulassungsverwaltungsaktes auch ein *verwaltungsrechtlicher Vertrag* nach §§ 54 ff. VwVfG über die Nutzung der Einrichtung abgeschlossen werden, aber gemäß § 57 I VwVfG bedürfen öffentlich-rechtliche Verträge der Schriftform, weshalb sie sich zumindest nicht für Geschäfte der Massenverwaltung eignen. 628

b) Ist das Nutzungsverhältnis hingegen *privatrechtlich* ausgestaltet, werden der Zugang zur Einrichtung und das Verhalten in der Einrichtung durch Allgemeine Geschäftsbedingungen nach §§ 305 ff. BGB geregelt. Der Nutzer wird durch Abschluss eines privatrechtlichen Vertrages zur Einrichtung zugelassen; die nach §§ 145 ff. BGB erforderlichen Willenserklärungen werden häufig konkludent abgegeben, der Zugang der Annahmeerklärung ist meist nach § 151 BGB entbehrlich. Wird die Nutzung verweigert, kann der (verhinderte) Nutzer Klage vor dem Zivilgericht auf Zugang zur Einrichtung erheben. Als Gegenleistung für die Nutzung hat der Nutzer den vertraglich vereinbarten Preis zu entrichten. Die mögliche Haftung der Kommune richtet sich nach den Grundsätzen der privatrechtlichen pVV gemäß § 241 II; § 280 BGB und der deliktischen Haftung nach §§ 823; 31; 89 BGB bzw. § 831 BGB. 629

c) Schließlich ist es auch denkbar, in Anlehnung an die so genannte *Zwei-Stufen-Theorie* den Zugang zur Einrichtung öffentlich-rechtlich auszugestalten und die Nutzung der Einrichtung selbst privatrechtlich zu regeln. Allerdings führt dieser Ansatz zu einer wenig praktikablen Aufspaltung des rechtlichen Regimes und des Rechtsweges, je nachdem, ob das „Ob“ der Nutzung der Einrichtung (dann öffentlich-rechtlich) oder das „Wie“ (dann privatrechtlich) betroffen ist. 630

[16] Zur Änderung des Widmungszwecks, um bestimmte politische Parteien auszuschließen, siehe OVG Lüneburg vom 14.4.2011, NdsVBl. 2011, 191.

Weil dieser Weg weder erhebliche Vorteile für die Kommune noch für den Nutzer bringt, sollte in der Praxis von dieser Konzeption Abstand genommen und in der Fallbearbeitung nur bei zwingenden Hinweisen im Sachverhalt von diesem Ansatz ausgegangen werden.

631 Unabhängig davon, ob die Nutzung der Einrichtung öffentlich-rechtlich oder privatrechtlich ausgestaltet ist, müssen die die Nutzung regelnden Satzungen oder Allgemeinen Geschäftsbedingungen ihrerseits wirksam sein. Dies ist der Fall, wenn sie entweder rechtmäßig sind oder rechtswidrig, aber gleichwohl wirksam. An dieser Stelle entfalten die gesetzlichen Bestimmungen über die Wirksamkeit rechtswidriger Satzungen (→ Rn. 301 ff.) besondere Bedeutung.

3. Kapazität

632 Der kommunalrechtliche Nutzungsanspruch besteht wie andere Nutzungsansprüche auch (vgl. § 70 III GewO) nur im Rahmen der vorhandenen Kapazitäten. Anspruchsteller können die Ausschöpfung der Kapazitäten verlangen, nicht aber deren Erweiterung. Ein solcher Anspruch auf Schaffung neuer Kapazitäten kollidierte mit dem Budgetrecht der kommunalen Vertretungskörperschaft (→ Rn. 909) und kann sich allenfalls aus höherrangigem Recht, z.B. den Grundrechten oder dem Sozialstaatsprinzip, ergeben.

633 In der Praxis werden bei den meisten kommunalen Einrichtungen die vorhandenen Kapazitäten nicht vollständig ausgeschöpft, so dass die Kommune gerne weitere Nutzer – auch Nichteinwohner – akzeptiert, um durch einen höheren Auslastungsgrad das von der Einrichtung verursachte Defizit zu verringern (s.o.). Es bestehen aber einige besonders begehrte kommunale Einrichtungen, z.B. Stadthallen, bei denen die Nachfrage das Angebot übersteigt und der Mangel verwaltet werden muss. Die Gesetzestexte helfen bei den dann erforderlich werdenden Auswahlentscheidungen nicht weiter; die Kommunalverwaltungen haben aber im Zusammenspiel mit den Verwaltungsgerichten und kritisch begleitet von der Literatur verschiedene Verteilungsschlüssel entwickelt. Diese weisen zahlreiche Berührungspunkte mit rechtsphilosophischen Lehren zur verteilenden Gerechtigkeit (iustitia particularis distributiva[17]) auf. Keiner dieser Verteilungsmaßstäbe ist bei abstrakter Betrachtung jedem anderen überlegen, sondern es ist je nach Art der Einrichtung ein passender Maßstab zu wählen. Dabei können bei bestimmten Einrichtungen auch verschiedene Maßstäbe in Betracht kommen, zwischen denen die Kommune eine Ermessensentscheidung zu treffen hat. Hat die Kommune sich für eines dieser Systeme entschieden, ist sie unter dem Gesichtspunkt des Art. 3 I GG daran gebunden und ihr Auswahlermessen in Bezug auf spätere Bewerber ist entsprechend reduziert.

634 a) Der einfachste Ansatz besteht darin, jedem der eine Nutzung begehrenden Antragsteller den *gleichen Anteil* an der Nutzung der Einrichtung zuzuweisen. Verlangen bspw. zwei Vereine an je drei Wochenenden in einem Monat die Nut-

[17] Siehe *Aristoteles*, Nikomachische Ethik, V. Buch; *Thomas v. Aquin*, Summa Theologiae, II-II, quaestiones 57 ff., insbesondere quaestio 61.

zung der Stadthalle, können die vier zur Verfügung stehenden Termine in der Weise aufgeteilt werden, dass jeder Verein zwei Wochenenden erhält und jeweils nur mit einem Wochenende ausfällt. Dieser einfache Schlüssel ist von der Kommunalverwaltung leicht zu handhaben, kann jedoch dadurch unterlaufen werden, dass ein Antragsteller von vornherein einen höheren Bedarf anmeldet, um nach Verminderung seines erhöhten Bedarfs durch die Kommune seinen tatsächlichen Bedarf noch in voller Höhe realisieren zu können. Verfolgte jeder Antragsteller diese Strategie, schaukelten sich die begehrten Nutzungen immer weiter in die Höhe.

b) Stattdessen könnten die Nutzungsmöglichkeiten auch nach dem Zeitpunkt **635**
der Antragstellung vergeben werden. In dem Fall wird nach dem *Prioritätsprinzip* vorgegangen getreu dem Motto: „Wer zuerst kommt, mahlt zuerst". Auch dieser Verteilungsschlüssel ist leicht anzuwenden, kann aber zu Anträgen für geplante Nutzungen auf Jahre hinaus im Voraus führen. In der Praxis wird das Prioritätsprinzip v.a. bei kommunalen Bibliotheken angewendet.

c) Eine andere Möglichkeit besteht darin, Nutzungen nach dem Grundsatz **636**
„*bekannt und bewährt*" zu vergeben. Dabei werden erprobte Altnutzer den Neubewerbern vorgezogen. Diese Auswahlmethode schützt die Kommune zwar recht zuverlässig vor unliebsamen Überraschungen wie mutwilligen Beschädigungen der Einrichtung oder nicht bezahlten Benutzungsgebühren, kann aber Neubewerber auf Jahre hinaus von der Einrichtung fernhalten und zu einer Erstarrung des Nutzerkreises führen.

d) Das genau gegenteilige Prinzip stellt der Grundsatz „*neu vor alt*" dar. Hier **637**
werden Neubewerber vorrangig vor bereits etablierten Nutzern berücksichtigt. Dies ermöglicht zwar einen raschen Austausch der Nutzer und bei bestimmten Einrichtungen vorrangig im kulturellen Bereich eine gewisse Innovation, belohnt aber vergangene Leistungen nicht und schafft kaum Anreize für eine dauerhafte Nutzungsbeziehung.

e) Eine andere Möglichkeit, mehr Nutzer zum Zuge kommen zu lassen als **638**
freie Plätze in der Einrichtung zur Verfügung stehen, stellt das *Rotationsprinzip* dar. Hier wird die Kapazität der Einrichtung nicht zu einem bestimmten Zeitpunkt, sondern über einen längeren Zeitraum betrachtet. Nutzer, die in der einen Zuteilungsperiode zum Zuge gekommen sind, müssen in der nächsten aussetzen und umgekehrt.

f) Die bisher genannten Prinzipien können auch kombiniert werden und in **639**
ein *Punktesystem* einfließen. Danach können bestimmte Punktzahlen sowohl für den Zeitpunkt der Antragstellung, die bisherige Bewährung als auch die Innovation des Nutzers vergeben werden. Gegebenenfalls kann auch die Stellung als Einwohner im Vergleich zu Nichteinwohnern mit Punkten belohnt werden. Die Nutzer mit den höchsten Punktzahlen werden dann als erste zu der Einrichtung zugelassen.

g) Hilft keines dieser Verfahren weiter, kann als letzten Ausweg immer noch **640**
auf das *Losverfahren* zurückgegriffen werden, um die Kapazitäten nicht brach lie-

gen zu lassen. Dieses Zufallsverfahren bewirkt nur eine Chancen-, aber keine Ergebnisgleichheit der Bewerber um Nutzungsmöglichkeiten.

641 Übersicht 18-1:
Voraussetzungen des Anspruchs auf Nutzung kommunaler Einrichtungen
(1) Öffentliche Einrichtung der Kommune
(2) Nutzungsberechtigter
(3) Im Rahmen des Widmungszwecks
(4) Im Rahmen der Benutzungsvorschriften
(5) Im Rahmen der vorhandenen Kapazitäten

642 Übersicht 18-2: Verteilung kommunaler Einrichtungen bei begrenzter Kapazität

Bezeichnung	**Inhalt**	**Vorteile**	**Nachteile**
Gleichbehandlung	Jeder Bewerber erhält den gleichen Anteil.	Leicht zu handhaben.	Manipulation durch Anmeldung höheren Bedarfs.
Prioritätsprinzip	„Wer zuerst kommt, mahlt zuerst."	Schnelligkeit wird belohnt.	Zahlreiche Voranmeldungen erfolgen nur zum Schein.
„bekannt und bewährt"	Altbewerber werden vor Neubewerbern berücksichtigt.	Bisherige Verdienste werden berücksichtigt.	Neubewerber werden ferngehalten.
„neu vor alt"	Neubewerber werden vor Altbewerbern berücksichtigt.	Innovationen werden gefördert.	Bisherige Leistung bleibt unberücksichtigt.
Rotation	Erst die einen, das nächste Mal die anderen.	Abwechslung	Gleichbehandlung von ggf. sehr unterschiedlichen Nachfragern.
Punktesystem	Für Erfüllung verschiedener Kriterien werden jeweils Punkte verteilt und diese dann addiert.	Zusammenfassung der anderen Systeme.	Die Gewichtung der einzelnen Kriterien ist zu klären.
Losverfahren	Zufall	Es wird überhaupt eine Entscheidung getroffen.	Kommune verzichtet auf eigene Wertung.

V. Einwirkungsanspruch

Hält man im Einklang mit der überwiegenden Meinung die Privatisierung von Teilbereichen der öffentlichen Verwaltung für zulässig, so können auch kommunale Einrichtungen privatisiert werden. Dabei ist zwischen der *formellen Privatisierung*, der Überführung einer kommunalen Einrichtung in eine juristische Person des Privatrechts, an der die Kommune weiterhin die Anteile hält, der *funktionellen Privatisierung*, bei der Private organisatorisch in den Vollzug einer weiterhin von der Kommune getragenen öffentlichen Aufgabe eingebunden werden, und der *materiellen Privatisierung*, bei der über die formelle Privatisierung hinaus auch die Gesellschaftsanteile an Privatpersonen veräußert werden, zu unterscheiden (→ Rn. 264).[18] **643**

Die Privatisierung wirkt sich tief greifend auf den kommunalrechtlichen Nutzungsanspruch aus: Nach erfolgter formeller Privatisierung besteht *kein direkter Nutzungsanspruch* mehr gegen die Kommune, weil nicht mehr die Kommune selbst, sondern nunmehr die juristische Person des Privatrechts Trägerin der Einrichtung ist. Auf der anderen Seite ist aber auch kein direkter Nutzungsanspruch gegen die Privatrechtsperson gegeben, weil der kommunalrechtliche Nutzungsanspruch auf Einrichtungen der Kommune bezogen ist und lediglich die Kommune als Antragsgegnerin kennt. **644**

Aus diesem durch die Anerkennung der Privatisierungsmöglichkeit selbst geschaffenen Dilemma findet die überwiegende Meinung auf folgendem Wege hinaus: Sie nimmt in Fällen bloß formeller Privatisierung an, dass der bisher gegen die Kommune gerichtete Nutzungsanspruch sich *umwandelt* in einen gegen die Kommune gewendeten Anspruch auf gesellschaftsrechtliche Einwirkung auf die Privatrechtsperson, dem Anspruchsteller die Nutzung zu gestatten. Der Anspruchsteller kann vor dem Verwaltungsgericht Leistungsklage gegen die Kommune auf Einwirkung auf die Privatrechtsperson erheben. **645**

In Fällen auch materieller Privatisierung führt selbst dieser Weg nicht weiter, weil dann der Kommune keine gesellschaftsrechtliche Einwirkungsmöglichkeit verbleibt. Hier kann allenfalls ein *privatrechtlicher Kontrahierungszwang* nach §§ 242; 826 BGB dem Antragsteller zum Erfolg verhelfen.[19] Diesen möglichen Kontrahierungsanspruch hat der Anspruchsteller durch Klage gegen die Privatrechtsperson vor dem Zivilgericht geltend zu machen. **646**

Diese von der überwiegenden Meinung vertretene Lösung leidet an zwei Defiziten: Zum einen vermag sie nicht zu erklären, warum die Kommune durch einen bloßen Rechtsformwechsel die Rechtsposition ihrer Einwohner und anderer potentieller Antragsteller zu verschlechtern vermag. Zum anderen kann sie **647**

---

[18] Vgl. *Hellermann*, Örtliche Daseinsvorsorge und gemeindliche Selbstverwaltung, 2000, S. 3 f., m.w.N.

[19] Siehe *Ellenberger* in: Palandt, 73. Auflage, 2014, vor § 145 BGB, Rn. 9; *Busche,* Privatautonomie und Kontrahierungszwang, 1999.

nicht hinreichend beschreiben, auf welchem Wege sich ein Nutzungsanspruch in einen bloßen Verschaffungsanspruch umwandeln können soll.

VI. Anschluss- und Benutzungszwang

648 Die bisherigen Erörterungen haben sich mit der Frage beschäftigt, wer die Einrichtungen der Kommune nutzen *darf*. Davon zu trennen ist die Frage, wer die Einrichtungen nutzen *muss*. Dieses Problem wird unter dem Stichwort Anschluss- und Benutzungszwang erörtert.

649 Unter dem *Anschlusszwang*[20] versteht man die Verpflichtung eines Grundstückeigentümers, die Verbindung seines Grundstücks mit einem öffentlichen Leitungssystem zu dulden. Dazu zählen traditionelle kommunale Netze wie Wasserversorgung und Abwasserentsorgung, aber auch neuere technische Entwicklungen wie die Fernwärmeversorgung. Zum Teil dehnen die Kommunalordnungen den Begriff des Anschlusszwanges auch über leitungsgebundene Systeme hinaus aus und erfassen darunter auch die Abfallentsorgung, Straßenreinigung und ähnliche dem öffentlichen Wohl dienende Einrichtungen, die jedes Grundstück in der Kommune berühren.

650 Der *Nutzungszwang*[21] bezieht sich auf zwei Gruppen von Einrichtungen. Zum einen versteht man darunter die Verpflichtung der Einwohner, die dem Anschlusszwang unterliegenden Einrichtungen zu gebrauchen. Zum anderen erfasst der Nutzungszwang auch weitere zentrale Einrichtungen, die sich nicht zu jedem Grundstück erstrecken und an denen ihrer Natur nach kein Anschlusszwang bestehen kann, z.B. Friedhöfe.

651 Die Kommune kann nur beschränkt auf *Einrichtungen des eigenen Wirkungskreises* den Anschluss- und Benutzungszwang durch Satzung anordnen. Bei Einrichtungen des übertragenen Wirkungskreises muss die Anordnung durch staatliches Gesetz erfolgen. Der Anschluss- und Benutzungszwang kann durch Verwaltungsakt und notfalls mit den Mitteln der Verwaltungsvollstreckung durchgesetzt werden.

652 Sowohl die abstrakte Anordnung des Anschluss- und Benutzungszwangs durch Satzung als auch die konkrete Durchsetzung durch Verwaltungsakt stellen weitreichende *Grundrechtseingriffe* dar. Denn in Grundrechte kann nicht nur durch die Vorenthaltung einer Einrichtung eingegriffen werden, sondern auch dadurch, dass die Einrichtung dem Einwohner aufgedrängt wird. Der Anschluss an kom-

---

[20] § 11 I 1 Alt. 1 GO BW; Art. 24 I Nr. 2; 89 II 2 BayGO; § 12 II 1 Alt. 1 BbgKVerf; § 19 II 1 Alt. 1 HessGO; § 15 I 1 Alt. 1 KV MV; § 13 S. 1 Nr. 1 NdsKomVG; § 9 I 1 Alt. 1 GO NRW; § 26 I 1 GO RP; § 22 I Alt. 1 SaarlKSVG; § 14 I Alt. 1 SächsGO; § 8 S. 1 Nr. 1 Alt. 1 GO LSA; § 17 II 1 Alt. 1 GO SH; § 20 II 1 Nr. 2 Alt. 1 ThürKO.

[21] § 11 I 1 Alt. 2 GO BW; Art. 24 I Nr. 2; 89 II 2 BayGO; § 12 II 1 Alt. 2 BbgKVerf; § 18 II 1 Alt. 2 HessGO; § 15 I 1 Alt. 2 KV MV; § 13 S. 1 Nr. 1 NdsKomVG; § 9 I 1 Alt. 2 GO NRW; § 26 I 2 GO RP; § 22 I Alt. 2 SaarlKSVG; § 14 I Alt. 2 SächsGO; § 8 Nr. 1 S. 1 Alt. 2 GO LSA; § 17 II 1 Alt. 2 GO SH; § 20 II 1 Nr. 2 Alt. 2 ThürKO.

munale Ver- und Entsorgungssysteme greift v.a. in das Eigentumsrecht des Art. 14 GG ein. Aber auch die Berufsfreiheit des Art. 12 I GG kann betroffen sein. Der Zwang zur Benutzung kommunaler Einrichtungen schränkt die Allgemeine Handlungsfreiheit nach Art. 2 I GG ein; bei der Benutzung von Friedhöfen sogar die Religionsfreiheit des Art. 4 I GG.

Die Anordnung des Anschluss- und Benutzungszwangs setzt ein *„dringendes öffentliches Bedürfnis"* voraus, d.h. der darin liegende Grundrechtseingriff bedarf der *verfassungsrechtlichen Rechtfertigung*. Der Anschluss- und Benutzungszwang wird v.a. im Hinblick auf der Volksgesundheit dienende Einrichtungen verfügt. Die hygienischen Bedingungen sollen verbessert, Seuchen abgewehrt, Leben, Körper und Gesundheit der Einwohner nach Art. 2 II GG geschützt werden. Zahlreiche dem Anschluss- und Benutzungszwang unterfallende Einrichtungen können auch durch Gesichtspunkte des Umweltschutzes gerechtfertigt werden, der nach Art. 20a GG gleichfalls Verfassungsrang genießt.[22] Dabei kann es auch erforderlich sein, durch Anordnung des Anschluss- und Benutzungszwangs die Finanzierung einer Einrichtung auf viele Schultern zu verteilen, um andere (freiwillige) Nutzer zu entlasten. In jedem Fall muss der Anschluss- und Benutzungszwang dabei aber den Anforderungen des allgemeinen Gleichheitssatzes des Art. 3 I GG genügen. **653**

Um atypischen Fällen Rechnung zu tragen, können in der Satzung drei Arten von *Ausnahmen* von dem Anschluss- und Benutzungszwang vorgesehen werden; und zwar für bestimmte Personengruppen, für einzelne Teile des kommunalen Territoriums und für ausgewählte Sachgebiete.[23] Eine solche Befreiung vom Anschluss- und Benutzungszwang soll v.a. eine im Einzelfall unverhältnismäßige Belastung einzelner Einwohner vermeiden, die weit über das hinausgeht, was allen Einwohnern durch die Zwangsanordnung abgefordert wird. Mit den satzungsmäßig vorgesehenen Befreiungstatbeständen öffnet sich die Satzung hin zur Billigkeit des Einzelfalls. So mag bspw. der in einer Kommune geltende generelle Anschlusszwang an die kommunale Wasserversorgung gerechtfertigt sein – für eine im Kommunalgebiet gelegene Brauerei mit eigener Quelle ein solcher Anschlusszwang aber unangemessen erscheinen. Hier sollte eine satzungsmäßig vorgesehene Ausnahme greifen. Aber auch diese Ausnahmen müssen ihrerseits wieder vor Art. 3 I GG Bestand haben. **654**

Fehlen in der den Anschluss- und Benutzungszwang anordnenden Satzung jene Ausnahmetatbestände, so kann die Satzung im Einzelfall sich als unverhältnismäßig und daher rechtswidrig erweisen. Die Verwaltungsgerichte sollten eine solche rechtswidrige Satzung nicht im Ganzen für nichtig erklären, damit nicht der Anschluss- und Benutzungszwang für die gesamte Kommune entfällt, sondern nach dem Vorbild der Rechtsprechung des BVerfG sich auf eine Fest- **655**

[22] Dies hat v.a. beim Anschluss an ein Fernwärmenetz Bedeutung erlangt, vgl. nun § 16 EEWärmeG und dazu *Böhm/Schwarz*, DVBl. 2012, 540.

[23] Vgl. auch OVG Bautzen, NVwZ-RR 2011, 490 (Anspruch auf Befreiung vom Benutzungszwang der Trinkwasserversorgung).

stellung der Rechtswidrigkeit beschränken und der Kommune die Ergänzung der Satzung binnen einer bestimmten Frist aufgeben.

VII. Aktuelle Entwicklungen

656 Der allgemeine kommunalrechtliche Nutzungsanspruch ist seinem Wortlaut nach in den letzten Jahrzehnten nahezu unverändert geblieben.[24] Seine praktische Bedeutung ist aber immer weiter zurückgegangen, weil er zunehmend durch spezialgesetzliche Ansprüche v.a. des Bundesrechts überlagert wurde. Sollte die Privatisierung der Einrichtungen von Hoheitsträgern in dem bisherigen Maße fortgeführt werden, erscheint es nicht ausgeschlossen, dass Rechtsprechung und Literatur zum Ausgleich einen direkten öffentlich-rechtlichen Nutzungsanspruch auch gegen den neuen privatrechtlichen Träger der Einrichtung entwickeln werden – auf unsicherer dogmatischer Grundlage. Im Übrigen verlagert sich die Diskussion hinsichtlich der Nutzung kommunaler Einrichtungen v.a. auf die Frage der Kostentragung und damit in den Bereich des Gebührenrechts hinein (→ Rn. 851 ff.).

VIII. Kontrollfragen

657 1) Steht auch auswärtigen Gewerbetreibenden ein Anspruch auf Nutzung kommunaler Einrichtungen zu? (Rn. 617)
2) Ist die Kommune in der Festlegung des Widmungszweckes einer Einrichtung frei? (Rn. 625)
3) Welchen Anforderungen müssen die Benutzungsvorschriften genügen? (Rn. 631)
4) Nach welchen Regeln sind beschränkte Kapazitäten unter mehreren Bewerbern um eine Nutzung zu verteilen? (Rn. 633–642)
5) Was geschieht mit dem kommunalen Nutzungsanspruch der Einwohner, wenn die betreffende Einrichtung privatisiert wird? (Rn. 644)
6) Kann der Gesetzgeber über die bisher geregelten Bereiche hinaus einen Anschluss- und Benutzungszwang begründen? (Rn. 649, 653)

Rechtsprechung zu § 18

658 **Zu kommunalen Einrichtungen:**
BVerwGE 32, 333 (Benutzungsanspruch politischer Parteien)

[24] Abgesehen von der Öffnung in Brandenburg auch für Nichteinwohner, § 12 I BbgKVerf.

BVerwG, DÖV 1990, 977 (Zugang zu einer gemeindlichen Einrichtung)
OVG Koblenz, DÖV 1967, 169 (Begriff der öffentlichen Einrichtung)
OVG Münster, OVGE 24, 175 (Begriff der öffentlichen Einrichtung)
VGH München, NVwZ-RR 2013, 933 (Behördliches Auswahlverfahren für Zulassung zum Volksfest)
VGH München, NVwZ-RR 2014, 110 (Konkludente Widmung einer öffentlichen Einrichtung)

Zum Anschluss- und Benutzungszwang:
BVerwG, NVwZ-RR 1992, 37 (Anschlusszwang zur Fernwärmeversorgung)
OVG Lüneburg, NJW 1977, 450 (Privatrechtliches Benutzungsverhältnis bei Anschluss- und Benutzungszwang)
OVG Lüneburg, NdsVBl. 1994, 40 (Friedhofszwang)
VGH München, NVwZ 1982, 120 (Zulassung eines Schaustellers zum Oktoberfest)
OVG Münster, OVGE 24, 219 (Trinkwasser für Brauerei, Befreiung vom Anschluss- und Benutzungszwang)
OVG Greifswald , NVwZ-RR 2011, 836 (Anschluss- und Benutzungszwang für alle Wohnungseigentumsanteile eines Grundstücks)

Literatur zu § 18

Zur Daseinsvorsorge: **659**
Hellermann, Örtliche Daseinsvorsorge und gemeindliche Selbstverwaltung, 2000

Zu kommunalen Einrichtungen:
Axer, Die Widmung als Grundlage der Nutzung kommunaler öffentlicher Einrichtungen, NVwZ 1996, 114–117
v. Danwitz, Die Benutzung kommunaler öffentlicher Einrichtungen – Rechtsformen, Wahl und gerichtliche Kontrolle, JuS 1995, 1–7
Dietlein, Rechtsfragen des Zugangs zu kommunalen Einrichtungen, Jura 2002, 445–453
Ehlers, Rechtsprobleme der Nutzung kommunaler öffentlicher Einrichtungen, Jura 2012, 692-700; 849–857
Evertz, Die Bedeutung der Grundrechte im Zusammenhang mit der Benutzung gemeindlicher öffentlicher Einrichtungen, 1987
Herdegen, Die Zulassung zu kommunalen Einrichtungen in privatrechtlich ausgestalteter Regie, DÖV 1986, 906–909
Kerkmann, Der Anspruch auf Zulassung zu öffentlichen Einrichtungen und Fragen des Rechtsschutzes, VR 2004, 73–79
Kniesel, Veranstaltung traditioneller Märkte durch Kommunen, GewArch 2013, 270–276
Köster, Zugang der politischen Parteien zu öffentlichen Einrichtungen der Kommunen, KommJur 2007, 244–247
Ludwig, Der Anspruch auf Benutzung gemeindlicher öffentlicher Einrichtungen, 2000
Mittermeier, Haftung und Haftungsbeschränkungen der Gemeinden für ihre öffentlichen Einrichtungen, 1984
Roth, Die kommunalen öffentlichen Einrichtungen, 1998

Schmidt, Der Anspruch der Nichteinwohner auf Nutzung kommunaler Einrichtungen, DÖV 2002, 696–701

Zum Anschluss- und Benutzungszwang:

Faber, Der kommunale Anschluss- und Benutzungszwang, 2005

Pielow/Finger, Der Anschluss- und Benutzungszwang im Kommunalrecht, Jura 2007, 189–200

Weiß, Öffentliche Monopole, kommunaler Anschluss- und Benutzungszwang und Art. 12 GG, VerwArch 89 (1999), 415–441

§ 19 Tragung kommunaler Lasten

I. Grundlagen

Die Einwohner der Kommune haben nicht nur das Recht, die kommunalen Leistungen in Anspruch zu nehmen und die kommunalen Einrichtungen zu nutzen, sondern sie trifft auch die Pflicht, die Lasten der Kommune zu tragen. Insofern besteht eine gewisse Wechselwirkung zwischen Rechten und Pflichten. Die Pflichten vermitteln in gleicher Weise wie die Rechte eine direkte Beziehung zwischen Einwohnern und Kommune. Die Einwohner haben mit ihrer Person und mit ihrem Vermögen die im Einzelnen bestimmten kommunalen Lasten zu tragen. Persönlich wird von ihnen die Übernahme von Ehrenämtern und die Erfüllung traditioneller Hand- und Spanndienste gefordert, finanziell die Entrichtung von Steuern, Beiträgen und Gebühren. **660**

II. Ehrenämterpflicht

Als Ehrenämterpflicht bezeichnet man die Pflicht, nebenberuflich Verwaltungsgeschäfte für die Kommune zu übernehmen. Die Kommunalordnungen beschränken übereinstimmend die Ehrenämterpflicht auf die Bürger der Kommune. Ergänzende Regelungen finden sich in den §§ 81–87 VwVfG. Ehrenamtlich Tätige sind Amtsträger i.S.d. § 11 I Nr. 2 lit. a) StGB[1] und die Kommune haftet für sie gemäß § 839 BGB; Art. 34 GG mit der Möglichkeit des Rückgriffs bei Vorsatz oder grober Fahrlässigkeit[2]. Sie sind bei ihrer Tätigkeit gesetzlich unfallversichert nach § 2 I Nr. 10 lit. a) SGB VII. Die Pflicht, Ehrenämter zu übernehmen, ist direkt im Demokratieprinzip verwurzelt. Theoretisch kann die Erfüllung dieser Pflicht durch die Verhängung von Bußgeldern erzwungen werden – praktisch wird in aller Regel darauf verzichtet. Zum einen finden sich derzeit meistens noch genügend Bürger, die freiwillig bereit sind, ein kommunales Ehrenamt auszuüben, zum anderen sind die negativen Folgen, die der Kommune durch in das Amt gezwungene Bürger drohen, viel zu hoch. **661**

Zahlreiche kommunale Ämter werden ehrenamtlich wahrgenommen, aber nicht für alle gilt auch eine Pflicht zur Amtsübernahme. In aller Regel nur freiwillig zu übernehmen sind die Ämter als Mitglied der Vertretungskörperschaft, **662**

---

[1] Zum Streitstand *Fischer*, Strafgesetzbuch, 61. Auflage, 2014, § 11, Rn. 23 f.

[2] *Ossenbühl/Cornils*, Staatshaftungsrecht, 6. Auflage, 2013, S. 119 ff.

als ehrenamtlicher Bürgermeister, als Mitglied eines Beirates oder als Beauftragter (z.B. für Behinderte). Eine Pflicht zur Übernahme des Ehrenamtes besteht hingegen bspw. als Wahlhelfer.

663 Der Vorteil der ehrenamtlichen Erfüllung von Verwaltungsaufgaben liegt nicht nur in der Kostenersparnis, sondern auch in der Stärkung des bürgerschaftlichen Engagements wie schon *vom Stein*[3] betonte. Dabei sind ehrenamtlich Tätige häufig in besonderer Weise mit den örtlichen Verhältnissen vertraut. Dem steht vielfach die geringere Sachkunde der Ehrenamtlichen bei der Erledigung komplexerer Verwaltungsvorgänge gegenüber. Denn viele Bereiche der Kommunalverwaltung erfordern inzwischen eine Managementkompetenz, wie sie auch für größere Unternehmen geboten ist.

III. Dienstleistungspflichten

664 Von der Pflicht der Bürger, Ehrenämter zu übernehmen, sind die traditionellen Hand- und Spanndienste der Einwohner zu Gunsten der Kommune zu unterscheiden. Dabei handelt es sich nicht um die Erfüllung besonders hochwertiger Aufgaben, sondern schlichtweg um erzwungene Arbeitsleistungen, die anderenfalls von der Kommune am Markt teuer eingekauft werden müssten. Diese Dienste spielten früher eine große Rolle, sind aber heutzutage in aller Regel auf die Pflichten, die Straße zu kehren und den Schnee zu räumen, reduziert. Wegen Art. 12 II GG, der nur eine *„herkömmliche […] Dienstleistungspflicht"* zulässt, können keine vergleichbaren neuen Pflichten mehr eingeführt werden.

665 Die Rechtsgrundlage dieser Pflichten liegt in der jeweiligen kommunalen Straßenreinigungssatzung, welche auch die Nichterfüllung dieser Pflichten in aller Regel mit Bußgeld bedroht. Diese satzungsmäßigen Pflichten stellen ein Schutzgesetz i.S.d. § 823 II BGB dar, so dass ihre Nichterfüllung auch zivilrechtliche Schadensersatzansprüche auslösen kann.[4] Hingegen macht die Auferlegung dieser Pflicht die Einwohner noch nicht zu Amtsträgern.

IV. Kommunalabgaben

666 Heute beschränkt sich die Belastung der meisten Einwohner auf die Erbringung von Abgaben an die Kommune, d.h. öffentlich-rechtlicher Geldleistungen. Die Abgabenerhebung erfolgt in Form von Steuern, Beiträgen und Gebühren. Details werden in dem Abschnitt über die kommunalen Erträge (→ Rn. 791ff.) beschrieben.

---

[3] *Heinrich Friedrich Karl vom und zum Stein* (1757–1831), Nassauer Denkschrift, 1807.

[4] Vgl. *Sprau* in: Palandt, 73. Auflage, 2014, § 823 BGB, Rn. 56a.

V. Aktuelle Entwicklungen

Die Lasten, welche die Einwohner einer Kommune tragen müssen, haben sich stark verändert. Während ursprünglich die Hand- und Spanndienste im Vordergrund standen und sodann die Pflicht, Ehrenämter zu übernehmen, breiteren Raum einnahm, dominierten in den letzten Jahren die Zahlungspflichten. Inzwischen versuchen viele Kommunen, der Erosion des kommunalen Ehrenamtes entgegenzuwirken. Dies geschieht aber nicht durch Zwangsmaßnahmen wie die Verhängung von Bußgeldern, sondern durch die Steigerung der Attraktivität des Ehrenamtes, z.B. durch öffentliche Ehrungen und die Einführung einer Ehrenamtskarte mit Vergünstigungen für ehrenamtlich Tätige. Zugleich ist in größeren Kommunen eine Professionalisierung vormals ehrenamtlich wahrgenommener Aufgaben zu beobachten. Es werden nicht nur vielfach Beauftragte nunmehr hauptamtlich beschäftigt, sondern auch in der kommunalen Vertretungskörperschaft finden sich immer mehr „Berufspolitiker“. **667**

VI. Kontrollfragen

1) Hat jeder Einwohner die Pflicht, ein Ehrenamt zu übernehmen? (Rn. 661) **668**
2) Können neue Dienstleistungspflichten eingeführt werden? (Rn. 664)
3) Welche weiteren Pflichten treffen die Einwohner einer Kommune? (Rn. 666)
4) Wie hat sich die Bedeutung des kommunalen Ehrenamts in den letzten Jahren verändert? (Rn. 667)

Rechtsprechung zu § 19

BVerfGE 9, 291; 13, 167; 92, 91 (Feuerwehrdienstpflicht) **669**
BVerfGE 22, 380 (Deichschutzpflicht)
OVG Münster, NVwZ-RR 2013, 276 (Straßenreinigungspflicht)

Literatur zu § 19

Boelling/Birkl, Übertragung gemeindlicher Reinigungs-, Räum- und Streupflichten, KommJur 2008, 86–88 **670**
Bogumil, Die Zukunft der ehrenamtlichen Kommunalverwaltung, DV 43 (2010), 151–166

Vierter Teil: Die Aufsicht über die Kommunen

§ 20 Überblick über die Aufsicht

I. Verfassungsrechtliche Verankerung

Obwohl alle deutschen Kommunen seit den Anfängen des modernen deutschen Kommunalrechts staatlicher Aufsicht unterstehen, äußert sich das Grundgesetz zur Kontrolle der Kommunen nicht ausdrücklich. Hingegen haben alle Landesverfassungen der Flächenländer Regelungen über die Beaufsichtigung der Kommunen aufgenommen.[1] Ursprünglich diente die Staatsaufsicht der Kontrolle der durch die gesellschaftlichen Kräfte gesteuerten Kommunen durch den monarchisch geprägten Staat. Mit der Ablösung der monarchischen Staatsform durch eine demokratische Republik, die auf dem Prinzip der Volkssouveränität aufbaut, ist dieser Gegensatz zwischen Staat und Kommunen entfallen, was an sich auch die Staatsaufsicht in Fortfall bringen müsste. Doch haben auch hier die selbstverwalteten Kommunen sich in das demokratische Staatsganze einzufügen. Die Aufsicht ist das Korrelat der Selbstverwaltung. So ist auch unter der grundgesetzlichen Ordnung die Staatsaufsicht über die Kommunen in den Staatsprinzipien verankert. Dabei kommen dem Rechtsstaats-, dem Demokratie- und dem Bundesstaatsprinzip besondere Bedeutung zu. **671**

1. Rechtsstaatsprinzip

Nach Art. 20 III GG sind die Kommunen als Teil der vollziehenden Gewalt an Gesetz und Recht gebunden. Diese Gesetzesbindung begründet die Notwendigkeit einer Kommunalaufsicht aus drei Aspekten: **672**

a) Die kommunalen Organ- und Amtswalter haben ebenso wie staatliche Stellen die geltenden rechtlichen Regelungen zu kennen und diese anzuwenden. Sie sind insoweit sachlich-inhaltlich legitimiert. Im Vergleich zur Staatsverwaltung sind die kommunalen Amtswalter jedoch teilweise schlechter ausgebildet und zahlreiche Organwalter sind nur ehrenamtlich tätig. Schließlich sind in kleineren **673**

[1] Art. 75 LV BW; Art. 83 IV BayV; Art. 97 I 2, III 1 BbgV; Art. 137 III 2 HessV; Art. 72 IV LV MV; Art. 57 V NdsV; Art. 78 IV LV NRW; Art. 49 III 2 LV RP; Art. 122 SaarlV; Art. 89 SächsV; Art. 87 II LV LSA; Art. 46 III LV SH; Art. 94 ThürV.

Kommunen nicht hinreichend viele Beschäftigte vorhanden, um eine weiter gehende Spezialisierung zu ermöglichen. Dies begünstigt die Entstehung von Fehlern im Verwaltungsgeschehen. Eine Überwachung der kommunalen Tätigkeit durch die Kommunalaufsicht ist damit angebracht.

674 b) Die Befolgung von Gesetz und Recht kann nicht in das Belieben der Kommunen gestellt werden, sondern bedarf der Kontrolle. Staaten mit ihren mehreren Verwaltungsebenen kontrollieren sich selbst. Die bloß über eine einzige Verwaltungsebene verfügenden Kommunen sind hingegen in den Verwaltungsaufbau des Landes eingeordnet und unterliegen auch aus diesem Grunde dessen Aufsicht. Staatsrechtlich erscheinen die Kommunen als Teil des Landes, das für sie verantwortlich ist.[2] Um dieser Verantwortung nachkommen zu können, muss das Land aber über Kontrollmöglichkeiten verfügen.

675 c) Werden bei der Überwachung der Kommunen Rechtsverstöße festgestellt, so sind diese zu beheben und ihre Folgen zu beseitigen. Dies hat in erster Linie durch die betroffenen Kommunen selbst zu erfolgen, letztlich bleibt aber auch das Land für eine ordnungsgemäße Fehlerbeseitigung verantwortlich und muss deshalb die Beseitigung von Missständen erzwingen können.

2. Demokratieprinzip

676 Zusätzlich zu diesen rechtsstaatlichen Wurzeln ist die Staatsaufsicht auch im Demokratieprinzip verankert. Die Kommunen üben Hoheitsgewalt aus und diese bedarf der Rechtfertigung. Eine solche Legitimation kann auf verschiedenen Wegen erzielt werden, die sich wechselseitig ergänzen und stützen. In personell-organisatorischer Hinsicht sind zwei Legitimationsstränge zu unterscheiden:

677 a) Kommunales Handeln wird in weitem Umfang über die Willensbildung der Bürger der Kommune legitimiert. Diese wählen die Vertretungskörperschaft und zumeist auch den Hauptverwaltungsbeamten und entscheiden in Bürgerbegehren und Bürgerentscheiden über Sachfragen.

678 b) Eine solche ausschließlich bürgerbezogene Legitimation reicht für kommunales Handeln indes nicht aus. Denn die Kommunen üben auch Hoheitsgewalt gegenüber Dritten aus, z.B. im Rahmen der Ordnungsverwaltung. Diese von den Kommunen als unterstaatlichen Hoheitsträgern ausgeübte Herrschaftsmacht muss auf den Willen des Staatsvolkes rückführbar sein. Hier setzt die Legitimationskette an von dem Landesstaatsvolk über den Landtag und die Landesregierung, der der Landesinnenminister angehört, bis hin zu den nachgeordneten Behörden der Kommunalaufsicht. Nur weil die von der parlamentarisch verantwortlichen Landesregierung gelenkten Kommunalaufsichtsbehörden die Rechtstreue der Kommunen sicherstellen, kann deren Herrschaftsausübung gegenüber Nichteinwohnern legitimiert werden.

---

[2] Vgl. *Dreier* in: ders., Grundgesetz, Bd. II, 2. Auflage, 2006, Art. 28, Rn. 95.

3. Bundesstaatsprinzip

Schließlich erzwingt auch das Bundesstaatsprinzip die Kommunalaufsicht. Ein Großteil der Bundesgesetze wird von den Kommunen als unteren Verwaltungsbehörden ausgeführt. Im Verhältnis zum Bund sind aber die Länder, nicht die Kommunen, für den ordnungsgemäßen Verwaltungsvollzug gemäß Art. 104a V 1 GG letztverantwortlich.[3] Dieser Verpflichtung können die Länder aber nur nachkommen, wenn sie Einfluss auf nachgeordnete Hoheitsträger wie die Kommunen haben. Dieser Einfluss wird in Form der Aufsicht über die Kommunen geltend gemacht. 679

II. Gesamtschau der Kontrollmechanismen

Die danach gebotene staatliche Kontrolle wird in zwei Formen ausgeübt: Als staatliche *Rechtsaufsicht* (→ § 21) sichert sie in Angelegenheiten des eigenen Wirkungskreises die Rechtmäßigkeit kommunalen Handelns. Als staatliche *Fachaufsicht* (→ § 22) geht sie in Angelegenheiten des übertragenen Wirkungskreises darüber hinaus und gewährleistet neben der Rechtmäßigkeit auch die Zweckmäßigkeit kommunalen Tätigwerdens. 680

Zu diesen beiden staatlichen Aufsichtsarten tritt die *kommunale Binnenkontrolle* hinzu. Kommunalintern überwachen die Kommunalorgane wechselseitig die Rechtmäßigkeit sowie ggf. auch die Zweckmäßigkeit ihres Wirkens. Diese kommunale Binnenkontrolle erfolgt als Interorgankontrolle zwischen den Kommunalorganen und als Intraorgankontrolle innerhalb eines Kollegialorgans. Auf die danach möglichen Informations- und Antragsrechte der Mitglieder der kommunalen Vertretungskörperschaft, die Pflicht des Hauptverwaltungsbeamten zur Rechenschaftslegung und dessen Beanstandungskompetenz wurde bereits bei Erörterung der Funktionen der kommunalen Organe eingegangen (→ Rn. 296, 389). Diese kommunale Binnenkontrolle ist Ausprägung der kommunalen Selbstverwaltungsgarantie und steht grds. gleichberechtigt neben der staatlichen Aufsicht. 681

III. Exkurs: Aufsicht über andere juristische Personen des öffentlichen Rechts

Neben den Kommunen bestehen unterstaatliche Personalkörperschaften wie die Ärztekammern und Industrie- und Handelskammern sowie eine Vielzahl weiterer unterstaatlicher Hoheitsträger. Die Staatsprinzipien gebieten auch deren Beaufsichtigung.[4] Auch hier ist zwischen staatlicher Rechts- und Fachaufsicht sowie 682

---

[3] Siehe *Siekmann* in: Sachs, Grundgesetz, 6. Auflage, 2011, Art. 104a, Rn. 53.
[4] Vgl. *Kluth*, Funktionale Selbstverwaltung, 1997, S. 270 ff.

einer selbstverantwortlichen Binnenkontrolle des jeweiligen Hoheitsträgers zu unterscheiden. Die rechtlichen Grundlagen finden sich in aller Regel in den Fachgesetzen, welche die Errichtung des jeweiligen Hoheitsträgers ermöglichen. Diese orientieren sich ganz eng an den kommunalrechtlichen Regelungen.

683 Eine allgemeine *Bundesaufsicht* über die Länder besteht hingegen nicht. Diese wäre mit der Eigenstaatlichkeit der Länder nur schwer zu vereinbaren. Nur soweit die Länder Bundesgesetze ausführen, unterliegen sie nach Art. 84; 85 GG einer bereichsbegrenzten Bundesaufsicht.[5] Seit der Föderalismusreform II wird allerdings die Haushaltswirtschaft von Bund und Ländern durch den Stabilitätsrat gemäß Art. 109a GG überwacht. Schließlich besteht auch keine *Unionsaufsicht* über die Mitgliedstaaten der Europäischen Union. Diese kehrte den Willensbildungsprozess von den Mitgliedstaaten zur europäischen Ebene um und verstieße gegen Art. 23 GG und vergleichbare Bestimmungen in den Verfassungen der übrigen Mitgliedstaaten.

IV. Kontrollfragen

684 1) Aus welchen Staatsprinzipien folgt das Institut der Kommunalaufsicht? (Rn. 671)

2) Welche Arten der Aufsicht über Kommunen sind nach der beaufsichtigenden Stelle zu unterscheiden? (Rn. 680, 681)

3) Welche weiteren juristischen Personen des öffentlichen Rechts werden beaufsichtigt? (Rn. 682)

4) Warum besteht weder eine allgemeine Bundes- noch Unionsaufsicht? (Rn. 683)

Rechtsprechung zu § 20

685 BVerfGE 6, 104 (Wesen der Kommunalaufsicht)
BVerfGE 78, 331 (Kommunalaufsicht)
BVerwGE 117, 1 (Durchsetzung immissionsschutzrechtlicher Maßnahmen bei öffentlichen Einrichtungen)
BVerwG, DÖV 1972, 723 (Anspruch auf aufsichtsbehördliches Einschreiten)

Literatur zu § 20

686 *Kahl*, Die Staatsaufsicht, 2000
Knemeyer, Staatsaufsicht über Kommunen, JuS 2000, 521-525

[5] Siehe *Dittmann* in: Sachs, Grundgesetz, 6. Auflage, 2011, Art. 84, Rn. 35 ff.; Art. 85, Rn. 28 ff.

Ruffert, Grundlage und Maßstäbe einer wirkungsvollen Aufsicht über die kommunale wirtschaftliche Betätigung, VerwArch. 92 (2001), 27–57
Schröder, Grundfragen der Aufsicht der öffentlichen Verwaltung, JuS 1986, 371–375
Schuppert, Staatsaufsicht im Wandel, DÖV 1998, 831–838

§ 21 Kommunalaufsicht

I. Zweck der Aufsicht

687 Die staatliche Kommunalaufsicht, auch Rechtsaufsicht oder allgemeine Aufsicht genannt, stellt die zentrale Aufsichtsinstitution dar. Sie hat zwei Aufgaben: Zum ersten soll sie sicherstellen, dass die Kommunen *nach Gesetz und Recht* handeln.[1] Zum zweiten soll sie die Kommunen *schützen*.[2]

688 Die Kommunalaufsicht wird *im öffentlichen Interesse* tätig und unterliegt objektiv-rechtlichen Pflichtbindungen. Es bestehen keine subjektiv-rechtlichen Ansprüche der Einwohner oder sonstiger Privater gegen die Kommunalaufsichtsbehörden.[3] Private können weder das Einschreiten der Kommunalaufsichtsbehörde verlangen noch bei unterbliebenem Einschreiten gegen die Aufsichtsbehörde Haftungsansprüche geltend machen.

689 Denn ließe man solche Ansprüche zu, so könnten *Private* mittelbar die Befolgung jeder rechtlichen Regelung erzwingen und auf diesem Umweg entstände ein *allgemeiner Gesetzesvollziehungsanspruch* – unabhängig davon, ob dem Privaten im konkreten Fall tatsächlich eine Verletzung in subjektiven Rechtspositionen drohte. Wollen Private sich gegen kommunales Handeln wenden, müssen sie daher ihre Rechte vor den Verwaltungsgerichten mit der Kommune als Klagegegner geltend machen. Art. 19 IV GG bezieht sich nur auf das gerichtliche Verfahren, nicht aber auf das Verfahren der Aufsichtsbehörden.

690 Auch andere *Kommunen* als die beaufsichtigte Kommune selbst können von der Aufsichtsbehörde nicht unter Berufung auf die interkommunale Geltung der Selbstverwaltungsgarantie ein Einschreiten verlangen. Sie sind vielmehr in gleicher Weise wie Private auf den Rechtsweg verwiesen.

691 Der *kontrollierten Kommune* hingegen können Ansprüche, v.a. nach § 839 BGB, gegen die Aufsichtsbehörde zustehen, weil diese auch zu ihrem Schutz tätig wird.[4] Zwar ist kaum damit zu rechnen, dass eine Kommune vorab die Kommunalaufsichtsbehörde zum Einschreiten auffordern wird, um eine ihrer Handlun-

---

[1] § 118 I GO BW; Art. 109 I BayGO; § 109 BbgKVerf; § 135 S. 1 HessGO; § 78 II KV MV; § 170 I 2 NdsKomVG; § 119 I GO NRW; § 117 S. 1 GO RP; § 127 I 1 SaarlKSVG; § 111 I SächsGO; § 133 II GO LSA; § 120 S. 1 GO SH; § 117 I ThürKO.

[2] Vgl. Art. 108 BayGO; § 108 I BbgKVerf; § 11 HessGO; § 78 I 1 KV MV; § 170 I 1 NdsKomVG; § 11 GO NRW; § 133 I 1 GO LSA; § 116 ThürKO.

[3] *Geis*, Kommunalrecht, 3. Auflage, 2014, § 24, Rn. 36.

[4] Siehe *Sprau* in: Palandt, 73. Auflage, 2014, § 839 BGB, Rn. 46; *Meyer*, NVwZ 2003, 818.

gen zu verhindern. Relativ häufig aber wird eine Kommune, der durch eigenes Verhalten ein Schaden entstanden ist, geltend machen, bei pflichtgemäßem Tätigwerden der Aufsichtsbehörde hätte diese sie *„vor dieser Dummheit bewahren können"*, so dass die schadensverursachende Handlung unterblieben wäre.[5] Eine solche Argumentation kann schon fast treuwidrig erscheinen, zumindest wird aber ein (ggf. ganz überwiegendes) Mitverschulden[6] der Kommune sorgsam zu prüfen sein.

II. Zuständigkeiten

Für die Kommunalaufsicht können die untere, obere oder oberste Kommunal- 692
aufsichtsbehörde zuständig sein.

1. Untere Kommunalaufsichtsbehörde

Die untere Kommunalaufsichtsbehörde ist jeweils die nächste allgemeine Behör- 693
de in der hoheitlichen Verwaltungshierarchie. Dies bedeutet: Kreisangehörige Gemeinden werden vom Landrat als untere Kommunalaufsichtsbehörde beaufsichtigt. Landkreise und kreisfreie Städte unterfallen der Aufsicht der staatlichen Mittelbehörde, meist Bezirksregierung[7], Regierung[8], Regierungspräsident[9], Landesdirektion[10] oder Landesverwaltungsamt[11] genannt. In Ländern ohne Mittelbehörde führt der Innenminister die Kommunalaufsicht. Dieser ist auch zumeist untere Kommunalaufsichtsbehörde über die Landeshauptstadt sowie ggf. über andere besonders große Städte.[12] Es ist zu beachten, dass über von den Kommunen beherrschte juristische Personen des Privatrechts keine direkte Aufsicht besteht. Hier kann die Kommunalaufsicht nur bei der Kommune selbst ansetzen und diese auffordern, ihren gesellschaftsrechtlichen Einfluss auf die Privatrechtsperson geltend zu machen.

2. Obere Kommunalaufsichtsbehörde

Die obere Kommunalaufsichtsbehörde ist die der unteren Kommunalaufsichts- 694
behörde nächstfolgende allgemeine Behörde in der hoheitlichen Behördenhierarchie; d.h.: Für kreisangehörige Gemeinden ist die staatliche Mittelbehörde die obere Kommunalaufsichtsbehörde; für Landkreise, kreisfreie Städte und andere

---

[5] So im Oderwitz-Urteil, BGHZ 153, 198; NJW 2003, 1318.

[6] Dies versäumte der BGH in der Oderwitz-Entscheidung.

[7] § 120 II GO NRW.

[8] Art. 110 S. 2 BayGO.

[9] § 119 S. 1 GO BW; § 136 II HessGO.

[10] § 112 I SächsGO.

[11] So in Ländern mit einer für das gesamte Land zuständigen Mittelbehörde wie Sachsen-Anhalt, § 134 I GO LSA; § 68 V KrO LSA, und Thüringen, § 118 II ThürKO.

[12] Z.B. § 136 I HessGO; § 171 I NdsKomVG.

kommunale Körperschaften vergleichbaren oder höheren Ranges ist es die staatliche Mittelbehörde oder der Innenminister.

3. Oberste Kommunalaufsichtsbehörde

695 Oberste Kommunalaufsichtsbehörde ist der Innenminister.

696 **Übersicht 21-1: Zuständige Kommunalaufsichtsbehörden**

Beaufsichtigte kommunale Stelle	Untere Kommunalaufsichtsbehörde	Obere Kommunalaufsichtsbehörde (bei dreistufigem Verwaltungsaufbau)	Oberste Kommunalaufsichtsbehörde
Landkreis	Regierungspräsident	Regierungspräsident oder Innenminister	Innenminister
Kreisfreie Stadt	Regierungspräsident	Regierungspräsident oder Innenminister	Innenminister
Gemeinde	Landrat als allgemeine untere Landesbehörde	Regierungspräsident	Innenminister
Amt/Gesamtgemeinde	Landrat als allgemeine untere Landesbehörde	Regierungspräsident	Innenminister
Zweckverband	Landrat als allgemeine untere Landesbehörde	Regierungspräsident	Innenminister
Formell privatisierte Einrichtung, z.B. Sportstätten-GmbH	(–)	(–)	(–)

III. Präventive Aufsichtsmittel

697 Um ihre Aufgabe zu erfüllen, stehen den Kommunalaufsichtsbehörden verschiedene Aufsichtsmittel zur Verfügung. Dabei ist zwischen vorbeugenden (präventiven) und nachträglichen (repressiven) Aufsichtsmitteln zu unterscheiden. Vorbeugende Aufsichtsmittel greifen ein, bevor die Maßnahme der beaufsichtigten Kommune wirksam geworden ist. Nachträgliche Aufsichtsmittel werden erst ergriffen, nachdem die kommunale Maßnahme bereits Wirkungen entfaltet hat. Es beruht auf der Entscheidung des Gesetzgebers, nicht auf der Auswahl der Kommunalaufsichtsbehörde, welche kommunalen Handlungen präventiver Aufsicht unterliegen. Diese sind über die Kommunalgesetze verstreut; in dem mit

„Aufsicht" betitelten Teil am Ende der Kommunalordnungen[13] sind zumeist nur einige Rechtsfolgen präventiver Aufsichtsmittel geregelt.

1. Genehmigung

Die Genehmigung stellt das klassische präventive Aufsichtsmittel dar. Wegen der Garantie kommunaler Selbstverwaltung besteht ein Anspruch der Kommune gegen die Kommunalaufsichtsbehörde auf Erteilung der Genehmigung, sofern die gesetzlichen Voraussetzungen der Genehmigung vorliegen. Es handelt sich also bei genehmigungsbedürftigen Maßnahmen um präventive Verbote mit Erlaubnisvorbehalt.[14] Die Kommune kann – ggf. nach Durchführung des Widerspruchsverfahrens – Verpflichtungsklage auf Erteilung der Genehmigung erheben. Vergleichbare präventive Verbote mit Erlaubnisvorbehalt bestehen bei Privaten in grundrechtlich geschützten Bereichen, z.B. bei der Baugenehmigung. **698**

Früher bedurften nahezu alle kommunalen Satzungen und zahlreiche weitere kommunale Handlungen der Genehmigung. Heute ist die Genehmigungspflicht in den meisten Fällen zu einem bloßen Anzeigevorbehalt (→ Rn. 703) abgeschwächt worden. Nur besonders wichtige Rechtsakte wie die kommunale Hauptsatzung oder besonders gefährliche wie die Sparkassensatzung brauchen zumeist weiterhin eine Genehmigung. **699**

Die Erteilung der Genehmigung ist Voraussetzung für die Wirksamkeit des zu genehmigenden Rechtsaktes. Solange die Genehmigung noch nicht erteilt worden ist, ist der kommunale Rechtsakt noch nicht wirksam und aus ihm können noch keine Rechtsfolgen hergeleitet werden. **700**

Hat die Kommune einen zu genehmigenden Vertrag mit einem Privaten geschlossen, so ist der private Vertragspartner nach Versagung der Genehmigung zum Rücktritt berechtigt. Dieses Rücktrittsrecht besteht zusätzlich zu etwaigen Rücktritts-, Kündigungs- oder Anfechtungsrechten nach dem Bürgerlichen Gesetzbuch. Unbeschadet der konkurrierenden Bundesgesetzgebungskompetenz für das Bürgerliche Recht nach Art. 74 I Nr. 1; 72 II GG sind die Landesgesetzgeber zur Regelung dieses Sonderrücktrittsrechts befugt, weil es sich um eine Annexkompetenz zur Landesgesetzgebungskompetenz für das Kommunalrecht nach Art. 30; 70 GG handelt. **701**

Einige Kommunalgesetze sehen vor, dass die Genehmigung *„als erteilt gilt"*, wenn die Kommunalaufsichtsbehörde nicht binnen drei Monaten nach Eingang des kommunalen Genehmigungsantrages über die Erteilung der Genehmigung entschieden hat.[15] Dann gelten die Rechtsfolgen gemäß § 42a VwVfG. Die fin- **702**

---

[13] §§ 118 ff. GO BW; Art. 108 ff. BayGO; §§ 108 ff. BbgKVerf; §§ 135 ff. HessGO; §§ 78 ff. KV MV; §§ 170 ff. NdsKomVG; §§ 116 ff. GO NRW; §§ 117 ff. GO RP; §§ 127 ff. SaarlKSVG; §§ 111 ff. SächsGO; §§ 133 ff. GO LSA; §§ 120 ff. GO SH; §§ 116 ff. ThürKO.

[14] Dazu *Maurer*, Allgemeines Verwaltungsrecht, 18. Auflage, 2011, § 9, Rn. 51 ff.

[15] § 143 I 3 HessGO; § 176 I 2 NdsKomVG; § 75 IV 2 GO NRW (nur bei Genehmigungsbedürftigkeit der Haushaltssatzung aufgrund einer Verringerung der allgemeinen

gierte Genehmigung ist grds. wie ein tatsächlich erlassener Verwaltungsakt zu behandeln, d.h. sie kann Gegenstand eines verwaltungsgerichtlichen Verfahrens sein und im Falle der Rechtswidrigkeit und subjektiven Rechtsverletzung aufgehoben werden.

2. Anzeige an die Kommunalaufsichtsbehörde

703 Wie bereits dargelegt, ist die Genehmigungspflicht in den meisten Fällen durch einen bloßen Anzeigevorbehalt ersetzt worden. Die Kommune erlässt eine Satzung oder eine andere rechtliche Maßnahme und zeigt diese anschließend der Kommunalaufsichtsbehörde an. Auf der Grundlage dieser Anzeige kann die Kommunalaufsichtsbehörde sodann über den Einsatz repressiver Aufsichtsmittel (→ Rn. 708 ff.) entscheiden. Im Unterschied zu genehmigungsbedürftigen Handlungen wird die kommunale Maßnahme also erst wirksam und verliert ggf. später wieder ihre Geltung. Unterlässt die Kommune die Anzeige, so bleibt der nicht angezeigte Rechtsakt erst einmal wirksam. Die Kommune handelt aber rechtswidrig, weshalb die Kommunalaufsichtsbehörde, die ggf. auf anderem Wege von dem Vorgang erfahren hat, mit repressiven Aufsichtsmitteln gegen die Kommune vorgehen kann. Hier wird sich insbesondere die Ausübung des Informationsrechts (→ Rn. 709) anbieten.

3. Musterrechtsakt

704 Ein besonders subtiles Mittel, vorab Einfluss auf das Handeln der Kommunen zu nehmen, stellen Musterrechtsakte dar. Dabei handelt es sich um Entwürfe von Satzungen oder anderen Rechtsakten, die von der Kommunalaufsichtsbehörde erstellt und den Kommunen zur Verwendung angeboten werden. Teils steht die Verwendung dieser Entwürfe im Belieben der Kommunen, teils bedarf ihr Gebrauch nur der Anzeige an die Kommunalaufsichtsbehörde, während die Verwendung einer von dem Musterentwurf abweichenden Regelung von der Kommunalaufsichtsbehörde zu genehmigen ist. Schließlich – v.a. im Haushaltsrecht – kann die Verwendung von Musterentwürfen auch ausdrücklich gesetzlich vorgeschrieben sein.[16]

705 Auf der einen Seite stellen diese Entwürfe eine Dienstleistung dar, die gerade die kleineren, verwaltungsschwächeren Kommunen gerne annehmen. Sie sparen den Einsatz eigener Verwaltungskapazitäten und können auf Konzepte zurückgreifen, die von Fachleuten erstellt und vielfach bereits in anderen Kommunen erprobt wurden.

Rücklage); § 119 I 2 GO RP; § 82 V 2 SaarlKSVG (nur bei Genehmigungsbedürftigkeit der Haushaltssatzung aufgrund einer Verringerung der allgemeinen Rücklage); § 140 I 2 GO LSA; § 123 III ThürKO (nur in den dort aufgezählten Fällen).

[16] § 145 GO BW; Art. 123 II 2 BayGO; § 107 II BbgKVerf; § 154 IV HessGO; § 178 III NdsKomVG; § 133 III GO NRW; § 116 III GO RP; § 222 IV SaarlKSVG; § 128 SächsGO; § 152 II GO LSA; § 135 IV GO SH; § 129 IV ThürKO.

Auf der anderen Seite führt diese Technik der Musterentwürfe zu einer erheblichen inhaltlichen Gleichschaltung der Kommunen. Es stellt sich die Frage, welcher Raum überhaupt noch für die kommunale Selbstverwaltung – insbesondere für die Satzungshoheit – bleibt, wenn die entscheidenden Vorgaben ohnehin bereits von der Kommunalaufsichtsbehörde gemacht wurden und Unterschiede zwischen den Kommunen eingeebnet werden. Hier reduziert sich die kommunale Satzungshoheit auf das Recht, vorgegebene Entwürfe in Kraft zu setzen. 706

Es ist zu beachten, dass zusätzlich zu den Kommunalaufsichtsbehörden auch noch die kommunalen Spitzenverbände (→ Rn. 778 ff.) Musterentwürfe erstellen. Diese beruhen auf den Erfahrungen zahlreicher Kommunen, v.a. auch in verwaltungsgerichtlichen Verfahren, und sind ihrerseits rechtlich unverbindlich. 707

IV. Repressive Aufsichtsmittel

Neben den präventiven Aufsichtsmitteln steht den Kommunalaufsichtsbehörden auch eine Vielzahl repressiver Aufsichtsinstrumente zur Verfügung. Diese nachträglichen Mittel sind zumeist en bloc in dem Abschnitt *„Durchführung der Aufsicht"* am Ende der Kommunalordnungen zusammengestellt. Im Folgenden sind diese Aufsichtsmittel nach zunehmender Intensität geordnet. Die Aufsichtsbehörden haben zwischen ihnen nach dem Verhältnismäßigkeitsprinzip auszuwählen. Zum Teil sind schwerwiegendere Aufsichtsmittel auch der oberen oder gar obersten Aufsichtsbehörde vorbehalten. 708

1. Unterrichtung

Am geringsten greift in die Garantie kommunaler Selbstverwaltung das Recht der Aufsichtsbehörden zur Unterrichtung über alle Vorgänge der Kommune ein.[17] Dieses umfassende Informationsrecht knüpft nicht an ein bereits bekanntes rechtswidriges Verhalten der Kommune an, sondern kann auch gegenüber einer sich rechtmäßig verhaltenden Kommune ausgeübt werden. Es dient der Feststellung möglicher Rechtswidrigkeiten und bereitet den Einsatz anderer Aufsichtsmittel vor. Es ist von seiner Funktion her der präventiven Anzeigepflicht der Kommune vergleichbar. Während bei der Anzeigepflicht der Informationsaustausch aber von der Kommune her seinen Ausgang nimmt, leitet bei der Unterrichtung die Kommunalaufsichtsbehörde das Verfahren ein. Die Unterrichtung stellt einen Realakt dar, gegen den sich die ausgeforschte Kommune im Wege der Leistungsklage als Abwehrklage wehren kann. Der Konstruktion eines Verwaltungsaktes der Aufsichtsbehörde auf Duldung der Unterrichtung bedarf 709

---

[17] § 120 GO BW; Art. 111 BayGO; § 112 BbgKVerf; § 137 HessGO; § 80 KV MV; § 172 I NdsKomVG; § 121 GO NRW; § 120 GO RP; § 129 I SaarlKSVG; § 113 SächsGO; § 135 GO LSA; § 122 GO SH; § 119 ThürKO.

es nicht, weil nach In-Kraft-Treten der Verwaltungsgerichtsordnung 1960 umfassender Rechtsschutz auch gegen andere behördliche Handlungen als Verwaltungsakte besteht.

2. Beanstandung

710 Einen stärkeren Eingriff in die kommunale Selbstverwaltungsgarantie bedeutet die Beanstandung. Die Beanstandung ist ein Verwaltungsakt der Kommunalaufsichtsbehörde, durch den sie rechtswidriges kommunales Handeln kritisiert. Die Kommune kann gegen diesen Verwaltungsakt – ggf. nach Durchführung des Widerspruchsverfahrens – Anfechtungsklage erheben. Die Beanstandung hat je nach Landesrecht bis zu drei Komponenten:

711 a) Sie stellt die Rechtswidrigkeit eines kommunalen Beschlusses oder einer sonstigen kommunalen Maßnahme fest. Rechtswidrigkeit bedeutet einen Verstoß gegen Gesetze oder sonstiges von der Kommunalaufsichtsbehörde als Prüfungsmaßstab heranzuziehendes Recht. Dazu zählen gewiss die Kommunalgesetze, die Landesverfassung und das Grundgesetz. Aber auch die Einhaltung sonstiger öffentlich-rechtlicher Regelungen ist durch die Kommunalaufsichtsbehörde zu überwachen. Sogar von der Kommune selbst gesetzte höherrangige Rechtsakte wie die Hauptsatzung dienen als Messlatte sonstiger kommunaler Maßnahmen.

712 Auf den ersten Blick erscheint zweifelhaft, ob die Kommunalaufsichtsbehörde auch Verstöße der Kommune gegen privatrechtliche Regelungen rügen kann. Denn diese dienen dem privaten Interessenausgleich und dem Schutz Privater, was grds. die im öffentlichen Interesse tätig werdende Kommunalaufsichtsbehörde nicht zu kümmern scheint. Indes sind die Kommunen als Teil der vollziehenden Gewalt nach Art. 20 III GG umfassend an Gesetz und Recht gebunden, was auch die Bindung an privatrechtliche Regelungen einschließt. Das Privatrecht stellt kein Recht minderer Qualität dar, das von den Kommunen einfach ignoriert und dessen Missachtung von den Kommunalaufsichtsbehörden hingenommen werden könnte.

713 b) Vereinzelt ist vorgesehen, dass die Kommunalaufsichtsbehörde im Rahmen der Beanstandung zugleich die beanstandete Maßnahme aufheben kann.[18] Insofern handelt es sich bei der Beanstandung um einen gestaltenden Verwaltungsakt. Andere Länder bestimmen lediglich, dass beanstandete Maßnahmen nicht weiter vollzogen werden dürfen; lassen also erst einmal die beanstandete Maßnahme ohne weitere Rechtsfolgen bestehen.[19] Insoweit ist die Beanstandung ein verbietender Verwaltungsakt.

714 c) Die meisten Länder bestimmen, dass die Kommunalaufsichtsbehörde verlangen kann, auf Grundlage der rechtswidrigen Maßnahme bereits vollzogene

---

[18] § 138 HessGO.

[19] § 121 I 3 GO BW; § 113 I 3 BbgKVerf; § 81 I 2 KV MV; § 173 I 2 NdsKomVG; § 122 II 3 GO NRW; § 121 S. 3 GO RP; § 130 S. 2 SaarlKSVG; § 114 I 3 SächsGO; § 136 I 3 GO LSA; § 123 I 3 GO SH.

Handlungen wieder rückgängig zu machen.[20] Hierbei handelt es sich um eine gesetzliche Sonderregelung des Folgenbeseitigungsanspruchs, die durch befehlenden Verwaltungsakt geltend gemacht werden kann.

3. Anordnung

Während die Beanstandung sich gegen kommunales Handeln richtet, wendet sich die Anordnung gegen kommunales Unterlassen.[21] Dieser in Hessen auch „*Anweisung*"[22] genannte befehlende Verwaltungsakt gebietet der Kommune, in bestimmter Weise tätig zu werden. Die Anordnung konkretisiert ein gesetzliches Gebot oder wiederholt das Gebot einer sonstigen der Kommune übergeordneten Behörde – zumeist einer Fachaufsichtsbehörde. Die Anordnung muss das von der Kommune geforderte Verhalten so genau umschreiben, dass diese ohne weitere eigene Ermessensentscheidungen in der geforderten Weise tätig werden und im Fall der Nichtumsetzung die Anordnung zur Grundlage der Ersatzvornahme der Kommunalaufsichtsbehörde gemacht werden kann. Deshalb ist es für die Kommunalaufsichtsbehörde auch zweckmäßig, die Anordnung mit einer Fristsetzung zu verbinden. Die angewiesene Kommune kann gegen die Anordnung mit Widerspruch – sofern kommunalgesetzlich nicht für entbehrlich erklärt – und Anfechtungsklage vorgehen. 715

4. Ersatzvornahme

Die Ersatzvornahme stellt das Mittel zur Durchsetzung einer Anordnung dar.[23] Sie erfordert alle Voraussetzungen der Anordnung und zusätzlich den Ablauf der in der Anordnung gesetzten Frist. Ist die von der Kommunalaufsichtsbehörde angeordnete Handlung besonders eilbedürftig, so kann ausnahmsweise die Fristsetzung entbehrlich sein. Der Ablauf der gesetzten Frist muss auch nicht abgewartet werden, wenn die beaufsichtigte Kommune erkennbar der Anordnung nicht nachkommen will. 716

Die Ersatzvornahme bildet außerdem das Mittel, die Aufhebung der Folgen einer beanstandeten Maßnahme (→ Rn. 710 ff.) durchzusetzen. Misst man der Beanstandung in einigen Ländern nur feststellenden, nicht aber gestaltenden Charakter zu, dann kann auch die beanstandete Maßnahme selbst im Wege der Ersatzvornahme aufgehoben werden. 717

---

[20] § 121 I 2 GO BW; § 113 I 2 BbgKVerf; § 138 HessGO; § 173 I 3 NdsKomVG; § 121 S. 2 GO RP; § 130 S. 1 SaarlKSVG; § 114 I 2 SächsGO; § 136 I 2 GO LSA: § 123 I 2 GO SH.

[21] § 122 GO BW; Art. 112 S. 2 BayGO; § 115 BbgKVerf; § 139 HessGO; § 82 I KV MV; § 174 I NdsKomVG; § 123 I GO NRW; § 122 GO RP; § 132 SaarlKSVG; § 115 SächsGO; § 137 GO LSA; § 124 I GO SH; § 120 I 2 ThürKO.

[22] § 139 HessGO.

[23] § 123 GO BW; Art. 113 S. 1 BayGO; § 116 BbgKVerf; § 140 HessGO; § 82 II KV MV; § 174 II NdsKomVG; § 123 II GO NRW; § 123 GO RP; § 133 SaarlKSVG; § 116 SächsGO; § 138 GO LSA; § 125 GO SH; § 121 I ThürKO.

718 Die Ersatzvornahme kann als *Selbstvornahme* der Aufsichtsbehörde oder als *Fremdvornahme* durch einen von der Aufsichtsbehörde beauftragten Dritten erfolgen. Es kann sich um den Erlass, die Änderung oder die Aufhebung einer rechtlichen Maßnahme handeln oder um die Durchführung eines Realaktes. In der Praxis werden v.a. Rechtsakte der Kommune im Wege der Selbstvornahme durch die Aufsichtsbehörde ersetzt. Dabei kommt der Ersatzvornahme eine *doppelte Rechtsnatur* zu:[24]

719 Im Verhältnis der Aufsichtsbehörde zu der kontrollierten Kommune stellt die Ersatzvornahme einen Verwaltungsakt dar. Die Kommune kann – ggf. nach Durchführung des Widerspruchsverfahrens – dagegen Anfechtungsklage vor dem Verwaltungsgericht erheben.

720 Im Verhältnis zu den Einwohnern der Kommune wirkt die Ersatzvornahme dagegen wie der ersetzte Rechtsakt selbst, was sich aus der gesetzlichen Formulierung *„an Stelle der [Kommune]"* ergibt. Hat die Kommunalaufsichtsbehörde bspw. eine kommunale Satzung ersetzt, so wird dieser Rechtsakt der Kommunalaufsichtsbehörde im Außenverhältnis zu den Einwohnern der Kommune als Satzung betrachtet und der Kommune, nicht aber der Kommunalaufsichtsbehörde zugerechnet. Etwaige Fehler der Kommunalaufsichtsbehörde gelten als Fehler der Kommune. Betroffene Einwohner können dagegen im Verfahren nach § 47 VwGO vor dem Oberverwaltungsgericht vorgehen – mit der Kommune, nicht aber der Aufsichtsbehörde als Antragsgegnerin. Die Kommune wird zur Verteidigung eines Rechtsaktes gezwungen, den sie selbst ablehnt. Da die Kommune in diesen Gerichtsverfahren den ihr aufgedrängten Rechtsakt wohl kaum engagiert verteidigen wird, kommt der Beiladung der Aufsichtsbehörde nach § 65 VwGO so große Bedeutung zu.

721 Weil ein ersetzender Rechtsakt der Kommunalaufsichtsbehörde als Maßnahme der kontrollierten Kommune gilt, nimmt er denselben Rang ein wie der ersetzte Rechtsakt. Er könnte unter Anwendung der lex posterior – Regel folglich durch einen später von der Kommune selbst stammenden Rechtsakt gleichen Ranges auch wieder geändert oder gar aufgehoben werden. Allerdings könnte dieser spätere kommunale Akt seinerseits wieder zum Gegenstand aufsichtsbehördlicher Maßnahmen gemacht werden.

722 Die *Kosten* der Ersatzvornahme hat die überwachte Kommune zu tragen.[25] Der Aufsichtsbehörde steht ein Kostenerstattungsanspruch gegen die Kommune zu, der durch Verwaltungsakt geltend gemacht werden kann. Wurde ein Dritter im Rahmen der Fremdvornahme von der Aufsichtsbehörde beauftragt, so hat der Dritte sich ausschließlich an die Aufsichtsbehörde zu wenden, die dann ihrerseits bei der Kommune die Kosten geltend machen kann.

723 Es ist zu beachten, dass die Gefahrenabwehrgesetze und die Verwaltungsvollstreckungsgesetze gleichfalls die Ersatzvornahme als Mittel des Verwaltungs-

---

[24] Ebenso *Burgi*, Kommunalrecht, 4. Auflage, 2012, § 8, Rn. 47.

[25] § 123 GO BW; Art. 113 S. 2 BayGO; § 116 BbgKVerf; § 140 HessGO; § 82 II 1 KV MV; § 174 II NdsKomVG; § 123 II GO NRW; § 123 GO RP; § 133 SaarlKSVG; § 116 I SächsGO; § 138 GO LSA; § 125 GO SH; § 121 I 1 ThürKO.

zwanges geregelt haben.[26] Diese vollstreckungsrechtlichen Bestimmungen sind den kommunalrechtlichen Aufsichtsregeln sehr ähnlich. Auch bei ihnen können hinreichend bestimmte, befehlende Verwaltungsakte nach Ablauf einer gesetzten Frist im Wege der Ersatzvornahme vollstreckt und die Kosten dem Verantwortlichen aufgebürdet werden. Allerdings spielt im Vollstreckungsrecht anders als im Kommunalrecht die Fremdvornahme eine wesentlich größere Rolle.

5. Entsendung von Beauftragten

Die bisher erörterten Aufsichtsmittel zielen vor allem darauf ab, einzelne Miss- 724
stände der Kommunalverwaltung abzustellen. Treten aber zahlreiche Mängel auf oder wird derselbe Fehler wiederholt begangen, so erscheint der ordnungsgemäße Gang der Kommunalverwaltung insgesamt nicht mehr gewährleistet. Für diesen Fall sehen die Kommunalordnungen vor, dass die Kommunalaufsichtsbehörde einen Beauftragten bestellen kann – umgangssprachlich *„Staatskommissar"* genannt.[27] Die Entsendung eines Beauftragten ist ebenfalls ein belastender Verwaltungsakt, gegen den die betroffene Kommune – evtl. nach Durchführung des Widerspruchsverfahrens – Anfechtungsklage erheben kann.

Der Beauftragte erlangt kommunalrechtlich die Stellung eines Organs der 725
Kommune, so dass seine Handlungen samt der damit verbundenen Kosten sowie prozessualen und haftungsrechtlichen Folgen der Kommune zugerechnet werden. Allerdings kann der Beauftragte nicht frei entscheiden, sondern unterliegt den Weisungen der Kommunalaufsichtsbehörde. Weil der Beauftragte an die Stelle der an sich zuständigen kommunalen Organe tritt und deren Befugnisse für die Dauer seines Auftrages verdrängt, könnte man die Beauftragung auch als *„personelle Ersatzvornahme"* bezeichnen. Dienstrechtlich wird der Beauftragte zumeist entsprechend den Vorschriften über Beamte auf Widerruf behandelt. Nur vereinzelt ist vorgesehen, dass die beaufsichtigte Kommune auch für die Personalkosten des Beauftragten selbst einzustehen hat.[28]

Die Beauftragung erweist sich als besonders wirksam, wenn eine Person als 726
Beauftragter ausgewählt wird, die bereits mit den Verhältnissen der Kommune vertraut ist. Deshalb beauftragt die Kommunalaufsichtsbehörde in der Praxis gerne den Hauptverwaltungsbeamten; es sei denn, gerade von dieser Seite rührt die Störung des geordneten Ablaufs der Kommunalverwaltung her.

Es ist zu beachten, dass auch das Grundgesetz in Art. 84 III 2; 85 IV 2 GG 727
die Entsendung von Beauftragten zu den Landesbehörden vorsieht. Diese wer-

---

[26] § 10 VwVG; § 25 VwVG BW; Art. 32 BayVwZVG; § 5a BlnVwVfG i.V.m. § 10 VwVG; § 32 BbgVwVG; § 15 BremVwVG; § 13 HambVwVG; § 74 HessVwVG; § 110 VwVfG MV i.V.m. § 89 SOG MV; § 70 NdsVwVG i.V.m. § 66 NdsSOG; § 59 VwVG NRW; § 63 VwVG RP; § 21 SaarlVwVG; § 24 SächsVwVG; § 71 VwVG LSA i.V.m. § 55 SOG LSA; § 238 LVwG SH; § 50 ThürVwZVG.

[27] § 124 GO BW; Art. 114 I BayGO; § 117 BbgKVerf; § 141 S. 1 HessGO; § 83 I KV MV; § 175 NdsKomVG; § 124 GO NRW; § 124 GO RP; § 134 SaarlKSVG; § 117 SächsGO; § 139 GO LSA; § 127 GO SH; § 122 I ThürKO.

[28] § 117 I BbgKVerf; § 83 VI 2 KV MV.

den jedoch als bloßes Hilfsorgan der Bundesregierung und gerade nicht als Landesorgan angesehen. Die staatsrechtliche Beauftragung bleibt damit in ihren Wirkungen hinter der kommunalrechtlichen zurück.

6. Auflösung von Kommunalorganen

728 Kann selbst durch die Bestellung von Beauftragten den kommunalen Missständen nicht wirksam begegnet werden, räumen einige Kommunalordnungen der Aufsichtsbehörde die Befugnis ein, durch gestaltenden Verwaltungsakt die kommunale Vertretungskörperschaft aufzulösen.[29] Im Unterschied zur Bestellung von Beauftragten werden hier also die Befugnisse des kommunalen Organs nicht nur vorübergehend überlagert, sondern das Organ wird in seiner gegenwärtigen Besetzung beseitigt und muss durch Wahl erneut gebildet werden. Das Gleiche gilt, wenn die vorzeitige Beendigung der Amtszeit des Bürgermeisters als Kommunalorgan herbeigeführt wird.[30] Auch hier sind Widerspruch (falls vorgesehen) und Anfechtungsklage möglich.

729 **Übersicht 21-2: Verhältnis der repressiven Aufsichtsmittel zueinander**

Stufe	Verhalten der Kommune	Maßnahme der Kommunalaufsichtsbehörde bei kommunalem Handeln	Maßnahme der Kommunalaufsichtsbehörde bei kommunalem Unterlassen
1	Möglicherweise rechtswidriges Verhalten	Unterrichtung	Unterrichtung
2	Rechtswidriges Verhalten	Beanstandung; Aufhebungsverlangen	Anordnung
3	Fortgesetztes rechtswidriges Verhalten (trotz erfolgter Maßnahme der Kommunalaufsichtsbehörde)	Aufhebung	Ersatzvornahme
4	Nachhaltig rechtswidriges Verhalten	Bestellung eines Beauftragten	Bestellung eines Beauftragten
5	Kommunale Aufgaben werden nicht mehr erfüllt.	Auflösung von Kommunalorganen	Auflösung von Kommunalorganen

[29] Art. 114 III BayGO; § 141a HessGO; § 84 KV MV; § 70 II NdsKomVG; § 125 GO NRW; § 125 GO RP; § 53 I, II SaarlKSVG; § 44 I GO SH; § 122 II ThürKO.

[30] § 128 GO BW; § 118 SächsGO; § 144 GO LSA.

V. Weitere Mittel der Kommunalaufsicht?

Die bisher geschilderten präventiven und repressiven Mittel der Kommunalaufsicht stellen einen *numerus clausus der Aufsichtsmittel* dar. Weitere rechtsförmliche Aufsichtsmittel bestehen nicht. 730

Das aus den Gefahrenabwehrgesetzen bekannte *Zwangsgeld* findet sich in den kommunalrechtlichen Regelungen nicht wieder. Gegenüber den Kommunen als Hoheitsträgern könnte es seine Beugefunktion nicht in der gewünschten Weise erfüllen; überdies werden von den Kommunen in aller Regel nicht höchstpersönliche, sondern vertretbare Handlungen gefordert sein, weshalb die Ersatzvornahme sich als wesentlich wirksamer erweisen dürfte. Rechtspolitisch könnte allenfalls erwogen werden, die Verhängung von Zwangsgeldern auch gegen den handelnden Organwalter als Person zuzulassen und damit in Ergänzung der gegen die Kommune gerichteten Aufsichtsinstrumente auch noch ein persönliches Beugemittel einzuführen. 731

Auch der gleichfalls in den Gefahrenabwehrgesetzen geregelte *unmittelbare Zwang* fehlt als Mittel der Kommunalaufsicht. Er dient der Durchsetzung von Realakten; die Kommunalaufsicht hat aber v.a. die Rechtmäßigkeit von Rechtsakten zu sichern, wozu der unmittelbare Zwang nichts beitragen kann. Zudem ist die Ersatzvornahme auch bei Realakten möglich (→ Rn. 718). 732

Im Übrigen können über die genannten Mittel der Kommunalaufsicht hinaus wegen des Gesetzesvorbehalts in Art. 28 II GG und den vergleichbaren Bestimmungen der Landesverfassungen keine weiteren Aufsichtsmittel kreiert werden, so können bspw. ohne gesetzliche Grundlage keine staatlichen Zahlungen an die Kommune ausgesetzt werden. Gewohnheitsrechtliche Aufsichtsmittel bestehen nicht. Es darf auch keine Analogie zu den in den Kommunalordnungen anderer Länder vorgesehenen Aufsichtsmitteln gezogen werden oder von der Aufgabe, die Rechtmäßigkeit kommunalen Handelns zu wahren und die Kommunen zu schützen, auf die Befugnis zu weiteren Aufsichtsmitteln geschlossen werden. Allenfalls erscheint der Erst-recht-Schluss von einem schärfer eingreifenden Aufsichtsmittel auf ein weniger belastendes zulässig, so wie dieser Schluss auf Verfassungsebene von der in Art. 84 III 2 GG ausdrücklich vorgesehenen Entsendung von Beauftragten hin zu dem bei der landeseigenen Verwaltung von Bundesgesetzen nicht expressiv geregelten Informationsrecht der Bundesregierung gezogen wird. Allerdings sind im Kommunalrecht im Unterschied zum Verfassungsrecht solche milderen Aufsichtsmittel meistens bereits ausdrücklich gesetzlich normiert. 733

Nicht ausgeschlossen sind aber *informelle Aufsichtsmittel*. Große praktische Bedeutung kommt Besprechungen der Vertreter der Aufsichtsbehörde mit den kommunalen Organwaltern, insbesondere mit den Hauptverwaltungsbeamten, zu. Parteipolitische Affinitäten und die Personenidentität von Organwaltern v.a. auf gemeindlicher und kreislicher Ebene können mögliche Aufsichtsfälle bereits im Vorfeld entschärfen. Ein sehr wirkungsvolles, in Zeiten knapper Kassen aber nur begrenzt einsetzbares Instrument, stellt auch die finanzielle Förderung er- 734 wünschten kommunalen Verhaltens durch zweckgebundene staatliche Mittelzuweisungen dar.

VI. Entscheidungsspielraum der Aufsichtsbehörde

735 Was den Entscheidungsspielraum der Aufsichtsbehörde anbelangt, so ist dem Wortlaut der Kommunalgesetze nicht immer mit hinreichender Deutlichkeit zu entnehmen, ob ein Fall gebundener Verwaltung vorliegen oder der Aufsichtsbehörde Ermessen eingeräumt sein soll. Der aufsichtsbehördliche Entscheidungsspielraum ist vor dem Hintergrund der verfassungsrechtlichen Garantie kommunaler Selbstverwaltung zu bestimmen:

736 Bei der Genehmigungspflicht als dem wichtigsten präventiven Aufsichtsmittel besteht daher ein Anspruch auf Genehmigung, wenn alle gesetzlichen Voraussetzungen der Genehmigung erfüllt sind. Die Genehmigungspflicht ist als präventives Verbot mit Erlaubnisvorbehalt zu deuten; ein eigener Ermessensspielraum kommt der Kommunalaufsichtsbehörde nicht zu.

737 Bei repressiven Aufsichtsmitteln steht der Kommunalaufsichtsbehörde sowohl Entschließungsermessen zu hinsichtlich des *„Ob"* des Einschreitens als auch Auswahlermessen in Bezug auf das *„Wie"*. Die Entscheidung der Kommunalaufsichtsbehörde hat dem Verhältnismäßigkeitsgrundsatz zu genügen. Ihr Einschreiten ist daher einerseits abhängig von der Schwere der kommunalen Pflichtverletzung sowie der Wahrscheinlichkeit, der Art und des Umfangs des daraus drohenden Schadens; andererseits von dem Ausmaß des durch das Einschreiten bewirkten Eingriffs in die Garantie kommunaler Selbstverwaltung. Ein mögliches Verschulden der kommunalen Organwalter hat bei der Entscheidung der Kommunalaufsichtsbehörde außer Betracht zu bleiben; sie hat sich in gleicher Weise wie die Gefahrenabwehrbehörden nach der polizeirechtlichen Generalklausel auch nur an objektiven Kriterien zu orientieren.

VII. Aktuelle Entwicklungen

738 In den letzten Jahren hat sich eine Entwicklung vollzogen weg von der präventiven Kommunalaufsicht mit Genehmigungsvorbehalten hin zu der repressiven Aufsicht mit kommunalen Anzeigepflichten als Informationsgrundlage für den Einsatz nachträglicher Aufsichtsmittel. Diese Lockerung der staatlichen Zügel ist nicht nur als Zeichen vermehrter Einsicht in die Bedeutung kommunaler Selbstverwaltung zu werten, sondern auch als Ausdruck der Personal- und Finanznot der staatlichen Aufsichtsbehörden zu deuten. Diese werden in gleicher Weise wie die Kommunen mit der Menge und Komplexität v.a. europarechtlicher Regelungen überfordert. Dabei kommt die Abschwächung staatlicher Aufsicht den Kommunen nicht nur zugute, sondern kann ihnen auch schaden, sofern die staatliche

Aufsichtsbehörde, welche die Kommune unter anderem in ihren Rechten zu schützen hat, als Adressat von Haftungsansprüchen entfällt.

Auf der anderen Seite haben die Kommunen selbst die staatliche Aufsicht ausgehebelt, indem sie immer mehr Bereiche kommunalen Wirkens formal privatisieren und die staatlichen Aufsichtsbehörden über die so geschaffenen juristischen Personen des Privatrechts keine direkte Kontrolle mehr ausüben, sondern nur mittelbar die Kommune als Gesellschafterin überwachen können. Hier zeichnet sich allerdings in jüngster Zeit mit der zunehmenden Rekommunalisierung eine Rückkehr zu öffentlich-rechtlichen Organisationsformen und damit verbunden auch eine erneute direkte staatliche Beaufsichtigung derselben ab. 739

VIII. Kontrollfragen

1) Worin liegt der Zweck der staatlichen Rechtsaufsicht über die Kommunen? (Rn. 687) 740

2) Kann die überwachte Kommune selbst Pflichtverletzungen der Kommunalaufsicht rügen und gegebenenfalls Haftungsansprüche geltend machen? (Rn. 691)

3) Warum besteht kein Anspruch einzelner Einwohner auf Tätigwerden der Kommunalaufsichtsbehörde? (Rn. 688, 689)

4) Was ist der Unterschied zwischen der oberen und der obersten Kommunalaufsichtsbehörde? (Rn. 694–696)

5) Was versteht man unter präventiven, was unter repressiven Aufsichtsmitteln und welche Instrumente zählen jeweils dazu? (Rn. 697, 698–706, 709–729)

6) Muss die Kommunalaufsichtsbehörde bei Rechtsverstößen der überwachten Kommune einschreiten? (Rn. 737)

7) Kann die Kommunalaufsichtsbehörde in Ausübung ihres Aufsichtsermessens neue Mittel der Kommunalaufsicht erfinden? (Rn. 730, 733, 734)

8) Welche Rechtsbehelfe stehen der überwachten Kommune gegen Maßnahmen der Kommunalaufsicht zur Verfügung? (Rn. 697, 709, 710, 715, 719, 724, 728)

Rechtsprechung zu § 21

BVerfGE 78, 331 (Kommunalaufsicht über selbstständige Gemeinden) 741

BVerwGE 48, 87 (Rücknehmbarkeit einer Genehmigungsfiktion)

BVerwG; DVBl. 1972, 828 (Verhältnis von Anordnung und Ersatzvornahme)

BGHZ 153, 198 (Oderwitz, Amtshaftung der Kommunalaufsichtsbehörde)

OVG Koblenz, DVBl. 1988, 796 (Ermessensreduzierung)

OVG Lüneburg, OVGE 47, 330 (Selbsteintritt)

OVG Lüneburg, NdsVBl. 1997, 9 (Zweckmäßigkeitserwägungen bei kommunalaufsichtlichen Maßnahmen)

Literatur zu § 21

742 *Brinktrine*, Die Amts- und Staatshaftung der Rechts- und Fachaufsichtsbehörden für Maßnahmen der Kommunalaufsicht, DV 43 (2010), 273–289
Brinktrine, Maßnahmen der Kommunalaufsicht im Spiegel der verwaltungsgerichtlichen Rechtsprechung, DV 42 (2009), 565–587
Brüning, Zur Reanimation der Staatsaufsicht über die Kommunalwirtschaft, DÖV 2010, 553–560
Brüning/Vogelgesang, Die Kommunalaufsicht, 2. Auflage, 2009
Buck, Der Beauftragte als Mittel der Kommunalaufsicht, 2009
Ehlers, Kommunalaufsicht und europäisches Gemeinschaftsrecht, DÖV 2001, 412–417
Franz, Die Staatsaufsicht über die Kommunen, JuS 2004, 937–942
Humpert, Genehmigungsvorbehalte im Kommunalverfassungsrecht, 1990
Leisner-Egensperger, Direktive Beratung von Gemeinden durch die Aufsicht: Gefahren für Autonomie und Rechtsschutz?, DÖV 2006, 761–770
Oebbecke, Kommunalaufsicht – nur Rechtsaufsicht oder mehr?, DÖV 2001, 406–411
Schoch, Die staatliche Rechtsaufsicht über Kommunen, Jura 2006, 188–196
Schrapper, Kommunale Selbstverwaltungsgarantie und staatliches Genehmigungsrecht, 1992
Schrapper, Zweckmäßigkeitskontrolle in der Kommunalaufsicht?, NVwZ 1990, 931
Shirvani, Neues Steuerungsmodell und Kommunalaufsicht, DVBl. 2009, 29–35
Shirvani, Rechtsschutz gegen die Ersatzvornahme im bayerischen Kommunalrecht, BayVBl. 2009, 137–141

§ 22 Fachaufsicht

I. Zweck der Aufsicht

Die staatliche Fachaufsicht, zum Teil auch Sonderaufsicht genannt, soll sicherstellen, dass die Kommunen die fachspezifischen Aufgaben des übertragenen Wirkungskreises wahrnehmen, wie sie in dem jeweiligen Fachgesetz normiert worden sind. Die Fachaufsicht ist bereichsbezogene Aufsicht, der es um die Erfüllung ihrer spezifischen Aufgaben geht, nicht aber um die allgemeine Wahrung von Gesetz und Recht durch die Kommunen. Die Fachaufsicht handelt ausschließlich im öffentlichen Interesse; ihr kommt – anders als der Kommunalaufsicht – keine besondere Aufgabe des Schutzes der Kommunen zu. **743**

II. Zuständigkeiten

Die Fachaufsichtsbehörden sind vergleichbar den allgemeinen Kommunalaufsichtsbehörden meist dreistufig organisiert als untere, obere und oberste Fachaufsichtsbehörde. **744**

1. Untere Fachaufsichtsbehörde

Die untere Fachaufsichtsbehörde ist jeweils die nächste Fachbehörde in der hoheitlichen Verwaltungshierarchie. Dies bedeutet: Kreisangehörige Gemeinden werden vom Landkreis als untere Fachbehörde beaufsichtigt. Landkreise und kreisfreie Städte unterfallen der Fachaufsicht der staatlichen Mittelbehörde. Hier treffen also zumeist untere Fachaufsichtsbehörde und untere Kommunalaufsichtsbehörde unter dem Dach derselben Behörde zusammen. In Ländern ohne Mittelbehörde führt das jeweils sachlich zuständige Ministerium die Fachaufsicht. **745**

2. Obere Fachaufsichtsbehörde

Die obere Fachaufsichtsbehörde ist die der unteren Fachaufsichtsbehörde nächstfolgende Fachbehörde in der hoheitlichen Behördenhierarchie. Dies ist die staatliche Mittelbehörde, weshalb hier Fachaufsicht und Kommunalaufsicht bei derselben Behörde konzentriert sind. In Ländern ohne Mittelbehörde werden Aufgaben der oberen Fachaufsichtsbehörde i.d.R. von dem sachlich zuständigen Ministerium wahrgenommen. **746**

3. Oberste Fachaufsichtsbehörde

747 Oberste Fachaufsichtsbehörde ist das sachlich zuständige Ministerium. Dieses ist meist nicht identisch mit dem für die Kommunalaufsicht zuständigen Innenministerium. Auf Ebene der Landesregierung herrscht also das Prinzip der Dekonzentration vor, was der parlamentarischen Verantwortlichkeit der Minister geschuldet ist.

III. Aufsichtsmittel

748 Den Fachaufsichtsbehörden stehen im Vergleich zu den Kommunalaufsichtsbehörden nur wenige Aufsichtsmittel zur Verfügung. Diese sind insbesondere Informationsrechte und Weisungen.

1. Information

749 In vielen Kommunalgesetzen ist am Ende des Abschnitts über die *„Durchführung der Aufsicht"* geregelt, dass die Fachaufsichtsbehörde sich über die Erfüllung der Aufgaben durch die Kommune informieren kann.[1] Dieses Informationsrecht ist grds. wie das der Kommunalaufsichtsbehörde zustehende Informationsrecht (→ Rn. 709) zu beurteilen.

750 Diese Unterrichtung stellt einen Realakt dar, gegen den sich die ausgeforschte Kommune zumeist nicht im Klagewege wehren kann, weil die Kommune bei Aufgaben des übertragenen Wirkungskreises sowie bei Pflichtaufgaben zur Erfüllung nach Weisung der staatlichen Behörde nicht wie ein selbstständiges Rechtssubjekt gegenübersteht, sondern in die hoheitliche Behördenhierarchie eingebunden ist. Die Kommune kann allerdings im Wege der Leistungsklage als Abwehrklage geltend machen, die Information überschreite die Grenzen des übertragenen Wirkungskreises bzw. der Pflichtaufgaben zur Erfüllung nach Weisung und greife daher in ihren eigenen Wirkungskreis ein.

2. Weisungen

751 Die Fachaufsichtsbehörde kann überdies der Kommune Weisungen erteilen. Zumeist werden Weisungen von der nächsthöheren Fachbehörde an die untergeordnete Behörde erteilt, d.h. von der obersten Fachaufsichtsbehörde an die obere, von der oberen an die untere und von der unteren an die Kommune. In besonders wichtigen oder eiligen Fällen kann eine übergeordnete Behörde einzelne Stufen dieser Weisungshierarchie auch überspringen und direkt eine nach-

[1] §§ 129 II, 120 GO BW; Art. 116 I 1, 111 BayGO; §§ 121 II 2 Nr. 1, 112 BbgKVerf („unterrichten"); § 145 S. 1 HessGO (soweit nach dem Fachrecht ein Informationsrecht eingeräumt wird); § 87 I, 80 KV MV; § 172 II NdsKomVG; §§ 123 II, 113 SächsGO; §§ 145 II 1, 135 GO LSA; §§ 18 I, 16 I LVwG SH; § 119 ThürKO.

geordnete Behörde oder die Kommune anweisen. Die Rechtsgrundlage für das Weisungsrecht liegt in den jeweiligen Fachgesetzen, z.B. in dem Landeswassergesetz, subsidiär in der jeweiligen Kommunalordnung. Bei den Weisungen ist zwischen allgemeinen Weisungen und Einzelweisungen zu unterscheiden.

a) *Allgemeine Weisungen* sind generell-abstrakte Regelungen des Innenrechts.[2] **752**
Bei ihnen handelt es sich nicht um Verwaltungsakte, sondern um Verwaltungsvorschriften. Die angewiesene Kommune tritt der anweisenden Behörde nicht als selbstständiges Rechtssubjekt im Außenverhältnis gegenüber, sondern erscheint als Teil der Behördenhierarchie der hoheitlichen Verwaltung. Allgemeine Weisungen können im übertragenen Wirkungskreis sowie bei Pflichtaufgaben zur Erfüllung nach Weisung ergehen. Die angewiesene Kommune kann gegen eine allgemeine Weisung grds. keine Klage vor dem Verwaltungsgericht erheben, weil es ihr an der Klagebefugnis fehlt. Die Garantie kommunaler Selbstverwaltung erstreckt sich nicht auf die inhaltliche Gestaltung von Aufgaben des übertragenen Wirkungskreises oder der Pflichtaufgaben zur Erfüllung nach Weisung. Die Kommune kann allerdings im Wege der Leistungsklage als Abwehrklage geltend machen, die Weisung überschreite die Grenzen des übertragenen Wirkungskreises bzw. der Pflichtaufgaben zur Erfüllung nach Weisung und greife daher in ihren eigenen Wirkungskreis ein.

b) *Einzelweisungen* sind individuell-konkrete Regelungen des Innenrechts.[3] **753**
Auch sie stellen keine Verwaltungsakte dar, weil die angewiesene Kommune auch hier nicht als selbstständiges Rechtssubjekt, sondern lediglich als Teil der hoheitlichen Behördenhierarchie in Erscheinung tritt. Einzelweisungen können im übertragenen Wirkungskreis ergehen. Sofern die Länder Pflichtaufgaben zur Erfüllung nach Weisung vorsehen, bestimmen die Kommunalgesetze vereinzelt, dass auf aufsichtsbehördliche Einzelweisungen verzichtet werden soll.[4] Dies bedeutet, dass nur in besonders gelagerten Ausnahmefällen Einzelweisungen ergehen sollen. Auch gegenüber Einzelweisungen kann die angewiesene Kommune im Wege der Leistungsklage als Abwehrklage geltend machen, die Weisung überschreite die Grenzen des übertragenen Wirkungskreises bzw. es handele sich bei einer Weisung im Rahmen einer Pflichtaufgabe zur Erfüllung nach Weisung nicht um einen besonders gelagerten Ausnahmefall und die Weisung greife daher in ihren eigenen kommunalen Wirkungskreis ein.

---

[2] § 129 III, IV GO BW; Art. 8 II; 116 I 2 BayGO; § 121 II 2 Nr. 2 BbgKVerf; § 4 I 2 HessGO; § 87 II KV MV; § 123 II, III SächsGO; § 145 III, IV GO LSA; § 3 I 2; § 120 II 1 ThürKO.

[3] § 129 III 1 GO BW; § 4 III 1 HessGO; § 145 III 1 GO LSA; § 3 I 2 ThürKO.

[4] § 4 I 2 HessGO.

3. Sonstige Aufsichtsmittel?

754 Missachtet eine Kommune eine fachaufsichtliche Weisung, so liegt darin ein Rechtsverstoß. In manchen Ländern[5] wird in diesen Fällen der Fachaufsichtsbehörde ein *Selbsteintrittsrecht* eingeräumt, d.h. sie kann die Befugnisse der Kommune, zu deren Ausübung die Kommune angewiesen wurde, selbst an deren Stelle ausüben. In den anderen Ländern stehen den Fachaufsichtsbehörden keine weiteren Aufsichtsmittel zur Verfügung. Allerdings kann dann die Kommunalaufsichtsbehörde an den in der Nichtbefolgung der fachaufsichtlichen Weisung liegenden Rechtsverstoß anknüpfen und mit den oben beschriebenen Mitteln der Rechtsaufsicht dagegen vorgehen. In solchen Fällen werden fachaufsichtliche Weisungen also in einem zweistufigen Verfahren durchgesetzt: In der ersten Stufe erteilt die Fachaufsichtsbehörde auf der Grundlage des jeweiligen Fachgesetzes die Weisung; in der zweiten Stufe erzwingt die Kommunalaufsichtsbehörde auf der Basis der Kommunalordnung die Beachtung der Weisung. An dieser Stelle erweist es sich als besonders effektiv, wenn Fach- und Kommunalaufsicht unter dem Dach derselben Behörde, z.B. der staatlichen Mittelinstanz, vereint sind.

IV. Entscheidungsmaßstab und -spielraum der Fachaufsichtsbehörde

755 Die Fachaufsichtsbehörde hat sich bei ihren Entscheidungen nicht nur von Rechtmäßigkeits-, sondern auch von Zweckmäßigkeitserwägungen leiten zu lassen. Darin liegt der entscheidende Unterschied der Fachaufsicht im übertragenen Wirkungskreis und bei den Pflichtaufgaben zur Erfüllung nach Weisung zu der bloßen Rechtsaufsicht der Kommunalaufsichtsbehörde. Die Fachaufsichtsbehörde kann also nicht nur gegen rechtswidriges, sondern auch gegen rechtmäßiges, aber ihrer Ansicht nach zweckwidriges Verhalten der Kommunen einschreiten. Werden solche Weisungen nicht befolgt, dann kann mittelbar die bloße Zweckwidrigkeit einer Maßnahme auch das Tätigwerden der Kommunalaufsichtsbehörde auslösen.[6]

756 Die Entscheidungen der Fachaufsichtsbehörde sind Ermessensentscheidungen. Dies betrifft sowohl das Entschließungsermessen hinsichtlich des *„Ob"* der Erteilung einer Weisung als auch das Auswahlermessen in Bezug auf das *„Wie"* des Inhalts der Weisung.

[5] § 121 III BbgKVerf; § 145 V GO LSA; bei Gefahr im Verzug außerdem in § 87 IV KV MV; § 18 I, IV 2 LVwG SH. Ein solches Selbsteintrittsrecht besteht außerdem in vielen Ländern im Gefahrenabwehr- sowie im Bauordnungsrecht.

[6] Ebenso *Burgi*, Kommunalrecht, 4. Auflage, 2012, § 8, Rn. 38 f.

V. Aktuelle Entwicklungen

Im Bereich der Fachaufsicht macht sich die in manchen Ländern vollzogene Abschaffung der behördlichen Mittelinstanz besonders schmerzhaft bemerkbar. Ohne die Bezirksregierungen, die im Rahmen ihrer Konzentrationsfunktion bereits behördenintern die Interessen verschiedener Sachgebiete zu bündeln und auszugleichen haben, können sich die von der jeweiligen Ministerialbürokratie und den Fachbehörden der unteren Ebene verfolgten Ressortegoismen noch stärker durchsetzen und das kommunale Handeln erschweren. **757**

VI. Kontrollfragen

1) Welchen Zwecken dient die Fachaufsicht? (Rn. 743) **758**
2) Kann die Fachaufsichtsbehörde bei bloß zweckwidrigem Verhalten der überwachten Kommune tätig werden? (Rn. 755)
3) Auf welche Weise kann die Fachaufsichtsbehörde die Durchsetzung ihrer Weisungen erzwingen? (Rn. 754)
4) Welche Rechtsbehelfe stehen der überwachten Kommune gegen Maßnahmen der Fachaufsicht zur Verfügung? (Rn. 752, 753)

Rechtsprechung zu § 22

VGH Kassel, NVwZ-RR 1988, 111 (Durchsetzung einer fachaufsichtlichen Weisung) **759**

Literatur zu § 22

Groß, Was bedeutet Fachaufsicht?, DVBl. 2002, 793–800 **760**
Schoch, Die staatliche Fachaufsicht über Kommunen, Jura 2006, 358–364
Scholz, Der Rechtsschutz der Gemeinden gegen fachaufsichtliche Weisungen, 2002

Fünfter Teil: Das Verhältnis zu anderen Kommunen

§ 23 Kommunales Kooperationsrecht

I. Grundlagen

Die wenigsten Kommunen sind in der Lage, aus eigener Kraft alle ihre Aufgaben zu bewältigen. Selbst wenn ihnen dies möglich sein sollte, kann doch die Zusammenarbeit mit Partnern zu Kosteneinsparungen führen. Das Recht der Kommunen, untereinander zusammenzuarbeiten, ist in Form der Kooperationshoheit als Unterfall der Organisationshoheit gemäß Art. 28 II GG verfassungsrechtlich geschützt. Dabei ist zwischen der positiven und negativen Kooperationshoheit zu unterscheiden, so wie auch im Rahmen des Art. 9 I GG zwischen der positiven und negativen Vereinigungsfreiheit zu differenzieren ist.[1] Die positive Kooperationshoheit umfasst das Recht der Kommunen, mit kommunalen und anderen Partnern zusammenzuarbeiten. Demgegenüber schützt die negative Kooperationshoheit vor zwangsweisen Zusammenschlüssen zur gemeinsamen Aufgabenerfüllung. **761**

Die Zusammenarbeit der Kommunen in öffentlich-rechtlichen Formen ist in den Landesgesetzen über kommunale Gemeinschaftsarbeit bzw. kommunale Zusammenarbeit geregelt. Ergänzend finden die Bestimmungen der jeweiligen Kommunalordnung Anwendung. Für die Zusammenarbeit in privatrechtlicher Gestalt stehen den Kommunen die allgemeinen Vorschriften des BGB sowie des privaten Gesellschaftsrechts (v.a. GmbHG, AktG) zur Verfügung. **762**

II. Kooperationspartner

Ursprünglich hat sich das kommunale Kooperationsrecht aus der Zusammenarbeit einzelner Gemeinden entwickelt.[2] Es können aber auch mehrere Landkreise zusammenwirken oder Kommunen verschiedener Ebenen. Die Gesetze über kommunale Gemeinschaftsarbeit ermöglichen auch, dass Kommunen mit sonsti- **763**

---

[1] Einzelheiten bei *Schmidt*, Kommunale Kooperation, 2005, S. 55 ff.

[2] Siehe *Schmidt*, Kommunale Kooperation, 2005, S. 32 ff.

gen juristischen Personen des öffentlichen Rechts oder gar mit Privatrechtspersonen kooperieren.

III. Kooperationsformen

764 Wie bereits angedeutet, stehen den Kommunen sowohl öffentlich-rechtliche als auch privatrechtliche Kooperationsformen zur Verfügung.

765 Öffentlich-rechtlich können die Kommunen in Form einer Arbeitsgemeinschaft, einer öffentlich-rechtlichen Vereinbarung oder eines Zweckverbandes zusammenarbeiten. In manchen Ländern besteht darüber hinaus die Möglichkeit einer gemeinsamen Anstalt des öffentlichen Rechts. Die schwächste Kooperationsform ist die nur teilweise ausdrücklich geregelte *Arbeitsgemeinschaft*.[3] Sie ist ein auf Vereinbarung beruhendes Forum zur wechselseitigen Beratung der ihre Mitglieder gemeinsam berührenden Angelegenheiten sowie zur Koordination der Planungen und Einrichtungen der Mitglieder. Sie fasst keine die Mitglieder bindenden Beschlüsse. Eine stärkere Form der Zusammenarbeit stellt der Abschluss einer *öffentlich-rechtlichen Vereinbarung* dar.[4] Dies ist ein öffentlich-rechtlicher Vertrag, mit dem eine Kommune sich verpflichtet, eine Aufgabe für die übrigen Beteiligten durchzuführen *(mandatierende Vereinbarung)* oder sogar diese Aufgabe in ihre eigene Zuständigkeit zu übernehmen *(delegierende Vereinbarung)*.[5] Der Abschluss einer öffentlich-rechtlichen Vereinbarung muss von der Aufsichtsbehörde genehmigt werden. Ergänzend finden die §§ 54 ff. VwVfG Anwendung. Bei einer *gemeinsamen öffentlich-rechtlichen Anstalt* sind zwei oder mehr Kommunen Träger eines solchen Kommunalunternehmens.[6] Sie vereinbaren gemeinsam die Anstaltssatzung und entsenden ihre Hauptverwaltungsbeamten in den Verwaltungsrat der Anstalt. Am stärksten erfolgt die Kooperation in öffentlich-rechtlicher Form jedoch in Gestalt eines *Zweckverbandes* (dazu sogleich).[7]

---

[3] Art. 4 ff. BayGKZ; §§ 2 f. BbgGKG; §§ 3 f. HessGKG; §§ 2 f. GKG NRW; § 14 GKZ RP; § 21 SaarlGKG; § 2 II GKG LSA; §§ 4 ff. ThürGKG.

[4] §§ 25 ff. GKZ BW; Art. 7 ff. BayGKZ; §§ 23 ff. BbgGKG; §§ 24 ff. HessGKG; §§ 165 f. KV MV; §§ 5 f. NdsGKZ; §§ 23 ff. GKG NRW; §§ 12 f. GKZ RP; §§ 17 ff. SaarlGKG; §§ 71 ff. SächsGKZ; §§ 3 ff. GKG LSA; §§ 18 f. GKZ SH; §§ 7 ff. ThürGKG.

[5] Inwieweit solche Vereinbarungen mit anderen Kommunen dem Vergaberecht unterliegen und folglich vor der Aufgabenverschiebung eine Ausschreibung zu erfolgen hat, ist insbesondere in Bezug auf die delegierende Vereinbarung momentan umstritten. Vgl. dazu zuletzt EuGH, Urt. v. 13.6.2013, Az. C-386/11.

[6] Art. 49 f. BayGKZ; § 29a f. HessGKG; §§ 167a ff. KV MV; §§ 3 f. NdsGKZ; § 27 f. GKG NRW; § 14a f. GKZ RP; § 1a AnstG LSA; § 19b ff. GKZ SH.

[7] §§ 2 ff. GKZ BW; Art. 17 ff. BayGKZ; §§ 4 ff. BbgGKG; §§ 5 ff. HessGKG; §§ 150 ff. KV MV; §§ 7 ff. NdsGKZ; §§ 4 ff. GKG NRW; §§ 2 ff. GKZ RP; §§ 2 ff. SaarlGKG; §§ 44 ff. SächsGKZ; §§ 6 ff. GKG LSA; §§ 2 ff. GKZ SH; §§ 16 ff. ThürGKG.

Abgesehen von diesen öffentlich-rechtlichen Kooperationsmöglichkeiten können die Kommunen nach überwiegender Meinung für ihre Zusammenarbeit auch die Handlungsformen des Privatrechts nutzen. Sie können *Austauschverträge* abschließen, z.B. Fahrzeuge an die Nachbarkommune vermieten, oder eine *Gesellschaft*, z.B. für öffentlichen Personennahverkehr, gründen. Dabei stehen ihnen vor allem die GmbH, eingeschränkt auch die Aktiengesellschaft, als Rechtsformen zur Verfügung, weil bei diesen Gesellschaftsformen – wie kommunalwirtschaftsrechtlich gefordert[8] – die Haftung der Gesellschafter begrenzt ist. Die Position als OHG-Gesellschafter oder Komplementär einer KG scheidet hingegen wegen der unbegrenzten Haftung gemäß § 128 HGB (i.V.m. § 161 II HGB) aus. **766**

IV. Insbesondere: Der Zweckverband

Der Zweckverband ist die wichtigste öffentlich-rechtliche Kooperationsform. Er ist eine rechtsfähige Personalkörperschaft des öffentlichen Rechts unter maßgebender kommunaler Beteiligung, die der Erfüllung einzelner ihr übertragener kommunaler Aufgaben dient.[9] Er ist nicht selbst ein kommunales Unternehmen, sondern kann ein solches unter Beachtung der kommunalwirtschaftsrechtlichen Voraussetzungen gründen (→ Rn. 945 ff.). Ein Zweckverband wird in einem mehrstufigen Verfahren errichtet, verfügt über mehrere Organe, finanziert sich aus unterschiedlichen Quellen und kann sich im Laufe der Zeit in seiner Zusammensetzung verändern. **767**

1. Gründung des Zweckverbandes

Um einen Zweckverband zu gründen, vereinbaren die beteiligten Kommunen, vertreten durch ihre Hauptverwaltungsbeamten, sowie ggfs. die weiteren Beteiligten die Verbandssatzung. Diese hat eine Doppelnatur: Sie ist sowohl verwaltungsrechtlicher Vertrag zwischen den späteren Verbandsmitgliedern als auch Grundordnung (quasi Verfassung) des zu gründenden Verbandes.[10] Die Vertretungskörperschaft jeder beteiligten Kommune sowie die entsprechenden Gremien der anderen künftigen Verbandsmitglieder müssen der vereinbarten Satzung zustimmen. Sind diese Zustimmungen erfolgt, bedarf die Verbandssatzung noch der Genehmigung der Kommunalaufsichtsbehörde. Die beteiligten Kommunen haben wegen ihrer verfassungsrechtlich verbürgten Kooperationshoheit einen Anspruch auf Erteilung der Genehmigung, soweit die gesetzlichen Anforderun- **768**

---

[8] § 103 I 1 Nr. 4 GO BW; Art. 92 I 1 Nr. 3 BayGO; § 96 I 1 Nr. 3 BbgKVerf; § 122 I 1 Nr. 2 HessGO; § 69 I Nr. 5 KV MV; § 137 I Nr. 2 NdsKomVG; § 108 I 1 Nr. 3 GO NRW; § 87 I 1 Nr. 4 GO RP; § 110 I Nr. 2 SaarlKSVG; § 96 I Nr. 3 SächsGO; § 117 I Nr. 4 GO LSA; § 102 I 1 Nr. 2 GO SH; § 73 I 1 Nr. 5 ThürKO.

[9] *Schmidt*, Kommunale Kooperation, S. 29.

[10] *Schmidt*, Kommunale Kooperation, S. 206 ff.

gen an die Bildung eines Zweckverbandes eingehalten wurden.[11] Sodann sind die Verbandssatzung und die Genehmigung ortsüblich bekannt zu machen.

769 Am Tag nach der ortsüblichen Bekanntmachung (oder zu einem anderen in der Verbandssatzung bestimmten Zeitpunkt) entsteht der Zweckverband. Soweit sie den Gegenstand der Verbandstätigkeit betreffen, gehen die Aufgaben und Befugnisse der Verbandsmitglieder auf den Zweckverband über. Von der näheren Ausgestaltung der Verbandssatzung hängt es ab, ob die Verbandsmitglieder auch verpflichtet sind, Beteiligungen an Einrichtungen und Unternehmen auf den Verband zu übertragen und ob eine Pflicht zum Ausgleich zwischen Mitgliedern entsteht, die in unterschiedlichem Maße Vorleistungen an den Verband erbracht haben.

770 Vor allem in den 90er Jahren des vergangenen Jahrhunderts sind bei der Gründung von Zweckverbänden in den neuen Ländern zahlreiche Fehler unterlaufen, was zu vielen Gerichtsurteilen hinsichtlich fehlerhaft und ggf. gar unwirksam gegründeter Verbände geführt hat. Um diese Verbände auf eine sichere Grundlage zu stellen, ergingen in den meisten neuen Ländern so genannte *„Heilungsgesetze"*, die leichtere Gründungsfehler für unbeachtlich erklärten und bei schwereren Fehlern eine Verbandsneugründung unter erleichterten Bedingungen – ggf. sogar rückwirkend – zuließen.[12]

2. Organe des Zweckverbandes

771 Als juristische Person des öffentlichen Rechts ist ein Zweckverband nur durch seine Organe handlungsfähig. Die kommunalen Kooperationsgesetze sehen übereinstimmend eine Verbandsversammlung sowie einen Verbandsvorsteher vor.

772 Die *Verbandsversammlung* besteht aus den Hauptverwaltungsbeamten der Verbandsmitglieder sowie ggf. aus weiteren Mitgliedern, die von den Vertretungskörperschaften der beteiligten Kommunen entsandt werden.[13] Sind auch juristische Personen des Privatrechts Verbandsmitglieder – was durchaus möglich ist – entsenden diese ihre zur Außenvertretung berufenen Organwalter in die Verbandsversammlung, also eine GmbH ihren Geschäftsführer oder eine Aktiengesellschaft ihren Vorstand. Die meisten Kooperationsgesetze sehen vor, dass in der Verbandsversammlung die Stimmen eines Mitgliedes nur einheitlich abgegeben werden können, so wie auch im Bundesrat jedes Land nur einheitlich abstimmen kann. Die Verbandsversammlung ist das Hauptorgan des Verbandes und entscheidet über alle grundlegenden Angelegenheiten.[14] Ihre Zuständigkeiten sind mit denen der kommunalen Vertretungskörperschaft vergleichbar, ins-

---

[11] *Schmidt*, Kommunale Kooperation, S. 236.

[12] Dazu *Schmidt*, Kommunale Kooperation, S. 275 ff.; *Aschke*, NVwZ 2003, 917.

[13] § 13 GKZ BW; Art. 31 BayGKZ; § 15 BbgGKG; § 15 HessGKG; § 156 KV MV; § 11 NdsGKZ; § 15 GKG NRW; § 8 GKZ RP; § 13 II SaarlGKG; § 52 SächsGKZ; § 11 GKG LSA; § 9 GKZ SH; § 28 ThürGKG.

[14] Details bei *Schmidt*, Kommunale Kooperation, S. 427 ff.

besondere beschließt sie die Satzungen des Verbandes und seinen Haushalt, wählt den Verbandsvorsteher und kontrolliert diesen.

Der *Verbandsvorsteher* ist haupt- oder ehrenamtlich tätig.[15] Bei ehrenamtlicher Tätigkeit kann er durch einen Geschäftsführer unterstützt werden. Er bereitet die Beschlüsse der Verbandsversammlung vor und führt diese aus. Dabei leitet er die Verbandsverwaltung und ist Dienstvorgesetzter der Beschäftigten des Zweckverbandes. Er führt die laufenden Geschäfte und vertritt den Verband gerichtlich und außergerichtlich.[16] Seine Zuständigkeiten ähneln denjenigen eines kommunalen Hauptverwaltungsbeamten. **773**

3. Finanzierung des Zweckverbandes

Zweckverbände finanzieren sich vorrangig durch die Erhebung von Gebühren und Beiträgen von den Einwohnern der Mitgliedskommunen, an die sie Leistungen erbringen. Reichen diese Vorzugslasten nicht aus, erheben die Zweckverbände von ihren Mitgliedern eine Umlage.[17] Diese soll sich an dem Nutzen orientieren, den das einzelne Verbandsmitglied von der Verbandsmitgliedschaft hat, was in der Praxis mangels anderer Maßstäbe häufig nach der Einwohnerzahl der Mitglieder bestimmt wird.[18] Die Verbandsumlage weist Ähnlichkeiten mit der Kreisumlage auf, die Landkreise von ihren kreisangehörigen Gemeinden erheben. Zweckverbände haben im Unterschied zu kommunalen Gebietskörperschaften kein Recht, Steuern zu erheben. **774**

4. Veränderte Zusammensetzung des Zweckverbandes

Der Kreis der Mitglieder eines Zweckverbandes kann sich im Laufe der Zeit verändern:[19] Aus der kommunalen Kooperationshoheit folgt für die Mitglieder eines Zweckverbandes das Recht, diesen zu verlassen. Andererseits können auch neue Mitglieder mit Zustimmung der bisherigen Mitglieder dem Verband beitreten. Aus Gründen des öffentlichen Wohls können auch zwangsweise Verbandsmitglieder ausgeschlossen oder (selten) neue Mitglieder einem bereits bestehenden Verband angeschlossen werden. Der Verband insgesamt kann sich auch selbst auflösen oder zwangsweise aufgelöst werden. All diese Wechsel in der personellen Zusammensetzung des Verbandes erfordern eine Änderung der **775**

---

[15] § 16 IV 1 GKZ BW; Art. 30 I BayGKZ; § 17 I 1 BbgGKG; §§ 16, 17 I Hs. 2 HessGKG; § 160 I KV MV; § 15 I 2 NdsGKZ; § 17 I GKG NRW; § 9 I 3 GKZ RP; § 13 IV SaarlGKG; § 56 II 1 SächsGKZ; § 12 II 2 GKG LSA; § 13 I, II GKZ SH; § 27 I, II ThürGKG.

[16] Siehe *Schmidt*, Kommunale Kooperation, S. 442 ff.

[17] § 19 GKZ BW; Art. 42 BayGKZ; § 19 BbgGKG; § 19 HessGKG; § 162 KV MV; § 16 NdsGKZ; § 19 I, II GKG NRW; § 10 GKZ RP; § 16 SaarlGKG; § 60 I SächsGKZ; § 13 GKG LSA; § 15 I, II GKZ SH; § 37 ThürGKG.

[18] Details bei *Schmidt*, Kommunale Kooperation, S. 482 ff.

[19] Überblick bei *Schmidt*, Kommunale Kooperation, S. 321 ff., 363 ff.

Verbandssatzung und die entsprechende Genehmigung der Kommunalaufsichtsbehörde, die nur aus Rechtsgründen versagt werden darf.

776 **Übersicht 23-1: Rechtsquellen des Zweckverbandsrechts**

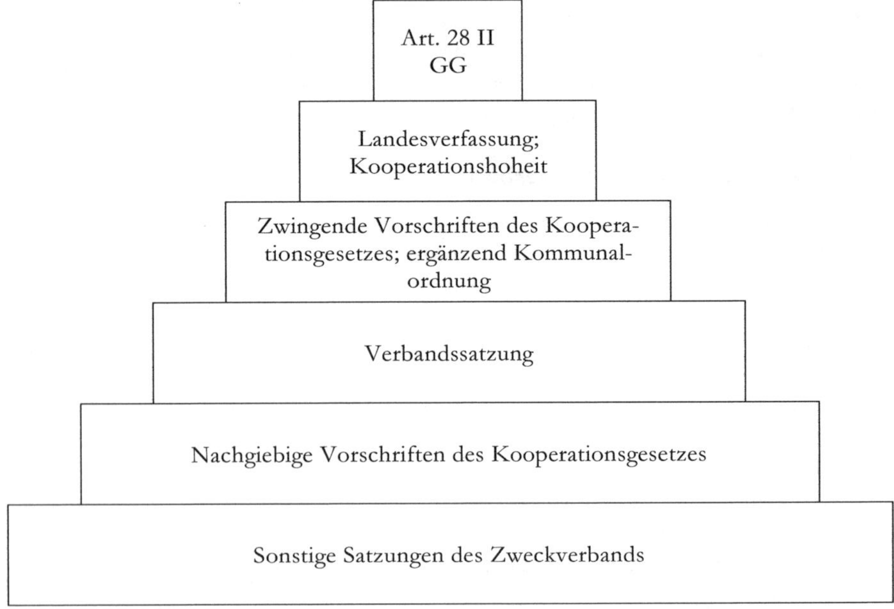

V. Kommunalpartnerschaften

777 Deutsche Kommunen können untereinander sowie mit Kommunen in anderen Staaten Kommunalpartnerschaften abschließen; am bekanntesten sind die so genannten Städtepartnerschaften. Auf einer Vereinbarung beruhend wird ein freundschaftlicher Austausch zwischen Bürgern, Vereinen, und Angehörigen der Kommunalverwaltung der beteiligten Kommunen angestrebt. Solche Kommunalpartnerschaften sollen der Völkerverständigung dienen. Sie begründen keine Rechtspflichten, so wie auch im privaten Umgang die wechselseitige Einladung von Freunden keinen *rechtlichen* Regelungen folgt. Die Kommunalpartnerschaften dürfen der in den Händen des Bundes liegenden Außenpolitik Deutschlands nicht zuwiderlaufen; es darf keine abweichende kommunale Nebenaußenpolitik betrieben werden.

VI. Kommunale Spitzenverbände

Um besser ihre gemeinsamen Interessen gegenüber staatlichen Organen wahrnehmen zu können, haben die kreisangehörigen Gemeinden, die kreisfreien Städte und die Landkreise sich jeweils zu kommunalen Spitzenverbänden sowohl in den Ländern als auch im Bund zusammengeschlossen. Auf Bundesebene sind dies der Deutsche Städte- und Gemeindebund, der Deutsche Städtetag sowie der Deutsche Landkreistag, die ihrerseits wiederum in der Bundesvereinigung der kommunalen Spitzenverbände zusammengeschlossen sind. Diese kommunalen Spitzenverbände sind in der Regel als privatrechtlicher Verein organisiert, allein in Bayern[20] haben die Verbände die Rechtsstellung einer Körperschaft des öffentlichen Rechts. **778**

Die kommunalen Spitzenverbände streben danach, die kommunale Sichtweise bei allen die Kommunen betreffenden staatlichen Entscheidungen zur Geltung zu bringen. Sie haben ein besonderes Interesse daran, auf Rechtsetzungsverfahren Einfluss zu gewinnen. Im Bund ist die Beteiligung der kommunalen Spitzenverbände nur auf Geschäftsordnungsebene für die Fachausschüsse des Bundestages in § 69 V GOBT und für die Fachministerien in §§ 41; 47 GGO geregelt. Dies hat zur Folge, dass Verstöße gegen diese Bestimmungen grds. unbeachtlich sind, insbesondere ein unter Zuwiderhandlung gegen diese Vorschriften beschlossenes Gesetz nicht formell verfassungswidrig ist. In manchen Ländern hingegen kommt der Pflicht zur Anhörung sogar Verfassungsrang zu.[21] Dabei handelt es sich um Sonderbestimmungen zum Gesetzgebungsverfahren, deren Verletzung ein Gesetz formell verfassungswidrig machen. Eine Heilung der unterbliebenen Anhörung nach dem Vorbild des § 45 I Nr. 3 VwVfG in einem sich ggf. anschließenden verfassungsgerichtlichen Verfahren kommt nicht in Betracht (→ Rn. 97). **779**

VII. Aktuelle Entwicklungen

Angesichts knapper Kassen gewinnt die kommunale Zusammenarbeit zunehmend an Bedeutung. Dabei geht es nicht nur um die Bildung neuer Zweckverbände, wie dies zumeist in den 90er Jahren des vergangenen Jahrhunderts geschehen ist, sondern Kommunen kooperieren vielfach auch auf der Basis öffentlich-rechtlicher Vereinbarungen in ausgewählten Politik- und Verwaltungsfeldern, z.B. bei gemeinsamen Bauhöfen oder der Verkehrsüberwachung. In jüngster Zeit gewinnt die gemeinsame Anstalt öffentlichen Rechts (→ Rn. 959a) als **780**

---

20 Dort wurde den Verbänden durch die Staatsregierung die Eigenschaft einer juristischen Person des öffentlichen Rechts verliehen.

21 Art. 71 IV LV BW; Art. 83 VII 1 BayV („sollen"); Art. 97 IV BbgV; Art. 57 VI NdsV; Art. 124 SaarlV („sollen"); Art. 84 II SächsV; Art. 91 IV ThürV („grundsätzlich").

Alternative zu Zweckverbänden oder gemeinsamen GmbHs an Bedeutung. Was die kommunalen Spitzenverbände angeht, so erscheint es möglich, dass deren Beteiligungsrechte in Zukunft auch in weiteren Landesverfassungen verankert werden.

VIII. Kontrollfragen

781 1) Woraus ergibt sich die Befugnis einer Kommune, mit anderen Kommunen zusammenzuarbeiten? (Rn. 761, 762)
2) Welche öffentlich-rechtlichen und privatrechtlichen Kooperationsformen stehen den Kommunen zur Verfügung? (Rn. 765, 766)
3) Auf welche Weise wird ein Zweckverband gebildet? (Rn. 768)
4) Wer handelt für den Zweckverband? (Rn. 772, 773)
5) Wie finanziert sich ein Zweckverband? (Rn. 774)
6) Welche rechtlichen Folgen knüpfen sich an eine kommunale Partnerschaft? (Rn. 777)
7) Welche kommunalen Spitzenverbände bestehen? (Rn. 778)
8) Wie wirken diese bei der Gesetzgebung mit? (Rn. 779)

Rechtsprechung zu § 23

782 VerfGH NW, DÖV 1980, 691 (Vorrang des Freiverbands vor Pflichtverband)
VGH Mannheim, NVwZ-RR 1990, 215 (Kündigung der Mitgliedschaft in einem Zweckverband)
OVG Koblenz, NVwZ-RR 1994, 685 (Ausscheiden aus einem Zweckverband)

Literatur zu § 23

783 *v. Donat/Lipinsky*, „Stadtreinigung Hamburg" – ein Sieg für die interkommunale Kooperation, KommJur 2009, 361–366
Knemeyer, Der durch Zweckvereinbarungen „angereicherte" Zweckverband, BayVBl. 2003, 257–261
Knemeyer, Kommunale Spitzenverbände – staatsnotwendige Anwälte öffentlichen Interesses im demokratischen dezentralisierten Rechtsstaat, KommJur 2005, 361–363
Müller, Zweckverbandsumlage als Beihilfe i.S.d. Art. 87 I EG, NVwZ 2009, 1536–1540
Oebbecke, Zweckverbandsbildung und Selbstverwaltungsgarantie, 1982
Oebbecke, Gemeindeverbandsrecht Nordrhein-Westfalen, 1984
Oppenländer/Dolde, Auswirkungen veränderter Verhältnisse auf den Zweckverband als Freiverband, DVBl. 1995, 637–644
Paulick, Ausgewählte Haftungsfragen im Recht der Zweckverbände, DÖV 2009, 110–116
Saugier, Der fehlerhafte Zweckverband, 2001

Schauwecker, Zweckverbände in Baden-Württemberg, 1990
Schmidt, Die Finanzierung der Zweckverbände, KommJur 2010, 401–405
Schmidt, Kommunale Kooperation – Der Zweckverband als Nukleus des öffentlich-rechtlichen Gesellschaftsrechts, 2005
Schroeder, Wozu noch Zweckverbände?, DV 34 (2001), 205–233

Sechster Teil: Kommunales Finanz-, Haushalts- und Wirtschaftsrecht

§ 24 Überblick über das kommunale Finanz-, Haushalts- und Wirtschaftsrecht

I. Überblick

Die Kommunen sind nicht nur Hoheitsträger, sondern sie nehmen vielfältig Einfluss auf das Wirtschaftsleben. Sie erheben Abgaben von den Einwohnern, gestalten ihren Haushalt in Zeiten des Neuen Steuerungsmodells nach dem Vorbild privater Wirtschaftsunternehmen und werden wie solche Unternehmen als Leistungserbringer am Markt tätig. **784**

Die Kommunen können sich bei der Abgabenerhebung auf die Finanzhoheit als Ausprägung der kommunalen Selbstverwaltungsgarantie stützen, die in Art. 28 II 3 Hs. 1 GG besonders gewährleistet ist. Speziell das Hebesatzrecht wird in Art. 28 II 3 Hs. 2; Art. 106 VI 2 GG garantiert. In Art. 106 V, Va, VI GG finden sich dann auch umfangreiche weitere Garantien der kommunalen Steuerertragskompetenz. Im Landesverfassungsrecht werden neben der allgemeinen Selbstverwaltungsgarantie vielfach das Recht der Gemeinden zur Steuererhebung sowie der Anspruch der Kommunen auf Mittel aus dem kommunalen Finanzausgleich gewährleistet.[1] Zudem regeln die Landesverfassungen, dass den Kommunen neue Aufgaben nur übertragen werden können, wenn ihnen dafür ein entsprechender finanzieller Ausgleich gewährt wird.[2] Im Recht des Europarates garantiert Art. 9 EKC die kommunale Finanzhoheit und gewährleistet neben dem Recht zur Steuererhebung, dem Konnexitätsprinzip und Ansprüchen aus dem Finanzausgleich auch noch das Recht der Kommunen zur Erhebung von **785**

---

[1] Art. 73 II, III LV BW; Art. 99 BbgV; Art. 137 V HessV; Art. 73 LV MV; Art. 58 NdsV; Art. 79 LV NRW; Art. 49 VI LV RP; Art. 119 I 2, II SaarlV; Art. 87 II, III SächsV; Art. 88 LV LSA; Art. 48, 49 I LV SH; Art. 93 II, III ThürV.

[2] Art 71 III LV BW; Art. 97 III 2, 3 BbgV; Art. 137 VI HessV; Art. 72 III LV MV; Art. 57 IV NdsV; Art. 78 III LV NRW; Art. 49 V LV RP; Art. 120 SaarlV; Art. 85 I, II SächsV; Art. 87 III LV LSA; Art. 49 II LV SH; Art. 93 I 2 ThürV.

Beiträgen und Gebühren.[3] Im Bereich der Europäischen Union fehlt es hingegen an einer besonderen Gewährleistung der kommunalen Finanzhoheit neben der allgemeinen Selbstverwaltungsgarantie nach Art. 4 II 1 EUV.

786 Private stehen dem kommunalen Zugriff auf ihr Vermögen durch Abgaben und der Beeinträchtigung ihrer ökonomischen Aussichten durch kommunale Wirtschaftstätigkeit indes nicht schutzlos gegenüber. Im deutschen Verfassungsrecht können sie sich auf die im Grundgesetz und überdies in den meisten Landesverfassungen gewährleistete Berufsfreiheit, den Eigentumsschutz sowie das Recht am eingerichteten und ausgeübten Gewerbebetrieb berufen. Auf Ebene des Europarates garantiert Art. 1 des Ersten Zusatzprotokolls zur EMRK das Eigentum.[4] Im EU-Recht können die Grundrechte nach Art. 6 EUV; Art. 15; 16 EU-Grundrechtecharta sowie vor allem die Grundfreiheiten der Art. 45; 49; 56 und 63 AEUV die kommunale Tätigkeit beschränken.

787 In diesem Spannungsfeld zwischen kommunaler Finanzhoheit und privaten Grundrechten und Grundfreiheiten bewegt sich das kommunale Wirtschaftsrecht, das – in einem weiten Sinne verstanden – vier Gebiete umfasst: (1) Das Recht der kommunalen Erträge (→ § 25) beschäftigt sich mit den Einnahmen der Kommunen aus Steuern, Umlagen, Beiträgen und Gebühren sowie aus weiteren (vorwiegend privatrechtlichen) Quellen. (2) Die kommunalen Aufwendungen (→ § 26) haben die Zweckausgaben der Kommunen zur Erfüllung ihrer Aufgaben sowie die Verwaltungsausgaben für das notwendige Personal und die sachlichen Verwaltungsmittel zum Gegenstand. (3) Vom Ausgleich der Erträge und Aufwendungen durch den mit der Haushaltssatzung verabschiedeten Haushaltsplan handelt das durch die Einführung der Doppik grundlegend umgestaltete kommunale Haushaltsrecht (→ § 27). (4) Schließlich gibt das Recht der kommunalen Unternehmen (→ § 28) Auskunft über Möglichkeiten und Grenzen kommunaler Wirtschaftstätigkeit.

II. Kontrollfragen

788 1) Welche verfassungs- und europarechtlichen Rechtspositionen garantieren die kommunale Abgabenerhebung und den Finanzausgleich? (Rn. 785)
2) Auf welche Rechtspositionen kann sich ein Einwohner gegenüber der kommunalen Abgabenerhebung und Wirtschaftstätigkeit möglicherweise berufen? (Rn. 786)

---

[3] Dazu *Schaffarzik*, Handbuch der Europäischen Charta der kommunalen Selbstverwaltung, 2002, § 13, Rn. 13; § 29, Rn. 1 ff. Allerdings hat die Bundesrepublik Deutschland von der à-la-carte-Klausel des Art. 12 EKC insoweit Gebrauch gemacht, als dass die Gewährleistung eigener Steuern mit Hebesatzrecht aus Art. 9 III EKC keine Anwendung findet auf Landkreise sowie Verbandsgemeinden in Rheinland-Pfalz.

[4] Dazu *Grabenwarter*, Europäische Menschenrechtskonvention, 4. Auflage, 2009, § 25, Rn. 1 ff.

3) Welche Gebiete des kommunalen Wirtschaftsrechts im weiteren Sinne kann man unterscheiden? (Rn. 787)

Rechtsprechung zu § 24

BVerfGE 83, 363 (Krankenhausumlage) 789
BVerfGE 101, 158 (Länderfinanzausgleich IV)
BVerfGE 103, 332 (Finanz- und Planungshoheit)
BVerfGE 125, 141 (Mindesthebesatz der Gewerbesteuer)

Literatur zu § 24

Grawert, Die Kommunen im Länderfinanzausgleich, 1989 790
Schoch, Verfassungsrechtlicher Schutz der kommunalen Finanzautonomie, 1997
Schwarz, Finanzverfassung und kommunale Selbstverwaltung, 1996

§ 25 Kommunale Erträge

I. Überblick über die kommunalen Erträge

1. Begriff und Arten der Erträge

791 Erträge mehren das Vermögen der Kommune. Es handelt sich um (die in der Kameralistik allein berücksichtigten) Einzahlungen und um sonstige Vermögenszuwächse. Solche Erträge können öffentlich-rechtlicher oder privatrechtlicher Natur sein. Zu den öffentlich-rechtlichen Erträgen zählen Steuern, Umlagen, Beiträge und Gebühren sowie die Mittel aus dem Finanzausgleich. Auch Naturalleistungen wie die Erfüllung der Straßenreinigungs- und Schneeräumpflicht sind streng genommen zu den öffentlich-rechtlichen Erträgen zu zählen. Die privatrechtlichen Erträge umfassen v.a. die Erträge aus wirtschaftlicher Tätigkeit, die Vermögenserträge und die Konzessionsabgaben. Die Aufnahme von Krediten stellt gleichfalls einen Ertrag dar.

2. Rangfolge der Erträge

792 Die Kommunen können nicht frei zwischen diesen Ertragsarten wählen, sondern es ist ihnen gesetzlich vorgegeben, in welcher Reihenfolge sie diese Ertragsquellen auszuschöpfen haben:[1] Vorrangig sollen sie auf Gebühren und Beiträge zurückgreifen, nur wenn diese Vorzugslasten nicht ausreichen, sollen Gemeinden Steuern bzw. Kreise Umlagen erheben. Genügen diese eigenen Ertragsquellen sowie die den Kommunen aus dem landesinternen Finanzausgleich zugewiesenen Mittel nicht, um die kommunalen Aufgaben zu erfüllen, dürfen sie Kredite aufnehmen.

II. Steuern

793 Hinsichtlich der kommunalen Steuern ist zwischen der Steuergesetzgebungs-, Steuerverwaltungs- und Steuerertragskompetenz zu unterscheiden. Zuständig für die Steuergesetzgebung ist grundsätzlich der Bund gemäß Art. 105 II GG. Die

---

[1] § 78 II 1, III GO BW; Art. 62 II, III BayGO; § 64 II, III BbgKVerf; § 93 II, III HessGO; § 44 II, III KV MV; § 111 V, VI NdsKomVG; § 77 II, III GO NRW; § 94 II, V GO RP; § 83 II, III SaarlKSVG; § 73 II, IV SächsGO; § 91 II 1, III GO LSA; § 76 II, III GO SH; § 54 II, III ThürKO.

Länder haben die Befugnis zur Gesetzgebung über die örtlichen Verbrauch- und Aufwandsteuern nach Art. 105 IIa GG, die sie in der Regel in ihren Kommunalabgabengesetzen[2] auf die Gemeinden übertragen haben. Im Übrigen verbleibt den Gemeinden lediglich das Hebesatzrecht gemäß Art. 106 VI 2 GG für die Grund- und Gewerbesteuer, die in § 3 II AO auch als Realsteuern bezeichnet werden.

Die Steuerverwaltung obliegt dem Bund und den Ländern nach Art. 108 I 1, **794**
II 1, IV 1 GG, soweit sie nicht den Gemeinden gemäß Art. 108 IV 2 GG übertragen wurde. In der Praxis sind die Gemeinden für die Einziehung der örtlichen Verbrauch- und Aufwandsteuern sowie der Gewerbe- und Grundsteuer zuständig.

Der Ertrag dieser Steuern steht den Gemeinden gemäß Art. 106 VI GG zu. **795**
Außerdem gebührt ihnen ein Anteil am Aufkommen der beiden Gemeinschaftsteuern Einkommen- und Umsatzsteuer gemäß Art. 106 V, Va GG.[3] Den Landkreisen ist kein eigener Steuerertrag verfassungsrechtlich garantiert. In der Praxis sind sie vor allem auf die Finanzierung durch die Kreisumlage angewiesen. Soweit Jagd-, Fischerei- und Gaststättenerlaubnissteuer erhoben werden, ist deren Ertrag in der Regel den Landkreisen zugewiesen.

1. Gewerbesteuer

Gemäß Art. 28 II 3 Hs. 2 GG steht den Gemeinden eine wirtschaftskraftbezo- **796**
gene Steuerquelle mit Hebesatzrecht zu. Dies ist derzeit die Gewerbesteuer. Für den Erlass des Gewerbesteuergesetzes ist der Bund gemäß Art. 105 II; 106 VI 4; 72 II GG zuständig. Die Gewerbesteuer wird in vier Schritten, teils von dem staatlichen Finanzamt, teils von den gemeindlichen Steuerbehörden erhoben: Zunächst wird von dem Finanzamt der Ertrag der Gewerbetreibenden (nicht der Freiberufler) gemäß EStG bzw. KStG ermittelt und in den Grenzen der §§ 6 ff. GewStG modifiziert. Der so berechnete Gewerbeertrag wird mit der Steuermesszahl nach § 11 I 2 GewStG multipliziert, was als Produkt den Gewerbesteuermessbetrag ergibt. Unterhält der Gewerbetreibende Betriebsstätten in mehreren Gemeinden, wird der Gewerbesteuermessbetrag von dem Finanzamt gemäß § 28 I 1 GewStG nach den anteiligen Arbeitslöhnen der Betriebsstätten auf die einzelnen Gemeinden zerlegt. Sodann multipliziert die jeweilige gemeindliche Steuerbehörde gemäß § 16 GewStG den (zerlegten) Gewerbesteuermessbetrag mit dem örtlichen Hebesatz und setzt die Gewerbesteuer fest. Die festgesetzte Gewerbesteuer wird gemäß § 35 I EStG teilweise auf die Einkommensteuerschuld des Gewerbetreibenden angerechnet. Das Aufkommen der Gewerbesteuer steht den Gemeinden nach Art. 106 VI 1 Hs. 1 GG zu.

---

[2] § 9 IV KAG BW; Art. 3 I BayKAG; § 3 I BbgKAG; § 7 II HessKAG; § 3 I KAG MV; § 3 I, II NKAG; § 3 I KAG NRW; § 5 II KAG RP; § 3 I SaarlKAG; § 7 II SächsKAG; § 3 I KAG LSA; § 3 I KAG SH; § 5 I ThürKAG.

[3] Am Aufkommen der dritten Gemeinschaftsteuer, der Körperschaftsteuer, sind die Gemeinden hingegen nicht beteiligt.

797 Weil die Gewerbesteuer einseitig Gewerbetreibende belastet, aber Freiberufler und andere Bevölkerungsgruppen ausspart und zudem in die Substanz des Gewerbes einzugreifen droht, wird immer wieder ihre *Umgestaltung* oder gar Abschaffung gefordert. Auch ihre starke Konjunkturabhängigkeit bereitet Probleme. Für die gemeindlichen Finanzen ist das Aufkommen aus der Gewerbesteuer aber von so großer Bedeutung, dass ein Verzicht auf diese Steuer eine adäquate Ersatzfinanzierung voraussetzte, die dem Gebot des Art. 28 II 3 Hs. 2 GG genügte.

2. Exkurs: Gewerbesteuerumlage

798 Gemäß Art. 106 VI 4 GG können Bund und Länder durch eine Umlage an dem Aufkommen der Gewerbesteuer beteiligt werden, was durch die Gewerbesteuerumlage gemäß § 6 GemFinRefG geschehen ist. Die Umlage berechnet sich aus dem Istaufkommen der Gewerbesteuer dividiert durch den gemeindlichen Hebesatz und multipliziert mit der Summe aus einem so genannten Bundesvervielfältiger und einem landesspezifischen Vervielfältiger. Die Division durch den gemeindlichen Hebesatz bewirkt, dass unterschiedliche gemeindliche Hebesätze bei der Umlageerhebung neutralisiert werden. Die Multiplikation mit der Summe aus Bundes- und landesspezifischen Vervielfältigern gestattet es, die Unterschiede zwischen alten und neuen Ländern durch unterschiedliche Vervielfältiger zu berücksichtigen. Im Ergebnis bewirkt die Gewerbesteuerumlage eine zusätzliche finanzielle Verschränkung zwischen Bund und Ländern einerseits sowie den Gemeinden andererseits.

3. Grundsteuer

799 Die Grundsteuer wird als zweite Realsteuer neben der Gewerbesteuer erhoben, und zwar als Grundsteuer A von landwirtschaftlich genutzten Flächen, als Grundsteuer B von sonstigen Grundstücken. Auch für den Erlass des Grundsteuergesetzes ist der Bund gemäß Art. 105 II; 72 II GG zuständig. Die Grundsteuer wird in gleicher Weise wie die Gewerbesteuer in vier Schritten erhoben, teils von dem staatlichen Finanzamt, teils von den gemeindlichen Steuerbehörden: Zunächst wird der Einheitswert des zu besteuernden Grundstücks gemäß § 13 I 2 GrStG i.V.m. §§ 68 ff. BewG festgestellt. Dieser Einheitswert wird gemäß § 13 I 1 GrStG mit der Steuermesszahl multipliziert, was den Grundsteuermessbetrag ergibt. Sollte das Grundstück sich über die Gemarkung mehrerer Gemeinden erstrecken, was vor allem bei landwirtschaftlich genutzten Grundstücken der Grundsteuer A der Fall sein dürfte, wird der Grundsteuermessbetrag von dem Finanzamt gemäß § 22 I 1 GrStG nach den anteiligen Flächengrößen auf die einzelnen Gemeinden zerlegt. Der (zerlegte) Grundsteuermessbetrag wird von der jeweiligen gemeindlichen Steuerbehörde gemäß § 27 GrStG mit dem örtlichen Hebesatz multipliziert und das Produkt als Gewerbesteuer festgesetzt. Eine Verrechnung der Grundsteuer mit der Einkommensteuerschuld ist nicht

möglich. Das Aufkommen der Grundsteuer steht den Gemeinden nach Art. 106 VI 1 Hs. 1 GG zu.

In der Rechtspraxis ist das *Aufkommen der Grundsteuer* geringer als dasjenige der Gewerbesteuer; die Grundsteuer ist aber nicht in gleichem Maße konjunkturabhängig. Eine Grundsteuerumlage ist nicht vorgesehen. 800

Übersicht 25-1: Erhebung der Realsteuern 801

Schritt	**Gewerbesteuer**	**Grundsteuer**
1) Bemessungsgrundlage	§§ 6 ff. GewStG modifizierter Gewerbeertrag gemäß EStG oder KStG	§ 13 I 2 GrStG Einheitswert gemäß §§ 68 ff. BewG
2) Steuermessbetrag	§ 11 I 2 GewStG Gewerbeertrag × Steuermesszahl = Gewerbesteuermessbetrag	§ 13 I 1 GrStG Einheitswert × Steuermesszahl = Grundsteuermessbetrag
3) Zerlegung	§ 28 I 1 GewStG Gewerbesteuermessbetrag × anteilige Arbeitslöhne der Betriebsstätte = Zerlegungsanteil	§ 22 I 1 GrStG Grundsteuermessbetrag × anteilige Flächengröße = Zerlegungsanteil
4) Steuerfestsetzung	§ 16 GewStG Zerlegter Gewerbesteuermessbetrag × Hebesatz = Festgesetzte Gewerbesteuer	§ 27 GrStG Zerlegter Grundsteuermessbetrag × Hebesatz = Festgesetzte Grundsteuer
5) Anrechnung auf die Einkommensteuer	§ 35 I EStG Anteilige gewerbliche Einkünfte der tariflichen Einkommensteuer – 1,8 × Gewerbesteuermessbetrag = Ermäßigte Einkommensteuer	Keine Anrechnung auf die Einkommensteuer!

4. Örtliche Verbrauch- und Aufwandsteuern

Unter den örtlichen Verbrauch- und Aufwandsteuern versteht man kommunale Steuern, die den privaten Konsum belasten. Es soll die in der Einkommensverwendung zum Ausdruck kommende wirtschaftliche Leistungsfähigkeit abgeschöpft werden. Dabei knüpfen die Verbrauchsteuern[4] an den Verzehr von Wirtschaftsgütern unter Einschluss des Verpackungsmaterials an, während die Auf- 802

[4] Verbrauchsteuern sind Steuern auf den Verbrauch vertretbarer Güter (BVerfGE 98, 106 (123)), die regelmäßig bei dem das Verbrauchsgut anbietenden Unternehmer erhoben werden, jedoch auf Überwälzung auf den Verbraucher angelegt sind (BVerfGE 14, 76 (96); 27, 375 (384); 98, 106 (124)); dabei muss die Überwälzung nicht gelingen.

wandsteuern[5] den sonstigen Konsum belasten, auch wenn damit kein Güterverzehr verbunden sein sollte. Als örtliche Steuern haben sie einen Vorgang im Gebiet der Steuer erhebenden Kommune zum Gegenstand. Sie dürfen nicht zu einem die Wirtschaftseinheit gefährdenden Steuergefälle führen. Bundesgesetzlich geregelten Steuern dürfen sie nicht gleichartig sein. So müssen sie sich nach Steuergegenstand, Bemessungsgrundlage, Erhebungstechnik und wirtschaftlichen Auswirkungen insbesondere von der Umsatzsteuer unterscheiden.[6]

803 Die *Steuergesetzgebungskompetenz* für die örtlichen Verbrauch- und Aufwandsteuern steht gemäß Art. 105 IIa 1 GG den Ländern zu. Diese haben in ihren Kommunalabgabengesetzen die Gemeinden zur Steuererhebung ermächtigt, ausnahmsweise auch die Landkreise. Die Kommunen haben von der Ermächtigung durch den Erlass von Steuersatzungen Gebrauch gemacht. Zwar sieht Art. 108 II 1 GG grundsätzlich auch im Hinblick auf die örtlichen Verbrauch- und Aufwandsteuern die Verwaltung durch die Landesfinanzbehörden vor, gemäß Art. 108 IV 2 GG kann der Vollzug jedoch auf die Gemeinden übertragen werden, wovon in weitem Umfang Gebrauch gemacht wurde. Der Steuerertrag steht gemäß Art. 106 VI 1 Hs. 2 GG den Gemeinden, ausnahmsweise den Landkreisen, zu.

804 **Übersicht 25-2: Kompetenzen für die Verbrauch- und Aufwandsteuern**

Art der Kompetenz	Vorschrift	Zuständige Ebene
Steuergesetzgebungskompetenz	Art. 105 IIa 1 GG	Länder; Übertragung auf Kommunen
Steuerverwaltungskompetenz	Art. 108 II 1 GG; Art. 108 IV 2 GG	Länder; Übertragung auf Kommunen
Steuerertragskompetenz	Art. 106 VI 1 Hs. 2 GG	Kommunen

805 In der Praxis werden vor allem Vergnügungsteuer, Hundesteuer und Zweitwohnungsteuer erhoben. Die fiskalische Bedeutung dieser Steuern ist nicht so groß, ihnen kommt aber häufig eine *Lenkungsfunktion* zu: So soll die Vergnügungsteuer die Spielsucht bekämpfen helfen und vor allem in Großstädten die Hundesteuer die Hundehaltung einschränken.

5. Anteil an den Gemeinschaftsteuern

806 Die Realsteuern sowie die örtlichen Verbrauch- und Aufwandsteuern reichen bei weitem nicht aus, um die Finanzierung der gemeindlichen Aufgaben sicherzustel-

[5] Aufwandsteuern sind Steuern auf die in der Einkommensverwendung für den persönlichen Lebensbedarf zum Ausdruck kommende wirtschaftliche Leistungsfähigkeit (BVerfGE 16, 64 (74); 49, 343 (354); 65, 325 (346); 114, 316 (334)).

[6] *Siekmann* in: Sachs, Grundgesetz, 6. Auflage, 2011, Art. 105, Rn. 44.

len. Den Gemeinden steht daher ein Anteil am Aufkommen der Gemeinschaftsteuern (vgl. Art. 106 III GG) zu, und zwar seit der Finanzreform 1969[7] an der Einkommensteuer gemäß Art. 106 V GG und seit 1997[8] an der Umsatzsteuer gemäß Art. 106 Va GG.

Für die Berechnung des gemeindlichen Anteils an der Einkommensteuer wird zunächst das Aufkommen der Einkommensteuer in einem Land insgesamt ermittelt. Davon erhält die Gesamtheit der Gemeinden eines Landes gemäß § 1 S. 1 GemFinRefG 12% des Aufkommens aus dem Zinsabschlag sowie 15% des Aufkommens an Lohnsteuer und veranlagter Einkommensteuer. Durch Multiplikation dieses Gesamtgemeindeanteils mit einer Schlüsselzahl gemäß § 2 GemFinRefG, die festgelegt wird nach dem Anteil einer einzelnen Gemeinde an dem auf die Gemeinden eines Landes insgesamt entfallenden Anteil an der Einkommensteuer nach Wohnsitz der Steuerpflichtigen, wird der Anteil der einzelnen Gemeinde an der Einkommensteuer bestimmt. 807

Der Anteil aller deutschen Gemeinden an der Umsatzsteuer beträgt gemäß § 1 I 1–3 FAG 2,2% des Gesamtaufkommens. Dieser bundesweite Gesamtgemeindeanteil wird teils nach einem alten, teils nach einem diesen sukzessive ablösenden neuen Schlüssel auf die Gemeinden verteilt. Beide Verteilungsschlüssel arbeiten wie bei der Ermittlung des Einkommensteueranteils mit der Multiplikation des auf die Gesamtheit der Gemeinden entfallenden Anteils mit gemeindlichen Schlüsselzahlen. Während der alte Verteilungsmodus aber zwischen West- und Ostgemeinden differenziert, werden nach dem neuen Verteilungsmodell die Schlüsselzahlen für West- und Ostgemeinden einheitlich bestimmt. Details dieses sehr komplizierten Verfahrens finden sich in §§ 5a–e GemFinRefG. 808

III. Umlagen

Eine Umlage ist eine Abgabe, die von einer Körperschaft ihren Mitgliedern auferlegt wird zur nachrangigen Erzielung von Einnahmen, wobei an die Leistungsfähigkeit und den Vorteil aus der Mitgliedschaft angeknüpft werden kann. Im Gefüge der Abgabearten steht die Umlage zwischen den Steuern und den Beiträgen. Die Umlage wird ebenso wie eine Steuer ohne direkte Gegenleistung erhoben, zugleich ist sie aber wie ein Beitrag auf einen bestimmten Abgabenschuldnerkreis beschränkt, und zwar auf die Mitglieder der Körperschaft. 809

1. Kreisumlage

Die in der Praxis bedeutendste Umlage ist die in der Kommunalordnung sowie in dem jeweiligen Finanzausgleichsgesetz des Landes geregelte Kreisumlage.[9] Da 810

[7] BGBl. 1969 I S. 359.

[8] BGBl. 1997 I S. 2470.

[9] Vgl. § 49 II KrO BW, § 35 FAG BW; Art. 56 II Nr. 2 Var. 2 BayKrO, Art. 18 ff. BayFAG; § 130 BbgKVerf, § 18 BbgFAG; § 53 II HKrO, § 37 HessFAG; § 120 II Nr. 3

Landkreise kaum eigene Steuern erheben können und ihnen auch kein Anteil an den Gemeinschaftsteuern zusteht, hat die Kreisumlage sich zu ihrem wichtigsten Finanzierungsinstrument entwickelt. Die Kreisumlageschuld einer einzelnen kreisangehörigen Gemeinde wird berechnet, indem die Umlagegrundlagen mit dem Umlagesatz multipliziert werden. Umlagegrundlagen sind die gemeindlichen Steuereinnahmen sowie Schlüsselzuweisungen an die Gemeinde aus dem Finanzausgleich des Landes. Üblicherweise nicht einbezogen werden die gemeindlichen Einnahmen aus Beiträgen und Gebühren sowie privatrechtliche Erträge. Der Umlagesatz ist ein Prozentsatz, der angibt, welchen Anteil der Umlagegrundlagen der Landkreis beansprucht; er liegt inzwischen regelmäßig bei ungefähr 50%.

811 Grundsätzlich wird von allen kreisangehörigen Gemeinden eines Landkreises die Umlage in gleicher Höhe erhoben. Da ein Landkreis im Rahmen seiner Ergänzungs- und Ausgleichsaufgaben aber in unterschiedlichem Umfang Leistungen für seine kreisangehörigen Gemeinden erbringt, ermöglichen die meisten Kommunalordnungen eine *Mehr- oder Minderbelastung* einzelner Kreisteile. Ein Landkreis kann beispielsweise von der kreisangehörigen Gemeinde A eine höhere Kreisumlage verlangen, wenn er für diese Gemeinde A die Schulträgerschaft übernommen hat, als von der kreisangehörigen Gemeinde B, die noch selbst die Schulen unterhält.

812 **Übersicht 25-3: Berechnung der Kreisumlage**

1. Bestimmung der Steuerkraftmesszahl jeder kreisangehörigen Gemeinde
2. Bestimmung der Schlüsselzuweisungen jeder kreisangehörigen Gemeinde
3. Bildung der Umlagegrundlagen aus Steuerkraft und Schlüsselzuweisungen
4. Umlagegrundlagen × Umlagesatz = Umlage

813 Der Umlagesatz wird durch *(Haushalts-)Satzung* des Landkreises bestimmt; die Umlage durch *Verwaltungsakt* erhoben. Da die Umlage eine Abgabe darstellt, entfalten Widerspruch und Anfechtungsklage dagegen keine aufschiebende Wirkung gemäß § 80 II 1 Nr. 1 VwGO.

814 **Übersicht 25-4: Rechtsbehelfe gegen die Kreisumlage**

Rechtsakt	Rechtsbehelf in der Hauptsache	Einstweiliger Rechtsschutz
Finanzausgleichsgesetz, das die Umlage ermöglicht	Kommunalverfassungsbeschwerde zum LVerfG, subsidiär zum BVerfG nach Art. 93 I Nr. 4b) GG	Antrag nach VerfGG auf Erlass einer einstweiligen Anordnung

KV MV, § 23 FAG MV; § 111 II NdsKomVG, § 15 NdsFAG; § 56 KrO NRW, § 24 GFG 2014 NRW; § 58 IV LKrO RP, § 25 FAG RP; § 146 I 2 SaarlKSVG, § 18 SaarlFAG; § 26 SächsFAG; § 67 II, III LKO LSA; § 19 FAG LSA; § 27 FAG SH; § 28 ThürFAG.

Rechtsakt	Rechtsbehelf in der Hauptsache	Einstweiliger Rechtsschutz
Haushaltssatzung, welche die Umlagehöhe regelt	Verwaltungsgerichtliche Normenkontrolle vor OVG nach § 47 I VwGO	Antrag nach § 47 VI VwGO auf Erlass einer einstweiligen Anordnung.
VA, der die Umlage anfordert	Anfechtungsklage vor VG nach § 42 I Alt. 1 VwGO	Antrag nach § 80 V 1 Alt. 1 VwGO

2. Weitere Umlagen

Nach dem Vorbild der Kreisumlage sind weitere Umlagen entwickelt worden. **815** Diese werden teils von höheren Kommunalverbänden als den Landkreisen, teils von kleineren Einheiten wie den Ämtern und Verbandsgemeinden, teils von Zweckverbänden erhoben. So finanzieren die bayerischen Bezirke[10] sich durch eine von den ihnen angehörenden Landkreisen und kreisfreien Städten erhobene Umlage und auch der Landeswohlfahrtsverband Hessen[11] als Kommunalverband höherer Ordnung greift im Umlagewege auf die ihm angehörenden Landkreise und kreisfreien Städte zu. Bestehen in einem Land Ämter wie in Brandenburg, Mecklenburg-Vorpommern und Schleswig-Holstein oder Verbandsgemeinden wie in Rheinland-Pfalz, so erheben auch diese zur Finanzierung ihrer Aufgaben eine Umlage von den amtsangehörigen Gemeinden bzw. Ortsgemeinden.[12] Beteiligen sich schließlich Gemeinden oder Landkreise an einem Zweckverband, so kann auch dieser eine Umlage von seinen Verbandsmitgliedern erheben.[13]

Die Erhebung dieser weiteren kommunalen Umlagen erfolgt in gleicher Weise **816** wie bei der Kreisumlage auf der Grundlage besonderer gesetzlicher Regelung in der Verbandsordnung sowie in dem Finanzausgleichsgesetz bzw. in dem Kooperationsgesetz durch *Haushaltssatzung* der umlageberechtigten Körperschaft und *Verwaltungsakt*.

IV. Vorzugslasten

Von den Steuern und Umlagen sind die Vorzugslasten zu unterscheiden. Das ist **817** der Oberbegriff für Beiträge und Gebühren.

Beiträge sind Abgaben, die für die Möglichkeit der Inanspruchnahme einer **818** Einrichtung auferlegt werden. Beispiele sind Erschließungs- und Straßenausbaubeiträge, die von den Grundstückseigentümern für die Möglichkeit der Straßen-

---

[10] Art. 53–62 BayBezO.
[11] § 20 II HessVwMiStGw.
[12] § 139 I, II BbgKVerf; § 147 KV MV; § 22 AmtsO SH; § 72 GO RP.
[13] *Gern*, Deutsches Kommunalrecht, 3. Auflage, 2003, Rn. 941.

benutzung erhoben werden, sowie die Kurtaxe, die von den Kurgästen für die Möglichkeit des Gebrauchs der Kureinrichtungen verlangt wird. Die Rechtsgrundlage der Beiträge liegt entweder in einem Spezialgesetz, z.B. §§ 127 ff. BauGB, oder dem KAG des Landes[14], jeweils verbunden mit einer kommunalen Beitragssatzung. Die Beiträge werden durch Verwaltungsakt erhoben.

819 *Gebühren* sind Abgaben, die als Gegenleistung für eine Verwaltungsleistung erhoben werden. Man könnte auch von einem *„Verwaltungspreis"* sprechen. Es werden Benutzungs- und Verwaltungsgebühren unterschieden. *Benutzungsgebühren* stellen die Gegenleistung für die tatsächliche Inanspruchnahme einer sachlichen Verwaltungseinrichtung dar, z.B. der Eintrittspreis für ein kommunales Schwimmbad, wenn dieses öffentlich-rechtlich organisiert ist. *Verwaltungsgebühren* sind die Gegenleistung für ein Tätigwerden der Verwaltungsmitarbeiter, z.B. die Gebühr für die Ausstellung eines Personalausweises. Auch Gebühren dürfen nur auf Grund besonderer gesetzlicher Regelung bzw. auf Grundlage des KAG[15] erhoben werden, jeweils in Verbindung mit einer kommunalen Gebührensatzung. Die Gebührenerhebung im Einzelfall erfolgt wiederum durch Verwaltungsakt.

V. Kommunaler Finanzausgleich und Konnexitätsprinzip

1. Grundlagen

820 Zusätzlich zu den Abgaben erhalten die Kommunen Mittel im Rahmen des kommunalen Finanzausgleichs. Dieser in jedem Flächenland gemäß der jeweiligen Landesverfassung[16] durchgeführte Finanzausgleich darf nicht mit dem Finanzausgleich zwischen Bund und Ländern nach Art. 107 GG verwechselt werden.[17] Während die (meisten) Länder im Rahmen des bundesstaatlichen Finanzausgleichs Empfänger von Zahlungen des Bundes (oder anderer Länder) sind, werden beim kommunalen Finanzausgleich Mittel vom Landeshaushalt an die

---

[14] §§ 20–41 KAG BW; Art. 5 BayKAG; § 8 BbgKAG, § 11 HessKAG; § 7 KAG MV; § 6 NKAG; § 8 KAG NRW; § 7 II KAG RP; § 8 SaarlKAG; §§ 17–32 SächsKAG; § 6 KAG LSA; § 8 KAG SH; § 7 ThürKAG.

[15] § 11 I KAG BW; Art. 8 BayKAG; §§ 4–6 BbgKAG; §§ 9; 10 HessKAG; §§ 4-6 KAG MV; §§ 4, 5 NKAG; §§ 4-7 KAG NRW; § 7 KAG RP; §§ 4-7 SaarlKAG; § 9 SächsKAG; §§ 4, 5 KAG LSA; §§ 5, 6 KAG SH; §§ 10–12 ThürKAG. Siehe ferner *Böttcher,* Kalkulatorische Kosten in der Gebührenberechnung kommunaler Einrichtungen, 1998.

[16] Art. 73 III LV BW; Art. 99 S. 2 BbgV; Art. 137 V 1 HessV; Art. 73 II LV MV; Art. 58 NdsV; Art. 79 S. 2 LV NRW; Art. 49 VI 1 LV RP; Art. 119 II 2 SaarlV; Art. 87 III SächsV; Art. 88 II LV LSA; Art. 49 I LV SH; Art. 93 III ThürV.

[17] Dazu *Häde,* Finanzausgleich, 1996; speziell zu den Kommunen im Bund-Länder-Finanzausgleich *Hidien,* Die Berücksichtigung der Finanzkraft und des Finanzbedarfs der Gemeinden (Gemeindeverbände) im Finanzausgleich nach Art. 107 Abs. 2 Satz 1 Grundgesetz, 2001.

Kommunen weitergereicht. Der kommunale Finanzausgleich verfolgt wenigstens vier Ziele:[18] Unter fiskalischen Gesichtspunkten soll die Finanzkraft der Kommunen insgesamt gestärkt werden. Zudem wird redistributiv eine Umverteilung zwischen den Kommunen, also eine Schwächung von Finanzkraftunterschieden, angestrebt. Unter raumordnerischen Gesichtspunkten werden der Landeshauptstadt, den Kreisverwaltungssitzen und zentralen Orten besondere Mittel zugewiesen. Unter gesamtökonomischen Vorzeichen schließlich wird durch den Finanzausgleich die Rolle der Kommunen als Investor und damit als Nachfrager von Leistungen gestärkt. Zur Verwirklichung dieser Ziele wird dem gewichteten Finanzbedarf einer Kommune ihre ebenfalls gewichtete finanzielle Leistungsfähigkeit gegenübergestellt und die danach verbleibende Lücke teilweise ausgeglichen.

2. Gewichteter Bedarf der Kommunen

Der kommunale Bedarf wird nicht nach den tatsächlichen Ausgaben einer Kommune bestimmt, sondern normativ festgelegt durch die Summe aus einem Hauptansatz und mehreren Nebenansätzen. Der Hauptsatz bestimmt sich nach der Einwohnerzahl der Kommune, multipliziert mit einem landesrechtlich festgelegten Grundbetrag je Einwohner.[19] Dabei zählen im Rahmen der sog. Einwohnerveredelung[20] die Einwohner größerer Kommunen mehr, weil die Gesetzgeber vermuten, dass in größeren Orten mehr Ausgaben je Einwohner anfallen und diese größeren Kommunen zudem auch Aufgaben für ihr Umland erfüllen. 821

Um besondere Belastungen einzelner Kommunen zu erfassen, sind soziale, geographische, funktionelle und dynamische Nebenansätze vorgesehen.[21] Soziale Nebenansätze stellen v.a. auf eine überdurchschnittlich hohe Anzahl von Arbeitslosen und Sozialhilfeempfängern ab. Geographische Nebenansätze orientieren sich an geringer Einwohnerdichte, einem langen Straßennetz oder einer besonderen Grenzlage. Funktionelle Nebenansätze erfassen die Eigenschaft einer Kommune als Kurort, Garnisonstadt oder als zentraler Ort i.S.d. Raumordnungsrechts. Dynamische Nebenansätze schließlich erfassen besonderen Bevölkerungszuwachs oder übermäßigen Bevölkerungsschwund. Regelungstechnisch werden diese Nebenansätze jeweils in fiktive Einwohner umgerechnet. 822

3. Gewichtete Leistungsfähigkeit der Kommunen

Zur Bestimmung der Leistungsfähigkeit einer Gemeinde werden deren Erträge aus den Realsteuern (→ Rn. 793) sowie ihr Anteil an den Gemeinschaftsteuern (→ Rn. 806) herangezogen. Für Landkreise tritt an die Stelle des Steueraufkommens das Aufkommen der Kreisumlage (→ Rn. 810). Unberücksichtigt bleiben 823

[18] Vgl. *Schmidt*, DÖV 2012, 8 (9).

[19] *Schmidt*, DÖV 2012, 8 (10).

[20] Dazu *Brecht*, Neuordnung der Dezentralisation im Deutschen Reich, 1928; *Popitz*, Der künftige Finanzausgleich zwischen Reich, Ländern und Gemeinden, 1932.

[21] Überblick bei *Schmidt*, DÖV 2012, 8 (10 f.), m.w.N.

die kommunalen Verbrauch- und Aufwandsteuern (→ Rn. 802) sowie die Vorzugslasten (→ Rn. 817). Soweit den Kommunen jeweils ein Hebesatzrecht zusteht, wird das tatsächliche Steuer- bzw. Umlageaufkommen jeweils durch den tatsächlichen Hebesatz der Kommune dividiert und mit einem durchschnittlichen oder von dem Gesetzgeber vorgegebenen Hebesatz multipliziert, um so die tatsächliche Steuer- bzw. Umlagekraft der Kommune zu ermitteln.[22] Mit anderen Worten: Der tatsächliche Hebesatz wird herausgerechnet.

824 Übersteigt der maßgeblich durch die Einwohnerzahl bestimmte Bedarf die durch die Steuer- bzw. Umlagekraft der Kommune geprägte Leistungsfähigkeit, wird die vorhandene Deckungslücke teilweise ausgeglichen.

825 Der Ausgleich erfolgt aus dem Steuerverbund gemäß Art. 106 VII GG. Die Länder sind verpflichtet, einen Teil ihres Anteils an den Gemeinschaftsteuern gemäß Art. 106 III, IV GG den Kommunen zur Verfügung zu stellen (obligatorischer Verbund) und können darüber hinaus auch einen Anteil am Aufkommen der Landessteuern nach Art. 106 II GG den Kommunen im Wege des kommunalen Finanzausgleichs überlassen (fakultativer Verbund).

4. Teilweiser Ausgleich der Deckungslücke

826 Die Kommunen erhalten von den Ländern im Rahmen des Finanzausgleichs Schlüssel-, Bedarfs- und Zweckzuweisungen.[23] Schlüsselzuweisungen werden kraft Gesetzes gewährt und müssen von den Kommunen nicht zweckgebunden verwendet werden. Bedarfszuweisungen werden nur bei besonderer Haushaltsnotlage auf Antrag gewährt und stellen ebenfalls ein allgemeines Deckungsmittel dar. Zweckzuweisungen müssen gleichfalls beantragt werden, dürfen aber von der Kommune nur zu dem von dem Land festgelegten Zweck verwendet werden.

5. Konnexitätsprinzip und weitere Ausgleichsregelungen

827 Neben dem allgemeinen kommunalen Finanzausgleich bestehen weitere Ausgleichssysteme, etwa aus dem Aufkommen der Feuerschutzsteuer. Zudem haben die Kommunen aus dem landesverfassungsrechtlich geregelten Konnexitätsprinzip (→ Rn. 89) einen Anspruch gegen das Land auf Kostenausgleich, sofern das Land ihnen staatliche Aufgaben überträgt, die Wahrnehmung von Selbstverwaltungsaufgaben vorschreibt oder vorgegebene Leistungsstandards bei der kommunalen Aufgabenerfüllung erhöht.

---

[22] Zur Berechnung siehe *Schmidt*, DÖV 2012, 8 (11 f.).

[23] Überblick bei *Schmidt*, DÖV 2012, 8 (14 f.).

VI. Privatrechtliche Erträge

Neben den Abgaben und den Finanzausgleichsmitteln fließen den Kommunen auch privatrechtliche Erträge zu. Dies sind Erträge aus wirtschaftlicher Tätigkeit, Vermögenserträge, Konzessionsabgaben sowie Zuwendungen. 828

1. Erträge aus wirtschaftlicher Tätigkeit

Die Kommunen dürfen sich zur Erledigung kommunaler Aufgaben wirtschaftlich betätigen. Dies folgt aus der Garantie kommunaler Selbstverwaltung gemäß Art. 28 II GG und ist im Übrigen auch einfachgesetzlich in den Kommunalordnungen gewährleistet. Soweit die Erfüllung des öffentlichen Zwecks nicht beeinträchtigt wird, sollen kommunale Unternehmen einen Gewinn erwirtschaften, der mindestens einer marktüblichen Verzinsung des Eigenkapitals entspricht.[24] 829

2. Vermögenserträge

Die Kommunalordnungen bestimmen, dass die Kommunen Vermögensgegenstände nur erwerben sollen, soweit dies zur Erfüllung ihrer Aufgaben erforderlich ist oder wird.[25] Soweit sie danach über Vermögensgegenstände wie Immobilien verfügen, können sie aus der Verwaltung oder Veräußerung des Vermögens Erträge erzielen. Die Kommunalordnungen verlangen, dass kommunales Vermögen einen angemessenen Ertrag erwirtschaften soll.[26] Dieses Gebot der Gewinnerzielung kann allerdings durch andere, vorrangige Ziele wie die Förderung erschwinglichen Wohnraums für breite Bevölkerungsschichten eingeschränkt werden. Soweit kommunales Vermögen zur Aufgabenerfüllung in absehbarer Zeit nicht mehr benötigt wird, kann es zum vollen Wert veräußert werden. Der Veräußerungserlös fließt der Kommune zu. 830

3. Konzessionsabgaben

Als Konzessionsabgaben bezeichnet man Wegenutzungsentgelte, die von Energieversorgungsunternehmen auf vertraglicher Grundlage an Kommunen entrichtet werden als Gegenleistung für die Inanspruchnahme der kommunalen Straßen, Wege und Plätze zur Verlegung von Leitungen. Die Bezeichnung „Konzessionsabgabe“ ist in zweierlei Hinsicht irreführend: Zum einen besteht die Leistung der Kommune nicht in der Erteilung einer Konzession oder einer sonstigen öffent- 831

---

[24] § 92 IV BbgKVerf; § 149 II 1 NdsKomVG; § 75 II 1 ThürKO.

[25] § 91 I GO BW; Art. 74 I BayGO; § 78 I BbgKVerf; § 108 I HessGO; § 56 I KV MV; § 124 I NdsKomVG; § 90 I GO NRW; § 78 I GO RP; § 95 I SaarlKSVG; § 89 II SächsGO; § 104 I GO LSA; § 89 I GO SH; § 66 I ThürKO.

[26] § 91 II 2 Hs. 2 GO BW; Art. 74 II 2 Hs. 2 BayGO; § 78 II 3 Hs. 2 BbgKVerf; § 108 II 2 Hs. 2 HessGO; § 56 II 2 Hs. 2 KV MV; § 124 II 2 Hs. 2 NdsKomVG; § 90 II 2 Hs. 2 GO NRW; § 78 II 2 Hs. 2 GO RP; § 95 II 2 Hs. 2 SaarlKSVG; § 89 III 2 Hs. 2 SächsGO; § 104 II 2 Hs. 2 GO LSA; § 89 II 2 Hs. 2 GO SH; § 66 III 2 Hs. 2 ThürKO.

lich-rechtlichen Erlaubnis, sondern in der Zurverfügungstellung der kommunalen Straßen. Zum anderen handelt es sich nicht um eine öffentlich-rechtliche Abgabe, sondern um ein privatrechtliches Entgelt nach Art des Mietzinses.

832 Die Kommunen dürfen Konzessionsabgaben für die Verlegung von Strom-, Gas- und Wasserleitungen erheben. Für Strom und Gas ist der Abschluss von Wegenutzungsverträgen in § 48 EnWG geregelt; für Wasser finden sich Regelungen in § 2 KAEAnO. Für die Verlegung von Telekommunikationsleitungen schließt § 68 TKG ausdrücklich die Erhebung von Konzessionsabgaben aus. Hinsichtlich der Verlegung sonstiger Leitungen (z.B. Fernwärme) wird man wegen der verfassungsrechtlichen kommunalen Selbstverwaltungsgarantie und des einfachgesetzlichen Eigentums der Kommunen mangels ausdrücklichen gesetzlichen Verbotes die Erhebung von Konzessionsabgaben auf vertraglicher Grundlage für zulässig erachten müssen.

833 **Übersicht 25-5: Konzessionsabgaben**

Produkt	**Konzessionsabgabe**	**Rechtsgrundlage**
Strom	Ja	§ 48 EnWiG; Wegenutzungsvertrag
Gas	Ja	§ 48 EnWiG; Wegenutzungsvertrag
Wasser	Ja	§ 2 KAEAnO; Konzessionsvertrag
Fernwärme	Umstritten	Wegenutzungsvertrag
Telekommunikation	Nein	§ 68 TKG

4. Zuwendungen

833a Kommunen können außerdem Spenden, Schenkungen und ähnliche[27] Zuwendungen einwerben und annehmen oder an Dritte vermitteln, die sich an der Erfüllung kommunaler Aufgaben beteiligen.[28] Dies erfolgt privatrechtlich auf der Grundlage eines unvollkommen zweiseitigen Vertrages oder eines einseitigen Rechtsgeschäft. Die Kommune erbringt keine ausdrückliche Gegenleistung. Durch solche Zuwendungen kann der Zuwendende sich sozial, kulturell oder allgemeinpolitisch betätigen, wobei er in der Regel selbst den Zweck der Zuwendung bestimmt. Gelegentlich dienen solche Zuwendungen als Sponsoringmaßnahme im Rahmen einer unternehmerischen Marketingstrategie auch der Absatzförderung. Die bedachte Kommune kann durch den Erhalt solcher Zuwendungen Aufgaben erfüllen, die sie sonst nicht oder nicht in diesem Umfang wahrnehmen könnte. Dabei stellen gerade Zuwendungen größeren Umfangs eine

[27] Z.B. Erbschaften und Vermächtnisse.

[28] Siehe § 78 IV GO BW; § 111 VII NdsKomVG.

erhebliche Gefahr für die Kommune dar. Denn der Zuwendende kann Einfluss auf die Willensbildung der Kommune gewinnen, weitere Mittel der Kommune binden und die von ihm verfolgten Zwecke können Vorrang vor dem von den kommunalen Organen zu bestimmenden Allgemeinwohl gewinnen. Den Zuwendungen annehmenden Organwaltern droht die Gefahr einer Bestrafung wegen Vorteilsannahme für die Kommune als Dritten gemäß § 331 StGB, bei rechtswidrigem Handeln gar wegen Bestechlichkeit nach § 332 StGB.[29] Dabei erscheint wegen Art. 31 GG zweifelhaft, ob die landesrechtlichen Vorschriften des Kommunalrechts über die Annahme von Zuwendungen für die Kommune einen Rechtfertigungsgrund bei Erfüllung eines bundesrechtlich geregelten Straftatbestandes darstellen können.

VII. Kredite

1. Grundlagen

Kredite sind unter der Verpflichtung der Rückzahlung aufgenommenes Kapital.[30] **834**
Kommunen können Kredite von ihren Eigenbetrieben und Eigengesellschaften und in gleicher Weise wie Private bei Sparkassen, Geschäftsbanken oder am Kapitalmarkt in privatrechtlichen Formen aufnehmen. Zumeist handelt es sich um die Inanspruchnahme von Darlehen (§ 488 BGB), Überziehungskredite[31] oder die Emission von Anleihen und Obligationen. Kredite erweitern kurzfristig den kommunalen Handlungsspielraum, mittel- und langfristig engen sie ihn wegen der Verpflichtung zur Zahlung von Zins und Tilgung ein.

2. Rechtliche Rahmenbedingungen

Die Inanspruchnahme von Krediten stellt für die Kommunen ein subsidiäres **835**
Finanzierungsmittel dar. Sie dürfen Kredite nur aufnehmen, wenn eine andere Finanzierung nicht möglich oder wirtschaftlich unzweckmäßig wäre.[32] Die Kommunalordnungen unterscheiden zwischen Investitions- und Kassenkrediten: Die Investitionskredite sind nur zulässig zur Finanzierung kommunaler Investitionen, aber auch zur Förderung von Investitionen Dritter und der Umschul-

[29] Vgl. BGHSt. 51, 44.

[30] Die Verordnungen zum kommunalen Haushaltsrecht (z.B. § 2 Nr. 28 BbgKomHKV) legen zumeist einen *engeren* Kreditbegriff zu Grunde, der nur so genannte Investitionskredite, nicht aber Kassenkredite erfasst. Zu diesen beiden Kreditarten sogleich Rn. 835.

[31] Vgl. für Verbraucherkredite die eingeräumte Überziehungsmöglichkeit gemäß § 504 BGB.

[32] § 78 III GO BW; Art. 62 III BayGO; § 64 III BbgKVerf; § 93 III HessGO; § 44 III KV MV; § 111 VI NdsKomVG; § 77 III GO NRW; § 94 IV GO RP; § 83 III SaarlKSVG; § 73 IV SächsGO; § 91 III GO LSA; § 76 III GO SH; § 54 III ThürKO.

dung.[33] Die nur ausnahmsweise zulässigen Kassenkredite sollen kurzfristig die Liquidität der Kommune sichern.[34]

836 Die Kommunalordnungen untersagen die Bestellung von Sicherheiten zu Gunsten der Gläubiger der Kommune.[35] Hintergrund ist, dass das kommunale Vermögen ungeschmälert zur Erfüllung der kommunalen Aufgaben zur Verfügung stehen soll.

837 Gleichwohl haben die Kommunen in aller Regel einen geringeren Zinssatz als private Schuldner zu entrichten. Sie gelten als Schuldner mit besonders hoher Bonität (also einem sehr guten Kreditrating), da über ihr Vermögen kein Insolvenzverfahren eröffnet werden kann, vielmehr letztlich das Land für sie einzustehen hat.

838 Die vorgesehene Aufnahme von Krediten ist in der Haushaltssatzung festzusetzen.[36] Der Gesamtbetrag der satzungsmäßig vorgesehenen Kreditaufnahmen bedarf der Genehmigung der Kommunalaufsichtsbehörde am Maßstab der Erfordernisse einer geordneten Haushaltsführung.[37] Die Genehmigung kann mit Nebenbestimmungen versehen werden. Sie kann versagt werden, wenn die Kreditverpflichtungen mit der dauernden Leistungsfähigkeit der Kommune nicht im Einklang stehen.

838a Als „Bürgerkredit“ bezeichnet man die Aufnahme von Kapital für Investitions- und Kassenkredite durch die Kommune direkt bei Privatpersonen, i.d.R. bei ihren Einwohnern. Dies erfordert geringen Aufwand und soll zugleich die Verbindung der Einwohner mit ihrer Kommune stärken. Allerdings stellt eine solche Kapitalaufnahme ein Einlagengeschäft nach § 1 I 2 Nr. 1 KWG dar, wofür eine Banklizenz erforderlich ist. Diese können die Kommunen aber nicht erhalten, weil ihnen kommunalwirtschaftsrechtlich der Betrieb von Bankunternehmen untersagt ist. Deshalb können solche Bürgerkredite nur durch Zwischenschaltung einer Bank aufgenommen werden.

---

[33] § 87 I GO BW; Art. 71 I BayGO; § 74 I 1 BbgKVerf; § 103 I HessGO; § 52 I KV MV; § 120 I 1 NdsKomVG; § 86 I 1 GO NRW; § 103 I GO RP; § 92 I SaarlKSVG; § 82 I SächsGO; § 100 I 1 GO LSA; § 85 I GO SH; § 63 I ThürKO.

[34] § 89 II GO BW; Art. 73 I BayGO; § 76 II BbgKVerf; § 105 I HessGO; § 53 II KV MV; § 122 I NdsKomVG; § 89 II GO NRW; § 105 II GO RP; § 94 I SaarlKSVG; § 84 II SächsGO; § 102 GO LSA; § 87 GO SH; § 65 I ThürKO.

[35] § 87 VI 1 GO BW; Art. 71 VI 1 BayGO; § 74 VI 1 BbgKVerf; § 103 VIII HessGO; § 52 VII 1 KV MV; § 121 NdsKomVG; § 86 V 1 GO NRW; § 103 VI 1 GO RP; § 92 VI 1 SaarlKSVG; § 82 VI 1 SächsGO; § 100 VI 1 GO LSA; § 85 VIII 1 GO SH; § 63 VI 1 ThürKO.

[36] § 79 II Nr. 3a) GO BW; Art. 63 II Nr. 2 BayGO; § 65 II 1 Nr. 3 BbgKVerf; § 94 II Nr. 1b) HessGO; § 45 III Nr. 1d) KV MV; § 112 II 1 Nr. 1c) NdsKomVG; § 78 II 1 Nr. 1c) GO NRW; § 95 II Nr. 1d) GO RP; § 84 II Nr. 1c) SaarlKSVG; § 74 II Nr. 1c)aa) SächsGO; § 92 II Nr. 2 GO LSA; § 77 II Nr. 1b) GO SH; § 55 II Nr. 2 ThürKO.

[37] § 87 II GO BW; Art. 71 II BayGO; § 74 II BbgKVerf; § 103 II HessGO; § 52 II KV MV; § 120 II NdsKomVG; § 103 II GO RP; § 92 II SaarlKSVG; § 82 II SächsGO; § 100 II GO LSA; § 85 II GO SH; § 63 II ThürKO.

Obgleich in der Theorie der kommunalen Kreditaufnahme enge Grenzen gezogen sind, konnten in der Praxis diese Regelungen bisher die kommunale Verschuldung kaum bremsen. Neben der permanenten Überforderung der Kommunen durch Zuweisung weiterer Aufgaben ohne adäquate Finanzierung, welche die Kommunen zur Kreditaufnahme zwingt, stellt vor allem die kreditfinanzierte Förderung von Investitionen Dritter ein Einbruchstor dar. Im Übrigen vernachlässigen die Kommunen den Gleichlauf zwischen Kreditlaufzeit und Nutzung des kreditfinanzierten Wirtschaftsgutes: Einerseits werden kurzfristige Kassenkredite verwendet, um langlebige Güter zu beschaffen; andererseits werden Kreditverträge mit so langen Laufzeiten abgeschlossen, dass, wenn das kreditfinanzierte Gut längst das Ende seiner Lebensdauer erreicht hat, immer noch Darlehen zu verzinsen und zu tilgen sind. 839

3. Kreditähnliche Rechtsgeschäfte

Anstatt auf Kredite zurückzugreifen, schließen Kommunen vielfach Geschäfte ab, die in ihrer Finanzierungswirkung der Kreditvergabe nahe kommen. Zu diesen kreditähnlichen Geschäften zählen etwa Leasing- und Factoringverträge. Auch solche kreditähnliche Geschäfte bedürfen der Genehmigung der Kommunalaufsichtsbehörde.[38] 840

4. Verpflichtungsermächtigungen

Als Verpflichtungsermächtigungen bezeichnet man Verpflichtungen zur Leistung von Investitionsauszahlungen sowie Auszahlungen für Investitionsförderungsmaßnahmen Dritter in folgenden Jahren.[39] Sie werden bereits im gegenwärtigen Haushaltsplan veranschlagt und binden künftige Haushaltsmittel. Sie stellen ein haushaltstechnisches Instrument dar, um den Investitionsfluss bei Großinvestitionen zu bewältigen, bei denen Aufträge über eine längere Periode als ein Haushaltsjahr zu vergeben sind. Mit Verpflichtungsermächtigungen bindet sich die Vertretungskörperschaft selbst für die Folgejahre. Verpflichtungsermächtigungen bedürfen insoweit der Genehmigung der Kommunalaufsichtsbehörde, als in den Jahren, zu deren Lasten sie veranschlagt sind, Kreditaufnahmen vorgesehen sind.[40] 841

---

[38] § 87 V 1 GO BW; Art. 72 BayGO; § 74 V 1 BbgKVerf; § 103 VII HessGO; § 52 V KV MV; § 120 VI NdsKomVG; § 86 IV GO NRW; § 103 V GO RP; § 92 V SaarlKSVG; § 82 V SächsGO; § 100 V GO LSA; § 85 V GO SH; § 64 I ThürKO.

[39] Vgl. § 86 I GO BW; Art. 67 I BayGO; § 73 I BbgKVerf; § 102 I HessGO; § 54 I KV MV; § 119 I NdsKomVG; § 85 I GO NRW; § 102 I GO RP; § 91 I SaarlKSVG; § 81 I SächsGO; § 99 I GO LSA; § 84 I GO SH; § 59 I ThürKO.

[40] § 86 IV GO BW; Art. 67 IV BayGO; § 73 IV 1 BbgKVerf; § 102 IV HessGO; § 54 IV KV MV; § 119 IV NdsKomVG; § 95 IV Nr. 1 GO RP; § 91 IV SaarlKSVG; § 81 IV SächsGO; § 99 IV GO LSA; § 84 IV GO SH; § 59 IV ThürKO.

842 **Übersicht 25-6: Rangfolge der kommunalen Erträge**

Rangposition	Ertragsart	Bemerkungen
1	Gebühren	Vorwiegend für Gemeinden bedeutsam.
2	Beiträge	Vorwiegend für Gemeinden bedeutsam.
3	Steuern	Nur für Gemeinden wichtig.
4	Umlage	Wichtigste Einnahmequelle der Landkreise; auch für Zweckverbände wichtig.
5	Mittel aus dem Finanzausgleich	In der Regel nur für Gemeinden und Landkreise, nicht aber für Zweckverbände.
6	Kredite	Kreditaufnahme soll vermieden werden.

VIII. Vergleich mit staatlicher Finanzierung

843 Vergleicht man die kommunalen Erträge mit der Finanzierung von Bund und Ländern, so finden sich dort zwar dieselben Ertragsarten wieder, sie sind aber in ihrem Verhältnis zueinander anders zu gewichten: Auf staatlicher Ebene spielt der Steuerertrag gemäß Art. 106 I–IV GG eine viel größere Rolle als bei den Gemeinden (von den Landkreisen ganz zu schweigen, s.o.). Es handelt sich um die Haupteinnahmequelle sowohl des Bundes als auch der Länder. Umlagen haben – abgesehen von der Gewerbesteuerumlage nach Art. 106 VI 4, 5 GG – kaum Bedeutung.

844 Auch die Vorzugslasten spielen für Bund und Länder eine geringere Rolle, weil die Ministerialbürokratie kaum in Kontakt zum Bürger tritt und die großen Landesverwaltungszweige Innere Sicherheit und Kultus ihre Leistungen zumeist ohne Erhebung von Gebühren oder Beiträgen anbieten, sieht man von den in einigen Ländern auch von staatlichen Hochschulen erhobenen Studiengebühren ab.

845 Differenzierter ist der Finanzausgleich zu beurteilen. Während der landesinterne Finanzausgleich für sämtliche Kommunen eine bedeutende Einnahmequelle darstellt, werden der Bund und wenige besonders wirtschaftsstarke Länder durch ihre Zahlungen in den Bund-Länder-Finanzausgleich belastet, während die Mehrzahl der Länder von diesem Ausgleichssystem profitiert.[41]

846 Was die privatrechtlichen Erträge anbelangt, so dürfte diese Finanzquelle für Bund und Länder derzeit eine noch größere Rolle spielen als für die Kommunen. Allerdings sind durch die materiellen Privatisierungen der letzten Jahre zahlreiche Staatsbeteiligungen veräußert worden, so dass nach dem einmaligen Privati-

[41] Geberländer sind derzeit Baden-Württemberg, Bayern und Hessen. Zwischen der Position als Geber- oder Nehmerland schwanken regelmäßig Hamburg und Nordrhein-Westfalen.

sierungserlös keine Erträge aus laufender Geschäftstätigkeit mehr anfallen werden.

Hinsichtlich der Kreditaufnahme waren die verfassungsrechtlichen Vorgaben für Bund und Länder bisher milder als die kommunalrechtlichen Schranken für Gemeinden und Landkreise. Seit der Neufassung der Art. 109 III; 115 GG sowie der Einfügung des Art. 143d GG durch die Föderalismusreform II dürfen indes die Länder ab dem Jahr 2020 überhaupt keine Kredite mehr und der Bund nur noch in Höhe von 0,35% des Bruttoinlandsprodukts Kredite neu aufnehmen. Es bleibt abzuwarten, wie dieses Neuverschuldungsverbot sich auf die kommunalen Haushalte auswirken wird. Zu erwarten ist, dass die Länder auch die Regelungen über die kommunale Kreditaufnahme verschärfen werden, da sie diesen nicht kommunalrechtlich etwas gestatten werden, was ihnen selbst verfassungsrechtlich versagt ist. 847

IX. Kontrollfragen

1) Welche Erträge stehen den Kommunen zu? (Rn. 791) 848
2) Zwischen welchen Steuerkompetenzen ist zu unterscheiden? (Rn. 793)
3) Das Aufkommen welcher Steuern steht den Kommunen ganz oder teilweise zu? (Rn. 795, 793, 794)
4) Wie werden die Realsteuern erhoben? (Rn. 796, 797, 799–801)
5) Was versteht man unter der Kreisumlage und auf welche Weise wird diese erhoben? (Rn. 810–813)
6) Welche weiteren kommunalen Umlagen neben der Kreisumlage kennen Sie? (Rn. 815, 816)
7) Was versteht man unter Vorzugslasten? (Rn. 817–819)
8) Welche Funktionen hat der kommunale Finanzausgleich und in welchem Verfahren vollzieht er sich? (Rn. 820–827)
9) Warum werden Einwohner „veredelt“? (Rn. 821)
10) Welche privatrechtlichen Erträge stehen den Kommunen zu? (Rn. 828–832)
11) Warum ist die Bezeichnung „Konzessionsabgaben“ irreführend? (Rn. 831)
12) Welche Arten kommunaler Kredite können nach ihrem Zweck unterschieden werden? (Rn. 835)
13) Was sind die Vorteile des Kommunalkredits? (Rn. 837)
14) Was versteht man unter einer Verpflichtungsermächtigung? (Rn. 841)

Rechtsprechung zu § 25

Zu Steuern: 849
BVerfGE 26, 172 (Keine Aufkommensgarantie für Realsteuern)
BVerfGE 65, 325 (Zweitwohnungsteuer)

BVerfGE 98, 106 (Verpackungsteuer)
BVerfGE 112, 216 (Verpflichtung zur Erhebung von Gewerbesteuer)
BVerwGE 69, 242 (Straßenreinigungsgebühren)
BVerwGE 96, 272 (Verpackungsteuer)
VGH Kassel, NVwZ-RR Jahr 2012, 770 (Hundesteuer)
OVG Magdeburg, NVwZ-RR 2013, 428 (Ungleicher Grundsteuerhebesatz nach Eingemeindung)
VGH Mannheim, ZKF 1990, 223 (Einwohnersteuer)

Zu Vorzugslasten:
BVerfGE 97, 332 (Staffelung von Kindergartengebühren nach Elterneinkommen)
OVG Lüneburg, NVwZ-RR 1996, 289 (Abgrenzung von Mindest-, Grund- und Regelgebühr)
VGH Mannheim, ZKF 1998, 111 (Fremdenverkehrsbeitrag)
OVG Schleswig, ZKF, 1997, 14 (Fremdenverkehrsabgabe)

Zu Umlagen:
BVerfGE 83, 363 (Krankenhausfinanzierungsumlage)
VerfGH NW, NVwZ 1983, 468 (Differenzierte Kreisumlage)
VerfGH NW, NWVBl. 1996, 426 (Kreisumlage)
OVG Lüneburg, DVBl. 1986, 1063 (Kreisumlage)
OVG Lüneburg, NdsVBl. 1999, 163 (Kreisumlage)
OVG Lüneburg, NdsVBl. 2003, 101 (Kreisumlage)

Zum Finanzausgleich:
Nds. StGHE 3, 136; 3, 299 (Kommunaler Finanzausgleich I und II)
Nds. StGH, NdsVBl. 2001, 192 (Kommunaler Finanzausgleich III)

Literatur zu § 25

850 **Allgemein zu Abgaben:**
Geis/Madeja, Kommunales Wirtschafts- und Finanzrecht, JA 2013, 248–256; 321–324
Kirchhof, Grundriß des Steuer- und Abgabenrechts, 2. Auflage, 2001
von Mutius/Dreher, Reform der Kreisfinanzen, 1990
Quaas, Kommunales Abgabenrecht, 1997
Reinhard, Neue kommunale Finanzierungsmodelle und Zukunftsgerechtigkeit, 2006
Siegel, Einführung in das Kommunalabgabenrecht, JuS 2008, 1071–1076
Waldhoff, Satzungsautonomie und Abgabenerhebung – zu den Anforderungen des Gesetzesvorbehalts und Eingriffe durch kommunale Abgaben, in: Kirchhof u.a. (Hrsg.), FS Vogel, 2000, 495–516
Wollenschläger, Kommunalabgabenrecht unter europäischem Einfluss, NVwZ 2008, 506–513

Zu Steuern:
Schmid/Gössl, Die Gemeinden und ihre Finanzen, BWGZ 2004, 582–599

Schwarting, Kommunale Steuern – Grundlagen, Verfahren, Entwicklungstendenzen, 2. Auflage, 2007

Wienbracke, Tropfen auf heiße Steine: Örtliche Verbrauch- und Aufwandsteuern (Art. 105 Abs. 2a Satz 1 GG) in Zeiten knapper kommunaler Kassen, KStZ 2013, 41–46

Zu Vorzugslasten:

Kirchhof, Die Höhe der Gebühr, 1981

Zu Umlagen:

Friauf/Wendt, Rechtsfragen der Kreisumlage, 1980

Jurkschat, Die Finanzordnung im kreisangehörigen Raum – Rechtliche Grenzen der Kreisumlage, 1994

Kirchhof, Die Rechtsmaßstäbe der Kreisumlage, 1995

Tysper, Die Kreisumlage im Zerrspiegel aktueller Verwaltungsjudikatur, KommJur 2009, 408–415, 458–462

Zum Finanzausgleich:

Aulbert, Staatliche Zuwendungen an Kommunen, 2010

Häde, Finanzausgleich, 1996

Joritz, Das Urteil des Thüringer Verfassungsgerichtshofes vom 21.6.2005 zum Kommunalen Finanzausgleich, KommJur 2006, 6–8

Lohse, Kommunale Aufgaben, kommunaler Finanzausgleich und Konnexitätsprinzip, 2005

Schmidt, Die Grundlagen des kommunalen Finanzausgleichs, DÖV 2012, 8–15

Zur Veräußerung von Vermögen:

Dietlein, Anteils- und Grundstücksveräußerungen als Herausforderungen für das Vergaberecht, NZBau 2004, 472–479

Weiß, Erwerb, Veräußerung und Verwendung von Vermögensgegenständen durch die Gemeinden, 1991

Zu Konzessionsabgaben:

Reck, Pflichten der Kommunen bei auslaufenden Konzessionsverträgen in der Energieversorgung, KommJur 2009, 401–407, 458–462

§ 26 Kommunale Aufwendungen

I. Überblick über die kommunalen Aufwendungen

851 Kommunale Aufwendungen sind die bereits in der Kameralistik erfassten zahlungswirksamen Auszahlungen sowie die erst seit Einführung der Doppik außerdem berücksichtigten sonstigen Minderungen des kommunalen Vermögens. Rechtliche Vorgaben hinsichtlich der kommunalen Aufwendungen folgen vor allem aus dem jeweiligen Fachrecht, z.B. dem Sozialrecht, teilweise auch aus dem Kommunalrecht, z.B. hinsichtlich der Abschreibung des kommunalen Anlagevermögens. Die kommunalen Aufwendungen können nach verschiedenen Kriterien eingeteilt werden: Nach der Nähe zur Aufgabenerfüllung ist zwischen Zweckaufwendungen, die unmittelbar der Erfüllung der kommunalen Aufgaben dienen, und Verwaltungsaufwendungen, welche die notwendige Verwaltungsinfrastruktur zur Aufgabenerfüllung überhaupt erst bereit stellen, zu unterscheiden. Hinsichtlich der Art der zu erfüllenden Aufgabe ist zwischen Aufwendungen für Aufgaben des übertragenen Wirkungskreises, für pflichtige und freiwillige Selbstverwaltungsaufgaben zu differenzieren. Im Hinblick auf die Zulässigkeit der Kreditaufnahme ist zwischen Investitionen[1] und sonstigen Aufwendungen zu trennen.

II. Einzelne kommunale Aufwendungen

852 Im Folgenden werden die quantitativ bedeutsamsten kommunalen Aufwendungen überblicksartig vorgestellt in grober Orientierung an den einzelnen kommunalen Aufgabenfeldern. Ein besonderer Schwerpunkt wird auf die Frage gelegt, inwieweit die Kommune die Höhe der Aufwendungen beeinflussen kann.

1. Verwaltungsaufwendungen

853 Zu den Verwaltungsaufwendungen zählen die Kosten für die kommunalen Organe, also die Vertretungskörperschaft, den Hauptverwaltungsbeamten und ggf. weitere Organe wie den Hauptausschuss, sowie kommunale Beauftragte wie die Gleichstellungsbeauftragte. Auch die Leitung der Fachbereiche verursacht Kos-

---

[1] Sowie Investitionsfördermaßnahmen und Umschuldungen, die ebenfalls durch Investitionskredite finanziert werden; s.o. Rn. 835.

ten, ebenso die Besoldung und Versorgung der kommunalen Beamten und das Gehalt der Arbeitnehmer. Diese Kosten fallen sowohl bei Gemeinden als auch bei Landkreisen jeweils in erheblicher Höhe an. Soweit die Besoldung und Versorgung der Beamten durch Bundes- und Landesgesetze[2] sowie das Gehalt der Arbeitnehmer durch Tarifvertrag vorgegeben ist, hat die einzelne Kommune kaum Einfluss auf die Kosten je Beschäftigten. Die Kommune kann lediglich die Anzahl der Mitarbeiter beeinflussen, Fachbereiche zusammenlegen und – nach einigen Kommunalordnungen[3] – auch die Größe der Vertretungskörperschaft reduzieren.

2. Aufwendungen im sozialen Bereich

Zu den Sozialaufwendungen rechnen vor allem soziale Hilfen (Hartz IV) nach SGB II und SGB XII, Leistungen der Kinder-, Jugend- und Familienhilfe nach SGB VIII sowie Leistungen an Asylbewerber nach dem AsylbLG. Diese Aufwendungen machen bei Landkreisen und kreisfreien Städten als Träger der Sozialhilfe[4] regelmäßig den größten Etatposten aus, während die kreisangehörigen Gemeinden in wesentlich geringerem Umfang Sozialleistungen zu erbringen haben. Die Höhe der Sozialleistungen ist weitgehend gesetzlich vorgegeben; nur soweit die Kommunen selbst über die Qualitätsstandards der Hilfe entscheiden, können Sie die Aufwendungshöhe unmittelbar beeinflussen. Vor allem ist es jedoch Aufgabe der kommunalen Wirtschaftsförderung, Unternehmen anzusiedeln, die Arbeitsplätze schaffen, und Verpflichtung der Sozialpolitik, Leistungsempfänger für den Arbeitsmarkt zu qualifizieren, so dass die Sozialaufwendungen sinken können. 854

3. Öffentliche Sicherheit

Zu den Aufwendungen für die öffentliche Sicherheit zählen maßgeblich die Ausgaben für die Feuerwehr, den Rettungs- und den Ordnungsdienst.[5] Diese Aufgaben werden in der Regel als Aufgaben des übertragenen Wirkungskreises, je nach Landesrecht zum Teil auch als pflichtige Selbstverwaltungsaufgaben wahrgenommen. In beiden Fällen ist das „Ob“ der Aufgabe den Kommunen vorgegeben, Spielraum besteht aber zum Teil hinsichtlich des „Wie“ der Aufgabenerfüllung, z.B. in Bezug auf die Ausstattung der Feuerwehr mit Fahrzeugen und Gerätschaften. 855

[2] Seit der Föderalismusreform II aus dem Jahr 2009.

[3] § 25 II 1 Hs. 2 GO BW; § 6 III BbgKomWG; § 38 II HessGO; § 46 IV NdsKomVG; § 3 II 2 KomWG NRW; § 29 III SächsGO.

[4] § 6 I 1 Nr. 2 SGB II; § 69 SGB VIII; § 3 SGB XII; § 10 AsylbLG.

[5] Siehe z.B. für die Feuerwehr §§ 3 f. FwG BW; Art. 1 f. BayFwG; § 2 BbgBKG; § 2 HessBKG; §§ 2 f. BSchG MV; §§ 2 f. NdsBSchG; § 1 FSHG NRW; § 2 BKG RP; § 2 SaarlBKG; § 3 SächsBKG; §§ 2 f. BSchG LSA; §§ 2 f. BSchG SH; § 2 ThürBKG.

4. Kultur

856 Den Kommunen obliegen auch zahlreiche kulturelle Aufgaben.[6] Regelmäßig sind die Gemeinden Träger der Grundschulen[7], die Landkreise und kreisfreien Städte Träger der weiterführenden Schulen[8]. Gemeinden unterhalten häufig Musikschulen und Bibliotheken, Landkreise und kreisfreie Städte Volkshochschulen, Museen und Theater. Abgesehen von der Schulträgerschaft handelt es sich zumeist um freiwillige Selbstverwaltungsaufgaben, so dass im Zuge von Sparmaßnahmen viele dieser Einrichtungen von der Schließung bedroht sind oder gar bereits geschlossen wurden. Zum Teil können diese Einrichtungen aufrecht erhalten werden, indem private Fördervereine in ehrenamtlichem Engagement ihre Trägerschaft übernehmen und die Kommune dann im Rahmen ihrer begrenzten Mittel diesen Vereinen Zuschüsse gewährt.

5. Gesundheit

857 Der Gesundheitsfürsorge der Einwohner dienen die Gesundheitsämter der Landkreise sowie in manch größeren Kommunen die kommunalen Krankenhäuser. Zur Unterhaltung eines Gesundheitsamtes sind die Landkreise und kreisfreien Städte verpflichtet, die kommunalen Krankenhäuser sind für die Gesundheitsversorgung gerade im ländlichen Raum vielfach unverzichtbar. In den letzten Jahren sind zahlreiche kommunale Krankenhäuser privatisiert worden. Hier hängt es von der Vertragsgestaltung ab, inwieweit die Kommunen sich weiterhin Einfluss sichern konnten.

6. Ver- und Entsorgung

858 Zu den bedeutsamsten und kostenträchtigsten pflichtigen kommunalen Selbstverwaltungsaufgaben zählen die Versorgung mit Wasser sowie die Entsorgung des Abwassers und des Abfalls.[9] Zum Teil können Kooperationen mit Nachbarkommunen die Kosten senken, wobei allerdings gerade bei leitungsgebundenen Einrichtungen der Zusammenarbeit faktisch Grenzen gesetzt sind.

---

[6] Siehe § 10 II 1 GO BW; Art. 57 I 1 BayGO; § 2 II 2 BbgKVerf; § 19 I HessGO; § 2 II KV MV; § 4 S. 2 NdsKomVG; § 8 I GO NRW; § 5 II SaarlKSVG; § 2 I SächsGO; § 2 I 2 GO LSA; § 17 I GO SH; § 2 II ThürKO.

[7] Vgl. § 28 I SchulG BW; § 100 I 1 BbgSchulG; § 103 I 1 Nr. 1 SchulG MV; § 102 I NdsSchulG; § 78 I 1 SchulG NRW; § 76 I 1 Nr. 1 SchulG RP; § 38 I SaarlSchulOG; § 65 I SchulG LSA.

[8] Vgl. § 28 II SchulG BW; § 100 II 1 BbgSchulG; § 103 I 1 Nr. 2 SchulG MV; § 102 II NdsSchulG; § 78 II 1 SchulG NRW; § 76 I 1 Nr. 2 und 3 SchulG RP; 38 II 1 SaarlSchulG; § 65 II 1 SchulG LSA.

[9] Siehe für die Abfallentsorgung § 6 AbfG BW; Art. 3 I BayAbfG; § 2 BbgAbfG; § 1 I HessAKrWG; § 3 I AbfWG MV; § 6 NdsAbfG; § 5 AbfG NRW; § 3 I LKrWG RP; § 5 SaarlAbfWG; § 3 AbfG LSA; § 3 AbfWG SH; § 2 ThürAbfG.

7. Bestattungswesen

Zahlreiche Kommunalordnungen sehen das Bestattungswesen als kommunale Pflichtaufgabe vor.[10] Die Gemeinden haben Friedhöfe und Bestattungseinrichtungen zu unterhalten, wofür ihnen regelmäßig erhebliche Aufwendungen entstehen. Neue Begräbnisformen wie Friedwälder führen dazu, dass der Bedarf an herkömmlichen Friedhöfen sinkt, wobei für die Gemeinden zunächst Mehraufwendungen anfallen. **859**

8. Bauen und Umwelt

Kosten entstehen den Gemeinden für die Pflege des öffentlichen Grüns und die Bauleitplanung[11], den Landkreisen und kreisfreien Städten für die Bauaufsicht[12]. Kommunen widmen sich außerdem dem Denkmalschutz sowie dem Umwelt- und Naturschutz. Die Bauleitplanung als pflichtige Selbstverwaltungsaufgabe und die Bauaufsicht als übertragene staatliche Aufgabe lassen wenig Spielraum für Kostensenkungen; auch für den Umwelt- und Naturschutz bestehen zahlreiche höherrangige Vorgaben – am ehesten kann die Grünpflege reduziert werden. **860**

9. Verkehr

Als Träger der Straßenbaulast obliegt den Gemeinden der Bau und die Unterhaltung der Gemeinde-[13], den Landkreisen der Kreisstraßen[14]. Die Straßenreinigung ist von den Gemeinden zumeist durch Satzung auf die Anlieger als herkömmliche, allgemeine, für alle gleiche öffentliche Dienstpflicht (→ Rn. 664) abgewälzt worden. Der Öffentliche Personennahverkehr wird in der Regel von Unternehmen der Landkreise und kreisfreien Städte betrieben, die regelmäßig Zuschüsse benötigen. **861**

---

[10] § 1 I 1 BestattG BW; Art. 7 BayBestattG; § 26 II BbgBestattG; § 2 I 1 HessFBG; § 14 I Nr. 2 BestattG MV; § 13 I 1 Nr. 1 NdsBestattG; § 1 I BestattG NRW; § 2 I BestattG RP; § 2 I SaarlBestattG; § 2 I SächsBestattG; § 19 II BestattG LSA; § 22 I Nr. 1 BestattG SH; § 24 II ThürBestattG.

[11] § 1 III 1; § 2 I 1 BauGB.

[12] § 46 I Nr. 3 BauO BW i.V.m. § 15 LVG BW; Art. 53 I BayBauO; § 51 I 2 BbgBauO; § 52 I 1 Nr. 1 HessBauO; § 57 I 1 Nr. 1 BauO MV; § 57 I 1 NdsBauO; § 60 I Nr. 3 BauO NRW; § 58 I Nr. 3 BauO RP; § 58 I 2 SaarlBauO; § 57 I 1 Nr. 1 SächsBauO; § 56 I 1 Nr. 1 BauO LSA; § 58 I Nr. 2 BauO SH; § 59 I Nr. 1 ThürBauO.

[13] § 44 StrG BW; § 47 BayStrWG; § 9a I 3 BbgStrG; § 43 HessStrG; § 14 StrWG MV; § 48 NdsStrG; § 47 I StrWG NRW; § 14 StrG RP; § 50 SaarlStrG; § 44 I 3 SächsStrG; § 42 I 3 StrG LSA; § 13 StrWG SH; § 43 I 3 ThürStrG.

[14] § 43 II StrG BW; § 41 BayStrWG; § 9a I 2 BbgStrG; § 41 II 1 HessStrG; § 12 I lit. b StrWG MV; § 43 I 2 NdsStrG; § 43 I Nr. 2 StrWG NRW; § 12 II StrG RP; § 44 I 2 SächsStrG; § 42 I 2 StrG LSA; § 11 I lit. b StrWG SH; § 43 I 2 ThürStrG.

10. Sonstige öffentliche Einrichtungen

862 Zusätzlich zu den bereits genannten Aufgabenfeldern betreiben die Kommunen vielfach freiwillig weitere Einrichtungen, die nicht kostendeckend wirtschaften können. Dazu zählen im ländlichen Raum Dorfgemeinschaftshäuser, im urbanen Bereich Stadthallen. Der Weiterbetrieb solcher Einrichtungen kann häufig nur durch eine Veränderung des Nutzungskonzepts gesichert werden, etwa durch eine Verknüpfung mit kultureller oder sportlicher Nutzung sowie durch Kooperation mit privater Gastronomie.

11. Wirtschaftsförderung

863 Eine Aufgabe sowohl der Gemeinden als auch der Landkreise stellt die Wirtschaftsförderung dar.[15] Auch wenn dieser Bereich auf den ersten Blick nur Kosten zu verursachen scheint, so ist er dennoch für die weitere Entwicklung der Kommune unabdingbar. Allerdings können mit den eher kleinen Wirtschaftsförderungsetats einzelner Kommunen kaum aufwändigere Projekte – wie etwa die Präsentation auf Messen – finanziert werden, so dass die verfolgten Maßnahmen vielfach nur „halbherzig“ erscheinen. Eine wesentlich bessere Wirkung wird erzielt, wenn Landkreise und ihre kreisangehörigen Gemeinden zusammenwirken und sich gemeinsam als Region vermarkten.

12. Finanzaufwendungen

864 Je nach der wirtschaftlichen Lage der Kommune in den vergangenen Jahren spielen auch die Finanzaufwendungen eine mehr oder minder bedeutende Rolle im kommunalen Haushalt. Dazu zählen die Tilgung von Krediten und Zinszahlungen, die zahlungswirksam bereits in kameralistischen Zeiten etatmäßig berücksichtigt wurden, sowie die erst seit der Einführung der Doppik haushalterisch erfassten Abschreibungen für das kommunale Vermögen und die Bildung von Rücklagen, etwa für die künftige Beamtenversorgung. Auf kurze Sicht vermögen hier Umschuldungen und ein wirksames Cash-Management[16] zu einer niedrigeren Zinsbelastung führen; langfristig können bei kommunalen Investitionen eine Kostenbetrachtung über die gesamte Lebensdauer und im Personalbereich eine Stellenreduzierung geringere Aufwendungen bewirken.

---

[15] Siehe *Bulla/Lorenzmeier,* Kommunale Beihilfen für Forschung, Entwicklung und Innovation, 2013.

[16] Dazu *Wagner,* Kommunales Cash-Pooling, 2012.

Übersicht 26-1: Die wichtigsten kommunalen Aufwendungen 865

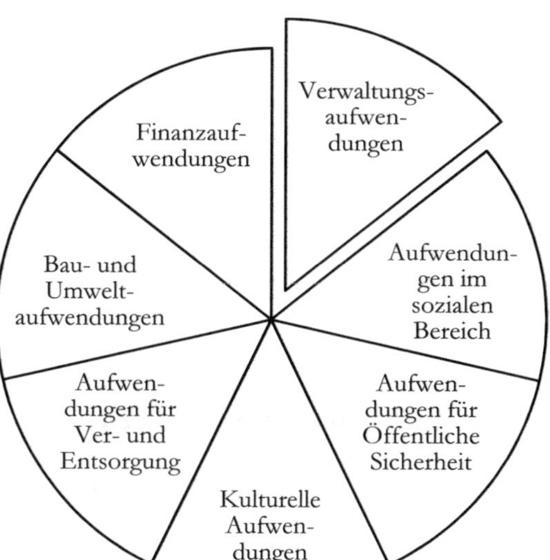

III. Vergleich mit staatlichen Aufwendungen

Vergleicht man die kommunalen Aufwendungen mit der Struktur der Haushalte 866 von Bund und Ländern, so zeigen sich teils Unterschiede, teils Gemeinsamkeiten: Zunächst können der Bund durch die Gesetzgebung und eingeschränkt auch die Länder durch ihre Mitwirkung daran die Struktur und Höhe ihrer Aufwendungen wesentlich stärker beeinflussen, als dies bei den Kommunen der Fall ist. Für den Bund, der über kaum einen eigenen Verwaltungsunterbau verfügt, spielen die Personalaufwendungen eine viel geringere Rolle als für die Kommunen. Allerdings trägt er die Aufgabe der Landesverteidigung, bezuschusst erheblich die Sozialversicherungssysteme und ist an den Kosten der sozialen Grundsicherung ebenfalls beteiligt. Bei den Ländern hingegen sind die Personalaufwendungen v.a. für innere Sicherheit und Bildung sehr umfangreich, während die Sozialaufwendungen vergleichsweise gering erscheinen. Was die staatlichen Finanzaufwendungen anbelangt, so dürften die Kosten für Schuldentilgung und Zinszahlung bei Bund und Ländern anteilig noch höher ausfallen als bei den meisten Kommunen.

IV. Kontrollfragen

867 1) Nach welchen Kriterien kann man die kommunalen Aufwendungen einteilen? (Rn. 851)
2) Welches sind die quantitativ bedeutendsten kommunalen Aufwendungen? (Rn. 853, 854)
3) Welche Einsparmöglichkeiten bestehen für die Kommunen? (Rn. 852–864)
4) Welche Aufwendungen blieben in der Kameralistik unberücksichtigt? (Rn. 864)
5) Inwieweit unterscheidet sich die Struktur der kommunalen Aufwendungen von den staatlichen? (Rn. 866)

Rechtsprechung zu § 26

868 BVerfG, NJW 2008, 1212 (Zuständigkeitsregelungen des SGB II und die Selbstverwaltungsgarantie)
BVerwGE 69, 242 (Berücksichtigung des Allgemeininteresses bei Bemessung von Straßenreinigungsgebühren)
BGH, NJW 2003, 3622 (Amtshaftung gegenüber Radfahrer bei Verletzung der Streupflicht auf Fuß- und Radweg)
VGH München, NVwZ-RR 2004, 736 (Abfallgebührenpflicht des Straßenbaulastträgers)

Literatur zu § 26

69–870 *Schmid/Gössl*, Die Gemeinden und ihre Finanzen, BWGZ 2004, 582–599

§ 27 Kommunales Haushaltsrecht

I. Grundlagen

Zunächst werden einige grundlegende haushaltsrechtliche Begriffe geklärt, bevor der Weg von der traditionellen Kameralistik hin zur Doppik beschrieben wird. Die Doppik baut maßgebend auf dem Ressourcenverbrauchskonzept auf, besteht aus der Drei-Komponenten-Rechnung und verlangt eine umfassende Kosten- und Leistungsrechnung. Sie ist der bedeutendste Teil des so genannten neuen Steuerungsmodells. 871

1. Grundlegende Begriffe der Kameralistik und Doppik

Jeder öffentliche oder private Haushalt hat mit dem Zu- und Abfluss von Geld und anderen Werten zu tun. Haushaltsrechtlich unterscheidet man Einzahlungen und Auszahlungen, Einnahmen und Ausgaben, Erträge und Aufwendungen sowie Leistungen und Kosten. 872

Als *Einzahlungen* bezeichnet man den tatsächlichen Zufluss von Bar- oder Buchgeld, z.B. eine Gutschrift auf dem Konto der Kommune. Entsprechend versteht man unter *Auszahlungen* den tatsächlichen Abfluss von Bar- oder Buchgeld, z.B. eine Lastschrift auf dem kommunalen Konto. Einzahlungen und Auszahlungen werden in der Doppik im Finanzhaushalt sowie in der Finanzrechnung berücksichtigt. 873

Der Begriff der *Einnahmen* reicht weiter als derjenige der Einzahlungen. Zu den Einnahmen rechnet man nämlich noch die Entstehung von Forderungen und die Minderung von Schulden. So stellt eine noch nicht beglichene Grundsteuerforderung der Gemeinde gegen einen ihrer Einwohner eine Einnahme dar. Zu einer Einzahlung wird sie aber erst, wenn der geschuldete Betrag auf dem Konto der Gemeinde eingeht. In gleicher Weise ist auch der Begriff der *Ausgaben* weiter als derjenige der Auszahlungen zu verstehen. Denn Ausgaben sind auch die Minderung von Forderungen und die Entstehung von Schulden. Erlässt die Gemeinde also eine Steuerforderung, stellt dies eine Ausgabe dar, obgleich kein Betrag von dem Bankkonto der Gemeinde geflossen ist. Einnahmen und Ausgaben stellten die Grundlage der kameralistischen Verwaltungs- und Vermögenshaushalte dar. In der Doppik spielen sie vor allem als Teil der Erträge und Aufwendungen eine Rolle. 874

Erträge bezeichnen den Wertezuwachs von Gütern und Dienstleistungen, der in Geld bewertet werden kann. Zu den Erträgen zählen neben den Einzahlungen und den anderen Einnahmen auch alle sonstigen Wertezuwächse, selbst wenn 875 diese weder mit einem tatsächlichen Zufluss von Bar- oder Buchgeld noch mit der Entstehung von Forderungen oder der Minderung von Schulden verbunden sind. Steigt bspw. ein kommunales Grundstück im Wert, so stellt dies bereits einen (außerordentlichen) Ertrag dar, selbst wenn das Grundstück weder veräußert wird noch in absehbarer Zeit veräußert werden soll. Umgekehrt beschreiben *Aufwendungen* jeden Werteverzehr von Gütern und Dienstleistungen, der in Geld bewertet werden kann. Zu den Aufwendungen rechnen neben den Auszahlungen und den übrigen Ausgaben auch alle sonstigen Wertminderungen. Hat eine Kommune bspw. ein Schwimmbad errichtet, so verliert dieses jedes Jahr allein bereits durch Abnutzung an Wert, selbst wenn keine Reparaturaufträge vergeben werden. Die Erträge, die keine Einnahmen darstellen, und die Aufwendungen, die keine Ausgaben bedeuten, wurden in der Kameralistik haushaltsrechtlich nicht berücksichtigt. In der Doppik hingegen fließen alle Erträge und Aufwendungen in den Ergebnishaushalt sowie die Ergebnisrechnung ein.

876 Unter *Leistungen* versteht man das Arbeitsergebnis einer Verwaltungseinheit, das in Quantität oder Qualität bewertet werden kann. Beispielsweise ist festzustellen, wie viele Widerspruchsbescheide ein Sachbearbeiter erlässt und welcher Anteil davon noch erfolgreich vor dem Verwaltungsgericht angefochten wird. *Kosten* bezeichnen die Aufwendungen zur Erstellung der Verwaltungsleistung, also z.B. die Kosten für die Erstellung eines Widerspruchsbescheids, die sich in Personal-, Raum- und sonstige Sachkosten aufteilen lassen. Leistungen und Kosten wurden in der Kameralistik nur in wenigen so genannten kostenrechnenden Verwaltungseinheiten berücksichtigt, vor allem in kommunalen Unternehmen. In der Doppik hat eine integrierte Kosten- und Leistungsrechnung grundsätzlich für jede Verwaltungsstelle zu erfolgen.

877 **Übersicht 27-1: Begriffe der Einnahmeseite**

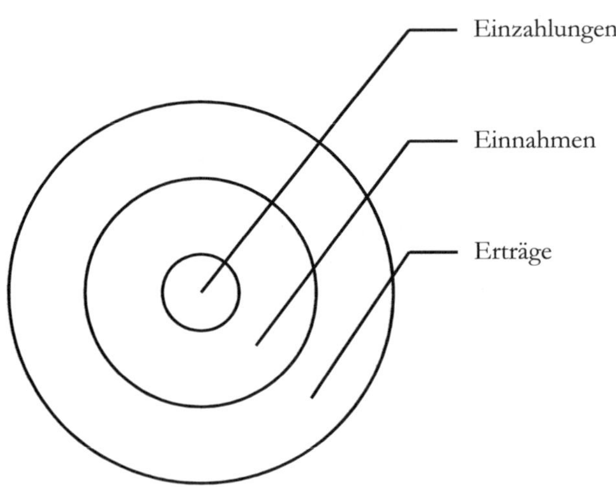

Übersicht 27-2: Begriffe der Ausgabenseite 878

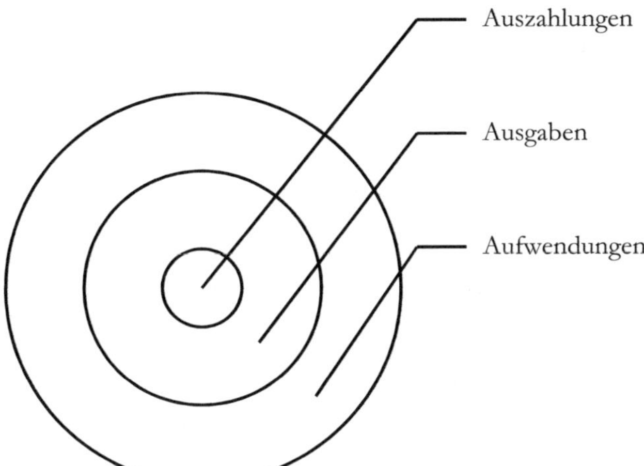

2. Von der Kameralistik zur Doppik

Bis in die 90er Jahre des vergangenen Jahrhunderts hinein wurden kommunale 879
Haushalte rein kameralistisch geführt (a). Aufbauend auf Vorarbeiten der Kommunalen Gemeinschaftsstelle für Verwaltungsvereinfachung (jetzt Verwaltungsmanagement) beschloss die Innenministerkonferenz 1994, eine Reform des kommunalen Haushaltsrechts anzustreben.[1] Zu diesem Zweck wurden Arbeitsgruppen gebildet und in die Landeskommunalgesetze Experimentierklauseln zur Erprobung neuer Steuerungsmodelle aufgenommen. 1999 billigte die Innenministerkonferenz dann ein Konzept zur Reform des kommunalen Haushaltsrechts, das ein Wahlrecht zwischen der erweiterten Kameralistik (b) und der Doppik (c), ähnlich der kaufmännischen doppelten Buchführung, vorsah.[2] Im Jahr 2000 nahm die Innenministerkonferenz die von den Arbeitsgruppen erarbeiteten Eckpunkte für ein kommunales Haushaltsrecht zustimmend zur Kenntnis und forderte diese auf, Musterentwürfe zu formulieren.[3] 2003 billigte die Innenministerkonferenz sodann Musterregelungen für eine neue Gemeindehaushaltsverordnung, für Produkt- und Kontenrahmen, sowie zu einer erweiterten

---

[1] Sitzung der Ständigen Konferenz der Innenminister und -senatoren der Länder am 6.5.1994.

[2] Sitzung der Ständigen Konferenz der Innenminister und -senatoren der Länder am 11.6.1999 über die „Konzeption zur Reform des kommunalen Haushaltsrechts", dazu *Rose*, Kommunale Finanzwirtschaft Niedersachsen, 6. Auflage, 2013, S. 7, m.w.N.

[3] Sitzung der Ständigen Konferenz der Innenminister und -senatoren der Länder am 24.11.2000.

kameralistischen Rechnungslegung.[4] In der Folge setzten die Länder diese Regelungen in Gesetzen und Verordnungen um.

a) Kameralistik

880 Ein traditioneller kameralistischer Haushalt einer Kommune bestand aus dem Verwaltungshaushalt für die laufende Verwaltungstätigkeit und dem Vermögenshaushalt für Investitionen. In beiden Teilhaushalten wurden lediglich Einnahmen und Ausgaben erfasst, nicht aber sonstige Erträge und Aufwendungen. Der Haushalt war inputorientiert, was bedeutet, dass den einzelnen Verwaltungsstellen Mittel in bestimmtem Umfang zugewiesen wurden und diese daraus maximalen Nutzen erzielen sollten. Eine Kosten- und Leistungsrechnung, bei der der Aufwand für die Erbringung einer Verwaltungsleistung berechnet wird, wurde nur vereinzelt durchgeführt – und zwar für die so genannten kostenrechnenden Einrichtungen, die gegen Gebühren Leistungen für die Einwohner erbrachten. Zu den Stärken des kameralistischen Systems zählte, dass es leicht zu handhaben war und die kommunalen Beschäftigten gut darin geschult werden konnten. Durch die Trennung in Verwaltungs- und Vermögenshaushalt wurde die Investitionstätigkeit der Kommune separat ausgewiesen. Die entscheidende Schwäche der Kameralistik bestand jedoch darin, dass jeder Werteverzehr, der sich nicht in Auszahlungen oder sonstigen Ausgaben ausdrücken ließ, im Haushalt unberücksichtigt blieb. Dies betraf vor allem die Abschreibung von Gebäuden aber auch die unterbliebene Rückstellung für Pensionslasten. Nachteilig machte sich außerdem bemerkbar, dass die Zuständigkeit für die Wahrnehmung von Aufgaben und die Verantwortung für die Zuweisung von Mitteln auseinander fielen.

b) Erweiterte Kameralistik

881 Die Kameralistik ist deshalb erweitert worden: Zwar erfasst sie weiterhin nur die Einnahmen und Ausgaben, die Kosten- und Leistungsrechnung ist aber von den Gebühren erhebenden Einrichtungen auf alle Verwaltungsstellen ausgedehnt und auch auf solche Verwaltungsleistungen erstreckt worden, die nicht extern gegenüber den Einwohnern, sondern intern für andere Verwaltungseinheiten erbracht werden. Es ist ein Paradigmenwechsel von einer input- hin zu einer outputorientierten Steuerung durch Haushaltsrecht erfolgt. Dies bedeutet, dass einer Verwaltungseinheit nicht mehr eine bestimmte Menge an Ressourcen zugewiesen wird und dann mit diesen Mitteln ein vorab in seinem Umfang nicht feststehender Erfolg erzielt werden soll, sondern es werden zunächst die von den einzelnen Verwaltungsgliederungen zu verwirklichenden Ziele festgelegt und dann soll ein Minimum an Mitteln eingesetzt werden, um diese Ziele zu erreichen. Die Ressourcenverantwortung soll dezentralisiert werden – mit anderen Worten die Zu-

[4] 173. Sitzung der Ständigen Konferenz der Innenminister und -senatoren der Länder am 21.11.2003 in Jena, Beschluss Nr. 18.

ständigkeit für die Wahrnehmung einer Aufgabe und die entsprechende Mittelverantwortung sollen zusammenfallen.

Erstmals bedient sich die erweiterte Kameralistik nach betriebswirtschaftlichem Vorbild auch in großem Umfang der *Kennzahlen*. Kennzahlen sind Zahlen, die Auskunft geben sollen über den Bedarf an und die Erbringung von Verwaltungsleistungen. Es handelt sich dabei in aller Regel um Brüche, bei denen zwei Werte zueinander in Beziehung gesetzt werden. So kann man den kommunalen Bedarf etwa an der Zahl der Einwohner je km² messen, die kommunale Verwaltungsleistung in den Verwaltungskosten je Einwohner bestimmen. Kennzahlen werden kommunalintern von der neu eingerichteten Stabsstelle *Controlling* erhoben. Diese bereitet die ermittelten Daten auf, weist auf Fehlentwicklungen hin und unterbreitet die Informationen dem Hauptverwaltungsbeamten und der Vertretungskörperschaft, um diesen die Entscheidungsfindung zu erleichtern. **882**

Der Vorteil der erweiterten Kameralistik liegt darin begründet, dass sie an die herkömmliche Kameralistik anknüpft, so dass nicht so große Schulungs- und weitere Umstellungskosten anfallen, die kostenrechnenden Elemente ausbaut und die finanzielle Transparenz des Verwaltungshandelns verstärkt. Dabei bleibt sie allerdings auf halbem Wege stehen, denn die entscheidende Schwäche der Kameralistik, die Nichtberücksichtigung des nicht zahlungswirksamen Werteverzehrs, wird nicht behoben. **883**

c) Doppik

Dies gelingt erst durch die Doppik[5], deren Einführung in den meisten Ländern – mit gewissen Übergangsfristen – zwischenzeitlich gesetzlich vorgeschrieben ist.[6] Die Doppik steuert in gleicher Weise wie die erweiterte Kameralistik outputorientiert und sieht ebenfalls eine umfassende Kosten- und Leistungsrechnung sowie eine dezentrale Ressourcenverantwortung vor. Auch sie arbeitet mit Kennzahlen und Controllinginstrumenten. **884**

Sie erfasst einerseits im *Finanzhaushalt* alle Einzahlungen und Auszahlungen, gibt folglich Auskunft über die (voraussichtliche) Liquidität der Kommune. Andererseits berücksichtigt sie im *Ergebnishaushalt* sämtliche Erträge und Aufwendungen, also neben den Einzahlungen und Auszahlungen sowie den sonstigen Einnahmen und Ausgaben auch alle übrigen nicht zahlungswirksamen Werterhöhungen und -minderungen des kommunalen Vermögens. Dazu zählen insbesondere die Abnutzung von Gebäuden sowie die erforderlichen Rückstellungen für Beamtenpensionen. Damit ermöglicht die Doppik nunmehr eine Gesamtdarstellung des kommunalen Vermögens. Weil die doppischen Haushalte sich in ihrer Struktur an den handelsrechtlichen Vorbildern der Privatwirtschaft orien- **885**

---

[5] Verkürzendes Kunstwort aus „*Dopp*elte Buchführung *i*n *K*onten Soll und Haben".

[6] § 77 III GO BW; Art. 61 IV BayGO; § 63 III BbgKVerf; § 92 II HessGO; § 43 V 1 KV MV; § 110 III NdsKomVG; § 27 I 1 GemHVO NRW; § 93 II 1 GO RP; § 26 II SaarlKomHVO; § 72 II 2 SächsGO; §§ 1 ff. GemHVO-Doppik LSA; § 75 IV 2 GO SH; § 52a ThürKO.

tieren, wird erstmals auch eine Gesamtkonsolidierung nach dem Muster des kapitalgesellschaftsrechtlichen Konzernrechts der §§ 290 ff. HGB möglich.[7] Dies bedeutet, dass die Haushalte der Kernverwaltung und der kommunalen Unternehmen und Einrichtungen rechnerisch zu einem Gesamthaushalt zusammengeführt werden, was Auskunft gibt über die wirtschaftliche Lage des *„Konzerns Kommune"* insgesamt.

886 Zu den Stärken der Doppik zählt, dass sie zusätzlich zu den Vorteilen der erweiterten Kameralistik nunmehr auch den *kommunalen Werteverzehr* darstellt und die Möglichkeit eröffnet, den Haushalt der Kernverwaltung mit den Etats der kommunalen Unternehmen zu verzahnen. Sie bildet realistischer die tatsächliche wirtschaftliche Lage einer Kommune ab. Auf der anderen Seite verursacht die Einführung der doppischen Haushaltsführung zunächst erhebliche Schulungs- und andere Umstellungskosten. Weil die Doppik letztlich auf der Übertragung betriebswirtschaftlicher Kategorien auf die öffentliche Verwaltung beruht, verwundert es nicht, dass gewisse Umstellungsschwierigkeiten auftreten und nicht jede Einordnung sofort eingängig erscheint.[8] So bedarf es einer gewissen Gewöhnung, Verwaltungsleistungen als *„Produkt"* zu verstehen. Schließlich soll vor einem verbreiteten Missverständnis gewarnt werden: Die Einführung der Doppik spart keine Kosten, sie macht sie aber erstmals in vollem Umfang transparent!

887 **Übersicht 27-3: Von der Kameralistik zur Doppik**

Kriterium	**Kameralistik**	**Erweiterte Kameralistik**	**Doppik**
Finanzgrößen	Einnahmen und Ausgaben	Einnahmen und Ausgaben	Erträge und Aufwendungen
Haushalt	inputorientiert	outputorientiert	outputorientiert
Kosten- und Leistungsrechnung	vereinzelt	umfassend	umfassend
Leistungsvergleiche	nein	Kennzahlen	Kennzahlen
Ressourcenverantwortung	zentral	dezentral	dezentral
Controlling	nein	ja	ja
Bilanz	nein	nein	ja
Gesamtabschluss	nein	nein	ja

[7] § 95a I GO BW; Art. 102a I BayGO; § 83 I BbgKVerf; § 112 V HessGO; § 61 KV MV; § 128 IV NdsKomVG; §§ 49 f. GemHVO NRW; § 109 GO RP; § 100 SaarlKSVG; § 88a SächsGO; § 108 V GO LSA; § 95o GO SH; § 20 ThürKDG.

[8] Einige Beispiele zu Diskrepanzen finden sich bei *Meinen*, DÖV 2012, 393.

3. Ressourcenverbrauchskonzept

Die Doppik ist nicht nur eine neue Methode der Haushaltsführung, sondern Teil eines umfassenden Ressourcenverbrauchskonzepts. Indem sie alle Kosten einer Verwaltungsleistung erfasst, macht sie deutlich, welche Ressourcen von den gegenwärtig in der Kommune lebenden Einwohnern tatsächlich verbraucht werden. Nach dem Prinzip intergenerationeller Gerechtigkeit sollen diese den Ressourcenverbrauch selbst vollständig tragen, so dass keine Lasten auf spätere Generationen verschoben werden. Um dies zu erreichen, muss dem Ressourcenverbrauch in einer Periode ein entsprechender Ressourcenertrag in derselben Periode gegenüberstehen. Dies wird haushaltsrechtlich umgesetzt durch das Gebot ausgeglichener Haushalte, denn wenn im Ergebnishaushalt die Erträge mindestens die Höhe der Aufwendungen erreichen (wenn nicht übertreffen) entstehen keine Belastungen nachfolgender Haushaltsjahre und künftige Generationen haben nicht für den Aufwand der gegenwärtig lebenden Einwohner einzustehen. 888

4. Drei-Komponenten-Rechnungsmodell

Haushaltstechnisch umgesetzt wird die Doppik in einem Drei-Komponenten-Rechnungsmodell. Von dessen Bestandteilen beschäftigen sich die Ergebnis- und Finanzkomponente mit Zeiträumen, der Bilanzaspekt mit einem Zeitpunkt. Bei allen drei Komponenten ist zudem zwischen einer Anfangs- und einer Schlussbetrachtung zu unterscheiden. 889

a) Ergebniskomponente

Kernstück der doppischen Haushaltsführung ist die Ergebniskomponente. Zu Beginn eines Haushaltsjahres werden in einem Ergebnishaushalt sämtliche in dem Haushaltsjahr zu erwartenden Erträge und Aufwendungen planerisch erfasst.[9] Nach Abschluss des Haushaltsjahres werden in der Ergebnisrechnung die tatsächlich erzielten Erträge und getätigten Aufwendungen nachgewiesen.[10] Dabei wird es zu mehr oder minder großen Abweichungen in die eine oder andere Richtung kommen. Diese Diskrepanz zwischen Plan und Wirklichkeit muss untersucht werden und bildet die Grundlage für eine verbesserte Planung im folgenden Haushaltsjahr. Im Recht der privaten Unternehmen entspricht der Ergebnisrechnung die Gewinn- und Verlustrechnung nach § 242 II HGB. Zu einer 890

---

[9] § 79 II 1 Nr. 1 GO BW; Art. 63 II 1 Nr. 1a) BayGO; § 65 II 1 Nr. 1a) BbgKVerf; § 94 II 1 Nr. 1a) HessGO; § 45 III 1 Nr. 1a) KV MV; § 112 II 1 Nr. 1a) NdsKomVG; § 78 II 1 Nr. 1a) GO NRW; § 95 II 1 Nr. 1a) GO RP; § 84 II 1 Nr. 1a) SaarlKSVG; § 74 II 1 Nr. 1a) SächsGO; § 92 II 1 Nr. 1a) GO LSA; § 95 II 1 Nr. 1a) GO SH; § 6 II 1 Nr. 1a) ThürKDG.

[10] § 95 II 1 Nr. 1 GO BW; Art. 102 I 2 BayGO; § 82 II 1 Nr. 1 BbgKVerf; § 112 II Nr. 2 HessGO; § 60 II Nr. 1 KV MV; § 128 II Nr. 1 NdsKomVG; § 95 I 3 GO NRW; § 108 II Nr. 1 GO RP; § 99 II Nr. 1 SaarlKSVG; § 88 II 1 Nr. 1 SächsGO; § 108 II Nr. 1 GO LSA; § 95m I 3 GO SH; § 19 I ThürKDG i.V.m. §§ 44 I Nr. 1, 46 ThürGemH-VO-Doppik.

dem Ergebnishaushalt vergleichbaren Aufstellung eines Gewinnplanes sind private Unternehmen indes nicht verpflichtet.

b) Finanzaspekte

891 Die Änderung des Zahlungsmittelbestandes ist Gegenstand des Finanzhaushalts und der Finanzrechnung. Zu Beginn des Haushaltsjahres werden in dem Finanzhaushalt die für dieses Haushaltsjahr zu erwartenden Einzahlungen und Auszahlungen geplant.[11] Nach Ablauf des Haushaltsjahres werden in der Finanzrechnung die tatsächlich erreichten Einzahlungen sowie die geleisteten Auszahlungen dargelegt.[12] Auch diese Finanzrechnung wird gewisse Abweichungen von dem Finanzhaushalt aufweisen, was Anlass für eine verbesserte Liquiditätsplanung für das Folgejahr sein kann. Im privaten Unternehmensrecht korrespondiert der Finanzrechnung die Kapitalflussrechnung. Zu einer dem Finanzhaushalt vergleichbaren Aufstellung eines ausdrücklichen Liquiditätsplanes sind die privaten Unternehmen auch hier nicht verpflichtet.

892 Der Ergebnis- und der Finanzhaushalt stehen nicht unvermittelt nebeneinander, sondern der Inhalt des Finanzhaushalts fließt in den Ergebnishaushalt ein, denn die im Finanzhaushalt verbuchten Einzahlungen und Auszahlungen sind ja ein Teil der im Ergebnishaushalt verzeichneten Erträge und Aufwendungen. In gleicher Weise fließen nach Abschluss des Haushaltsjahres die Resultate der Finanzrechnung in die Ergebnisrechnung ein.

c) Bilanz

893 Nicht auf ein Haushaltsjahr als Zeitraum, sondern auf einen bestimmten Stichtag stellen die Bilanzierungsvorschriften ab. Bei Einführung der Doppik in einer Kommune ist eine Eröffnungsbilanz zu erstellen[13], am Ende des Haushaltsjahres eine Schlussbilanz[14]. Diese Schlussbilanz stellt zugleich die Anfangsbilanz des

---

[11] § 79 II 1 Nr. 2 GO BW; Art. 63 II 1 Nr. 1a) BayGO; § 65 II 1 Nr. 1b) BbgKVerf; § 94 II 1 Nr. 1b) HessGO; § 45 III 1 Nr. 1b), c) KV MV; § 112 II 1 Nr. 1b) NdsKomVG; § 78 II 1 Nr. 1b) GO NRW; § 95 II 1 Nr. 1b), c) GO RP; § 84 II 1 Nr. 1b) SaarlKSVG; § 74 II 1 Nr. 1b) SächsGO; § 92 II 1 Nr. 1b) GO LSA; § 95 II Nr. 1b) GO SH; § 6 II 1 Nr. 1b) ThürKDG.

[12] § 95 1 II Nr.2 GO BW; Art. 102 I 2 BayGO; § 82 II 1 Nr. 2 BbgKVerf; § 112 II Nr. 3 HessGO; § 60 II Nr. 2 KV MV; § 128 II Nr. 2 NdsKomVG; § 95 I 3 GO NRW; § 108 II Nr. 2 GO RP; § 99 II Nr. 2 SaarlKSVG; § 88 II Nr. 2 SächsGO; § 108 II Nr. 2 GO LSA; § 95m I 3 GO SH; § 19 I ThürKDG i.V.m. §§ 44 I Nr. 2, 47 ThürGemHVO-Doppik..

[13] Art. 13 V GemHRefG BW; Art. 91 ff. BayKomHVO-Doppik; § 85 BbgKVerf; § 59 HessGemHVO; §§ 2 ff. KomDoppikEG MV; Art. 6 VIII NdsGemHRNeuG; § 92 GO NRW; §§ 2 ff. KomDoppikLG RP; § 2 SaarlKomRWEinfG; § 131 III SächsGO; § 104b GO LSA; §§ 54 ff. GemHVO-Doppik SH; § 27 ThürKDG.

[14] § 95 II 1 Nr. 3 GO BW; Art. 102 I 2 BayGO; § 82 II 1 Nr. 4 BbgKVerf; § 112 II Nr. 1 HessGO; § 60 II Nr. 4 KV MV; § 128 II Nr. 3 NdsKomVG; § 95 I 3 GO NRW; § 108 II Nr. 4 GO RP; § 99 II Nr. 4 SaarlKSVG; § 88 II 1 Nr. 3 SächsGO; § 108 II Nr.

folgenden Haushaltsjahres dar. Bei privatrechtlichen Unternehmen schreibt § 242 I HGB in vergleichbarer Weise bei Aufnahme des Geschäftsbetriebes die Erstellung einer Eröffnungsbilanz sowie am Ende jedes Haushaltsjahres einer Schlussbilanz vor.

Übersicht 27-4: Dreikomponentenrechnung 894

Bedeutung	**Nettoressourcenverbrauch in einer Periode (Erträge – Aufwendungen)**	**Änderung des Zahlungsmittelbestandes in einer Periode (Einzahlungen – Auszahlungen)**	**Vermögensbestand zu einem Stichtag**
Plan (vor Beginn der Haushaltsperiode)	Ergebnishaushalt	Finanzhaushalt	Eröffnungsbilanz bzw. Anfangsbilanz
Ergebnis (nach Ende der Haushaltsperiode)	Ergebnisrechnung	Finanzrechnung	Schlussbilanz
Vergleich mit Unternehmen	Gewinn- und Verlustrechnung § 242 II HGB	Kapitalflussrechnung	Bilanzen § 242 I HGB

5. Kosten- und Leistungsrechnung

895 Die doppische Drei-Komponenten-Rechnung wird in der Praxis ergänzt durch die Kosten- und Leistungsrechnung. Diese verfolgt das Ziel, die genauen Kosten für die Erbringung einer Verwaltungsleistung zu ermitteln. Dies ist von Bedeutung für die Kalkulation kommunaler Gebühren, die zwar einerseits die Kosten der Verwaltungsleistung decken sollen, diese andererseits aber wegen des Kostendeckungsprinzips auch nicht überschreiten dürfen. Außerdem sollen Rationalisierungspotentiale aufgezeigt und der Vergleich mit privaten Anbietern ermöglicht werden für die Entscheidung, ob eine Leistung weiterhin von der Verwaltung selbst oder künftig von Privaten erbracht werden soll. Die Kosten- und Leistungsrechnung bildet die Grundlage für Vergleichsstudien unter den Kommunen, das so genannte Benchmarking. Sie soll dazu beitragen, die beste Verwaltungspraxis („best practice“) der Kommunen zu ermitteln. Die Kosten- und Leistungsrechnung unterteilt sich in die Kostenarten-, Kostenstellen- und Kostenträgerrechnung.

896 Die *Kostenartenrechnung* weist aus, welche Kosten für eine kommunale Einrichtung anfallen. Zu diesem Zweck erfasst sie alle Kosten der Einrichtung doppisch, vor allem die Personalkosten, den Energieverbrauch, die Sachkosten, die Abschreibungen und Zinsen. Nimmt man die Müllentsorgung als Beispiel, so fal-

3 GO LSA; § 95m I 3 GO SH; § 19 I ThürKDG i.V.m. §§ 44 I Nr. 4, 49 ThürGemH-VO-Doppik.

len an Personalkosten für die Müllleute, Sachkosten für die Mülltonnen, Treibstoffkosten für die Müllwagen, die Abschreibung der Müllwagen und der Müllverbrennungsanlage sowie Kreditzinsen.

897 Die *Kostenstellenrechnung* gibt darüber Auskunft, wo genau in der Einrichtung die Kosten anfallen. Zu diesem Zweck werden die in der Kostenartenrechnung erhobenen Kosten mittels Abrechnungsbogen nach Leistungsbereichen verteilt. Die Kostenstellenrechnung unterscheidet Haupt-, Neben-, Hilfs- und allgemeine Kostenstellen. *Hauptkostenstellen* sind solche, die direkt Leistungen für die Einwohner erstellen und deren Kosten unmittelbar den erzeugten Leistungen bzw. Produkten zugeordnet werden, z.B. die Kosten für die Abfuhr des Hausmülls. *Nebenkostenstellen* erbringen Nebenleistungen für die Einwohner, weshalb ihre Kosten den erzeugten Nebenleistungen zugeordnet werden, z.B. die Kosten für die Entsorgung des Sperrmülls. *Hilfskostenstellen* leisten nicht direkt an die Einwohner, sondern an die Haupt- und Nebenkostenstellen, weswegen ihre Kosten diesen Kostenstellen zugeordnet werden, z.B. die Kosten einer kommunalen Kfz-Werkstatt zur Wartung und Reparatur der Müllfahrzeuge. Schließlich gibt es *allgemeine Kostenstellen*, die Leistungen für alle übrigen Kostenstellen erbringen und deren Kosten auf diese Kostenstellen verteilt werden, z.B. die Kosten der Personalverwaltung der Müllleute.

898 Die *Kostenträgerrechnung* als eigentliches Ziel der Kosten- und Leistungsrechnung beantwortet die Frage, für welches Verwaltungsprodukt der Einrichtung welche Kosten anfallen – mit anderen Worten, es werden die Kosten je Leistungseinheit ermittelt, z.B. die Kosten für die Leerung einer 80l-Hausmülltonne.

899 **Übersicht 27-5: Kosten- und Leistungsrechnung**

Arten der KLR	**Kostenartenrechnung**	**Kostenstellenrechnung**	**Kostenträgerrechnung**
Erkenntnisleitende Frage	Welche Kosten fallen für die Einrichtung an?	Wo in der Einrichtung fallen die Kosten an?	Für welches Produkt fallen in der Einrichtung die Kosten an?
Aufgabe	Alle Kosten der Einrichtung doppisch erfassen.	Kosten mittels Abrechnungsbogen nach Leistungsbereichen verteilen.	Kosten pro Leistungseinheit ermitteln.
Bestandteile der Art der KLR	Personalkosten, Energieverbrauch, Abschreibungen, Zinsen usw.	Hauptkostenstellen, Nebenkostenstellen, Hilfskostenstellen, Allgemeine Kostenstellen	Kosten pro jeweiliger Leistungseinheit bzw. Produkt

Arten der KLR	Kostenarten-rechnung	Kostenstellen-rechnung	Kostenträger-rechnung
Beispiel	Kosten für Müllleute, Kosten für Müllwagen, Kosten für Müllverbrennungsanlage	Hauptkostenstelle Müllabfuhr, Nebenkostenstelle Sperrmüll, Hilfskostenstelle Kfz-Werkstatt, Allgemeine Kostenstelle Personalverwaltung	Kosten pro 80l-Tonne

6. Neues Steuerungsmodell

Die haushaltsrechtlichen Reformen durch die Einführung der Doppik stehen nicht alleine, sondern sind Teil des so genannten Neuen Steuerungsmodells. Darunter versteht man einen seit Anfang der 90er Jahre des vergangenen Jahrhunderts verfolgten Ansatz der grundlegenden Modernisierung der Kommunalverwaltung. Diese soll von einer hoheitlichen Eingriffs- hin zu einer einwohnerorientierten Leistungsverwaltung ausgerichtet werden, von einer Steuerung durch Mittelzuweisung hin zu einer Steuerung durch Zielvorgaben. Der haushaltsrechtliche Ansatz der Doppik wird daher kombiniert mit dem personalwirtschaftlichen Element der Zielvereinbarungen (→ Rn. 509). 900

II. Haushaltssatzung

Grundlage der kommunalen Haushaltswirtschaft ist die Haushaltssatzung.[15] Sie 901 verknüpft den Prognosecharakter der Haushaltsplanung mit der Verbindlichkeit einer Satzung. Die Haushaltssatzung stellt eine Satzung im formellen Sinne dar, die für jedes Haushaltsjahr neu zu erlassen ist. Sie enthält den Haushaltsplan, die Hebesätze der Abgaben, die vorgesehene Kreditaufnahme, bestimmte Wertgrenzen sowie ggf. weitere Bestandteile wie das Haushaltssicherungskonzept.

1. Haushaltsplan

Der Haushaltsplan ist die Prognose der Wertzuwächse und -minderungen des 902 kommunalen Vermögens. Er ist für die kommunalen Stellen verbindlich, begründet aber keine Ansprüche oder Verbindlichkeiten Dritter oder hebt diese auf.[16] Zu kameralistischen Zeiten bestand der Haushaltsplan aus dem Verwal-

[15] § 79 GO BW; Art. 63 BayGO; § 65 BbgKVerf; § 94 HessGO; § 45 KV MV; § 112 NdsKomVG; § 78 GO NRW; § 95 GO RP; § 84 SaarlKSVG; § 74 SächsGO; § 92 GO LSA; § 77 GO SH; § 6 ThürKDG.

[16] § 80 IV GO BW; Art. 64 III 2 und 3 BayGO; § 66 III 2 und 3 BbgKVerf; § 96 I, II HessGO; § 46 VI 2 und 3 KV MV; § 113 III 2 und 3 NdsKomVG; § 79 III 2 und 3 GO

tungshaushalt, der die Einnahmen und Ausgaben aus laufender Verwaltungstätigkeit auswies, und dem Vermögenshaushalt, der die investiven Einnahmen und Ausgaben erfasste. Die Summe aus Verwaltungs- und Vermögenshaushalt ergab den Gesamthaushalt. In Zeiten der Doppik besteht der Haushaltsplan aus dem Ergebnis- und Finanzhaushalt. Im Ergebnishaushalt (auch Ergebnisplan genannt) werden Aussagen darüber getroffen, welche Erträge und welche Aufwendungen zu erwarten sind. Außerdem listet der Plan die notwendigen Verpflichtungsermächtigungen auf und enthält den Stellenplan für die kommunalen Beschäftigten. Im Finanzhaushalt (auch Finanzplan genannt) werden Vorhersagen getroffen, mit welchen Ein- und Auszahlungen zu rechnen ist, mit anderen Worten, wie die Liquidität der Kommune beschaffen sein wird. Beide Pläne werden nach den Fachbereichen der Kommunalverwaltung weiter untergliedert in Teilergebnis- und Teilfinanzhaushalte.

2. Hebesätze der Abgaben

903 Die Haushaltssatzung enthält ferner die Hebesätze der kommunalen Abgaben:[17] Dies betrifft bei einer gemeindlichen Haushaltssatzung die Hebesätze der Realsteuern, bei einer kreislichen Haushaltssatzung die Umlagesätze. Würde ein gemeindliches Hebesatzrecht bei der Einkommensteuer nach Art. 106 V 3 GG eingeführt, wäre dies ebenfalls in der Haushaltssatzung zu regeln.

3. Kreditaufnahme

904 Die Haushaltssatzung hat außerdem die geplanten Kreditaufnahmen auszuweisen. Das sind zum einen die Investitionskredite für Investitionen, Investitionsfördermaßnahmen und Umschuldungen, zum anderen die Kassenkredite zur Sicherung der kurzfristigen Liquidität.

4. Wertgrenzen

905 Darüber hinaus können in der Haushaltssatzung auch verschiedene Wertgrenzen festgelegt werden:[18] Zum einen kann bestimmt werden, ab welcher Höhe außerordentliche Erträge und Aufwendungen als für die Kommune wesentlich anzusehen sind, zum anderen, ab welchem Umfang Investitionen im Finanzhaushalt einzeln auszuweisen sind. Außerdem kann festgelegt werden, welcher Fehlbetrag im ordentlichen Ergebnis eine Nachtragssatzung erzwingt.

NRW; § 96 II 2 und 3 GO RP; § 85 III 2 und 3 SaarlKSVG; § 75 IV 1 und 2 SächsGO; § 93 III 1 und 2 GO LSA; § 78 III 2 und 3 GO SH; § 7 ThürKDG.

[17] § 79 II 1 Nr. 5 GO BW; Art. 63 II 1 Nr. 4 BayGO; § 65 II 1 Nr. 4 BbgKVerf; § 94 II 1 Nr. 3 HessGO; § 45 III 1 Nr. 3 KV MV; § 112 II 1 Nr. 3 NdsKomVG; § 78 II 1 Nr. 4 GO NRW; § 95 II 1 Nr. 3 GO RP; § 84 II 1 Nr. 4 SaarlKSVG; § 74 II 1 Nr. 3 SächsGO; § 92 II 1 Nr. 5 GO LSA; § 77 II 1 Nr. 3 GO SH; § 6 II Nr. 5 ThürKDG.

[18] Verbindlich in § 65 II 1 Nr. 5, 6 BbgKVerf.

5. Weitere Bestandteile

Ist ein ausgeglichenes ordentliches Ergebnis des Haushalts nicht möglich, ist zur mittelfristigen Haushaltssanierung ein Haushaltssicherungskonzept[19] (→ Rn. 930) aufzustellen, das i.d.R. gleichfalls Bestandteil der Haushaltssatzung wird. Schließlich kann die Haushaltssatzung weitere Vorschriften enthalten, die sich auf Erträge und Aufwendungen beziehen. 906

Übersicht 27-6: Bestandteile der Haushaltssatzung 907

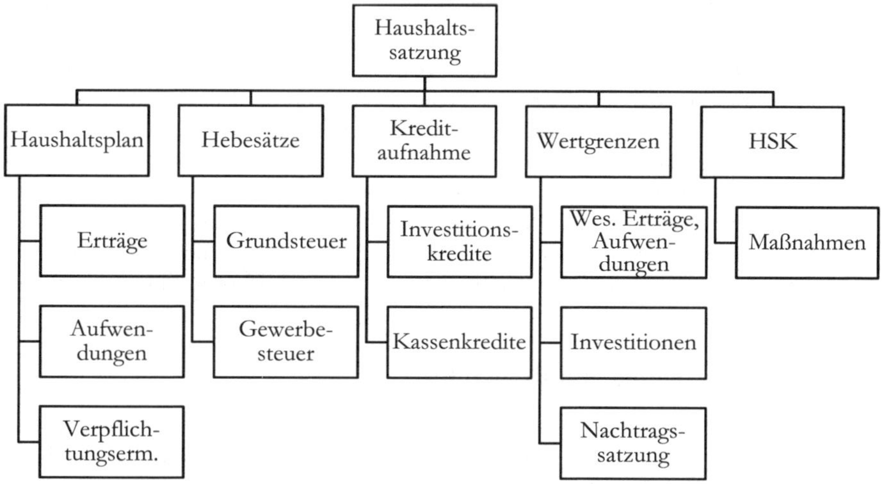

III. Haushaltskreislauf

Da ein Haushaltsplan regelmäßig nur für ein Jahr gilt (Ausnahme Doppelhaushalt[20]), ist jedes Jahr wieder eine neue Haushaltssatzung zu verabschieden. Als Satzung im formellen Sinne unterliegt sie den allgemeinen Regelungen der Kommunalordnungen über den Erlass von Satzungen, soweit nicht in dem jeweiligen Abschnitt über die Haushaltswirtschaft Sonderregelungen getroffen worden sind. Der Haushaltskreislauf besteht aus den drei großen Phasen des Beschlusses der Haushaltssatzung, des Haushaltsvollzuges sowie der Haushaltskontrolle. Für verschiedene Haushalte überlappen sich diese Phasen: So wird in einem Jahr n 908

[19] § 63 V BbgKVerf; § 92 IV HessGO; § 43 VII KV MV; § 110 VI NdsKomVG; § 76 GO NRW; § 82a SaarlKSVG; § 72 IV SächsGO; § 92 III GO LSA; § 4 ThürKDG.

[20] § 79 I 2 GO BW; Art. 63 I 2 BayGO; § 65 III 2 BbgKVerf; § 94 III 2 HessGO; § 45 II KV MV; § 112 III 2 NdsKomVG; § 78 III 2 GO NRW; § 95 V 2 GO RP; § 84 III 2 SaarlKSVG; § 74 I 2 SächsGO; § 92 IV 2 GO LSA; § 77 III 2 GO SH; § 6 I 2 ThürKDG.

der Haushaltn für dieses Jahr vollzogen, zugleich wird der Haushalt n+1 für das kommende Jahr beschlossen und der Vollzug des Haushalts n-1 für das vergangene Jahr überprüft.

1. Haushaltsaufstellung

909 Der Entwurf des Haushaltsplans und der übrigen Bestandteile der Haushaltssatzung wird von dem Kämmerer aufgestellt.[21] Das ist der für die kommunalen Finanzen zuständige Beschäftigte, untechnisch gesprochen „der kommunale Finanzminister“. In einem zweiten Schritt stellt der Hauptverwaltungsbeamte den Entwurf fest, wobei er von dem Vorschlag des Kämmerers abweichen kann.[22] Sodann legt der Hauptverwaltungsbeamte den von ihm festgestellten Entwurf der Vertretungskörperschaft vor. Diese berät in Ausprägung ihres Budgetrechts über den Entwurf der Haushaltssatzung und ändert diese gegebenenfalls ab. Die von der Vertretungskörperschaft beschlossene Haushaltssatzung ist der Kommunalaufsichtsbehörde vorzulegen.[23] Die Haushaltssatzung bedarf in der Regel der Genehmigung der Aufsichtsbehörde, falls die Kommune Kredite aufnehmen muss (→ Rn. 838) oder ein Haushaltssicherungskonzept gilt. Ist die Haushaltssatzung nur anzeigepflichtig oder wird die erforderliche Genehmigung erteilt, ist sie sodann – ggf. samt der Genehmigung – öffentlich bekannt zu machen.

2. Exkurs: Vorläufige Haushaltsführung

910 Gelingt es nicht bis zum Beginn des Haushaltsjahres, eine neue Haushaltssatzung zu beschließen und bekannt zu machen, befindet die Kommune sich im haushaltslosen Zustand. Es gibt dann keine haushaltssatzungsmäßige Grundlage, um Abgaben zu erheben, Auszahlungen zu leisten und sonstige Aufwendungen zu tätigen. An sich müsste die Kommune ihre gesamte Tätigkeit bis zum Wirksamwerden der neuen Haushaltssatzung einstellen. Da dies dem Gebot der stetigen Erfüllung öffentlicher Aufgaben offenkundig widerspricht, sehen die Kommunalordnungen übereinstimmend die Möglichkeit der vorläufigen Haushaltsführung als wirtschaftliche Grundlage des kommunalen Handelns in der Übergangszeit vor:[24] Ist die Haushaltssatzung bei Beginn des Haushaltsjahres noch nicht bekannt gemacht, so kann die Kommune Abgaben nach den Hebesätzen des Vorjahres erheben. Sie kann Auszahlungen und weitere Aufwendungen tätigen,

---

[21] So ausdrücklich vorgesehen in § 67 I BbgKVerf; § 97 I 2 HessGO; § 80 I GO NRW.

[22] § 67 II BbgKVerf; § 97 I 1 HessGO (Gemeindevorstand); § 80 II GO NRW.

[23] § 81 II GO BW; Art. 65 II BayGO; § 67 IV 1 BbgKVerf; § 97 IV HessGO; § 47 II KV MV; § 114 I 1 NdsKomVG; § 80 V GO NRW; § 97 I 1 GO RP; § 86 II SaarlKSVG; § 76 II 2 SächsGO; § 94 II GO LSA; § 79 II GO SH; § 8 II ThürKDG.

[24] § 83 GO BW; Art. 69 BayGO; § 69 BbgKVerf; § 99 HessGO; § 49 KV MV; § 116 NdsKomVG; § 82 GO NRW; § 99 GO RP; § 88 SaarlKSVG; § 78 SächsGO; § 96 GO LSA; § 81 GO SH; § 10 ThürKDG.

soweit sie dazu verpflichtet ist, was vor allem Gehaltszahlungen und Sozialleistungen erfasst. Sie kann ferner die für die Weiterführung notwendiger Aufgaben unaufschiebbaren Aufwendungen vornehmen. Dies betrifft hauptsächlich solche Investitionsmaßnahmen, für die im Haushaltsplan eines Vorjahres Haushaltsansätze oder Verpflichtungsermächtigungen vorgesehen waren. Schließlich kann sie Kredite umschulden. Die vorläufige Haushaltsführung endet mit der Bekanntmachung einer neuen Haushaltssatzung.

3. Haushaltsvollzug

Auf der Grundlage der (genehmigten und) bekannt gemachten Haushaltssatzung wird der Haushalt vollzogen: Die vorgesehenen Erträge werden erhoben, die geplanten Aufwendungen werden getätigt. Die Haushaltssatzung stellt dabei die Ermächtigungsgrundlage dar, Steuern und andere Abgaben zu erheben und die erforderlichen Ausgaben zu leisten. **911**

Der Haushaltsvollzug bedeutet keine sklavische Befolgung der Haushaltssatzung, vielmehr ist die Haushaltsführung *beweglich*: Aufwendungen können für wechselseitig deckungsfähig erklärt werden, so dass bspw. eine Einsparung an Sachmitteln für erhöhte Personalausgaben und umgekehrt verwendet werden kann. Planabweichungen sind möglich. *Über- und außerplanmäßige Aufwendungen* dürfen getätigt werden, wenn sie unabweisbar sind und ihre Deckung gewährleistet ist.[25] Sie bedürfen regelmäßig der Zustimmung des Kämmerers bzw. des Hauptverwaltungsbeamten, ab einer bestimmten Größenordnung gar der Mitwirkung der Vertretungskörperschaft. **912**

Bleiben die Erträge erheblich hinter den Ansätzen des Haushaltsplans zurück oder übersteigen die Aufwendungen deutlich die Haushaltsansätze, ohne dass ihnen entsprechende Mehrerträge gegenüber stehen, kann eine (vollständige oder teilweise) *Haushaltssperre* verhängt werden.[26] Damit kann die Inanspruchnahme von allen Auszahlungen, sonstigen Aufwendungen und Verpflichtungsermächtigungen gesperrt werden, auf die kein gesetzlicher Anspruch – z.B. aus den Besoldungs- oder Sozialgesetzen – besteht. **913**

Zeigt sich im Laufe des Haushaltsjahres, dass trotz Ausschöpfung aller Sparmöglichkeiten ein erheblicher Haushaltsfehlbetrag entstehen wird und der Haushaltsausgleich nur durch eine Änderung der Haushaltssatzung erreicht werden kann, ist eine *Nachtragshaushaltssatzung* zu beschließen, um das Budgetrecht der **914**

[25] § 84 I GO BW; Art. 66 I 1 BayGO; § 70 I 1 BbgKVerf; § 100 I 1 HessGO; § 50 I KV MV; § 117 I 1 NdsKomVG; § 83 I 1 GO NRW; § 100 I 1 GO RP; § 89 I 1 SaarlKSVG; § 79 I SächsGO; § 97 I 1 GO LSA; § 82 I 1 GO SH; § 11 ThürKDG.

[26] § 29 GemHVO BW; § 28 BayKomHVO-Doppik; § 71 BbgKVerf; § 107 HessGO; § 51 I 1 KV MV; § 30 NdsGemHKVO; § 81 IV 1 GO NRW, § 24 I 1 GemHVO NRW; § 101 GO RP; § 23 II SaarlKomHVO; § 30 SächsKomHVO-Doppik; § 27 GemHVO-Doppik LSA; § 29 GemHVO-Doppik SH; § 22 ThürGemHVO-Doppik.

Vertretungskörperschaft zu wahren.[27] Diese Nachtragssatzung wird im gleichen Verfahren wie die ursprüngliche Haushaltssatzung verabschiedet, kann allerdings nur bis zum Ablauf des Haushaltsjahres ergehen. Eine solche Nachtragssatzung enthält typischerweise auf Ertragsseite eine erhöhte Kreditaufnahme, ggf. auch Steuererhöhungen, auf Aufwendungsseite eine Reduzierung freiwilliger Aufwendungen der Kommune.

4. Haushaltskontrolle

a) Jahresabschluss

915 Nach Ablauf des Haushaltsjahres hat der Kämmerer einen Jahresabschluss nach den Grundsätzen ordnungsgemäßer Buchführung aufzustellen und dem Hauptverwaltungsbeamten zur Feststellung zuzuleiten.[28] Dieser Abschluss muss sämtliche Vermögensgegenstände und Schulden, Einzahlungen und Auszahlungen sowie sonstige Erträge und Aufwendungen enthalten. Der Jahresabschluss besteht aus der Ergebnis- und der Finanzrechnung, weiteren Teilrechnungen, der Bilanz, dem Rechenschafts- und dem Beteiligungsbericht.[29]

916 In der *Ergebnisrechnung* sind in gleicher Weise wie in einer Gewinn- und Verlustrechnung eines privaten Unternehmens nach § 242 II HGB alle Erträge und Aufwendungen der Kommune im abgelaufenen Haushaltsjahr zu verzeichnen. Die *Finanzrechnung* enthält – ebenso wie eine private Kapitalflussrechnung – sämtliche in dem vergangenen Haushaltsjahr getätigten Einzahlungen und Auszahlungen. Außerdem werden für jeden im Haushaltsplan dargestellten Teilergebnis- und Teilfinanzhaushalt entsprechende Teilrechnungen durchgeführt.

917 In der *Bilanz* werden die Aktiva und Passiva der Kommune einander gegenüber gestellt. Unter Aktiva versteht man die Zusammensetzung des kommunalen Vermögens, unter Passiva die Herkunft dieses Vermögens. Die kommunale Bilanz ist grundsätzlich in gleicher Weise wie die Handelsbilanz eines privaten Wirtschaftsunternehmens nach § 266 HGB aufgebaut:

918 Das auf der *Aktivseite* ausgewiesene kommunale Vermögen besteht aus dem Anlage- und dem Umlaufvermögen sowie den aktiven Rechnungsabgrenzungs-

---

[27] § 82 GO BW; Art. 68 BayGO; § 68 BbgKVerf; § 98 HessGO; § 48 KV MV; § 115 NdsKomVG; § 81 GO NRW; § 98 GO RP; § 87 SaarlKSVG; § 77 SächsGO; § 95 GO LSA; § 95b GO SH; § 9 ThürKDG.

[28] § 95 I GO BW; Art. 102 I 1 BayGO; § 82 III 1 BbgKVerf; § 112 I HessGO; § 60 I 1 und 3 KV MV; § 128 I 1 NdsKomVG; § 95 I 1 und 2 GO NRW; § 108 I 1 und 3 GO RP; § 99 I SaarlKSVG; § 88 I 1, 2 und 4 SächsGO; § 108 I 1 und 2 GO LSA; § 95m I 1 und 2 GO SH; § 19 I 1 und 3 ThürKDG. Siehe *Henkes*, Der Jahresabschluss kommunaler Gebietskörperschaften: Von der Verwaltungskameralistik zur kommunalen Doppik, 2008.

[29] § 95 II GO BW; Art. 102 I 2, 4 BayGO (im Fall doppelter kommunaler Buchführung); § 82 II BbgKVerf; § 112 II HessGO; § 60 II KV MV; § 128 II NdsKomVG; § 95 I 3 GO NRW; § 108 II GO RP; § 99 II SaarlKSVG; § 88 II SächsGO; § 108 II GO LSA; § 95m I 3 GO SH; vgl. auch § 19 I 2 ThürKDG.

posten (siehe auch § 247 I HGB). Das Anlagevermögen umfasst das Sachanlagevermögen (z.B. das Rathausgrundstück, andere bebaute Grundstücke und kommunale Straßen und Plätze), das Finanzvermögen (z.B. kommunale Beteiligungen an privaten Unternehmen) sowie immaterielle Vermögensgegenstände (z.B. Computerprogramme). Das Umlaufvermögen besteht aus Vorräten (z.B. Treibstofflager für kommunale Fahrzeuge), Forderungen gegen Dritte (z.B. Grundsteuerforderung gegen Einwohner), Bankguthaben und dem Kassenbestand. Aktive Rechnungsabgrenzungsposten werden für Auszahlungen gebildet, die vor dem Bilanzstichtag erfolgten, aber erst Aufwand für eine spätere Zeit darstellen (z.B. Mietvorauszahlung der Kommune an Dritte, vgl. auch § 250 I HGB).

Die *Passivseite* der kommunalen Bilanz weist das kommunale Eigenkapital, die **919**
Rückstellungen und Verbindlichkeiten sowie die passiven Rechnungsabgrenzungsposten aus (siehe auch § 247 I HGB). Das Eigenkapital besteht aus dem Basis-Reinvermögen und den Rücklagen. Das Basis-Reinvermögen ist eine Rechengröße, und zwar die Differenz aus Vermögen und Schulden der Kommune. Die Rücklagen sind abgegrenzte Bestandteile des Eigenkapitals, die nur für einen gesetzlich bestimmten oder vertraglich vereinbarten Zweck verwendet werden dürfen. Rückstellungen sind für ungewisse Verbindlichkeiten in Höhe des Betrages zu bilden, mit dem eine künftige Inanspruchnahme nach vernünftiger Beurteilung wahrscheinlich erfolgen wird (z.B. für Pensionen der kommunalen Beamten). Verbindlichkeiten sind Schulden der Kommune gegenüber Dritten; im Unterschied zu Rückstellungen wird die künftige Inanspruchnahme der Kommune hier als sicher angesehen. Zu den Verbindlichkeiten zählen vor allem die Investitions- und Kassenkredite, kreditähnliche Rechtsgeschäfte, offene Forderungen der Lieferanten sowie Erstattungsforderungen der Einwohner. Passive Rechnungsabgrenzungsposten werden für Einzahlungen gebildet, die vor dem Bilanzstichtag erfolgten, aber Ertrag erst für eine spätere Zeit darstellen (z.B. Mietvorauszahlungen Dritter an die Kommune, vgl. auch § 250 II HGB).

Der *Rechenschaftsbericht* erläutert die Ergebnis-, Finanz- und Teilrechnungen **920**
sowie die Bilanz. Im *Beteiligungsbericht* schließlich informiert die Kommune über ihre Unternehmensbeteiligungen. Er ist entweder Teil des Jahresabschlusses oder wird im Rahmen des Gesamtabschlusses erstellt (→ Rn. 969).

921 **Übersicht 27-7: Haushaltskreislauf**

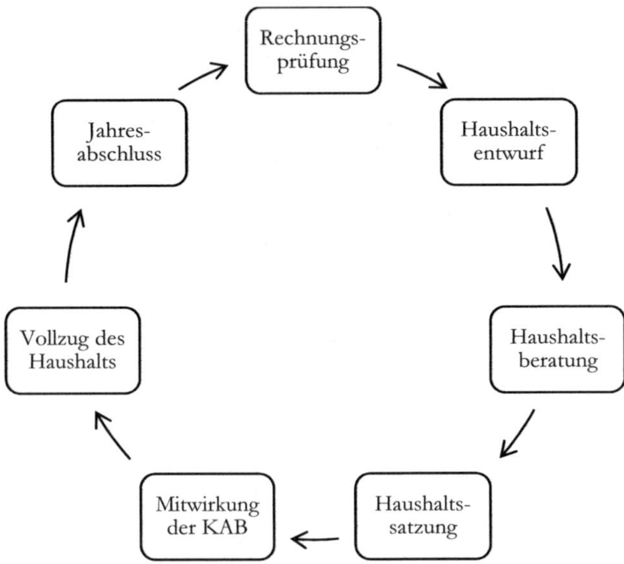

b) Gesamtabschluss

922 Der Jahresabschluss der kommunalen Kernverwaltung ist mit den Jahresabschlüssen der kommunalen Unternehmen in entsprechender Anwendung des Konzernrechts der §§ 300 ff. HGB zu „konsolidieren“. Dies bedeutet, dass ein Gesamtabschluss des „Konzerns Kommune“ zu bilden ist. Dazu werden die Jahresabschlüsse der kommunalen Kernverwaltung als Konzernmutter und der Unternehmen als Konzerntöchter summiert.

c) Rechnungsprüfung

923 Der Jahres- sowie der Gesamtabschluss unterliegen der örtlichen und überörtlichen Rechnungsprüfung.

924 Die *örtliche Rechnungsprüfung* erfolgt intern durch das Rechnungsprüfungsamt der Kommune, dessen sachlich und persönlich unabhängige Prüfer unmittelbar der Vertretungskörperschaft verantwortlich sind.[30] Das Landesrecht einiger Länder sieht vor, dass in sehr kleinen Gemeinden ein eigener Rechnungsprüfungsausschuss der Gemeindevertretung die Prüfungsaufgaben übernimmt[31]; in anderen Ländern jedoch können sich kreisangehörige Gemeinden auch für die örtli-

[30] § 109 I 1, II 2 GO BW; Art. 103 I 1, V 1 BayGO; §§ 101 III 1, 102 BbgKVerf; § 130 I HessGO; §§ 1 I, II, 2 KPG MV; §§ 153 I, 154 I 1 NdsKomVG; § 104 I GO NRW; § 111 II GO RP; § 120 I SaarlKSVG; § 103 II SächsGO; § 126 III GO LSA; § 115 I GO SH; § 81 III ThürKO.

[31] Art. 103 II BayGO; § 94 V GO SH.

che Prüfung des Rechnungsprüfungsamtes ihres Landkreises bedienen[32]. Die örtliche Rechnungsprüfung hat als ex-post-Prüfung das Ziel, die Einhaltung der haushaltsrechtlichen Vorschriften, einschließlich des Gebots der Wirtschaftlichkeit der Verwaltung zu kontrollieren. Die Prüfer untersuchen außerdem Risiken, die die stetige Aufgabenerfüllung und die Haushaltswirtschaft der Kommune gefährden. Das örtliche Rechnungsprüfungsamt verfasst nach Ende der Prüfung einen Abschlussbericht, in dem die vorgefundenen Mängel aufgezeigt und Vorschläge zu ihrer Beseitigung unterbreitet werden.[33] Das Rechnungsprüfungsamt gibt eine Empfehlung ab für die Entlastung des Hauptverwaltungsbeamten. Dieser hat zu dem Abschlussbericht Stellung zu nehmen und die notwendigen Folgerungen zu ziehen.

Die *überörtliche Rechnungsprüfung* erfolgt extern bei kreisangehörigen Gemeinden durch das Rechnungsprüfungsamt des Landkreises[34], oder eine separate Kommunalprüfungsanstalt[35], bei Landkreisen und kreisfreien Städten je nach Landesrecht entweder durch ein kommunales Prüfungsamt bei dem Innenministerium[36], eine Kommunalprüfungsanstalt[37] oder den Landesrechnungshof[38]. Während die örtliche Rechnungsprüfung vor allem den Einzelfall vor Augen hat, soll die überörtliche Rechnungsprüfung systematische Organisations- und Wirtschaftlichkeitsprüfungen unter besonderer Berücksichtigung neuer kommunaler Organisationsformen durchführen. Verschiedene geprüfte Kommunen sollen verglichen, Verbesserungsvorschläge unterbreitet und die Kommunen beraten werden. Die überörtliche Rechnungsprüfung beinhaltet also zunehmend Elemente einer ex-ante-Prüfung. Auch sie endet mit einem Schlussbericht, zu dem der Hauptverwaltungsbeamte eine Stellungnahme zu erarbeiten hat. 925

d) Entlastung

Jahres- und Gesamtabschluss sind nach ihrer Prüfung der Vertretungskörperschaft zur Beschlussfassung über die Entlastung zuzuleiten.[39] Entlastet die Vertretungskörperschaft den Hauptverwaltungsbeamten, bringt sie damit zum Ausdruck, dass die Vorgaben des Haushaltsplans von der Kommunalverwaltung 926

[32] § 101 II BbgKVerf; § 129 S. 3 HessGO; § 153 III NdsKomVG; § 102 II GO NRW; § 127 II GO LSA; § 82 I 2 ThürKO.

[33] § 110 II GO BW; § 103 II BbgKVerf; § 3a III KPG MV; § 156 III, IV NdsKomVG; § 110 VI GO RP; § 122 II SaarlKSVG; § 104 II SächsGO; § 130 II GO LSA.

[34] Art. 105 I BayGO; § 105 III 1 BbgKVerf; § 6 KPG MV; § 126 I 1 GO LSA; § 3 KPG SH.

[35] § 113 I GO BW.

[36] § 105 III 3 BbgKVerf; § 126 I 2 GO LSA.

[37] § 113 I GO BW.

[38] § 110 V GO RP; der Rechnungshof kann die Prüfaufgaben aber auf Gemeindeprüfungsämter bei der jeweiligen Kreisverwaltung delegieren.

[39] Art. 102 III 1 BayGO; §§ 104 IV, 4 82 IV BbgKVerf; §§ 113, 114 I HessGO; § 60 V 2 KV MV; § 129 I 2, 3 NdsKomVG; §§ 95 III, 96 I 4 GO NRW; §§ 113 IV, 114 I 2 GO RP; § 101 I 1, II 2 SaarlKSVG; § 108a I 1, 4 GO LSA; §§ 24 V, 25 I 1 ThürKDG.

zutreffend umgesetzt worden sind. Verweigert die Vertretungskörperschaft die Entlastung, hat sie dies zu begründen. Die verweigerte Entlastung mindert das politische Ansehen des Hauptverwaltungsbeamten als Leiter der Kommunalverwaltung, löst aber unmittelbar noch keine Schadensersatzansprüche gegen den Hauptverwaltungsbeamten oder einzelne Beschäftigte der Kommunalverwaltung aus.

IV. Mittelfristige Ergebnis- und Finanzplanung

927 Der kommunalen Haushaltswirtschaft ist eine fünfjährige Ergebnis- und Finanzplanung zu Grunde zu legen.[40] Das erste Jahr der Planungsperiode ist jeweils das laufende Haushaltsjahr n, in manchen Ländern auch das vorangegangene Jahr n-1. Die Planung erstreckt sich demgemäß vier Jahre in die Zukunft, also bis zum Ablauf des Jahres n+4. Nach Ablauf des Haushaltsjahres n fällt dieses Jahr aus der Planung heraus und das weitere Jahr n+5 wird in die Planung aufgenommen. Die mittelfristige Ergebnis- und Finanzplanung verfolgt zwei Ziele: Zum einen soll die Kommune über die Anforderungen des Haushaltsalltags hinausblicken, gezielt Schwerpunkte in ihrer Investitionstätigkeit setzen und Vorteile wie voraussichtliche Niedrigzinsphasen und geringere Kosten in einer konjunkturellen Schwächephase ausnutzen (wobei die Erträge und Aufwendungen gleichwohl in jedem Jahr ausgeglichen sein sollen). Zum anderen haben die Kommunen als Teil der Länder die Anforderungen des gesamtwirtschaftlichen Gleichgewichts[41] nach Art. 109 II GG zu erfüllen, wozu insbesondere eine konjunkturgerechte, d.h. antizyklische Haushaltspolitik zählt. In einer konjunkturellen Schwächephase sollen die Kommunen ihre Investitionen ausweiten, in einer Phase konjunktureller Stärke sich mit ihren Investitionen aber zurückhalten. In der Praxis werden in Anbetracht der Herausforderung, jedes Jahr einen ausgeglichenen Etat aufzustellen, die Anforderungen der mittelfristigen Ergebnis- und Finanzplanung vielfach missachtet, zumal an ihre Verletzung keine Sanktionen geknüpft sind.

V. Haushaltsgrundsätze

928 Die Haushaltsgrundsätze sind grundlegende Bestimmungen höherrangigen Rechts, denen eine Haushaltssatzung zu genügen hat. Sie sind teils ausdrücklich

[40] § 85 I GO BW, § 9 GemHVO BW; Art. 70 I BayGO, § 24 BayKomHVO-Doppik; § 72 I BbgKVerf; § 101 HessGO; § 118 I 1 NdsKomVG; § 84 GO NRW; § 90 I 1 SaarlKSVG; § 80 I 1 SächsGO i.V.m. § 9 SächsKomHVO-Doppik; § 98 S. 1 GO LSA; § 95e S. 1 GO SH; § 12 S. 1 ThürKDG.

[41] Stabilität des Preisniveaus, hoher Beschäftigungsstand, außenwirtschaftliches Gleichgewicht bei stetigem und angemessenem Wirtschaftswachstum, vgl. § 1 S. 2 StabG.

gesetzlich normiert, teils ergeben sie sich aus der Zusammenschau verschiedener Einzelregelungen. Herkömmlich unterscheidet man die allgemeinen Haushaltsgrundsätze, die Veranschlagungs- und Deckungsgrundsätze.

1. Allgemeine Haushaltsgrundsätze

Die allgemeinen Haushaltsgrundsätze geben Auskunft über die grundlegenden Zielsetzungen des Kommunalhaushalts. Der zentrale haushaltsrechtliche Grundsatz ist das Gebot mittelfristig gesicherter Aufgabenerfüllung.[42] Dabei sind die Prinzipien der Sparsamkeit und Wirtschaftlichkeit zu beachten. Das haushaltsrechtliche Gebot der Sparsamkeit[43] setzt bei der einzelnen Aufwendung an und prüft, ob diese notwendig ist und falls ja, auf welche Weise sie reduziert werden könnte. Das Gebot der Wirtschaftlichkeit wurde in der Kameralistik vor allem als Maximalprinzip verstanden, d.h. aus den zugewiesenen Mitteln sollte der größtmögliche Erfolg erzielt werden; unter der Geltung der Doppik ist das Wirtschaftlichkeitsgebot vor allem als Minimalprinzip zu interpretieren, i.e. der etwa durch Zielvereinbarungen vorgegebene Erfolg soll mit möglichst geringem Mitteleinsatz erreicht werden. Die Kommune soll bei ihrer Haushaltsführung außerdem die Erfordernisse des gesamtwirtschaftlichen Gleichgewichts[44] beachten, was sich vor allem in der mittelfristigen Ergebnis- und Finanzplanung niederschlägt (s.o.). Nach dem Gebot der Haushaltsöffentlichkeit[45] sollen die Einwohner in die verschiedenen Phasen der Haushaltsaufstellung, des Haushaltsvollzugs und der Haushaltskontrolle einbezogen werden. Dies wird vor allem durch die Form des Haushalts als Satzung samt der damit verbundenen Publikationserfordernisse gewahrt. Eine neue Entwicklung stellen die so genannten „Bürgerhaushalte" dar.[46] Dieses praeter legem entwickelte Verfahren bedeutet, dass die Einwohner einer Kommune selbst Vorschläge zur Gestaltung des Haushalts unterbreiten können, über die dann die Vertretungskörperschaft im Rahmen der allgemeinen Haushaltsberatungen beschließt. Seit Einführung der Doppik erheblich an Bedeutung gewonnen hat das Gebot des Haushaltsausgleichs. Dieser ist erreicht, wenn die kommunalen Erträge mindestens die Höhe der Aufwendungen erreichen, diese ggf. sogar übersteigen. 929

---

[42] § 77 I 1 GO BW; Art. 61 I 1 BayGO; § 63 I 1 BbgKVerf; § 92 I 1 HessGO; § 43 I 1 KV MV; § 110 I NdsKomVG; § 75 I 1 GO NRW; § 93 I 1 GO RP; § 82 I 1 SaarlKSVG; § 72 I 1 SächsGO; § 90 I 1 GO LSA; § 75 I 1 GO SH; § 53 I 1 ThürKO.

[43] § 77 II GO BW; Art. 61 II 1 BayGO; § 63 II BbgKVerf; § 92 II HessGO; § 43 IV KV MV; § 110 II NdsKomVG; § 75 I 2 GO NRW; § 93 III GO RP; § 82 II SaarlKSVG; § 72 II 1 SächsGO; § 90 II GO LSA; § 75 II GO SH; § 53 II 1 ThürKO.

[44] § 77 I 2 GO BW; Art. 61 I 3 BayGO; § 63 I 2 BbgKVerf; § 92 I 2 HessGO; § 43 I 2 KV MV; § 75 I 2 GO NRW; § 93 I 2 GO RP; § 82 I 2 SaarlKSVG; § 72 I 2 SächsGO; § 90 I 2 GO LSA; § 75 I 2 GO SH; § 53 I 2 ThürKO.

[45] Dieses Gebot wird durch die gesetzliche Vorgabe umgesetzt, den Haushalt in Form einer Haushaltssatzung zu beschließen, die dann – wie andere Satzungen auch – bekannt zu machen ist.

[46] Dazu *Franzke/Kleger*, Bürgerhaushalte: Chancen und Grenzen, 2010.

2. Exkurs: Haushaltssicherungskonzept

930 Kann der Haushalt trotz Ausschöpfung aller Ertragsquellen (ohne die Aufnahme von Krediten) und Ausnutzung aller Sparmöglichkeiten sowie der Verwendung von Rücklagen nicht ausgeglichen werden, ist in aller Regel ein Haushaltssicherungskonzept aufzustellen. Dabei handelt es sich um eine mittelfristige verbindliche Planung der Kommune mit dem Ziel, im Rahmen einer geordneten Haushaltswirtschaft die künftige, dauernde Leistungsfähigkeit der Kommune wieder zu erreichen. Das Haushaltssicherungskonzept ist von der kommunalen Vertretungskörperschaft gesondert zu beschließen und bedarf in den meisten Ländern der Genehmigung der Kommunalaufsichtsbehörde.[47]

931 Im Rahmen eines Haushaltssicherungskonzeptes ist zu planen, die Erträge zu steigern und die Aufwendungen zu senken. Zu diesem Zweck sind zumutbare Erhöhungen der kommunalen Abgaben ins Auge zu fassen. Der Verzicht auf einen Teil der freiwilligen Aufgaben ist vorzusehen und die Erfüllungsstandards bei pflichtigen Selbstverwaltungsaufgaben sowie Aufgaben des übertragenen Wirkungskreises sind zu überprüfen und ggf. abzusenken. Es hat eine umfassende Aufgabenkritik mit dem Ziel zu erfolgen, Aufgaben – soweit möglich – dem bürgerschaftlichen Engagement zu übertragen und dann eher diese privaten Akteure zu unterstützen als die Aufgabe noch selbst durch die Kommune wahrzunehmen. Zudem ist die Zusammenarbeit mit anderen Kommunen zwecks Kostensenkung anzustreben. Zusammengefasst stellt das Haushaltssicherungskonzept einen Fahrplan zur angestrebten *nachhaltigen Verbesserung der Haushaltsstruktur* dar.

3. Veranschlagungsgrundsätze

932 Neben die mehr inhaltlich orientierten allgemeinen Haushaltsgrundsätze treten die eher rechtstechnischen Veranschlagungsgrundsätze. Nach den Geboten der Annuität und Vorherigkeit ist der Haushaltsplan jährlich im Voraus für das kommende Haushaltsjahr aufzustellen. Der Grundsatz der Haushaltswahrheit gebietet, keine Scheinansätze in den Haushaltsplänen vorzunehmen. Nach dem Gebot der Haushaltsklarheit ist der Haushalt übersichtlich und verständlich für die Einwohner, die Mitglieder der Vertretungskörperschaft und die Kommunalaufsichtsbehörde aufzubauen. Dem dienen von den Innenministerien für verbindlich erklärte Musterhaushaltspläne. Der Haushalt hat vollständig alle finanz- und – seit Einführung der Doppik – auch ergebnisrelevanten Abläufe aufzunehmen. Dabei ist nach dem Prinzip der Haushaltseinheit nur ein Haushalt, bestehend aus Finanz- und Ergebnishaushalt zu erstellen.[48] Die Erträge und Aufwendungen der Kommune sind nach dem Bruttoprinzip in voller Höhe (und

[47] § 63 V BbgKVerf; § 76 II GO NRW; § 82a II 4 SaarlKSVG; § 72 VI 2 SächsGO anders etwa § 43 VIII KV MV; § 110 VI NdsKomVG; § 92 IV 2 HessGO; § 92 III GO LSA; § 4 III 1 ThürKDG.

[48] Für die einzelnen Fachbereiche der Kommunalverwaltung werden entsprechend Teilfinanz- und Teilergebnishaushalte erstellt.

nicht bereits nach dem Nettoprinzip saldiert) sowie nach dem Gebot der Haushaltsgenauigkeit so präzise wie möglich zu erfassen – notfalls hat auf Grundlage der Vorjahresergebnisse eine Schätzung zu erfolgen.

4. Deckungsgrundsätze

Die Deckungsgrundsätze haben die Beziehungen innerhalb und zwischen den Erträgen und Aufwendungen zum Gegenstand. In der Kameralistik war nach dem Gebot der Einzelveranlagung jede Einnahme nach Entstehungsgrund und jede Ausgabe nach Verwendungszweck einzeln zu erfassen. Ein Austausch innerhalb der Ausgaben war nur möglich, soweit diese für einseitig oder wechselseitig deckungsfähig erklärt wurden. 933

In der Doppik gelten innerhalb der Erträge die haushaltsrechtlichen Regelungen über die vorrangige Ausschöpfung der Vorzugslasten, den nachfolgenden Rückgriff auf Steuern und Umlagen sowie die Nachrangigkeit der Kreditaufnahme. Ein gleichberechtigter Austausch unter diesen verschiedenen Ertragsquellen ist weiterhin nicht möglich. Was jedoch die Aufwendungen betrifft, so wird deren sachliche Bindung an einzelne Haushaltsstellen – jetzt Produkte genannt – erheblich gelockert. Soweit eine *dezentrale Ressourcenverantwortung* besteht, können in viel größerem Maße als in kameralistischen Zeiten für einen bestimmten Zweck vorgesehene Aufwendungen auch für andere, verwandte Zwecke derselben Produktgruppe oder desselben Produktbereichs verwendet werden. 934

Hinsichtlich des Verhältnisses zwischen Erträgen und Aufwendungen gilt auch in der Doppik weiterhin das *Non-Affektationsprinzip*. Darunter versteht man das Gebot der Gesamtdeckung der Summe aller Aufwendungen durch die Summe aller Erträge. Für Gebühren erhebende kommunale Einrichtungen wird dieser Grundsatz durch das *Kostendeckungsprinzip* modifiziert. Danach darf das Gebührenaufkommen die voraussichtlichen Kosten der Einrichtung nicht übersteigen. 935

VI. Parallelen zu anderen Rechtsgebieten

Vergleicht man das kommunale mit dem staatlichen Haushaltsrecht, so findet man in gleicher Weise den Haushaltskreislauf vor mit den drei Phasen der Haushaltsaufstellung, des Haushaltsvollzugs und der Haushaltskontrolle. Die Haushaltsgrundsätze gelten auch dort, wie Art. 110 GG zeigt. Was die Einführung der Doppik anbelangt, so sind die Kommunen Vorreiter. Das Grundgesetz und die Landesverfassungen sehen für den Bund und die Länder noch kein umfassendes Ressourcenverbrauchskonzept vor mit Erfassung aller Erträge und Aufwendungen an Stelle nur der Einnahmen und Ausgaben. Allerdings wurde im Jahr 2010 das Haushaltsgrundsätzegesetz neu gefasst, das jetzt auch für den Bund und die Länder auf unterverfassungsrechtlicher Ebene die Einführung der Doppik er- 936 möglicht.[49] Noch deutlich strenger als im kommunalen Bereich ist seit der Föderalismusreform II für den Bund und die Länder das Gebot des Haushaltsausgleichs ausgestaltet, vgl. Art. 109 III; 115 II GG. Danach dürfen nach Ablauf der Übergangszeit gemäß Art. 143d GG die Länder überhaupt keine neuen Kredite und der Bund nur noch in Höhe von 0,35% des Bruttoinlandsprodukts Kredite aufnehmen. Es bleibt abzuwarten, welche Impulse sich daraus für das kommunale Haushaltsrecht ergeben: Betrachtet man die Kommunen grundgesetzlich als Teil der Länder, dann könnte man mittelbar aus diesen Vorschriften auch ein kommunales Verschuldungsverbot herleiten. Dies wird aber nur umzusetzen sein bei einer grundlegenden Sanierung der kommunalen Finanzen, welche eine Stärkung der kommunalen Erträge, v.a. aus eigenen Steuerquellen, bedingt.

VII. Kontrollfragen

937 1) Was versteht man unter Einzahlungen, Einnahmen und Erträgen? (Rn. 872–875, 877)
2) Was versteht man unter Auszahlungen, Ausgaben und Aufwendungen? (Rn. 872–875, 878)
3) Wie unterscheidet sich die erweiterte von der traditionellen Kameralistik, wie von der Doppik? (Rn. 881–887)
4) Was besagt das Prinzip intergenerationeller Gerechtigkeit? (Rn. 888)
5) Welches sind die Bestandteile des Drei-Komponenten-Rechnungsmodells? (Rn. 889–894)
6) Entsprechen Ergebnis- und Finanzhaushalt dem Verwaltungs- und Vermögenshaushalt? (Rn. 880, 885, 902)
7) Was bedeuten Kostenarten-, Kostenstellen- und Kostenträgerrechnung? (Rn. 896–898)
8) In welcher Verbindung steht die Doppik zu anderen Elementen des Neuen Steuerungsmodells? (Rn. 900)
9) Welche Bestandteile umfasst die Haushaltssatzung? (Rn. 902–907)
10) Welche Schritte des Haushaltskreislaufs sind zu unterscheiden? (Rn. 908, 921)
11) Was versteht man unter der vorläufigen Haushaltsführung? (Rn. 910)
12) Was ist Bestandteil der Aktiv-, was der Passivseite der kommunalen Bilanz? (Rn. 918, 919)
13) Wie unterscheiden sich die Aufgaben der überörtlichen von der örtlichen Rechnungsprüfung? (Rn. 924, 925)
14) Was geschieht, wenn der Hauptverwaltungsbeamte nicht „entlastet“ wird? (Rn. 926)
15) Wie unterscheiden sich das Haushaltssicherungskonzept von der mittelfristigen Ergebnis- und Finanzplanung? (Rn. 927, 930, 931)

---

[49] Gesetz vom 27.5.2010, BGBl. I S. 671 f.

16) Welche allgemeinen Haushaltsgrundsätze kennen Sie? (Rn. 929)
17) Was besagt das haushaltsrechtliche Bruttoprinzip? (Rn. 932)
18) Wie modifiziert die Doppik die haushaltsrechtlichen Deckungsgrundsätze? (Rn. 934)

Rechtsprechung zu § 27

OVG Münster, NVwZ-RR 1991, 509 (Grundsatz der Wirtschaftlichkeit und Sparsamkeit) 938

VG Köln, NVwZ 2005, 1341 (Bestimmung des Grundsteuerhebesatzes durch die Kommunalaufsicht)

Literatur zu § 27

Allgemein zum Haushaltsrecht: 939

Gröpl, Haushaltsrecht und Reform, 2001

Groth, Kommunalrechtliche Experimentierklauseln, 2005

Heun, Staatshaushalt und Staatsleitung: Das Haushaltsrecht im parlamentarischen Regierungssystem des Grundgesetzes, 1989

Lüder, Notwendige rechtliche Rahmenbedingungen für ein reformiertes staatliches Rechnungs- und Haushaltswesen, DÖV 2006, 641–648

Piduch, Bundeshaushaltsrecht, 14. EL, 2011

Puhl, Budgetflucht und Haushaltsverfassung, 1996

Pünder, Haushaltsrecht im Umbruch, 2003

Schmid/Gössl, Die Gemeinden und ihre Finanzen, BWGZ 2004, 582–599

Schmidt-Jortzig/Makswit, Handbuch des kommunalen Finanz- und Haushaltsrechts, 1991

Schwarting, Den kommunalen Haushaltsplan richtig lesen und verstehen, 4. Auflage, 2010

Zum Haushaltsausgleich und zum Haushaltssicherungskonzept:

Diemert, Das Haushaltssicherungskonzept, 2005

Oebbecke, Rechtliche Vorgaben für den Haushaltsausgleich und ihre Durchsetzung, GemH 2009, 241–246

Rauber, Das Haushaltssicherungskonzept – Voraussetzungen, Inhalte und Chancen, HGZ 2012, 128–138

Zur Bilanzierung:

Henkes, Der Jahresabschluss kommunaler Gebietskörperschaften: Von der Verwaltungskameralistik zur kommunalen Doppik, 2008

Thormann, Zur Reform des Gemeindehaushaltsrechts: Haushaltsausgleich, Verschuldungsgrenze und Jahresabschlussanalyse nach Umstellung auf die „kommunale Doppik", KommJur 2005, 281–291

Wüstenberg, Rechtliche Grundlagen der Bewertung kommunalen Anlagevermögens, KommJur 2006, 245–248

Zur Rechnungsprüfung:

Fiebig, Kommunale Rechnungsprüfung: Grundlagen, Aufgaben, Organisation, 4. Auflage, 2007

Oebbecke u.a. (Hrsg.), Die nordrhein-westfälische Gemeindeprüfung in der Diskussion, 2001

§ 28 Kommunale Unternehmen

I. Wirtschaftliche Betätigung der Kommunen

1. Grundlagen

940 Art. 28 II GG und die entsprechenden Bestimmungen in den Landesverfassungen[1] stellen die Grundlage auch für die wirtschaftliche Betätigung der Kommunen dar – insofern könnte man auch von einer Wirtschaftshoheit sprechen. Die Kommunen können sich hingegen nicht auf Grundrechte wie Art. 12; 14 GG berufen, greifen durch ihre Wirtschaftstätigkeit aber ggf. in diese Grundrechte ein.

941 In sämtlichen Kommunalordnungen finden sich umfassende Regelungen zur kommunalen Wirtschaftstätigkeit[2], die alle auf § 67 DGO zurückgehen und teils mehr auf die formellen, teils mehr auf die materiellen Aspekte der kommunalen Betätigung am allgemeinen Wirtschaftsverkehr abstellen:

942 Bei formeller Betrachtung liegt kommunale Wirtschaftstätigkeit zumindest vor, sobald eine Kommune ein Unternehmen in Privatrechtsform, z.B. eine GmbH, errichtet, übernimmt, sich daran beteiligt oder wesentlich erweitert. Davon nehmen einige Kommunalordnungen allerdings Unternehmen aus, zu denen die Kommune gesetzlich verpflichtet ist,[3] sowie Einrichtungen, also Organisationseinheiten der Verwaltung, die Aufgaben der Daseinsvorsorge auf zumeist im Einzelnen gesetzlich genannten Tätigkeitsgebieten erfüllen.[4]

943 Bei materieller Betrachtung stellt wirtschaftliche Betätigung das Herstellen, Anbieten oder Verteilen von Gütern, Dienstleistungen oder vergleichbaren Leistungen dar, die ihrer Art nach auch mit der Absicht der Gewinnerzielung erbracht werden könnten.[5] Jede kommunale Tätigkeit, die diese Anforderungen

---

[1] Art. 71 LV BW; Art. 11 II; 83 BayV; Art. 97 BbgV; Art. 137 HessV; Art. 72 LV MV; Art. 57 NdsV; Art. 78 LV NRW; Art. 49 LV RP; Art. 118 SaarlV; Art. 84; 85 SächsV; Art. 2 III; 87 LV LSA; Art. 46 LV SH; Art. 91 I, II ThürV.

[2] §§ 102 ff. GO BW; Art. 86 ff. BayGO; §§ 91 ff. BbgKVerf; §§ 121 ff. HessGO; §§ 68 ff. KV MV; §§ 136 ff. NdsKomVG; § 107 ff. GO NRW; §§ 85 ff. GO RP; §§ 108 ff. SaarlKSVG; §§ 95 ff. SächsGO; §§ 116 ff. GO LSA; §§ 101 ff. GO SH; §§ 71 ff. ThürKO.

[3] Vgl. bspw. § 102 IV 1 Nr. 1 und Nr. 3 GO BW.

[4] § 102 IV 1 Nr. 2 GO BW; § 121 II 1 Nr. 2 HessGO; § 136 III NdsKomVG; § 107 II GO NRW; § 85 IV GO RP; § 108 II SaarlKSVG; § 101 IV 1 Nr. 2 GO SH.

[5] Vgl. § 91 I 1 BbgKVerf.

erfüllt, ist den einschränkenden Anforderungen des kommunalen Wirtschaftsrechts unterworfen.

944 Die wirtschaftliche Betätigung einer Kommune erfolgt rechtmäßig, wenn die allgemeinen Anforderungen an die Zulässigkeit wirtschaftlicher Betätigung sowie die speziellen Anforderungen je nach Rechtsform des jeweiligen kommunalen Unternehmens erfüllt sind.

2. Zulässigkeit wirtschaftlicher Betätigung

945 Allgemein wird die wirtschaftliche Betätigung einfachgesetzlich eingeschränkt durch die in den Kommunalordnungen verankerte „Schrankentrias" von öffentlichem Zweck, Leistungsfähigkeit und Subsidiarität, ergänzt um das Territorialprinzip. Hinsichtlich der Schutzrichtung dieser Schrankentrias unterscheidet sich die Rechtslage in den einzelnen Ländern erheblich: Teils bestehen diese Begrenzungen kommunaler Wirtschaftstätigkeit ausdrücklich nur zum Schutz der Kommune[6], teils werden explizit auch private Mitbewerber in den Schutzzweck einbezogen[7], teils fehlt es an einer ausdrücklichen gesetzlichen Bestimmung des Schutzzwecks und dieser muss im Wege der Auslegung ermittelt werden[8].

946 In der Fallbearbeitung wirkt sich diese länderspezifische Rechtslage bei der Unterlassungsklage eines Mitbewerbers gegen die kommunale Wirtschaftstätigkeit an zwei Stellen aus: Im Rahmen der Zulässigkeit ist zu klären, ob der Mitbewerber überhaupt klagebefugt ist, bei der Begründetheit ist die subjektive Rechtsverletzung fraglich. Schließt das Landesrecht den Drittschutz des kommunalen Wirtschaftsrechts aus, sind gegen die kommunale Wirtschaftstätigkeit gerichtete Klagen bereits unzulässig. Räumt das Landesrecht hingegen den Drittschutz ausdrücklich ein oder lässt es diese Frage offen, ist die Klagebefugnis i.d.R. gegeben, und es ist im Rahmen der Begründetheit zu klären, ob auch im konkreten Fall der Kläger in seinen Abwehrrechten tatsächlich verletzt ist.

a) Öffentlicher Zweck

947 Die Kommunalordnungen stimmen darin überein, dass der öffentliche Zweck die kommunale Wirtschaftstätigkeit rechtfertigen muss.[9] Dies ist ein unbestimmter Rechtsbegriff, welcher der Kommune viel Spielraum lässt, allerdings von den Verwaltungsgerichten zu überprüfen ist. Maßgeblich ist stets das Wohl der Einwohner – soweit mit der Betätigung kommunale Aufgaben erfüllt werden, ist der

---

[6] § 91 I 2 BbgKVerf.

[7] § 121 Ib 1 HessGO; § 136 I 3 NdsKomVG.

[8] § 102 GO BW; Art. 87 BayGO; § 121 I 1 Nr. 1 und 2 HessGO; § 68 KV MV; § 136 I 2 Nr. 1 NdsKomVG; § 107 GO NRW; § 85 GO RP; § 108 SaarlKSVG; § 94a SächsGO; § 116 GO LSA; § 101 GO SH; § 71 ThürKO.

[9] § 102 I Nr. 1 GO BW; Art. 87 I 1 Nr. 1 BayGO; § 91 II Nr. 1 BbgKVerf; § 121 I Nr. 1 HessGO; § 68 II 1 Nr. 1 KV MV; § 136 I 2 Nr. 1 NdsKomVG; § 107 I 1 Nr. 1 GO NRW; § 85 I 1 Nr. 1 GO RP; § 108 I Nr. 1 SaarlKSVG; § 94a I 1 Nr. 1 SächsGO; § 116 I 1 Nr. 1 GO LSA; § 101 I Nr. 1 GO SH; § 71 II Nr. 1 ThürKO.

öffentliche Zweck gegeben. Hingegen reicht das bloße Ziel der Gewinnerzielung nicht aus, um schon einen öffentlichen Zweck zu bejahen.[10] Dies ist verfassungsrechtlich nicht zu beanstanden, weil die Kommunen sich grundsätzlich aus Abgaben, nicht aus Wirtschaftstätigkeit finanzieren sollen. In der Praxis bedeutet dieses Kriterium schon wegen des gemeindlichen Aufgabenfindungsrechts nur eine geringe Einschränkung kommunaler wirtschaftlicher Tätigkeit.

b) Kommunale Leistungsfähigkeit und Bedarf

Die wirtschaftliche Betätigung muss weiterhin in einem angemessenen Verhältnis 948
zur Leistungsfähigkeit und zum Bedarf der Kommune stehen.[11] Hierbei handelt es sich um einen relativen Rechtsbegriff, der im Verhältnis zur Größe und Wirtschaftskraft der Kommune auszulegen ist: Was für eine Großstadt angemessen erscheint, kann die Leistungsfähigkeit und den Bedarf einer kleinen Gemeinde bei weitem übersteigen. Im Ergebnis schränkt auch dieses Kriterium die kommunale Wirtschaftstätigkeit in der Praxis kaum ein.

c) Subsidiarität

Das Subsidiaritätsgebot als dritte Anforderung an die kommunale Wirtschaftstä- 949
tigkeit verlangt im Interesse sparsamer Haushaltsführung einen Vergleich der kommunalen wirtschaftlichen Betätigung mit der entsprechenden Aktivität Privater.[12] Dabei sind drei Konstellationen denkbar: Falls die Kommune die Tätigkeit besser erfüllen kann, soll die Aufgabe kommunal wahrgenommen werden. Falls ein Privater jedoch die Aufgabe kostengünstiger erledigen kann, soll diese in dessen Hände abgegeben werden.[13] Können Kommune oder Privater die Aufgabe indes jeweils gleich gut erfüllen, unterscheidet sich die Rechtslage in den einzelnen Ländern: Ein Teil der Länder sieht nach dem Vorbild des § 67 DGO auch in diesen Fällen des Gleichstandes vor, dass die Kommune die Aufgabe

---

[10] So ausdrücklich Art. 87 I 2 BayGO; § 91 II Nr. 1 BbgKVerf; § 68 II 2 KV MV; § 108 III 3 SaarlKSVG; § 116 I 2 GO LSA.

[11] § 102 I Nr. 2 GO BW; Art. 87 I 1 Nr. 2 BayGO; § 91 II Nr. 2 BbgKVerf; § 121 I Nr. 2 HessGO; § 68 II 1 Nr. 2 KV MV; § 136 I 2 Nr. 2 NdsKomVG; § 107 I 1 Nr. 2 GO NRW; § 85 I 1 Nr. 2 GO RP; § 108 I Nr. 2 SaarlKSVG; § 94a I 1 Nr. 2 SächsGO; § 116 I 1 Nr. 2 GO LSA; § 101 I Nr. 2 GO SH; § 71 II Nr. 2 ThürKO.

[12] § 102 I Nr. 3 GO BW; Art. 87 I 1 Nr. 4 BayGO; § 91 III BbgKVerf; § 121 I 1 Nr. 3 HessGO; § 68 II 1 Nr. 3 KV MV; § 136 I 2 Nr. 3 NdsKomVG; § 107 I 1 Nr. 3 GO NRW; § 85 I 1 Nr. 3 GO RP; § 108 I Nr. 3 SaarlKSVG; § 94a I 1 Nr. 3 SächsGO; § 116 I 1 Nr. 3 GO LSA; § 101 I Nr.3 GO SH; § 71 II Nr. 4 ThürKO.

[13] Zur weitreichenden Ausnahme in Brandenburg siehe § 91 III 3 BbgKVerf.

erfüllt.[14] Andere Länder verlangen in diesen Fällen von der Kommune, die Aufgabe an Private abzugeben.[15]

d) Territorialprinzip

950 Die aus § 67 DGO bekannte Schrankentrias wird um das Territorialitätsprinzip ergänzt. Danach ist die wirtschaftliche Betätigung einer Kommune grundsätzlich auf ihr eigenes Gebiet zu beschränken. Dies findet seinen verfassungsrechtlichen Hintergrund darin, dass nach Art. 28 II 1 GG die Gemeinden nur für die Angelegenheiten der örtlichen Gemeinschaft zuständig sind. Entsprechend haben auch die Gemeindeverbände grundsätzlich nur die ihnen gesetzlich zugewiesenen Angelegenheiten ihres Gebietes zu besorgen. Die wirtschaftliche Betätigung einer Kommune für Bewohner außerhalb ihres Gebietes ist daher grundsätzlich unzulässig. Dies schützt zum einen die Ursprungskommune eines Wirtschaftsunternehmens vor finanzieller Überforderung durch weitumspannende unternehmerische Aktivitäten, zum anderen bewahrt es Kommunen vor dem Eindringen solcher von anderen Kommunen beherrschter Unternehmen.

951 Allerdings gibt es bestimmte kommunale Einrichtungen, die bereits ihrer Natur nach darauf angelegt sind, gerade *nicht* im Gebiet der Heimatkommune errichtet zu werden, z.B. kommunale Ferienheime. Solche Ausdehnungen der kommunalen Aktivitäten wurden bereits früher akzeptiert, wenn die Einrichtung sich nicht als wirtschaftliches Unternehmen darstellte.

952 Unter modernen Wirtschaftsbedingungen stellt sich für kommunale Unternehmen das weit schwerer wiegende Problem, dass private Konkurrenten gleichzeitig im Gebiet verschiedener Kommunen aktiv sein können und auf diesem Wege Größen- und Kostenvorteile erzielen, die kommunalen Unternehmen bei strikter Anwendung des Territorialitätsprinzips verwehrt blieben. Um Wettbewerbsgleichheit zwischen privaten und kommunalen Unternehmen herzustellen, lockern neuere Kommunalordnungen daher das Gebietsprinzip zunehmend auf:[16] So werden gesetzliche Ausnahmen zugelassen für die Versorgung mit Elektrizität, Gas oder Fernwärme, also mit Gütern, die typischerweise auch von privaten Großkonzernen angeboten werden.

953 Durchbrechungen des Territorialitätsprinzips sind ferner möglich, wenn ein kommunales Unternehmen einen öffentlichen Auftrag oder eine Konzession von einer anderen Kommune erhält, weil durch diese Auftrags- oder Konzessionser-

[14] § 91 III 1 BbgKVerf; § 68 II 1 Nr. 3 KV MV; § 107 I 1 Nr. 3 GO NRW; § 94a I 1 Nr. 3 SächsGO; § 116 I 1 Nr. 3 GO LSA; § 101 I Nr. 3 GO SH.

[15] § 102 I Nr. 3 GO BW; Art. 87 I 1 Nr. 4 BayGO; § 121 I 1 Nr. 3 HessGO; § 136 I 2 Nr. 3 NdsKomVG; § 85 I 1 Nr. 3 GO RP; § 108 I Nr. 3 SaarlKSVG; § 71 II Nr. 4 ThürKO.

[16] § 102 VII GO BW; Art. 87 II BayGO; § 91 IV 1 Nr. 1 BbgKVerf; § 121 V HessGO; § 68 II 3 KV MV (Versorgung mit Energie etc. auch außerhalb des Gemeindegebietes dient einem öffentlichen Zweck); § 107 III GO NRW; § 85 II GO RP; § 108 IV SaarlKSVG; § 116 III–V GO LSA; § 101 II GO SH; § 71 V ThürKO.

teilung die betroffene Kommune zugleich ihr Einverständnis mit der Ausdehnung der Aktivitäten der Unternehmenskommune zum Ausdruck bringt.[17]

Schließlich muss man die Bestimmungen über das Territorialitätsprinzip in Verbindung mit den Kooperationsgesetzen sehen. Danach kann eine Kommune sich mit anderen Kommunen zu einem Zweckverband zusammenschließen oder eine öffentlich-rechtliche Vereinbarung schließen, so dass in diesem Fall die gemeinsam wahrgenommene Aufgabe für jede beteiligte Kommune eine örtliche resp. kreisliche Aufgabe darstellt. 954

II. Arten kommunaler Unternehmen

Ergänzend zu den allgemeinen Anforderungen an die Zulässigkeit wirtschaftlicher Betätigung treten besondere Voraussetzungen je nach Rechtsform des kommunalen Unternehmens hinzu. Dabei können kommunale Unternehmen in Formen des öffentlichen oder des privaten Rechts betrieben werden, die sich jeweils nach der gesetzlichen Rechtsgrundlage, deren kommunaler Ergänzung, der organisatorischen, haushaltsrechtlichen und personellen Verselbstständigung sowie der öffentlich-rechtlichen Handlungsfähigkeit unterscheiden. Private können an den Unternehmen beteiligt und mehrere Unternehmen zu einem „Konzern Kommune" verbunden sein. Dabei soll für die Kommune ein Wahlrecht zwischen öffentlich-rechtlichen und privatrechtlichen Formen bestehen. 955

1. Öffentlich-rechtliche Unternehmen

Als öffentlich-rechtliche Organisationsformen kommunaler Unternehmen kommen der Regie- und Eigenbetrieb, die Anstalt öffentlichen Rechts sowie – bei der Zusammenarbeit von mindestens zwei Kommunen – der Zweckverband in Frage. All diesen Unternehmensformen ist gemeinsam, dass sie bereits kraft ihrer Organisationsform auch öffentlich-rechtlich handeln können, ohne dass es noch einer gesonderten Beleihung bedürfte. 956

a) Regiebetrieb

Der Regiebetrieb stellt die am wenigsten verselbstständigte öffentlich-rechtliche Unternehmensform dar. Die Kommunalordnungen verzichten auf eine selbstständige Regelung dieser Organisationsform. Er wird vielmehr ausschließlich auf der Basis einer verwaltungsinternen Anordnung errichtet. Der Regiebetrieb ist keine juristische Person, und er verfügt über keine eigenen Organe. Für ihn handeln vielmehr die Organe der Kommune. Er ist allenfalls in Ansätzen organisatorisch verselbstständigt, aber nicht haushaltsrechtlich. Es handelt sich alles in allem bei einem Regiebetrieb um kaum mehr als um eine hervorgehobene Abteilung der Kommunalverwaltung. In der Praxis werden z.B. Friedhofsgärtnereien, 957

[17] So ausdrücklich § 91 IV Nr. 2 BbgKVerf.

Bauhöfe oder der kommunale Wagenpark typischerweise in Form eines Regiebetriebs geführt.

b) Eigenbetrieb

958 Wesentlich weiter verselbstständigt ist der kommunale Eigenbetrieb. Dieser findet seine Rechtsgrundlage in der Kommunalordnung[18], dem Eigenbetriebsgesetz und/oder der Eigenbetriebsverordnung des jeweiligen Landes, ergänzt um die von der kommunalen Vertretungskörperschaft beschlossene Betriebssatzung. Der Eigenbetrieb ist keine juristische Person, sondern ein ausgegliedertes Sondervermögen, für das die Kommune letztlich einzustehen hat. Verwaltungsgerichtliche Klagen sind nicht gegen ihn, sondern gegen die ihn tragende Kommune zu richten. Für den Eigenbetrieb handeln entweder die Organe der Kommune oder er ist organisatorisch so weit verselbstständigt, dass er über eigene Organe verfügt. Diese sind der kollegiale Werksausschuss als Hauptorgan der Willensbildung, vergleichbar der kommunalen Vertretungskörperschaft, und die entweder monokratisch oder kollegial strukturierte Werkleitung als Ausführungsorgan, vergleichbar dem Hauptverwaltungsbeamten. Der Eigenbetrieb verfügt über einen Haushalt, der getrennt ist vom Haushalt der kommunalen Kernverwaltung, mit diesem aber im Rahmen des kommunalen Gesamtabschlusses konsolidiert wird. In der kommunalen Praxis werden vor allem Betriebe mittlerer Größe wie die Abfallentsorgung in der Rechtsform eines Eigenbetriebs geführt.

c) Kommunale Anstalt öffentlichen Rechts

959 Von allen öffentlich-rechtlichen kommunalen Unternehmensformen am weitesten verselbstständigt ist die kommunale Anstalt öffentlichen Rechts, zum Teil auch Kommunalunternehmen genannt.[19] Dabei handelt es sich um eine von der Kommune getrennte eigene juristische Person des öffentlichen Rechts. Verwaltungsgerichtliche Klagen sind daher gegen sie, nicht gegen die Kommune als Trägerin der Anstalt zu richten. Ein Durchgriff findet grundsätzlich nicht statt. Allerdings treffen die Kommune in den meisten Ländern Anstaltslast[20] bzw. Gewährträgerhaftung[21]. Nur in Mecklenburg-Vorpommern und Niedersachsen

[18] Art. 88 BayGO; § 93 BbgKVerf; § 127 HessGO; § 68 IV 1 Nr. 1 KV MV; § 140 NdsKomVG; § 114 GO NRW; § 86 GO RP; § 109 SaarlKSVG; § 95a SächsGO; § 116 I 1 GO LSA; § 106 GO SH; § 76 ThürKO.

[19] Art. 89 ff. BayGO; § 94 BbgKVerf; § 126a HessGO; §§ 70 ff. KV MV; §§ 141 ff. NdsKomVG; § 114a GO NRW; § 86a GO RP; AnstG LSA; § 106a GO SH; §§ 76a ff. ThürKO.

[20] § 4 I 2 AnstG LSA; § 106a IV GO SH.

[21] Art. 89 IV BayGO; § 94 V BbgKVerf; § 126a IV 1 HessGO; § 114a V GO NRW; § 86a IV GO RP; § 4 I 1 AnstG LSA; § 76a V ThürKO (soweit nicht die Beihilfebestimmungen des AEUV entgegenstehen).

sind beide Institute ausgeschlossen.[22] Unter Anstaltslast versteht man die Pflicht der Kommune, aufgelaufene Defizite der Anstalt im Verhältnis zu dieser auszugleichen; unter Gewährträgerhaftung eine subsidiäre Außenhaftung der Kommune gegenüber den Gläubigern der Anstalt. In den Ländern, in denen die kommunale Anstalt noch nicht als allgemeine Organisationsform kommunaler Wirtschaftstätigkeit vorgesehen ist, können nur Sparkassen auf Basis der Sparkassengesetze in dieser Rechtsform geführt werden (→ Rn. 182).[23] Soweit die Anstalt als allgemeine Organisationsform bereitgestellt wurde, findet sie ihre Rechtsgrundlage in der jeweiligen Kommunalordnung in Verbindung mit der von der kommunalen Vertretungskörperschaft beschlossenen Anstaltssatzung. Als juristische Person verfügt die Anstalt öffentlichen Rechts über eigene Organe, und zwar den Verwaltungsrat als Hauptorgan der Willensbildung nach dem Vorbild der kommunalen Vertretungskörperschaft und den zumeist kollegial strukturierten Vorstand als Ausführungsorgan in Parallele zu dem Hauptverwaltungsbeamten. Die Anstalt öffentlichen Rechts ist als juristische Person natürlich auch haushaltsrechtlich verselbstständigt, ihr Haushalt wird aber in gleicher Weise wie derjenige eines Eigenbetriebs mit dem Haushalt der kommunalen Kernverwaltung im Rahmen des Gesamtabschlusses konsolidiert. Diese Organisationsform scheint sich in der Praxis immer größerer Beliebtheit zu erfreuen.

In letzter Zeit ist das Kommunalunternehmen in vielen Ländern weiterent- **959a**
wickelt worden zu einer *gemeinsamen Anstalt öffentlichen Rechts*. In dieser Organisationsform können mehrere Kommunen zusammen eine Anstalt öffentlichen Rechts errichten, sich an einer derartigen AöR beteiligen oder Eigenbetriebe und Eigengesellschaften in eine solche AöR einbringen. Die rechtlichen Grundlagen sind das jeweilige Gesetz über kommunale Gemeinschaftsarbeit bzw. Zusammenarbeit i.V.m. der entsprechenden Kommunalordnung. Grundsätzlich kann eine solche gemeinsame AöR für die beteiligten Kommunen und deren Einwohner alle Aufgaben erfüllen, die ein von einer einzelnen Kommune getragenes Kommunalunternehmen für diese Kommune und deren Einwohner wahrnimmt. Die gemeinsame AöR tritt damit in Konkurrenz v.a. zu dem Zweckverband (→ Rn. 767), der nicht genauso flexibel erscheint und zudem über die Umlagepflicht (→ Rn. 774) stärker als eine AöR auf die finanziellen Ressourcen der Mitgliedskommunen zugreifen kann.

d) Zweckverband

Streben mindestens zwei Kommunen an, gemeinsam wirtschaftlich tätig zu wer- **960**
den, können sie auch einen Zweckverband auf der Basis des Landesgesetzes über

---

[22] § 70 VI, VII KV MV; § 144 I, II 2 NdsKomVG. Neuerdings haftet die Kommune allerdings gegenüber dem Land Niedersachsen nach § 144 II 3 NdsKomVG für Leistungen, die das Land gemäß § 12 II InsO aus Anlass der Zahlungsunfähigkeit oder Überschuldung der kommunalen Anstalt erbracht hat. Eine entsprechende Regelung fehlte noch in der Vorgängervorschrift des § 113d II NGO.

[23] § 1 SpkG BW; § 1 I 1 SaarlSpkG; § 1 I 2 SächsSpkG. Siehe auch Rn. 182.

kommunale Gemeinschaftsarbeit gründen. Die gemeinsam zu erfüllende Aufgabe liegt dann in der wirtschaftlichen Betätigung. Insoweit wird auf die Ausführungen zum kommunalen Kooperationsrecht (→ Rn. 767) verwiesen. In der Praxis führt allerdings häufig nicht der Zweckverband selbst die unternehmerische Tätigkeit durch, sondern unter seinem Dach werden Unternehmen in den anderen öffentlich-rechtlichen oder privatrechtlichen Organisationsformen betrieben.

2. Privatrechtliche Unternehmen

961 Kommunen können sich nicht nur in öffentlich-rechtlicher Gestalt wirtschaftlich betätigen, sondern sich auch privatrechtlicher Unternehmensformen bedienen. Dabei muss nach den Kommunalordnungen das Unternehmen auf den öffentlichen Zweck ausgerichtet, seine Haftung beschränkt und hinreichender Einfluss der Kommune gesichert sein.[24] Außerdem sind die Prüfungsrechte nach § 53 HGrG zu wahren.[25] Diese landesrechtlichen Anforderungen schränken den Kreis der den Kommunen durch das Gesellschaftsrecht des Bundes zur Verfügung gestellten privatrechtlichen Organisationsformen erheblich ein. Bei einem etwaigen Konflikt zwischen gesellschafts- und kommunalrechtlichen Regelungen gehen dabei wegen Art. 31 GG die gesellschaftsrechtlichen Bestimmungen des Bundes vor. Dabei können die kommunalen Unternehmen – egal in welcher privatrechtlichen Gestalt – stets nur privatrechtlich handeln (es sei denn sie würden beliehen), weshalb diese Rechtsformen vor allem für die Leistungsverwaltung geeignet erscheinen.

a) GmbH

962 Typischer Fall der kommunalen Wirtschaftstätigkeit in privatrechtlicher Form ist die GmbH. Ihre Rechtsgrundlage liegt in dem GmbHG des Bundes sowie in dem von der kommunalen Vertretungskörperschaft für die Kommune – ggf. gemeinsam mit anderen Gesellschaftern – in notarieller Form festzulegenden Gesellschaftsvertrag. Da das GmbH-Recht nur wenige zwingende gesetzliche Vorschriften enthält, kann der öffentliche Zweck der Gesellschaft sehr gut im Gesellschaftsvertrag abgebildet werden. Bei der GmbH als einer selbstständigen juristischen Person des Privatrechts (vgl. § 13 GmbHG) ist auch die Haftung der Kommune auf ihren Gesellschaftsanteil, maximal also auf das Stammkapital (vgl. § 5 GmbHG) der Gesellschaft, beschränkt. Die bereits nach dem GmbHG dominierende Stellung der Gesellschafter kann durch eine entsprechende Ausge-

---

[24] § 103 I GO BW; Art. 92 I 1 BayGO; § 96 I BbgKVerf; § 122 I HessGO; § 69 I KV MV; § 137 I NdsKomVG; § 108 I GO NRW; § 87 I GO RP; § 110 I SaarlKSVG; § 96 I SächsGO; § 117 I GO LSA; § 102 I GO SH; § 73 I ThürKO.

[25] § 103 I Nr. 5; § 105 GO BW; Art. 94 BayGO; § 96 I Nr. 5 BbgKVerf; § 123 HessGO; § 73 I 1 Nr. 3, 4 KV MV; § 158 NdsKomVG; § 112 GO NRW; § 89 VI, VII GO RP; § 111 I Nr. 4 SaarlKSVG; § 96a I Nr. 7, 12 SächsGO; §§ 121, 129 III, IV GO LSA; § 11 KPG SH; § 75 IV 1 Nr. 3, 4 ThürKO.

staltung des Gesellschaftsvertrages noch ausgebaut werden, so dass die GmbH besonders geeignet ist, die kommunalrechtlichen Vorgaben zu erfüllen. Als juristische Person des Privatrechts besitzt die GmbH eigene Organe, und zwar die Gesellschafterversammlung (§ 48 GmbHG) und den Geschäftsführer (§ 6 GmbHG). Sie verfügt über einen eigenen Haushalt, der nach den Grundsätzen kaufmännischer Buchführung zu führen ist, und der seit Einführung der Doppik auch mit dem Haushalt der kommunalen Kernverwaltung konsolidiert werden kann. In der Praxis werden vor allem kulturelle Einrichtungen wie kommunale Museen und Theater in der Rechtsform einer GmbH geführt.

b) Aktiengesellschaft

Gelegentlich ist auch eine kommunale Beteiligung an Aktiengesellschaften anzutreffen. 963 Rechtsgrundlage sind das AktG des Bundes und die von der kommunalen Vertretungskörperschaft für die Kommune – evtl. in Verbindung mit anderen Aktionären – in notarieller Form festzulegende Satzung (vgl. § 23 AktG) der Aktiengesellschaft. Dabei handelt es sich um einen privatrechtlichen Vertrag, der mit den öffentlich-rechtlichen Satzungen als abstrakt-generellen Regelungen mit Außenwirkung einer unterstaatlichen juristischen Person des öffentlichen Rechts nur den Namen gemeinsam hat. Weil das Aktienrecht des Bundes sehr viele zwingende Vorschriften beinhaltet, kann bei einer Aktiengesellschaft in kommunaler Hand der öffentliche Zweck des Unternehmens schlechter in der Unternehmenssatzung abgebildet werden als in dem Gesellschaftsvertrag einer kommunalen GmbH. Daher schreiben auch manche Kommunalordnungen vor, dass die Rechtsform einer Aktiengesellschaft nur gewählt werden darf, wenn der öffentliche Zweck des Unternehmens nicht ebenso gut in einer anderen Rechtsform erfüllt werden kann.[26] Was die Haftung angeht, so steht die Aktiengesellschaft indes der GmbH nicht nach. Auch die Aktiengesellschaft ist eine juristische Person des Privatrechts (§ 1 AktG) und die Haftung der Kommune ist auf das Grundkapital begrenzt. Die Aktiengesellschaft verfügt als juristische Person des Privatrechts über eigene Organe, und zwar die Hauptversammlung (§§ 118 ff. AktG), vergleichbar der kommunalen Vertretungskörperschaft, den Aufsichtsrat (§§ 95 ff. AktG), der gewisse Parallelen zu kommunalen Zwischenorganen wie dem Hauptausschuss aufweist, und den Vorstand (§§ 76 ff. AktG), der Ähnlichkeiten mit dem kommunalen Hauptverwaltungsbeamten besitzt. Da der Vorstand gemäß § 76 I AktG die Aktiengesellschaft in eigener Verantwortung leitet, müssen der Kommune durch eine entsprechende Ausgestaltung der Satzung besondere Einwirkungsrechte vorbehalten werden, um den kommunalrechtlichen Vorgaben zu genügen. Im Übrigen verfügt auch die Aktiengesellschaft als juristische Person des Privatrechts über einen eigenen Haushalt, der aber in bekannter Weise zu konsolidieren ist. In der Praxis werden vor allem

[26] § 103 II GO BW; § 96 IV BbgKVerf; § 122 III HessGO; § 108 IV GO NRW; § 87 II GO RP; § 96 II SächsGO. In Mecklenburg-Vorpommern ist die Aktiengesellschaft ausgeschlossen, § 68 IV 2 KV MV.

größere kommunale Betriebe der Verkehrs- und Energiewirtschaft in Form einer Aktiengesellschaft geführt.

c) Sonstige privatrechtliche Organisationsformen

964 Neben der Beteiligung an einer GmbH oder einer Aktiengesellschaft kann eine Kommune sich auch in anderen privatrechtlichen Formen engagieren, soweit insbesondere die Beschränkung der Haftung der Kommune gewährleistet ist. In der Praxis sind kommunale Beteiligungen an eingetragenen Vereinen[27] und an eingetragenen Genossenschaften[28] nachzuweisen. Gelegentlich errichten Kommunen auch Stiftungen[29]. Theoretisch können sie sich auch als Kommanditist an einer Kommanditgesellschaft[30] beteiligen. Dann fehlt es der Kommune allerdings möglicherweise an dem erforderlichen ausreichenden Einfluss auf das Verhalten des Unternehmens. Gleichwohl kann eine solche Beteiligung möglicherweise durch die Verfolgung anderer Ziele der Kommune, etwa die Stärkung des bürgerschaftlichen Engagements gerechtfertigt werden.

965 **Übersicht 28-1: Rechtsformen kommunaler Unternehmen**

Rechtsform	**Regiebetrieb**	**Eigenbetrieb**	**Anstalt öffentlichen Rechts**	**GmbH**	**AG**
Gesetzliche Grundlage	Nicht gesetzlich geregelt	EigenbetriebsG/VO des Landes	Kommunalordnung des Landes	GmbHG des Bundes	AktG des Bundes
Kommunale Ergänzung des Gesetzes	Verwaltungsvorschrift	Betriebssatzung	Anstaltssatzung	Gesellschaftsvertrag	Satzung
Teilrechtsordnung	Öffentliches Recht	Öffentliches Recht	Öffentliches Recht	Privatrecht	Privatrecht
Organe	Organe der Kommune	Werksausschuss; Werkleitung; sonst Organe der Kommune	Verwaltungsrat; Vorstand	Gesellschafterversammlung; Geschäftsführer	Hauptversammlung; Aufsichtsrat; Vorstand

[27] §§ 21; 55 ff. BGB.

[28] Vor allem Wohnungsbaugenossenschaften nach § 1 I Nr. 7 GenG. Die Haftungsbeschränkung findet sich in § 2 GenG.

[29] §§ 80 ff. BGB i.V.m. den Stiftungsgesetzen der Länder.

[30] §§ 161 ff. HGB, die Haftungsbeschränkung des Kommanditisten folgt aus § 171 HGB. Der Komplementär haftet hingegen nach § 128; § 164 II HGB unbeschränkt.

Rechtsform	Regiebetrieb	Eigenbetrieb	Anstalt öffentlichen Rechts	GmbH	AG
Haushaltsrechtlich selbstständig	Teilweise	Ja	Ja	Ja	Ja
Organisatorisch selbstständig	Nein	Ja	Ja	Ja	Ja
Juristische Person	Nein	Nein	Ja	Ja, § 13 I GmbHG	Ja, § 1 I AktG
Öffentlich-rechtliche Befugnisse	Ja	Ja	Ja	Nein, es sei denn Beleihung.	Nein, es sei denn Beleihung.
Haftung der Kommune	Unbeschränkt aus eigener Verpflichtung	Unbeschränkt aus eigener Verpflichtung	Unbeschränkt als Gewährträger (Ausnahme Nds.)	Beschränkt als Gesellschafter	Beschränkt als Aktionär

3. Gemischtwirtschaftliche Unternehmen

Zumeist führen Kommunen ein Unternehmen in alleiniger Verantwortung, gelegentlich arbeiten sie mit anderen (meist Nachbar-)Kommunen zusammen. Nur ausnahmsweise betreiben sie ein Unternehmen auch gemeinsam mit Privaten. Dies ist in den Rechtsformen des Privatrechts sowie theoretisch auch in Gestalt von Zweckverbänden grundsätzlich möglich. Bei solchen gemischtwirtschaftlichen Unternehmen geraten allerdings der öffentliche Zweck und das private Gewinnstreben schnell in Konflikt. Verfassungsrechtlich kann innerhalb eines gemischtwirtschaftlichen Unternehmens die Selbstverwaltungsgarantie der Kommune mit den Grundrechtspositionen der beteiligten Privaten kollidieren. Auch vergaberechtlich werfen die Auswahl der privaten Unternehmenspartner und die Erteilung von Aufträgen an das gemischtwirtschaftliche Unternehmen besondere Schwierigkeiten auf. 966

4. Kommunales Konzernrecht

In der Praxis sind die meisten Kommunen an so vielen Unternehmen öffentlichen und privaten Rechts beteiligt, dass der Vergleich mit einem privaten (Misch-)Konzern naheliegt. Während früher vor allem über die entsprechende Anwendung des privaten Konzernrechts der §§ 290 ff. HGB auf das kommunale Unternehmensgefüge gestritten wurde, hat sich in den letzten Jahren ein eigenes kommunales Konzernrecht entwickelt. Dies konzentriert sich auf die drei Fragenkreise der Beteiligungsverwaltung, des Beteiligungsberichts und der Gesamtkonsolidierung. 967

968 Neuere Kommunalordnungen schreiben den Kommunen vor, eine eigene *Beteiligungsverwaltung* als Steuerungsstelle der Kommunalverwaltung einzurichten.[31] Diese Beteiligungsverwaltung verfolgt vornehmlich zwei Aufgaben: Zum einen soll sie die kommunalen Unternehmensbeteiligungen zur Erreichung strategischer und finanzieller Ziele der Kommune steuern und kontrollieren. Zum anderen soll sie die kommunale Vertretungskörperschaft über die kommunalen Unternehmensbeteiligungen informieren und die kommunalen Vertreter in den Organen der Unternehmen betreuen, unterstützen und beraten.

969 Über ihre Unternehmensbeteiligungen hat die Kommune jährlich einen *Beteiligungsbericht* als Anlage zum Jahresabschluss oder im Rahmen des Gesamtabschlusses zu erstellen.[32]

970 Schließlich sind die Haushalte der kommunalen Unternehmen mit dem Haushalt der Kernverwaltung zu *„konsolidieren"*, d.h. es ist ein Gesamtabschluss durch Zusammenfügung der Einzelabschlüsse zu erstellen. Dies ist erst seit Einführung der Doppik möglich, weil nun auch die kommunale Kernverwaltung und die öffentlich-rechtlichen Betriebe vergleichbar den privaten Unternehmen kaufmännisch buchen und entsprechend ihre Haushalte führen.

5. Wahlrecht?

971 Nach ganz überwiegender Meinung kommt der Verwaltung Formenwahlfreiheit zu, so dass auch die Kommunen ein organisatorisches Wahlrecht zwischen öffentlich-rechtlichen und privatrechtlichen Unternehmensformen besitzen. Diese Formenwahlfreiheit ist verfassungsrechtlich nicht eindeutig vorgegeben, es bestehen aber zum Teil einfachgesetzliche Bestimmungen, insbesondere in den Kooperationsgesetzen, nach denen die Zusammenarbeit in privatrechtlichen Rechtsformen unberührt bleibt.

972 Diese Formenwahlfreiheit erscheint aus zwei Gründen fragwürdig: Zum einen führt die formelle Privatisierung einer Einrichtung oder eines Unternehmens dazu, dass der bisherige Nutzungsanspruch der Einwohner sich umwandelt in einen bloßen Anspruch gegen die Kommune auf gesellschaftsrechtliche Einwirkung auf das Unternehmen, die Nutzung zu gestatten (→ Rn. 643). Die Rechtsposition der Einwohner wird also durch den Wandel der Rechtsform geschwächt.

973 Zum anderen führen die Aufsichtsbehörden über privatisierte Einrichtungen und Unternehmen der Kommune keine direkte Aufsicht (→ Rn. 693). Sie haben lediglich die Möglichkeit, auf das Verhalten der Vertreter der Kommune in den Organen des Unternehmens einzuwirken.

---

[31] § 98 BbgKVerf; § 150 NdsKomVG; § 99 SächsGO; § 118 IV GO LSA; § 104 I 2 GO SH.

[32] § 105 II GO BW; Art. 94 III BayGO; § 82 II 2 Nr. 5 BbgKVerf; § 123a I HessGO; § 73 III KV MV; § 151 NdsKomVG; § 117 GO NRW; § 90 II GO RP; § 115 II SaarlKSVG; § 99 II-IV SächsGO; § 118 II GO LSA; § 45c S. 4 GO SH (allgemein zum Berichtwesen); § 75a ThürKO.

III. Vergabe- und Beihilferecht

Auch wenn die Kommune nicht selbst wirtschaftlich tätig wird, sondern Aufträge an private Unternehmen erteilt oder diese sonst fördert, unterliegt sie rechtlichen Schranken. Diese ergeben sich vornehmlich aus dem Vergabe- und Beihilferecht. 974

1. Vergaberecht

Das Vergaberecht verfolgt zwei Ziele: Zum einen sollen die Kommunen bei der Auftragsvergabe an private Bieter wirtschaftlich handeln, zum anderen soll unter den Bietern Wettbewerbsgerechtigkeit herrschen. Rechtsgrundlagen sind die §§ 97 ff. GWB, die Vergabeverordnung (VgV) sowie die Vergabe- und Vertragsordnungen für Bauleistungen (VOB), Leistungen (VOL) und freiberufliche Leistungen (VOF). Das Vergaberecht ist nicht auf jede kommunale Auftragserteilung an Private anwendbar, sondern nur, soweit gemäß § 98 GWB bestimmte Schwellenwerte überschritten werden, die im Einzelnen in der Vergabeverordnung festgelegt sind. 975

a) Das Vergabeverfahren orientiert sich an mehreren *Vergabegrundsätzen*. 976
Oberstes Prinzip ist das Gebot gemäß § 97 II GWB, alle Teilnehmer am Vergabeverfahren gleich zu behandeln. Der Auftrag ist gemäß § 97 V GWB an das wirtschaftlichste Angebot zu erteilen. Im Unterschied zum kommunalen Wirtschaftsrecht einzelner Länder haben die einzelnen Bieter nach § 97 VII GWB einen einklagbaren Anspruch auf Wahrung der vergaberechtlichen Bestimmungen.

b) Die Auftragsvergabe kann gemäß § 101 GWB im offenen oder nicht offe- 977
nen Verfahren, im Verhandlungsverfahren oder im Verfahren des wettbewerblichen Dialogs erfolgen. Das *offene Verfahren* stellt den Regelfall dar. Eine unbeschränkte Anzahl von Unternehmen wird öffentlich zur Abgabe von Angeboten aufgefordert. Das *nicht offene Verfahren* hingegen, das nur auf Grund gesonderter gesetzlicher Anordnung durchgeführt werden darf, erfolgt zweistufig. Zwar werden zunächst beliebig viele Unternehmen öffentlich zur Teilnahme an dem Verfahren aufgerufen, dann werden aber aus dem Kreis der gemeldeten Bewerber nur ausgewählte zur Abgabe von Angeboten aufgefordert. Das *Verhandlungsverfahren* darf ebenfalls nur auf Basis gesonderter gesetzlicher Anordnung eingeschlagen werden. Mit oder ohne öffentliche Aufforderung zur Teilnahme führt die Kommune Verhandlungen nur mit ausgewählten Unternehmen. Für besonders komplexe Aufträge, bei denen die Kommune selbst noch keine ganz genauen Vorstellungen über den konkreten Auftragsinhalt besitzt, eignet sich das *Verfahren des wettbewerblichen Dialogs*. Nur ausgesuchte Unternehmen werden zur Teilnahme ermuntert. Im Zuge der Verhandlungen mit diesen Unternehmen wird dann der genaue Auftragsumfang noch modifiziert.

Gegen die Vergabeentscheidung der Kommune kann bei der zuständigen 978
Vergabekammer des Landes gemäß § 104 GWB um *Rechtsschutz* nachgesucht

werden. Diese besteht aus einem Vorsitzenden und zwei Beisitzern, davon einem ehrenamtlichen. Diese genießen richterliche Unabhängigkeit, § 105 GWB. Das in den §§ 107 ff. GWB geregelte Verfahren ist dem Verwaltungsprozess nachgebildet. Gegen die Entscheidung der Vergabekammer ist gemäß § 116 GWB die sofortige Beschwerde zum Vergabesenat des jeweiligen OLG gegeben, der grds. endgültig entscheidet. Nur wenn ein OLG von der Rechtsprechung eines anderen OLG oder des BGH abweichen will, hat es die Sache dem BGH gemäß § 124 II GWB zur Entscheidung vorzulegen.

2. Beihilferecht

979 Die Kommunalordnungen schreiben übereinstimmend den Kommunen die Aufgabe der Wirtschaftsförderung zu. Dies könnte man in dem Sinne interpretieren, dass direkte Zahlungen der Kommunen an ortsansässige Unternehmen oder zumindest deren Bevorzugung bei der Auftragsvergabe zulässig seien. Indes sind auch die Kommunen an das europarechtliche Beihilfeverbot gebunden, dem Anwendungsvorrang vor den kommunalrechtlichen Regelungen zukommt. Gemäß Art. 107 I AEUV sind auch kommunale Beihilfen gleich welcher Art, die durch die Begünstigung bestimmter Unternehmen oder Produktionszweige den Wettbewerb verfälschen oder zu verfälschen drohen, mit dem Binnenmarkt unvereinbar, soweit sie den Handel zwischen den Mitgliedstaaten beeinträchtigen. Als Beihilfe ist dabei jede Leistung an ein Unternehmen zu verstehen, der keine marktgerechte Gegenleistung gegenübersteht.[33] Dies erfasst nicht nur die offene und unmittelbare Begünstigung bestimmter Unternehmen, sondern auch jede verdeckte und mittelbare Privilegierung. Insbesondere kann die bevorzugte Auftragsvergabe an ortsansässige Unternehmen gegen das Beihilfeverbot verstoßen.

980 Indes sind Beihilfen gemäß Art. 107 II AEUV ausnahmsweise zulässig aus sozialen Gründen, zur Bekämpfung von Naturkatastrophen sowie zur Linderung der Folgen der deutschen Teilung. Insbesondere der letzte Grund kann die Bevorzugung örtlicher Unternehmen in den neuen Ländern rechtfertigen. Beihilfen können daneben gemäß Art. 107 III AEUV zulässig sein zur Förderung wirtschaftlicher Randgebiete sowie zur Kulturförderung.

981 Was die kommunalen Unternehmen anbelangt, so sind die Art. 14 S. 1 und 106 II 1 AEUV zu beachten. Danach gilt das generelle Beihilfeverbot zwar grundsätzlich auch hinsichtlich der Bevorzugung kommunaler Unternehmen. Die europarechtlichen Regelungen schließen jedoch dann eine Begünstigung solcher Unternehmen nicht aus, wenn diese anderenfalls als *„Dienste von allgemeinem wirtschaftlichen Interesse“* ihren Aufgaben nicht nachkommen könnten. Zu solchen Diensten von allgemeinem wirtschaftlichen Interesse zählen jedenfalls alle klassischen Betätigungsfelder kommunaler Unternehmen, die herkömmlich zu den Aufgaben kommunaler Daseinsvorsorge zu rechnen sind, also vor allem die Versorgung mit Wasser, Elektrizität, Gas sowie die Entsorgung von Abwasser und

---

[33] *Khan* in: Geiger/Khan/Kotzur, EUV/AEUV, 5. Auflage, 2010, Art. 107 AEUV, Rn. 8.

Abfall und der ÖPNV.[34] In diesen Bereichen dürfen kommunale Unternehmen unbeschadet der europarechtlichen Regelungen begünstigt werden, wenn anderenfalls die Leistungserbringung an die Einwohner der Kommune nicht sichergestellt wäre. Dies ist vor allem dann der Fall, wenn die Zuschüsse den Ausgleich für gemeinwirtschaftliche Verpflichtungen darstellen, also eine Gegenleistung für Leistungen bilden.[35]

IV. Steuerrechtliche Behandlung kommunaler Wirtschaftstätigkeit

Kommunale Wirtschaftstätigkeit wird besteuert. Dies erscheint auf den ersten Blick unsinnig, weil der Steuerertrag ohnehin wieder der öffentlichen Hand zufließt und es so nur zu einer Umbuchung zwischen verschiedenen öffentlichen Kassen – vermindert um die Kosten der Steuererhebung – zu kommen scheint. Kommunale Unternehmen stehen aber in Konkurrenz zu privaten Mitbewerbern, die ihrerseits steuerpflichtig sind. Um Wettbewerbsgleichheit zwischen privaten und kommunalen Unternehmen herzustellen, unterliegen daher auch letztere der Steuerpflicht. Im Einzelnen wird von kommunalen Unternehmen Körperschaft-, Umsatz-, Grund- und Gewerbesteuer erhoben. **982**

Bei kommunalen Unternehmen in privatrechtlicher Gestalt, z.B. einer GmbH, folgt dies bereits aus der Rechtsform. Jede privatrechtliche Kapitalgesellschaft ist als solche gemäß § 1 I Nr. 1 KStG bereits körperschaftsteuerpflichtig, selbst wenn ihr einziger Gesellschafter eine Kommune sein sollte. Hinsichtlich der übrigen genannten Steuern wird dann an diese Körperschaftsteuerpflicht angeknüpft. Bei kommunalen Unternehmen in öffentlich-rechtlicher Form, z.B. als Eigenbetrieb, ist hingegen zu differenzieren: **983**

a) Die maßgeblichen Regelungen zur *Körperschaftsteuerpflicht* öffentlich-rechtlicher kommunaler Unternehmen finden sich in § 1 I Nr. 6 und § 4 KStG. Nach § 1 I Nr. 6 KStG sind Betriebe gewerblicher Art von juristischen Personen des öffentlichen Rechts unbeschränkt körperschaftsteuerpflichtig. § 4 KStG versucht nun, den *Betrieb gewerblicher Art* zu definieren und diesen von dem nicht steuerpflichtigen *Hoheitsbetrieb* abzugrenzen. Gemäß § 4 III KStG (der vorrangig zu prüfen ist) zählen zu den Betrieben gewerblicher Art alle kommunalen Betriebe, die der Versorgung der Bevölkerung mit Wasser, Gas, Elektrizität, Wärme, dem öffentlichen Verkehr oder dem Hafenbetrieb dienen. Damit werden die wichtigsten Betätigungsfelder kommunaler Unternehmen erfasst und der Körperschaftsteuerpflicht unterworfen. Soweit das Wirtschaftsfeld eines kommunalen Unter- **984**

[34] *Kotzur* in: Geiger/Khan/Kotzur, EUV/AEUV, 5. Auflage, 2010, Art. 14 AEUV, Rn. 2.

[35] Zu den Details der Anforderungen des EuGH siehe EuGH, Rs. C-280/00, Slg. 2003 S. I-7747 (Altmark Trans) sowie *Frenz*, Handbuch Europarecht, Bd. 3, 2007, Rn. 428 ff.

nehmens in § 4 III KStG nicht genannt ist, z.B. der Bereich des Abwassers oder der Abfallentsorgung, ist die Abgrenzung gemäß § 4 I, V KStG vorzunehmen. Gemäß § 4 I KStG ist ein Betrieb gewerblicher Art eine Einrichtung, die der nachhaltigen wirtschaftlichen Tätigkeit zur Erzielung von Einnahmen (nicht unbedingt von Gewinn) dient und sich innerhalb der Gesamtbetätigung der juristischen Person Kommune wirtschaftlich heraushebt. Dem wird der Hoheitsbetrieb gemäß § 4 V KStG gegenübergestellt, der überwiegend der Ausübung öffentlicher Gewalt dient. Die Abgrenzung der beiden Betriebsarten bereitet erhebliche Schwierigkeiten, weil den beiden Umschreibungen verschiedene Kriterien zu Grunde liegen: Während bei dem Betrieb gewerblicher Art auf die Einnahmeerzielung abgestellt wird, ist der Hoheitsbetrieb nun kein Betrieb, der keine Einnahmen erzielen darf, sondern vielmehr ein Betrieb, der sich öffentlich-rechtlich betätigt. Deshalb überlappen sich teils die beiden Einteilungen, teils sparen sie Bereiche aus. In der Rechtspraxis wird der Betrieb gewerblicher Art eher weit verstanden.

985 **Übersicht 28-2: Abgrenzung Betrieb gewerblicher Art und Hoheitsbetrieb**

Kriterium	**Einnahmen erzielen (§ 4 I KStG)**	**Keine Einnahmen erzielen**
Hoheitsgewalt ausüben (§ 4 V KStG)	Hoheitsbetrieb oder Betrieb gewerblicher Art	Hoheitsbetrieb
Keine Hoheitsgewalt ausüben	Betrieb gewerblicher Art	?

986 b) Die Unterscheidung zwischen Betrieben gewerblicher Art und Hoheitsbetrieben hat über die Körperschaftsteuer hinaus auch für die *Umsatzsteuer* Bedeutung. Gemäß § 2 III 1 UStG sind die Kommunen nur im Rahmen ihrer Betriebe gewerblicher Art sowie ihrer land- oder forstwirtschaftlichen Betriebe gewerblich oder beruflich tätig und unterfallen nur insoweit der Umsatzsteuer. Im Übrigen sind die kommunalen Dienstleistungen umsatzsteuerfrei.[36]

987 c) Eine vergleichbare Regelung trifft für die *Grundsteuer* § 3 GrStG. Gemäß § 3 I Nr. 1 GrStG ist von der Grundsteuer solcher Grundbesitz befreit, der von einer Kommune für den öffentlichen Dienst oder Gebrauch benutzt wird. Darunter versteht man nach § 3 II GrStG die hoheitliche Tätigkeit oder den bestimmungsgemäßen Gebrauch durch die Allgemeinheit. Dies erfasst die meisten kommunalen Grundstücke. Hingegen ist gemäß § 3 III GrStG ein solcher öffentlicher Dienst oder Gebrauch nicht anzunehmen bei Betrieben gewerblicher Art.

[36] Allerdings sind für die Umsatzsteuerzwecke auch die Vorgaben der Mehrwertsteuersystem-Richtlinie zu beachten, vgl. *Beinert/Kostic* in: Hoppe/Uechtritz/Reck, Handbuch kommunale Unternehmen, 3. Aufl., 2012, § 11, Rn. 253 ff.

d) Was schließlich die *Gewerbesteuer* anbelangt, so bestimmt § 2 I 1 GewStG, dass der Gewerbesteuer jeder stehende Gewerbebetrieb unterliegt, soweit er im Inland betrieben wird. Dies wird näher ausgeführt in § 2 GewStDV. Danach sind kommunale Unternehmen gewerbesteuerpflichtig, wenn sie als stehende Gewerbebetriebe anzusehen sind. Dies ist wiederum unter Rückgriff auf die aus dem Körperschaftsteuerrecht bekannte Unterscheidung zwischen Betrieben gewerblicher Art und Hoheitsbetrieben zu bestimmen. **988**

Dieser Überblick hat gezeigt, dass die ursprünglich aus dem Körperschaftsteuerrecht stammende Unterscheidung zwischen Betrieben gewerblicher Art und Hoheitsbetrieben letztlich für die gesamte Besteuerung kommunaler Unternehmen maßgebend ist: Ist das Unternehmen als Betrieb gewerblicher Art einzuordnen, unterfällt es jeder der genannten Steuern, ist es hingegen als Hoheitsbetrieb anzusehen, bleibt es grundsätzlich steuerfrei. Dies kann im Ergebnis eine erhebliche Begünstigung kommunaler Unternehmen in öffentlich-rechtlichen Formen im Vergleich zu Unternehmen in privatrechtlicher Gestalt bedeuten, weil diese privatrechtlichen Unternehmen in jedem Fall schon allein kraft ihrer Rechtsform körperschaftsteuerpflichtig sind (s.o.) und damit auch den weiteren daran anknüpfenden Steuern unterliegen. **989**

V. Parallelen zu anderen Rechtsgebieten

Vergleicht man die kommunale Wirtschaftstätigkeit mit der staatlichen, so zeigen sich teils Gemeinsamkeiten, teils Unterschiede: Mit den öffentlich-rechtlichen Formen des Regie- und Eigenbetriebs sowie der Anstalt öffentlichen Rechts einerseits und dem Rückgriff auf das privatrechtliche Kapitalgesellschaftsrecht andererseits stehen den Kommunen die gleichen Organisationsformen zur Verfügung, denen sich auch die staatliche Verwaltung bei ihrer wirtschaftlichen Betätigung bedient. Im Unterschied zu den Kommunen ist die staatliche Wirtschaftstätigkeit aber nicht ausdrücklich durch die Trias von öffentlichem Zweck, Leistungsfähigkeit und Subsidiarität eingeschränkt. Vielmehr sind der Bund und die Länder rechtlich wesentlich freier bei der Errichtung von und der Beteiligung an Unternehmen. Hingegen sind Bund und Länder bei ihrer Wirtschaftstätigkeit auch an das Vergabe- und Beihilferecht gebunden. Auch hinsichtlich der Besteuerung ihrer Unternehmen bestehen grds. keine Unterschiede zu den Kommunen. **990**

VI. Kontrollfragen

1) Darf eine Kommune mit der Absicht der Gewinnerzielung tätig werden? (Rn. 947) **991**
2) Wen schützen die Vorschriften über die Zulässigkeit wirtschaftlicher Betätigung der Kommunen? (Rn. 945)

3) Was ist der Unterschied zwischen einem Regie- und einem Eigenbetrieb? (Rn. 957, 958)
4) Worin liegt der rechtliche Unterschied zwischen einer Sparkasse und einer öffentlichen Schule? (Rn. 959)
5) Was versteht man unter Anstaltslast, was unter Gewährträgerhaftung? (Rn. 959)
6) Wie ist bei Kollisionen zwischen Gesellschafts- und Kommunalrecht zu verfahren? (Rn. 961)
7) Haftet eine Kommune für ihre Eigenbetriebe und Eigengesellschaften? (Rn. 958, 962, 963)
8) Wann unterfallen kommunale Unternehmen der Körperschaftsteuerpflicht? (Rn. 983–985)
9) Welche weiteren Steuern haben kommunale Unternehmen zu entrichten? (Rn. 982, 987, 988)

Rechtsprechung zu § 28

992 **Zur Daseinsvorsorge:**
OVG Lüneburg, NVwZ-RR 1990, 506 (Wasserversorgung)

Zur kommunalen Wirtschaftstätigkeit:
BVerwGE 39, 329 (Kommunale Bestattungseinrichtung)
BVerwGE 98, 273 (Kapitalbeteiligung an Energieversorgungsunternehmen)
BVerwG, DVBl. 1978, 639 (Kommunale Wohnungsvermittlung)
VerfGH RP, NVwZ 2000, 801 (Verschärfung der Subsidiaritätsklausel)
VGH München, NVwZ-RR 2012, 769 (Auskunft über Gehalt des Geschäftsführers einer kommunalen GmbH)
OVG Bautzen, NVwZ-RR 2013, 63 (Weisungsfreiheit des Aufsichtsratsmitglieds in einem kommunalen Unternehmen)
VGH Mannheim, NVwZ-RR 2013, 328 (Wirtschaftliche Betätigung einer Gemeinde)
OLG Celle, NVwZ-RR 2000, 754 (Gemeinde als herrschendes Unternehmen)

Zum Territorialitätsprinzip:
OVG Münster, NVwZ 2008, 1031 (nicht-wirtschaftliche Betätigung außerhalb des Gemeindegebietes)

Zum Vergaberecht:
EuGH, Rs. C-480/06, KommJur 2009, 392 (Stadtreinigung Hamburg)
Zu Beihilfen:
EuGH, Rs. C-280/00, Slg. 2003 S. I-7747 (Altmark Trans)

Zum Rechtsschutz:
VerfGH RP, DVBl. 2000, 992 (Drittschutz der Subsidiaritätsklausel)
BVerwG, NJW 1995, 2938 (Maklertätigkeit; Grundrechte schützen grds. nicht vor kommunaler Konkurrenz)

BGH, NVwZ 2002, 1141 (Elektroarbeiten; Verhältnis UWG-kommunales Wirtschaftsrecht)
BGH, NVwZ 2003, 246 (Altautoentsorgung; Verhältnis UWG-kommunales Wirtschaftsrecht)
OVG Münster, NVwZ 2003, 1520 (Drittschutz der Subsidiaritätsklausel)

Literatur zu § 28

Zur Daseinsvorsorge: 993

Britz, „Kommunale Gewährleistungsverantwortung", DV 37 (2004), 145–163
Franz, Gewinnerzielung durch kommunale Daseinsvorsorge, 2005
Hellermann, Örtliche Daseinsvorsorge und gemeindliche Selbstverwaltung, 2000
Kämmerer, Daseinsvorsorge als Gemeinschaftsziel oder: Europas „soziales Gewissen", NVwZ 2002, 1041–1046
Kämmerer, Strategien zur Daseinsvorsorge – Dienste im allgemeinen Interesse nach der „Altmark"-Entscheidung des EuGH, NVwZ 2004, 28–34
Knauff, Die Daseinsvorsorge im Vertrag von Lissabon, EuR 2010, 725–745
Knauff, Die Kommunen als Träger der Daseinsvorsorge, WiVerw 2011, 79–93
Papier, Kommunale Daseinsvorsorge im Spannungsfeld zwischen nationalem Recht und Gemeinschaftsrecht, DVBl. 2003, 686–697
Schink, Kommunale Daseinsvorsorge in Europa, DVBl. 2005, 861–870

Zur kommunalen Wirtschaftstätigkeit:

Badura, Wirtschaftliche Betätigung der Gemeinde zur Erledigung von Angelegenheiten der örtlichen Gemeinschaft im Rahmen der Gesetze, DÖV 1998, 818–823
Franzius, Die wirtschaftliche Betätigung der Kommunen, Jura 2009, 677–686
Ipsen (Hrsg.), Unternehmen Kommune?, 2007
Jarass, Kommunale Wirtschaftsunternehmen im Wettbewerb, 2002
Kaltenborn, Gemeinden im Wettbewerb mit Privaten, WuW 2000, 488–495
Katz, Kommunale Wirtschaft, 2004
Kühling, Verfassungs- und kommunalrechtliche Probleme grenzüberschreitender Wirtschaftsbetätigung der Gemeinden, NJW 2001, 177–182
Mann, Öffentliche Unternehmen im Spannungsfeld zwischen öffentlichem Auftrag und Wettbewerb, JZ 2002, 819–826
Möstl, Konkurrenzschutz gegen die öffentliche Hand, WiVerw 2011, 231–241
Rennert, Kommunalwirtschaft und Selbstverwaltungsgarantie, DV 35 (2002), 319–348
Schink, Wirtschaftliche Betätigung kommunaler Unternehmen, NVwZ 2002, 129–140
Schmidt-Aßmann, Verfassungsschranken der Kommunalwirtschaft, in: Habersack (Hrsg.), FS Ulmer, 2003, 1015–1030
Schneider, Der Staat als Wirtschaftssubjekt und Steuerungsakteur, DVBl. 2000, 1250–1260
Stern, Kommunale Wirtschaftsunternehmen im Lichte des Europäischen Gemeinschaftsrechts, in: Kluth/Müller/Peilert (Hrsg.), FS Stober, 2008, 97–110
Stober, Neuregelung des Rechts der öffentlichen Unternehmen?, NJW 2002, 2357–2369
Storr, Der Staat als Unternehmer, 2001
Winkler, Kommunale Gemeinwohlverantwortung, KommJur 2007, 330–333

Zum Territorialitätsprinzip:

Heilshorn, Gebietsbezug der Kommunalwirtschaft, 2003
Oebbecke, Die örtliche Begrenzung kommunaler Wirtschaftstätigkeit, ZHR 164 (2000), 375–393
Scharpf, Rechtsprobleme der Gebietsüberschreitung – Kommunale Unternehmen extra muros?, NVwZ 2005, 148–153
Scheps, Das Örtlichkeitsprinzip im kommunalen Wirtschaftsrecht, 2006
Uhlenhut, Wirtschaftliche Betätigung der Gemeinden außerhalb ihres Gebietes, 2004

Zur Wahl der Organisationsform:

Bull, Über Formenwahl, Formenwahrheit und Verantwortungsklarheit in der Verwaltungsorganisation, in: Geis/Lorenz (Hrsg.), FS Maurer, 2001, 545–563
v. Danwitz, Die Benutzung kommunaler öffentlicher Einrichtungen – Rechtsformen, Wahl und gerichtliche Kontrolle, JuS 1995, 1–7
Ehlers, Die Entscheidung der Kommune für eine öffentlich-rechtliche oder privatrechtliche Organisation ihrer Einrichtungen und Unternehmen, DÖV 1986, 897–905
Hauser, Die Wahl der Organisationsform kommunaler Einrichtungen, 1987
Keller/Paetzelt, Der Aufsichtsrat in öffentlichen Unternehmen im Spannungsverhältnis zwischen öffentlichem Recht und Gesellschaftsrecht, KommJur 2005, 451–453
Knemeyer, Kommunale Steuerung und unternehmerische Freiheit - ein lösbarer Spagat, KommJur 2007, 241–243
Koch, Der rechtliche Status kommunaler Unternehmen in Privatrechtsform, 1994
Kummer, Vom Eigen- oder Regiebetrieb zum Kommunalunternehmen, 2003
Lübbecke, Das Kommunalunternehmen, 2004
Meyer, Gemeinsame Vorschläge für die Wahl der Vertreter in kommunalbeherrschten privatrechtlichen Unternehmen, KommJur 2005, 121–126
Pauli, Die Umwandlung von Kommunalunternehmen, BayVBl. 2008, 325–330
Rautenberg, Gemischte Gesellschaften und Gemeindewirtschaftsrecht, KommJur 2007, 1–5, 41–44
Waldmann, Das Kommunalunternehmen als Rechtsformalternative für die wirtschaftliche Betätigung von Gemeinden, NVwZ 2008, 284–286

Zur Haftung:

Schulte, Die Haftung im gemeindlichen Konzern, 2003

Zum Vergaberecht:

Burgi, Die Zukunft des Vergaberechts, NZBau 2009, 609–615
Byok, Die Entwicklung des Vergaberechts seit 2009, NJW 2010, 817–823
Gabriel, Die Vergaberechtsreform 2009, NJW 2009, 2011–2016
Hertwig, Praxis der öffentlichen Auftragsvergabe, 4. Auflage, 2009
Lux, Einführung in das Vergaberecht, JuS 2006, 969–974
Meyer, Wettbewerbsrecht und wirtschaftliche Betätigung der Kommunen, NVwZ 2003, 1075-1078
Pooth/Sudbrock, Auswirkungen der Sektorenverordnung auf die Vergabepraxis in kommunalen Unternehmen, KommJur 2010, 446–452
Stapelfeldt, Aktuelle Entwicklungen im Vergaberecht – Die Neufassung von VOB/A und VOL/A, KommJur 2010, 241–245
Steinberg, Entwicklung des europäischen Vergaberechts, NZBau 2007, 150–159, 225–229

Zu Beihilfen:

Darsow, Rechtsfragen im Zusammenhang mit der Subventionierung kommunaler Unternehmen, LKV 2002, 1–7

Jennert, Der Anspruch auf Notifizierung beihilfeverdächtiger kommunaler Maßnahmen, KommJur 2005, 364–367

Jennert/Pauka, EU-Beihilfenrechtliche Risiken in der kommunalen Praxis, KommJur 2009, 321–328, 367–372

Zur Besteuerung:

Elicker, Steuerneutrale Zusammenfassung kommunaler Betriebe gewerblicher Art, KommJur 2006, 408–410

Zum Rechtsschutz:

Jungkamp, Rechtsschutz privater Konkurrenten gegen die wirtschaftliche Betätigung der Gemeinden, NVwZ 2010, 546–549

Wendt, Rechtsschutz gegen wirtschaftliche Betätigung von Gemeinden, in: Ennuschat u.a., GS Tettinger, 2007, 335–355

Sachverzeichnis

Die Zahlen verweisen auf die jeweiligen Randnummern

Lesen, was man wissen muss!

MOHR LEHRBUCH

Öffentliches Recht

MOHR SIEBECK

MOHR LEHRBUCH

STEIN/FRANK
Staatsrecht

MENZEL/MÜLLER-TERPITZ (Hg.)
Verfassungs-rechtsprechung

HARATSCH/KOENIG/PECHSTEIN
Europarecht

SCHILLING
Internationaler Menschenrechtsschutz

DÖRR
Kompendium völkerrechtlicher Rechtsprechung

SCHLADEBACH
Luftrecht

MENZEL/PIERLINGS/HOFFMANN (Hg.)
Völkerrechtsprechung

PECHSTEIN
EU-Prozessrecht

CLASSEN
Religionsrecht

BADURA
Wirtschaftsverfassung und Wirtschaftsverwaltung

SCHMIDT
Kommunalrecht

GUSY
Polizei- und Ordnungsrecht

EICHENHOFER
Sozialrecht

PEINE
Öffentliches Baurecht

TOWFIGH/PETERSEN
Ökonomische Methoden im Recht

Im Buchhandel und unter
www.mohr.de

Lesen, was man wissen muss!

MOHR LEHRBUCH

Privatrecht

MOHR LEHRBUCH

BRAUN
Einführung in die Rechtswissenschaft

LEIPOLD
BGB I, Einführung und Allgemeiner Teil

SCHLECHTRIEM/SCHMIDT-KESSEL
Schuldrecht Allgemeiner Teil

KÖTZ
Vertragsrecht

RIESENHUBER
EU-Vertragsrecht

BREHM/BERGER
Sachenrecht

LEIPOLD
Erbrecht

GRUNEWALD
Gesellschaftsrecht

REDENIUS-HÖVERMANN/KRAFT (Hg.)
Umwandlungsrecht

SCHMOECKEL
Rechtsgeschichte der Wirtschaft

SCHACK
Urheber- und Urhebervertragsrecht

AHRENS
Gewerblicher Rechtsschutz

ZEISS/SCHREIBER
Zivilprozessrecht

BORK
Einführung in das Insolvenzrecht

KROPHOLLER
Internationales Privatrecht

ZWEIGERT/KÖTZ
Einführung in die Rechtsvergleichung auf dem Gebiete des Privatrechts

SCHLECHTRIEM/SCHROETER
Internationales UN-Kaufrecht

BRAUN
Einführung in die Rechtsphilosophie

TOWFIGH/PETERSEN
Ökonomische Methoden im Recht

Im Buchhandel und unter
www.mohr.de